2018年国家社会科学基金重大项目"广州十三行中外档案文献整理与研究"（18ZDA195)成果之一

广州十三行重点研究基地学术成果之一

广州十三行文化遗址研究

杨宏烈 杨幸何 著

The Research on the
Cultural Sites of Guangzhou's
Thirteen-hongs

中国社会科学出版社

图书在版编目（CIP）数据

广州十三行文化遗址研究/杨宏烈，杨幸何著.—北京：中国社会科学出版社，2020.10
ISBN 978-7-5203-7347-0

Ⅰ.①广… Ⅱ.①杨…②杨… Ⅲ.①十三行—文化遗址—研究—广州 Ⅳ.①K878.04

中国版本图书馆 CIP 数据核字（2020）第 187130 号

出 版 人	赵剑英
责任编辑	李金涛
责任校对	张依婧
责任印制	李寡寡

出　　版	中国社会科学出版社
社　　址	北京鼓楼西大街甲 158 号
邮　　编	100720
网　　址	http://www.csspw.cn
发 行 部	010-84083685
门 市 部	010-84029450
经　　销	新华书店及其他书店
印　　刷	北京君升印刷有限公司
装　　订	廊坊市广阳区广增装订厂
版　　次	2020 年 10 月第 1 版
印　　次	2020 年 10 月第 1 次印刷
开　　本	710×1000　1/16
印　　张	29
字　　数	470 千字
定　　价	168.00 元

凡购买中国社会科学出版社图书，如有质量问题请与本社营销中心联系调换
电话：010-84083683
版权所有　侵权必究

珠江边上十三行,十字门开向两洋。
开放迎来新气象,今朝发展更辉煌。

祝 广州十三行商埠文化遗址开发研究

罗哲文书

二〇〇七年三月

目　录

序　一　文化遗产开发保护的战略视角 …………………… （1）
序　二 ……………………………………………………… （1）

十三行历史文化遗址认知理念 …………………………… （1）
风靡世界的国际商埠文化景观 …………………………… （18）
一个"七百忽地"的城市增长极 …………………………… （30）
打造世界名城品牌的黄金走廊 …………………………… （48）

十三行巴洛克历史街区的复兴 …………………………… （60）
千年黄埔古村与百年黄埔古港 …………………………… （81）
行商私家园林的比较个性特色 …………………………… （109）

潄珠涌十三行遗址的旅游开发 …………………………… （140）
珠江后航道上十三行文化遗址 …………………………… （175）
十三行与粤海关相关文化遗址 …………………………… （202）
澳门与十三行相关的文化遗址 …………………………… （217）

大清炮台遗址旅游开发与审美 …………………………… （228）
长洲岛上灵骨永存的万国公墓 …………………………… （249）
金融业制造业的行业会馆集萃 …………………………… （268）

对外商定期放风开放的海幢寺 …………………………………（292）

海舶锚地琶洲古塔的景观鉴赏 …………………………………（315）

禅宗西来初地华林寺遗存再兴 …………………………………（331）

南海神庙：海上贸易的保护神 ……………………………………（346）

广州花棣和行商花园惊艳英伦 …………………………………（366）

中国第一个外资企业柯拜船坞 …………………………………（379）

一块西方城市规划样板的飞地 …………………………………（402）

十三行地名文化的考究与利用 …………………………………（419）

跋 …………………………………………………………………（440）

序一　文化遗产开发保护的战略视角

一个国家、一个民族要振兴，就必须在历史前进的逻辑中前进、在时代发展的潮流中发展。走得再远、走到再光辉的未来，也不能忘记走过的过去。需要时时从"过去"中汲取前行的智慧与力量。然而，"过去"是需要有载体的。不忘记过去，就需要我们把装载"过去"的载体给保护好、利用好、传承好。载体之一便是文化遗产，特别是可以直接触摸的物质文化遗产①。这是一个民族的历史底蕴所在、深沉伟力所在，是活生生的教科书，是无价的灿烂瑰宝。开发与保护物质文化遗产，特别是文化遗址遗产②，是当前全国全社会关心关注的一个热点。做好开发保护工作，需要我们不断提高站位，能够从战略的视角进行审视，高屋建瓴，擘画蓝图。本书探讨了以广州为中心的、涵盖粤港澳大湾区各地"一口通商"时期物质文化遗产的开发与保护工作。

一　珍贵的海上丝绸之路文化遗产

"海上丝绸之路"，俗称通海夷道。③ 二千多年前，中外先民们扬帆远航，穿越惊涛骇浪，闯荡出连接东西方的这条万里通道，打开了各国友好交往的窗口，书写了人类发展进步的篇章。古代中国通过这条大通道与中

---

① 物质文化遗产是指具有历史、艺术和科学价值的文物，是不可再生的实物遗产，包括古遗址、古建筑、近代现代重要史迹和代表性建筑等不可移动文物，以及历史上各时代的重要实物、艺术品、文献、图书等可移动文物。

② 文化遗址，指历史上人类留存的建筑遗存，以及对自然改造利用后遗留的痕迹，是本书探讨的主要物质文化遗产内容。

③ 海上丝绸之路正确学术名称，应当为"通海夷道"。但因为陆上的丝绸之路美名远扬，这条海路也就被后世一些学者冠上了"海上丝绸之路"的俗称。

亚、东南亚、南亚、西亚、东非、欧洲开展经济文化交流，见证了"舶交海中，不知其数"的繁华。广州古港，作为海上丝绸之路的东方起点之一，是记载这段历史的"活化石"。

海上丝绸之路也曾经赋予中国人许多复杂的情感。尤其是西方进入"大航海时代"后，洋人顺着这条通道涌向东方。但古老中国却大搞闭关锁国，仅留广州"一口通商"。广州成为中西方来往交流的唯一国门。广州十三行成为唯一与西方开展贸易的商埠。西方在这一时期，船舰遍及四海，势力远播五洋，确立了在世界的领导地位。中国却在"天朝上国"的迷梦中逐渐沉睡，终至积贫积弱，迎来近代的可悲命运。这是一段非常值得沉思和反省的历史。但于广州，却是城市史上非常"高光"的一段时期。作为天朝唯一的西洋贸易口岸，发挥着"天子南库"的功能，中西贸易的银钱堆满了十三行口岸。西方的建筑、宗教、技术等各种近代文化也逐渐东渐东润，深刻地影响着广州城市的发展。除了广州之外，中西方海上丝绸之路的文明交流还在大致今天"粤港澳大湾区"这片地区留下了许多文化印迹，成为大湾区历史文脉的重要组成部分。

历史的一个令人着迷之处，在于其总是用强烈而奇妙的对比让人感慨河东河西。与当年的"天朝"相反，今天的中国正前所未有地走近世界舞台中央。昔日那个闭关国度，如今却伸开双臂拥抱世界。2013年，中国政府提出共建"丝绸之路经济带"和"21世纪海上丝绸之路"倡议，合称为共建"一带一路"倡议，得到了国际社会高度关注和广泛参与。海上丝绸之路，在新时代又焕发了新的生机。以国家"走出去"战略为代表的更加开放的历史格局，以"粤港澳大湾区"为代表的整合区域优势的总体战略，也为广州带来了新的发展契机。抢抓历史机遇，实现更好发展，是当前应当认真思考的问题。

文明因交流而多彩，文明因互鉴而丰富。人文交流合作是"一带一路"建设的重要内容。真正要建成"一带一路"，必须在沿线国家民众中形成一个相互欣赏、相互理解、相互尊重的人文格局。要坚持经济合作和人文交流共同推进，注重在人文领域精耕细作，讲好"一带一路"故事，传播好"一带一路"声音，为"一带一路"建设打下广泛社会基础。中国支持不同文明和宗教对话，鼓励加强各国文化交流和民间往来，支持"一带一路"沿线国家联合申请世界文化遗产，发展"一带一路"特色旅游，互联互通相互促进。"一带一路"倡议提出以来，各类文化年、旅游年、艺术年、影视年、研讨会等人文合作项目百花纷呈，各国人民来往频繁，在交流中拉近了距离。

中央鼓励各地用好历史文化遗产，跨国联合打造具有"一带一路"特色的旅游产品和遗产保护；鼓励各地发挥积极性，立足本地实际，发挥优势，取得扎扎实实的成果。以广州为中心、涵盖大湾区各地的海上丝绸之路"一口通商"文化遗址遗产，理应在其中发挥重要作用。广州十三行码头故地，沙面的领馆建筑群，黄埔、长洲的船坞旧址、外国人墓地，澳门、中山、东莞的泊口，虎门的炮台群，都是当年与西方互通贸易的珍贵历史见证，是海上丝绸之路故事的天然讲解员和传播者。用好这些珍贵历史人文资源，做好相关的开发和保护，发挥好这些文化遗址遗产在国际人文交流合作中的民心相通纽带作用，正当其时。要抓住关键的标志性工程，融合经济合作和人文交流，促进同海上丝绸之路沿线国家学术、教育、旅游、艺术等人文交流，力争提高到一个新的水平。要鼓励国有企业、民营企业等各类实体参与文化遗产的开发利用，做好统筹协调，正确处理政府和市场的关系，积极发挥市场机制作用，合理开发、科学利用。

"一口通商"时期的海上丝路交流主要在中国与欧美国家之间展开，对此要有树立自我价值的意识和自觉。欧美国家长期以来在文化交流领域占据优势，尤其是话语权优势。在从事文化遗产开发工作时，要注意要保持自身话语体系和价值体系不被美西方价值干扰和带偏。比如对历史上一些来华洋人过度拔高、过度赞美，盲目抬高洋人所作所为的价值，贬低自身行为；对外来事物盲目歌颂，对自身文化持负面视角，不辨是非地皆取"反省"态度等。应当秉持公正、平直、客观的态度来对待中西交往的历史，方能彰显大国气度。

二　国家文化安全与文化遗产保护

文化是民族的血脉，是人民的精神家园。文化安全是指一国文化相对处于没有危险和不受内外威胁的状态，以及保障持续安全状态的能力。文化安全是国家安全的重要保障。维护国家文化安全，必须坚持以人民为中心，坚定文化自信，增强文化自觉。

当今世界，文化在综合国力竞争中的地位和作用更加凸显。推动文化大发展大繁荣，建设文化强国，是一项极为重要的任务。文化强国的

"强",既强在文化产品丰富多样、文化事业繁荣壮大,又强在民族共有精神家园不被破坏、群众文化权益不受侵害。只有坚守文化安全底线,减少和消除威胁文化安全的内外因素,才能促进先进文化健康发展。

影响文化安全的因素并不局限于外部,一个国家内部也存在威胁和危害自身文化的问题。① 物质文化遗产,包括文化遗址遗产的保护,就是其中的重要一环。物质文化遗产承载着灿烂文明,维系着民族精神,是中华民族的宝贵文化资源和精神标识。保护好、传承好、利用好物质文化遗产,对于培育巩固发展文化自信、维护文化多样性和创造性、提高国家文化软实力和国际影响力具有重大意义。只有将物质文化遗产保护下来,才能让人们记得起历史沧桑,看得见岁月刻痕,留得住文化根脉。②

中国对物质文化遗产的重视和保护,也是经历了一个认识逐渐加深的过程。在旧中国,政局动荡,民不聊生,也就谈不上什么保护。许多宝贵文化遗址遗产在战火中化为灰烬。随着近代文化事业的发展,人们对保护文化遗产遗址的观念也在逐步加强。解放军发动平津战役,在制定解放北平的方案时,便对如何避免伤及文物,进行了详细论证。这在中国历史上也是值得纪念的事情。纵观历代"造反"运动,起义军绝少有如此重视保护文物的。许多起义者视这些文化事物为统治阶级的压迫象征,往往都是"一把火"。

北平最终和平解放,让无数文化遗产免于战火。新中国成立后,受"破四旧"等政治运动影响,许多文化遗产遭到损失。改革开放后,人们急于富起来,在城市掀起轰轰烈烈的建设运动,但却对保护文化遗产,特别是文化遗址重视程度不够,导致在开发建设过程中一些文化遗址没能够保留下来。

随着国家日渐富强,中国发展到了一个转折关头,即不再单纯追求GDP,而是更加注重发展的质量和含金量。过去那种粗放的、短视的、大拆大建的、追求立竿见影经济效果的发展模式逐渐被摒弃,被更加注重内涵的新型发展模式所代替。经济上的复兴必然呼唤文化上的复兴。全民综合素质的提高,为文化遗产的重视与保护提供了坚实基础。尤其在政府牵头下,文化界呼吁下,国企民企参与下,民众支持下,物质文化遗产特别

---

① 《总体国家安全观干部读本》,人民出版社2016年版,第115—116页。
② 《推动社会主义文化繁荣兴盛》,人民出版社2019年版,第142—145页。

是文化遗址遗产的保护工作得到了前所未有的重视与加强。

进入新时代，党中央强调"四个自信"。文化自信作为"四个自信"的重要内容，被视为事关国运兴旺、民族精神独立性的重要问题。在这一背景下，保护文化遗产得到了前所未有的重视。2014年，中央提出总体国家安全观，将文化安全作为其中的重要组成部分。文化遗产保护作为文化安全的重要方面，被提升到了国家安全的战略高度。文化遗产保护从此有了先进的理论指导和理论武装。

这个意义可谓非比寻常！

物质文化遗产，特别是文化遗址遗产的保护，是文化安全工作中长期存在的薄弱环节，是当前的一项紧迫工作。要重视以下几点：

一是统筹好发展与安全这两件大事。一方面，安全是发展的条件。中华文明从古到今历经沧桑，屡遭沉浮，始终巍然屹立，靠的就是绵延不绝的文化根脉。只有确保根脉的生生不息，方能继续凝聚中华民族在新时代前行的伟力。另一方面，发展是安全的基础。文化遗产保护工作离不开强大的国力后盾，一个积贫积弱的国家，是无力去保护自己的文化遗产不受侵害的。至今圆明园的残骸还在诉说民族文化的苦难，十三行旧址早已在历史的硝烟中不复初影。当前，我国维护国家文化安全的各项基础和条件不断得到加强和改善。不断增强的国力，能够为保护文化遗产提供足够的经济支持。小康社会的实现，也促使人民群众文化觉悟提高，更加珍视文化遗产的作用。这些都为文化安全工作创造了良好条件。

物质文化遗产保护工作留有太多历史欠账。长期以来，一些地区没有处理好经济发展与文化遗址遗产保护之间的关系，为了短期经济利益破坏文化遗址遗产的事时有发生。当前我们要抓住有利时机有利条件，以抢救、专项等形式开展保护工作，切实维护好文化安全。粤港澳大湾区，特别是广州，要抓住经济持续发展、区域资源加速融合、国际化程度日益加深的有利契机，积极开展海上丝绸之路物质文化遗产的保护工作。

二是注重调查研究。开展文化遗产资源普查，完善保护名录体系。根据第三次全国文物普查结果，我国共登记不可移动文物近76.7万处。国家、省、市县三级保护名录体系建立起来，国务院公布了七批全国重点文物保护单位共4296家。[①] 在2016年2月出台的《中共中央、国务院关于

[①] 《推动社会主义文化繁荣兴盛》，人民出版社2019年版，第142—143页。

进一步加强城市规划建设管理工作的若干意见》中，要求用五年左右时间，完成所有城市历史文化街区划定和历史建筑确定工作。① 对"一口通商"时期的海上丝绸之路文化遗址遗产，可以进行专项普查，设立专门的名录，秉持"应收尽收"的态度进行登记确定。建立传统建筑挂牌保护制度，实施文物保护重点工程项目，以此为抓手加强保护工作。

三是坚决贯彻好"保护为主、抢救第一、合理利用、加强管理"的基本方针。加大历史文化名城、街区、村镇和传统村落的保护力度。提高文化安全相关部门的话语权；将文化遗址安全设为文化安全部门的底线和红线，深入落实安全责任制，开展安全状况大排查和专项整治行动；成立违法举报中心，持续加大对破坏文化遗址违法犯罪行为的打击力度。尤其对于一些因为腐败、玩忽职守等造成文化遗址损失、破坏的，执纪监督部门、司法机关应当介入，给予严肃处理。

当前，相关保护工作逐步迈入构建保护、传承、发展体系的新阶段，文化遗址保护由本体保护为主向本体与周边环境保护并重转变，注重保持原有历史文化风貌。② 比如广州城内留存下来的"一口通商"时期老建筑比较集中的区域，要着力促进建筑物、街道立面、天际线、色彩和历史文化环境的协调统一，更好地延续历史文脉，保留"一口通商"时期的历史文化风貌。黄埔、长洲、琶洲等地的建设开发规划也应当努力保持"一口通商"时期的历史、地域特点。尤需着力避免大拆大建式的"造城造镇运动"，防止出现盲目开展过度包装或人为制造特色的错误倾向，而应牢固树立保护当地文化遗产的自觉意识，使"海丝文化"在当地经济发展和社会管理中得到充分彰显和弘扬，形成与特色产业融合发展的独特海丝文化标识，推动居民文化素质不断提高。要带动专家学者、建筑师、艺术家参与建设，提升科学性和专业性。

四是做好历史文化名城规划工作。城市规划在城市发展中起着战略引领和刚性控制的重要作用。城市文化遗址遗产保护，由于需要面对保护群体、开发部门、民众等多方博弈，需要高屋建瓴，进行长远规划。然而这方面工作长期存在不足，对一些文化遗址保护不利，甚至带来灾难性破

---

① 《中共中央、国务院关于进一步加强城市规划建设管理工作的若干意见》（2016年2月6日）。

② 《推动社会主义文化繁荣兴盛》，人民出版社2019年版，第142页。

坏。在某些地区，部门搞政绩、开发商牟暴利、部分群众希望做"拆迁户"、当"地主"，这种短视需求造成"大拆大建"，文化遗址遗产保护举步维艰。此外，许多规划编制对未来发展估计不足，批准之日即已落后于实际。规划中的强制性规定形同虚设，对违规建设开发情况既无检查，也很少有严肃处理。规划编制极少有群众参与，由于规划公开性差，规划实施也无群众监督，很多情况下，长官意志代替了严肃的规划，甚至腐败现象丛生。①

因此，必须树立正确的城规思想，突出文化安全理念。要在方法上不断创新，增强规划科学性、指导性。要加强城市设计，提倡城市修补。加强对城市的空间立体性、平面协调性、风貌整体性、文脉延续性等方面的规划和管控。城市规划要因地制宜，"因风吹火，照纹劈柴"，留住城市特有的地域环境、文化特色、建筑风格等"基因"。② 要依法加强规划编制和审批管理，严格执行城乡规划法规定的原则和程序，认真落实城市总体规划由本级政府编制、社会公众参与、同级人大常委会审议、上级政府审批的有关规定。创新规划理念，改进规划方法，把以人为本、尊重自然、传承历史、绿色低碳等理念融入城市规划全过程，增强规划的前瞻性、严肃性和连续性，规划经过批准后要严格执行，一茬接一茬干下去，防止出现换一届领导、改一次规划的现象，实现一张蓝图干到底。③

当前，广州城市建设面对迎来 21 世纪海上丝绸之路和粤港澳大湾区建设两个历史性的发展机遇。应当将涉及文化遗产开发保护的城市规划纳入到上述两个重大战略中进行把握，杜绝短视行为，提高规划的战略性、科学性、人文性，充分开发文化遗址的应有价值潜能，避免破坏行为。

三 提升十三行文化遗产保护格局

本书是由十三行研究中心进行资助的课题。过去，十三行相关的研究、宣传、保护与开发工作一直主要由广州市这一层面进行推动。现在看

---

① 习近平：《做好城市工作的基本思路》（2015 年 12 月 20 日）。
② 同上书。
③ 《中共中央、国务院关于进一步加强城市规划建设管理工作的若干意见》（2016 年 2 月 6 日）。

来，十三行离有效打破地域概念、成为大众耳熟能详的文化名词这个目标还有一定距离。只靠广州一个城市进行推动是不足够的。建议提高十三行项目的层次，抓住国家提出文化自信、"一带一路"倡议和推动粤港澳大湾区建设的历史机遇，尝试将十三行相关工作纳入"大湾区海上丝绸之路文化遗产"这样一个宏观范畴中，做为国家级的项目来进行推动，获得更多政策、经费、人员、宣传等方面的支持，从而推动十三行相关工作大发展。对此本书可以说做出了一个很好的尝试，将以广州为中心的大湾区海上丝绸之路物质文化遗址遗产进行"打包"，纳入一个更加宏大的海丝文化遗产体系进行研究。这也是这本书最大的特点之一。

另外从本书比较关注的文化遗址保护这个方面来说，得到国家级的关注和支持，有助于从上而下地开展顶层设计，打破局部的、地方的、部门的、商业的利益束缚，有效协调各方利益，整合各方力量，从而实现有效保护、合理开发，确保文化遗产安全。

笔者在北京和广州都生活了十多年，时常将这两个城市进行比较。在文化遗址方面，广州有很明显的"月亮少，星星多"的特点。即缺乏大型的、壮丽的历史人文建筑群。北京的故宫、天坛、长城、颐和园、圆明园等等，无一不是大型的宏伟场所。相比广州的南越王墓、陈家祠、镇海楼、六榕塔等，都是小巧精致居多，掩藏在城市森林里显得较为不起眼。对此，广州理应在开发保护文化遗址遗产方面更加有紧迫感和危机感，不能让仅存的一些"星星"也损失掉、浪费掉。十三行等海上丝绸之路遗址具有的一个特点是"散"，散落在广州及周边城市的各个角落，而且多数规模都不大，有的甚至很不起眼。这就更需要将其进行"打包"，构成互有联系、有机合成的宏观整体，形成交融、共振与规模效应。

对于如何进一步扩大"十三行"地名的影响力。笔者认为应当充分发挥教科书的作用。笔者在京多年，与各地人们聊起十三行，许多都没听说过。但说起"一口通商"，多数都有印象，原因是曾经在历史教科书里学到过这个名词。这便是教科书的作用——能够形成广泛的知名度。本书专门探讨了十三行地名文化的价值，认为"十三行"这三个字，代表了中国历史上一个由封闭走向开放的特殊历史时期，是海上丝绸之路史上一张非常响亮的"国际名牌"，是理应写入历史教科书、为全国人民所广泛知晓的。打响知名度，对于进一步汇集全国资源，推动十三行研究和开发保护具有十分重要的意义。在中国国家博物馆的"复兴之路"基本陈列中，开篇便是对十三行的介绍。中国历史教科书也理应为十三行留下这样的位置。

是为序。

杨幸何
2020 年于北京海淀

序　　二

广州十三行是中国古代封建社会末期（约1685—1842）出现的、半官半商性质的、国家级的对外贸易垄断组织，虽是一个带有母体致命内伤的进出口商品经纪行会，相比完全的"闭关锁国"，十三行毕竟打开了半扇国门，实行了"一口通商"。它预示着国际资本主义商品经济将越来越深刻地影响封建主义的农耕经济模式。存活了近160年的十三行，构筑了一个深受皇权控制的经济特区和直接为宫廷服务的"天子南库"；它记载了这个特殊的贸易制度以及两种制度碰撞下的特殊战争背景；它提供了对世界文明展播确有贡献的、机会性国际舞台。十三行在迎接中国近代社会的体制演变中，无疑具有某种划时代的作用。

一　十三行遗址遗存　宝贵文化资源

文化遗址是古代人类的建筑废墟以及在对自然环境改造利用后遗留下来的痕迹，如民居、村落、都城、宫殿、官署、寺庙、作坊等。由于自然和人为的因素这些遗迹大都湮没埋藏在地下，少数在地面上残存一些高台殿基或残垣断壁，有的则沦为的废墟。抓一把土就是文物，捡一块瓦就是历史。①

清代广州城市的发展主要与十三行有关。十三行时期所形成的城市街道、码头、船坞、仓库、商馆、驿站、洋行、公行、园林、寺庙、会馆、工场、作坊、海关、税口、炮台、村镇、花地、城壕……曾是中国"第一商埠"或"一口通商"口岸的重要组成部分。十三行"总部"② 所在

---

① 文化遗址：https：//wenku.baidu.com/view/b8a14a2cf342336c1eb91a37f111f18583d00cb9.html。
② 俗指各大行商的对外营业门市部与洋商采买货物、外交领事等驻穗之租住房集中地。

的城市街区，作为一个经济"增长极"，对此后长期的城市建设产生了较大的影响。十三行商馆区是中国大陆最早出现的一道西洋建筑文化风景线，也是当今广州历史文化名城重要的组成部分。

按《历史文化名城保护规划规范（GB50357-2005）》的学术语言：十三行历史文化遗址可谓文物古迹（historic monuments and sites）、历史建筑（historic building）、历史环境要素（historic environment element）如山体、水体或绿地，或为历史地段（historic area）、历史文化街区（historic conservation area）、古村古镇及其集合体[①]，基本上传承了十三行时期的建筑文脉，富含十三行历史文化信息，见证了广州100多年的"垄断经营"国际外贸史。研究这些"遗址遗存"可得知十三行是中西建筑文化相结合的第一个高潮；可发现沙面、西堤是十三行历史地段的外延、后延，是为近代大型公共建筑和纪念性构筑物；现广州文化公园是一块出现过美式花园和英国花园的地方；位于珠江河南的行商园林化居住区，乃是现今海珠区最早的发祥地；十三行历史地段经历了火烧连营、飞机轰炸、大拆大建的百年沧桑，至今却还是一派旺地；分布世界具有深刻意义的黄埔文化与十三行的河海古港渊源密切；在长洲岛的山林中还有多处外国人的墓群，可资成为供人瞻仰的万国陵园。

广州十三行历史文化街区是十三行历史文化遗址遗存的核体部分。但在全广州、珠三角、跨伶仃洋至澳门、香港也都有与十三行相关的遗址遗存。有些遗址遗存是由一百多座沿江炮台组成的军事遗产廊道。这些物质文化遗产，同时也蕴含了极其丰富生动的非物质文化遗产，有的可申报成为世界文化遗产。

二　遗址要法规　关键在落实

国际古迹遗址理事会通过的《威尼斯宪章》，早已扩大了文物古迹的概念：文物古迹不仅包括单个建筑物，而且包括"能够从中找出独特的文明、一种有意义的发展或一个历史事件见证的城市或乡村环境"。"文物古迹保护包括一定规模的环境保护，不能与其所见证的历史和其产生的

---

① 历史文化名城保护规划规范（GB50357-2005）（https：//wenku.baidu.com/view/8781d1cf5ef7bad4a733b37.html）。

环境分离"①。十三行历史文化遗址遗存，既是千年商都——广州商埠文化的重要物质载体，也是开展涉外商贸旅游难得的文化资源与代表性的文化景观标志。

广州为国务院首批公布的全国历史文化名城。为确保十三行历史文化遗产得到切实的保护，使历史文化遗产的保护规划及其实施管理工作科学、合理、有效进行，必须按照《历史文化名城保护规划规范（GB50357-2005）》实现遗产保真性、环境友好性的合理利用。

按规定要求，十三行历史文化遗址遗存的保护措施与利用途径，须充分体现历史文化遗产的历史、科学和艺术价值，并应对历史文化遗产利用的方式和强度提出要求。

很明显，十三行历史文化遗址遗存的内容应包括：历史文化名城该时期的格局和风貌；与历史文化密切相关的自然地貌、水系、风景名胜、古树名木；反映历史风貌的建筑群、街区、村镇；各级文物保护单位；民俗精华、传统工艺、传统文化等。

十三行历史文化遗址遗存保护规划作为城市经济与社会发展政策的组成部分，城市用地布局的调整、发展用地的选择、道路与工程管网的选线以及其他大型工程设施的选址都应有利于十三行历史文化遗址遗存保护。

十三行历史文化街区是最为重要的遗址，其内在的历史建筑不应拆除；街区内构成历史风貌的环境要素的保护方式应为修缮、维修；与历史风貌相冲突的环境要素的整治方式应为整修、改造；历史建筑群的保护方式应为维修、改善；历史文化街区内拆除建筑的再建设，应符合历史风貌的要求。

三 历史的足迹 未来的道路

保护十三行有关历史文化遗址遗存，是坚持社会进步和实现城市文明的体现。它涵盖历史学、人文学、宗教学、景观学与建筑学，生态环境、管理工程、旅游经营等多方面的知识和法规，涉及各部门、各集体和个人的实际利益。运用科学技术、空间艺术等手法，划定紫线，除了有利于保

---

① 第二届国际古迹遗址理事会：《国际古迹保护与修复宪章》（简称《威尼斯宪章》），1964年5月25—31日在威尼斯通过。

护看得见、摸得着的物质形态的历史文化遗存，还应该保护、承载有关各种人类口头的、非物质性的文化遗产以及无形的文化生态环境。"人是民俗的动物"①。广州西关风情蕴含海洋文化的韵味，盖源于十三行对外贸易与文化交流活动的影响。

研究和保护十三行文化遗址遗存，应贯彻"重点保护、合理保留、局部改造、普遍改善"的原则，突出十三行历史文化的传承。如复兴精细雅致的骑楼商业街、商铺屋、西关大屋式传统民居，组建博物馆群、纪念性的标志景观和商埠文化环境艺术小品。不宜浮躁，唯求精雅，"修旧如旧"，实现"微循环保护复兴"。有些遗址遗存属于改善性建筑，要变，只能是在格局、风貌、景观、密度、色彩、质感、环境容许范围内采取局部补充、完善、协调、美化行为，使建筑内外的"居住与创业"条件得到实质性改善的"变"，带有历史文化基因成长提升的变，决不是"大拆大建"的变②。有些十三行历史遗址地带因缺乏保护对象，需要重新进行规划设计分两个方面。针对这种新的城市项目，但必须做好遗址历史风貌的确定，体现十三行历史文化精神，传播海上丝路的故事，保证城市居民的公共利益。过去一些历史文化街区没有得到有效保护。克服"规划失效"，防止在规划编制、审批、实施过程中出现行政失效或不作为是关键所在。③ 保护复兴历史文化街区，实行市场化运作按公平规划办事。如是，政府收购保护开发，政府与产权人联合维修保护，或者组建经济实体维修保护，或鼓励个人、单位收买古建筑实现维修保护，都是可以试行的。

《广州十三行文化遗址研究》一书围绕与十三行相关的部分遗址遗存开展历史文化渊源的探索，并到现场开展调查研究，按国际通用惯例，对其保护开发模式及其社会影响，进行了初步探讨，拟供相关单位和关心十三行的人们参考。是为序。

杨宏烈

2019 年 1 月于白云山西麓

---

① 胡国庆：《民间文化的传承任重而道远》，《名城报》2006 年 2 月 24 日，第 3 版。
② 仇保兴：《转型期的城市规划变革纲要》，《规划师》2006 年第 3 期，第 22 卷。
③ 郭兰平：《中国模式的反思：以政府失灵为视角》，《华东经济管理》2012 年第 9 期，第 71—75 页。

十三行历史文化遗址认知理念

广州乃千年海上丝绸之路网络上的世界性名城。广州十三行在大清国的历史上存在了近160年，构成了一个重要的历史时期，也是广州在世界2000多年海上丝绸之路发展史上一个突出的亮点。与此相伴的众多国际性历史事件及人文故事必然会承载于一系列具有纪念性的历史空间和文化遗址，如此留下一系列具有划时代意义的文化遗产。这些文化遗址是为城市的宝贵财富、开展国际旅游丰富的资源和资本、促进城市主题文化品牌建设的内驱力及视觉景观表达的内涵。于此，弄清大清十三行的一些重要文化遗址的概念、范畴、内涵、文化本质，保护要求与利用方略，就显得十分必要。

一 历史文化遗址的基本概念

历史文化遗址到底是什么？可能存在一些容易搞混的学术名词。国际社会是如何定义它的？它有哪些值得我们珍惜与利用的地方？广州十三行的历史文化遗址有哪些？当前所处状况怎样？如何认知其保护开发的意义，怎样采取科学合理又现实的规划方案，为促进广州世界名城建设，是个值得永恒跟踪研究的课题。

（一）历史文化遗址在国际社会上的共识

1972年10月17日—11月21日，联合国教科文组织在巴黎举行第十七届会议，通过了《世界文化和自然遗产保护公约》，明确了文化遗址的定义：从历史、审美和人种学或人类学角度看具有突出的普遍价值的人类工程或自然与人联合工程以及考古遗址等地方。

截止2019年，全世界共有世界遗产1121处，其中文化遗产869处，自然遗产213处，世界文化与自然双重遗产39处，分布在167个国家；其中以"文化遗址"为名的占了一定的比例。自2007年11月起，已经有185个国家和地区签署了《世界遗产公约》，中国也是其中签字国之一。

2005年12月22日下发的《国务院关于加强文化遗产保护的通知》（国发［2005］42号）首次明确了我国历史文化遗址属于一种不可移动文物的物质文化遗产。历史文化遗产（historical and cultural heritage）是指具有一定历史意义，与人类生活息息相关，存在历史价值的文物，主要包括物质文化遗产和非物质文化遗产。物质文化遗产主要是具有历史、艺术和科学价值的文物，包括可移动文物和不可移动文物。不可移动文物是指古文化遗址、古墓葬、古建筑、石窟寺、石刻、壁画、近现代重要史迹和代表性建筑。[①]

进一步定义文化遗址：则是古代人类的建筑废墟，以及在对自然环境改造利用后遗留下来的痕迹或遗迹。如古代民居、村落、都城、宫殿、官署、寺庙、作坊、墓地、石窟等保护较好、留有遗存物的遗址多称文化遗产。由于自然和人为的因素，一些文化遗迹、遗存大都湮没于地下，少数在地面上残存一些台基或残垣断壁，有的则沦为的废墟（图1）。许多可移动文物就是出土在这些地方；甚至抓一把土就是文物，捡一块瓦就是历史。文化遗址与文化史迹有点类似，前者在"地基"方面比较深刻，后者相对"浅"一点或只停留在地表的物体上，有的只剩下一个"地名"。

图1 考古遗址和不可动文物

---

① 相对而言，可移动文物是指历史上各时代可移动的重要实物、艺术品、文献、手稿、图书资料、代表性实物等，分为珍贵文物和一般文物。

遗址有机会出土文物，本身也具有纪念性。1973年秋季，青海大通县上孙家寨出土了一件距今约5000年的珍贵文物。这就是曾引起历史、考古、艺术、体育界的极大兴趣，闻名中外的舞蹈花纹彩陶盆。这件彩陶盆属于新石器时代文化的马家窑类型。马家窑文化因先发现于甘肃临洮马家窑而得名，该文化的遗址和墓葬，主要分布在甘肃西南部和青海东部的河湟地区。

文物是人类在历史发展过程中遗留下来的遗物、遗迹。它是人类宝贵的历史文化遗产。文物是指具体的物质遗存，它的基本特征是：第一，必须是由人类创造的，或者是与人类活动有关的；第二，必须是已经成为历史的过去，不可能再重新创造的。目前，各个国家对文物的称谓并不一致，其所指含义和范围也不尽相同，因而迄今尚未形成一个被文物界共同确认的统一定义。文物的概念要大于文化遗产。在中国，"文物"二字联系在一起使用，始见于《左传》。《左传·桓公二年》记载："夫德，俭而有度，登降有数，文物以纪之，声明以发之；以临照百官，百官于是乎戒惧而不敢易纪律。"之后，《后汉书·南匈奴传》有："制衣裳，备文物。"以上所说的"文、物"原是指当时的礼乐典章制度。

有说"文化遗迹地"，亦即自然和文化遗迹地，是指具有一定科学、文化、历史、教育、观赏价值的自然或人文景物、现象及其保留或遗迹地。按成因，可分为自然遗迹和人文遗迹：自然遗迹是指由于自然过程形成的具有一定科学、文化、艺术和观赏价值的自然客体及保留或遗迹地，如奇峰异石、洞穴、瀑布、火山口、陨石坠落地、冰川遗迹、典型的地址剖面、生物化石产地、古树名木等。人文遗迹是指由于人类活动所创造的具有一定科学、历史、文化、教育或观赏价值的人工客体及其保留或遗迹地，如古建筑、古墓、摩崖石刻、古人类活动遗迹、重大历史事件发生地、革命活动遗址等。

文化遗址属于文化遗产。遗址是指物质型的，文化遗址就属于物质遗产。遗址，址须有土，须占有地球表面的土地面积，可以是完整的也可以是不完整的，必须是在历史上承载过人类活动或文化成果的地方。中国的文化遗址特别多，内涵丰富、类型繁多。遗产并不一定非要有实物和地址，如一些口头传承的曲艺京剧等，或者是手上的工艺美食等都可以是文化遗产。文化遗址可分：形性的、潜在的，即存在遗产形态的遗址和不存在遗产形态的遗址；规模上有些大到一个城、小到一口井，显现方式有的露天的；有的被植被或后期文化层掩埋的。有的是可移动的；有的是不可移动。有些遗址挂了标志牌，表示它受到挂牌单位的考古认定、保护和管理；有些没有挂牌的，也可能受到社会千百万人的公认、自觉或不自觉地保护或利用。也有的可能进行过考古；有的只是暂且无政府部门主动负责宣传、出钱保护和管理而已。

文化遗产相对文化遗址的内涵要广泛，在概念上分为有形文化遗产和无形文化遗产。文化遗产包括物质文化遗产和非物质文化遗产（如粤剧等）。物质文化遗产是具有历史、艺术和科学价值的文物；非物质文化遗产是指各种以非物质形态存在的与群众生活密切相关、世代相承的传统文化表现形式。我国现有55处世界文化遗产。如北京市明清故宫：1987年列入世界文化遗产；安徽省皖南古村落（西递、宏村）：文化遗产，2000年列入；澳门历史城区：文化遗产，2005年列入；九寨沟风景名胜区：自然遗产，1992年列入；山东省泰山：自然与文化双重遗产，1987年列入；明清皇家陵寝：文化遗产（湖北明显陵、河北清东陵、河北清西陵），2000年列入；（北京十三陵、南京明孝陵）2003年列入；等等。只有北京市周口店"北京人"遗址，称"遗址"，实质还是一种文化遗产，1987年列入。还有开平碉楼、京杭大运河也都属于国家级、世界级的文化遗产。

十三行留给当今世界的一些历史文化的"遗址""遗存"多指物质形态的、不可移动的、挂牌或没挂牌的、保护完好的或保护不完好的"遗产"。本书在研究过程中对遗址、遗存、遗产的说法或运用，只要于事无碍，一般不作严格区别。

（二）历史文化遗址在城市发展中的地位

综上所述，我们能否这样来思考"历史文化遗址"的概念和意义。

历史文化遗址既是一种文化的产物，又是一种文化的载体；它在历史过程中形成并留存至今，既是过去岁月文化的结晶，又是当今城市的组成部分；它有可能既是一种可视可摸完整完备的人类工程艺术实物集群，又可能是一处人类活动的物理遗迹与环境风貌或遭受自然人为破坏摧毁而留存的生成物地基基础；它们既可能是一些零星散点的考古基坑，也可能是一些无处不有、蔓延广袤域区的大片土地；它们大多总是"最后普普通通"的"破乱物"址，但其独特性却是不可替代、无法复制的人类瑰宝；

它在某些人眼里可能是些影响发财而无用的"包袱",而在另一些人的心目中,它却可能是城市的象征、代名词,城市的认知"文本"或"自传"。

(1) 文化遗址是城市辉煌历史的见证

文化遗址的确认当然是通过了考古发掘、文史专科论证认定的。这些文化遗址过去都会是城市重要人物的居住地、重大事件的发生地,地面建(构)筑物本身具有科学艺术价值。它们可谓千百年来积淀的史料、凝固的史诗;将各个历史时期的文化遗产串联起来,就是一部城市有形的实物史。文化遗址的毁灭,就会导致这些历史性城市文化空间的破坏、造成历史文脉的割裂,名人社区邻里的解体,城市故事背景的消失,在旅游者的印象中缺少了原真性、落地韵味和身临其境的效果。广州十三行历经康熙、雍正、乾隆、嘉庆、道光五朝,事实证明,哪朝尊重遗址、哪朝如果不加以保护,对后人人们的体验和印象深度有着无法估量的影响。

(2) 文化遗址是城市发展的动力源泉

文化遗址承载的是城市文化遗产,凝聚的是城市的重要资源和发展源动力。美国社会学家亨廷顿在《文明的冲突力》一书中讲:"世界上众多国家随着意识形态时代的终结,将被迫或主动地转向自己的历史和传统,寻求自己的'文化特色'(或叫'文化认同'),试图在文化上重新定位。"这意味着城市文化是城市发展永恒的灵魂和魅力。事实证明,从单体建筑到历史街区,从文物古迹到一般民居,从地方特色到社会习俗等,众多物质的与非物质的文化遗产地,都是城市心理定势和记忆的有力物证,而不是城市发展的"包袱"(单霁翔,2007)。大凡成功的城建项目成果都是城市遗址地体现的文化价值在发挥引擎作用。十三行的遗址就告诉人们由宗族农耕社会过渡到商品经济社会,需要市场运作的契约活动。今天实施"一带一路"倡议,同样需要提升蓄发这种开拓力。

(3) 文化遗址是城市文化景观的主题

能作为文化遗址留存至今,说明其文化的生命力是顽强的,能长期受到人民群众的青睐和眷顾,能长时期地成功影响城市正向发展,并焕发出当地的社会文明精神。"城市文化是市民生存状况、精神面貌以及城市景观的总体形态,并与市民的社会心态、行为方式和价值观念密切相关。"为避免城市文化的沉沦,城市景观形象的趋同化、浅薄化、平庸化,须在各项城市建设活动中,围绕历史文化遗址重新组织城市景观设计与宣传，以此激发城市经营的谋划者、设计者的创作灵感，采用老百姓喜闻乐见的形态符号等造型语言，汲取传统精华，标示城市美好的未来。如十三行遗址所富含的文化精神，正是广州海上丝绸之路上千年商都的品牌亮点。

（4）文化遗址是社会文明历史转折标志

文化遗址遗产可反映一种或者几种文化的转型。比如意大利名城威尼斯，中世纪时一些人因逃避战乱定居下来而使之兴旺，一并出现了一大批以威尼斯画派为代表的艺术家。随后的衰落又反映了整个世界贸易体系的变化和世界各国海上权利的变化。威尼斯虽失去了原来的地位，但它见证了一个文明的发展历程。德国一个存在了仅仅十几年的鲍豪斯学院，它把古典的或传统的建筑艺术设计教育转化为一个现代主义的教育方式，反映了在20世纪20年代人类思想观念、审美观念、教育观念的转化，所以，它有资格被列入《世界遗产名录》。[1] 清代十三行时期是一个国际贸易活动重要的历史时期，它是连接古代社会与近代社会的一个特征拐点，更是文明制度大变局的一个起始点。参与大清国17—19世纪外贸活动并终结于鸦片战争之中的十三行，见证了众多洋务派大臣、近代学者所言中国社会百年、千年、亘古未有之大变局，其留存下来屈指可数的、失之不再生的物质文产遗产应当被善加保存，以示后人。

二 十三行文化遗址的区域分布

经历了工业革命的西方国家，一个个强大起来，它们的资本经济需要自然扩大世界贸易。自诩"天朝"的大清帝国却还是个庞然的农耕社会，对外穷于应付，对内因袭守旧。因世界经济社会发展的变化，清代前期的对外贸易和中外关系，客观上已经从传统的与亚洲各国为主，逐渐转变为与西方各国为主。处于这一国际背景下的广州，必然要发生和经历许多划时代的历史事件并留下具有纪念性的文化遗址，构成广州城市宝贵的文化遗产，形成城市特性的DNA，蕴含着未来可持续发展的驱动力和丰富的国际性旅游资源。

---

[1] 参见《国务院关于加强文化遗产保护的通知》（国发［2005］42号），2005年12月22日下发。

自康熙二十四年（1685），好不容易清政府开海贸易。乾隆二十二年（1757），清政府禁止西方商船到江、浙、闽沿海贸易，广州成了自海路而来的唯一中西贸易口岸。乾隆二十四年（1759），两广总都李侍尧颁布《防范外夷规条》，为广州一口通商制定了一系列具体规定，即所谓"广州制度"。这一体制包括四个主要环节：粤海关负责征收关税并管理行商；十三行负责同外商进行贸易并管理约束外商；黄埔作为外商商船停泊与装卸货物的内港；澳门作为广州的外港和西方各国商人的共同居住地。这四个环节互相联系又各自形成一套制度。因此，狭义而言：十三行遗址主要局限在十三行商馆区一带；广义而言：十三行文化遗址分布在这四个区域，具体涉及整个大湾区，包括广州、珠江两岸、黄埔古村古港、虎门、伶仃洋、澳门、香港等地，其构成特色如图2所示。

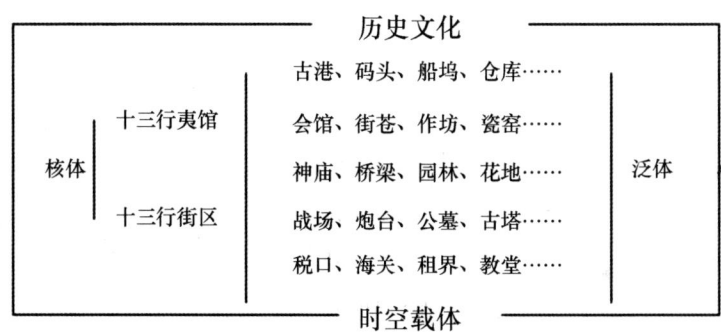

图2 十三行遗址构成特色

（一）与海关制度相关的文化遗址

十三行与海关关系密切。海关是依据本国（或地区）的法律、行政法规行使进出口监督管理职权的国家行政机关。英语 Customs 一词，最早是指商人贩运商品途中缴纳的一种地方税捐，带有"买路钱"或港口、市场"通过费""使用费"的性质。当地方税捐取消后，Customs 一词则专指政府征收的进出口税，the Customs 是征收进出口税的政府机构，即海关——对出入国境的一切商品和物品进行监督、检查并照章征收关税的国家机关。概言之：海关就是对进出口货物进行通关管理、征收关税和其他税费、查缉走私的机构。

粤海关以广州外城五仙门内盐院旧署改建为粤海关监督衙门。遗址在今广州起义路南端与海珠广场之间的素波巷,为便于管理业务上将常关贸易与海关贸易分开了。粤海关下辖省城大关、澳门、乌坎、庵埠、梅箓、海安、海口7处总口,其中最重要的是省城大关和澳门。总口下辖75个小口。省城大关辖总巡口、行后口、东炮台口、西炮台口、佛山口、虎门口、黄埔口、紫泥口、市桥口、镇口口和江门口等11个小口。7处总口的委员,省城大关和澳门总口各设旗员1名,每年由广州将军衙门派遣防御或骁骑校等官充任,其余5处由各府同知或通判兼管。此外,大关、澳门两总口及附省各小口,还有监督或管关督抚分派家人、带通书吏、巡役管理。① 从广州历史地图上可发现收钱的"税馆"是很多的,凡交通节点、码头、河(涌)道出入口、货物转运站,几乎都设有"税口"(图3)。为海关人员办公、验货、收银、工作生活、娱乐等需要而修造的工程设施都有可能留下不少文物和遗址。

图3 粤海关各种收税口

---

① 章文钦:《广东十三行与早期中西关系》。广州:广东经济出版社2009年版,第213—214页。

(二) 属十三行商馆区域的文化遗址

"十三行"商行是外贸具体经营机构，属于官设牙行；为保证贸易垄断，便于收税和对贸易双方的监管，将其围定在一定的范围内。十三行历史街区的文化遗址是最有研究价值的。在封建社会，人们常把集中经营某种商品的店铺称为"××行"，许多同类商店习惯聚集组合形成各种带专业性的街区。例如，十三行街以北的打铜街、桨栏路、荳栏北等国人商住区，西濠涌以东的宝顺行、普安行、怡和行等构成的街区都是案例。广州城西关太平门外珠江北岸一带，包括十三行商的行号铺面和供外商租赁居停贸易的商馆（又称"夷馆"）区——东起今仁济路，西至与长乐路垂直的新基路，北至十三行路与仁济西路，南至珠江北岸，包括今人民南路、文化公园大部，另配套一些商业街交易货物的场地和花园——构成了集西洋建筑风格为突出景观的商馆区。因主要货运依靠船舶码头，总体上就谓之"商埠"。这样的商埠作为整个城市的物流中心、商业中心及对外交通中心自然就形成了刺激城市发展的增长极。有清一代，十三行由此促进了广州的发展。这里就是"亦官亦民"垄断大清中西贸易一百多年的、专制买办式行商资本集团运作的场所而形成的商埠文化"遗产地"。[①] 至于行商人员日常生活的居住区与园林则主要分布在西关老城区、泮塘荔枝湾以及河南南华西街一带。民间常将"潘、卢、伍、叶"几大家行商姓氏作为豪门巨富的代名词，有的"一门朱紫，顶戴辉煌"。

(三) 与黄埔古港古村相关的文化遗址

清代的黄埔海港位于广州东南的黄埔洲和琵琶洲，也是有关十三行文化遗址较为丰富的地方。这里东连虎门水道，有长洲岛隔海为屏，水面宽阔、风平浪静，西距广州30里，是木帆船时代一个优良的港口。直到近代初期，由于港口淤塞、蒸汽轮船的兴起，才将港口迁至珠江东边的鱼珠。[②] 当年因商船多、码头扩大、港口繁荣，促进了附近黄埔古村买卖街的发展，不仅留下了众多十三行时期的历史遗址，也培养出了大批国际外

[①] "遗产地"之说见单霁翔《从"文物保护"走向"文化遗产保护"》，天津大学出版社2008年版。

[②] 章文钦：《广东十三行与早期中的关系》，广东经济出版社2009年版，第219页。

贸舞台上的从业人员。明万历二十六年（1598）琵琶洲上建起九层高塔，作为港口收泊的灯塔"海望标志"，指引中外船舶平安航行，来港番舶日益增多，使黄埔港成为全国唯一的中西贸易港口，西方船舶几乎都在此碇泊，从而推动了中早期修船、造船工业的发展，柯拜船坞就是中国第一个外资企业，且遗址完好存在。

黄埔古村与黄埔古港是有机相连的关系。因十三行业务吸引，使之后来发展成一个有几千人居住的市镇，居民"差不多都直接或间接地与外国船运有关，充当买办、装卸工、铁匠，等等"。① 其中与十三行相关的遗址就很多，可谓是处密集的"遗产地"。道光年间，黄埔岛上设置有一系列管理机构。其中就有黄埔税馆、夷务所、买办馆、永靖营等②。黄埔税馆为省城大关管辖下的挂号口，夷务所主要办理洋船进出港口和洋人来往广州的手续，买办馆主要为洋船办理伙食和日常用品，永靖营为清军绿营汛地，负责保卫港口。这些机构配合黄埔古村及各种寺庙，则构成一幅完整的黄埔古村地图。现遗址可考，但大多遭到破坏。因黄埔军校而著名的长洲岛（图4）与十三行相联系的遗址更是丰富，可以用很多方式加以保护开发。

图4　到长洲岛去寻找十三行遗址③

---

① 亨特：《广州"番鬼"录》，冯树铁译，广东人民出版社1993年版，第10、80页。
② 梁廷枏：《粤海关志》，卷五《黄浦口图》。
③ http：//image.baidu.com/search/index？word＝长洲岛教育。

乾隆十九年（1754）稍前，广东当局开始准许外国商船上的水手到黄埔港附近的长洲岛（丹麦人岛 Danes Island）和深井岛（法国人岛 French Island）上游览散步。每船常有一两百多名水手。鉴于英、法两国水手时常发生冲突，遂于乾隆二十一年（1756）指定英国人去长洲岛，法国人去深井岛，彼此不得逾越。根据《防范外夷规条》，清政府"拨广州协标外委带兵搭寮防守。但外委职分卑微，不足以资弹压，请嗣后于臣标后备内酌拨一员，督同稽查。……并令附近之新塘营酌拨桨船一只，与该处原设左翼镇中军桨船会同稽查，俟洋船出口即行撤回"[①]。长洲岛上还有外国人的陵墓，陵墓是最有纪念性遗址之一，不仅仅关乎青年人打架的事情。道光年间深井岛的吉昌（Keet-Chong）是十三行一位著名的洋货商铺，平日喧哗不断。本来货栈与码头就有联接链，[②] 这样的遗址特色颇令人关注。

（四）与澳港外洋相关的十三行文化遗址

澳门本为广东香山县一个对外贸易的海澳，明嘉靖三十二年至三十六年（1553—1557）成为了葡萄牙人的居留地。粤海关开洋后，清政府曾打算把广东对外贸易场所集中到澳门，却遭到居澳葡人抵制，遂为十三行与黄埔的发展提供了机会。然而澳门在广州口岸外贸体制中仍为重要的环节（图5），作为粤海关监督巡视澳门的驻扎之所，乃"丞令通洋禁约澳地……以番字碑立议事亭（局）"（《澳门纪略》）。此外还有由督抚派遣书吏、家人、带同巡役、水手进行管理的各种机构，如总口、关闸口、大码头口、南湾口和妈祖阁口等，均为与十三行有关的澳门重要遗址。

澳门关闸以北的前山寨，类似一座小城池（图6）位于珠海市，也是清政府管理澳门的权力与军事机构，很有开发利用价值。至于在水道、船舶、邮政等防御设施方面的遗址，后期《望厦条约》签订遗址，更是历史重要元素。在两种社会体制长期相互摩擦、相互争斗的过程中，南海十字门海域的谭仔岛（氹仔）、伶仃洋、狮子洋、南湾、香港地以及澳门三山，也有与十三行故事相关的时代背景和空间遗址。香港赤湾、深圳、盐田、红炉、沱泞等陆兵营地，近海的大屿、九龙、屯门、佛门堂等均与船

---

① 梁廷枏：《粤海关志》，卷二八《商夷》三。
② 亨特：《广州"番鬼"录》，冯树铁译，广东人民出版社1993年版，第10、80页。

港或炮台阵地有关。半岛油麻地、维多利亚皇后大道东汇集东洋货区、湾子码头也是早期就与十三行有关的地名。

图5　澳门与十三行有关遗址很多①

图6　珠海地区与十三行有关的前山寨古遗址（中山网）

三　十三行文化遗址的当前状况

广州历史悠久，其历史文化遗产丰富多彩，独特多样。市级以上的文物保护单位就有219个，还有登记保护的文物单位159处。单独以"遗址"称呼的文物保护单位有：红巾军祭旗起义烽火台遗址、北江石门段的贪泉遗址、芳村黄大仙祠遗址、番禺塘谭古采石场遗址等多处。遗址保护形态的处理方式是很多的。有的如上述一些采石场、古人类洞穴遗址本身很有景观特色、质地坚硬，可以整个或部分以考古遗址的规模就地保护展示；有的如西安临潼兵马俑和半坡遗址，可以覆盖维护性建筑物，外观以某种形象、内质保证原真性展示；有的如浙江胡雪岩故居，可以在原址基础上重新复建原有建（构）筑物，只要采用原材料、原型制、原工艺、原基础加以考证复建，则同样具有一定的纪念性文物价值；有的遗址本身

---

① 百度 http://image.baidu.com/search/index? word＝中山。

地物不彰、特色令人不易体会，限于条件，可采取设置具有符号代表性标志物如竖立纪念碑来确立地址、划定范围、指示特征，构成某种文化景观效果（各地许多造型艺术精美神奇的"碑雕"就是这样的生成物）。

广州十三行文化遗产本来十分丰富，虽说不是"挂了牌、发了照"的"世界遗产"，但它们也是"世间遗产"，同样具有保护价值。正如《威尼斯宪章》认为的"能够见证某种文明、某种有意义的发展或某种历史事件的城市或乡村环境"，都值得保护。目前调查说明：十三行文化遗址较多，文化遗存（遗迹）较少；被破坏了的文化遗址较多，得到良好保护的文化遗址较少；有名无存的文化遗址较多，有名有物的文化遗址较少；人类记载与口头流传而实质无形的文化遗产较多，能够令人身临其境、可触摸得到的有形物质文化遗产较少；以十三行间接关联的文化遗址、遗迹、遗存、遗产较多，以十三行名义直接称呼的文化遗址公园、遗迹景观、遗存博物馆、遗产纪念馆较少。以十三行文化遗产之名直接保护开发的文化景观较少，附身其他文化名义开发的相关十三行文化遗址较多。

在空间尺度方面，十三行文化遗址保护的视野应扩大到"街区遗址""古村遗产""文化线路"和"系列遗产"等方面。因为海上丝绸之路是一个历经了2000多年、覆盖大半个地球、体现人类历史活动和东西方文化交流的载体，所以众多十三行线型文化遗产保护已成为城市化背景下、国际化背景下具有前瞻性的文化保护体系。[1] 在时间尺度上，这些遗址遗产可能还是活的城市文化要素、发展要素、特色要素。

根据1972年通过的《保护世界文化和自然遗产公约》的有关精神，联合国教科文组织（Unesco）自1979年实施了《世界遗产名录》项目，极大地促进了世界各国对有形物质遗产的保护工作。实行改革开放政策以来，广州在历史文化遗址保护与利用方面取得了可喜的成就。比如，学术界已经对此开展了旷日持久的研究，获得了丰富的成果。黄埔古港遗址进行了旅游开发的维护，黄埔古村进行了环境整治，严格禁止大规模的现代工程设施破坏传统文化景观。行商家居遗址、遗物开展了初步普查，厘清了许多产权不明、管理不善的问题；公共开放的行商私家园林遗址遗存引起了众多学者和地方官的重视。许多珠江沿岸线性分布的炮台遗址得到了

---

[1] 单霁翔：《从"文物保护"走向"文化遗产保护"》，天津大学出版社2008年版。

一定的认识规划和开发，与南石头香港难民事件相关的炮台遗址备受粤港社会各界关注。十三行夷馆区的历史街区，市社科联开展了深入调研与"文商旅"协调发展规划。与经营有关的十三行文物展开展得很活跃。针对十三行非物质文化遗产从世界各地进行了考察，收集了许多博物展品，有关十三行的戏剧、影视、文学、美术、音乐宣传作品也创作了不少，前景十分喜人。

诚然，城市膨胀的同时也存在许多问题和不足，城市化和现代化进程中保护工作还面临着许多矛盾和挑战。尤其是过去大拆大建的房地产经营，使许多广州城市专项主题文化遗产（如十三行商埠文化遗址遗存）保护方面的工作被动滞后，很遗憾缺乏遗址保护有代表性的、标志性的文化景观。每当人们提到十三行，许多本地人和外地人都"找不到'北'"；整个广州似乎不存在十三行的历史坐标和区位。2007年瑞典复制200年前远航中国的"哥德堡"号帆船，由国王亲自带领访问十三行，广州却找不出一个接待停泊"友好使者"的纪念性的遗址场地。

城市历史文化遗址、遗产保护领域，价值判断是决定保护什么和如何去保护的关键。我们应当主动、积极、认真地处理好历史文化遗产保护利用与城市发展之间的关系，在传承珍贵的历史文化遗产的同时努力推动广州的城市人性化、现代化建设与发展，提升广州的城市经济品位和文化品位，从而全面提升广州世界名城的价值。

原故宫博物院院长、国家文物局局长单霁翔先生《从"文物保护"走向"文化遗产保护"》（2008年版）一书，是从学术传播走向理论创新的力作。[①] 他提出："在历史与现代，继承与发展的交叉路口，文化遗产是个充满魅力而又令人感到沉重的话题。"身为规划师与建筑师的单霁翔，作为国家文物保护管理的技术性领导者，从城市设计与文保工作双向出发，使该书兼具可读性及指导性。他提出城市要讲述自己的故事，这是因为城市故事是城市历史的再现；城市故事是城市今天的借鉴；城市故事是城市发展的源泉。进而他倡言：21世纪，城市文化已从幕后走到台前。

---

① 金磊：《从学术传播走向理论创新的力作》，发布时间：2009年2月10日，11：02，来源：www.ccdy.cn。

四 十三行文化遗址的发展愿景

文化遗址的保护手法，经历了从对文物的收藏，扩展到集保护、研究和教育于一体的综合开发；保护的对象从可供人们欣赏的艺术品，到各种文化遗址和历史建筑，再扩展到历史街区、古村落以及独具特色的历史性城市、整个湖泊、河流和山脉；保护的范围也从物质文化遗产扩展至非物质文化遗产以及相互联系生成的文化景观、文化空间。实践证明：文物或遗址是历史文明的载体、不可再生的珍贵资源、全人类文明的瑰宝，"但长期以来似有某种静止不用或死气沉沉的感觉，[①]"更容易让其遭受损害。具体落实到十三行，其发展愿景有如下几条。

（一）十三行文化遗址保护要素得到认真梳理

十三行尚有一定量的古遗址、古墓葬、古建筑、古村落和历史文化街区，尚有一定规模的行商园林遗址，还有沿江线性分布的100多处古炮台军事文化遗址。虽说清政府并不十分重视港口基本建设，但仍可以找到当年的一些古码头遗址；与海关部门的联合，还可以发现或开发一些关税文化遗址。与海丝文化相关的寺庙遗址场地可添加十三行的纪念内容；如妈祖崇拜与海上贸易相关，博物馆的筹建和开发任重道远。我们不仅要关注"世界遗产"，还要关注"世间遗产"，也就是说，现今保护对象要由庞大的文化发展愿景落实到小型、平凡的文化遗存上。

（二）十三行文化遗址空间尺度得到认真体验

十三行文化遗产保护视野可以扩大到"遗产地""文化线路"和国际化背景下具有前瞻性的文化保护体系。因为海上丝绸之路是一个历经了2000多年、覆盖着多半个地球、同世上数百个城市实现了多元化文化交流的世界历史话题。十三行海丝文化遗址的保护已成为社会各界瞩目的焦点，十三行文化遗址的开发应该上升到国际空间尺度上来考虑，成为世界性的旅游产品。为此需要政府加大扶持的力度。

---

① 单霁翔：《从"文物保护"走向"文化遗产保护"》，天津大学出版社2008年版。

(三) 十三行文化遗址保护方案获得支持落实

十三行时代的建筑大都被毁，只剩下潘家大院宗祠的一组天井厅堂建筑，以及伍家孤立的一栋地位并不太高的"小姐楼"可作为十三行建筑文化遗产来加以保护。如这两组建筑群结合漱珠涌的开发，作为文物景点来对待，使其成为主要旅游景观格调，方能显现其应有的强盛生命力。又如十三行历史街区民间巴洛克建筑艺术在广州、在中国的文化角色应得到提升，"文、商、旅"产业经营更是应该上升到一个应有的高度，为"一带一路"倡议的推行发挥更好的作用，而不能长期荒废下去。

(四) 十三行历史街区文化景观遗产保护传承

让当年风靡全球的十三行商馆风光成为一道亮丽的文化遗产。所以，强调保护对象生命功能的延续性，即能保持文化景观的生命力和原有记忆。"活的、流动着的文化遗产"可成为当今动态的文化景观。如果说"静态遗产"是历史的产物，我们无法再回到诞生这些文化遗产的历史环境中去。而"动态遗产"与"活态遗产"则是存在于人们现实生活中的文化遗产类型。十三行后的历史街区虽与十三行不同岁，有一定的"时差"，但保存了十三行的文化基因和精神面貌。恢复十三行历史街区的旅游功能，实现步行化，犹如刷新了一张城市靓丽的名片。[①] 十三行街区一百多年没变的基本街巷格局，较为统一的民间巴洛克建筑风格，彰显了对外开放深入人心的广度和深度。

(五) 十三行文化遗址的开发可提升城市的形象

为不使城市精神衰落，主题文化突出，城市特色就要鲜明。失却文化根基的大拆大建，必定使艺术形象遭受亵渎和污染。十三行的文化遗产就是一部史书，记录着广州过去的沧海桑田与来自世界的科学文明。让十三行文化遗址的开发和艺术渲染，打造地标式的博物馆、纪念馆、旅游景点景区，则可挽回丢失的城市记忆、杜绝城市建设的失调和城市景观的低俗，找到层次清晰、结构完整、布局生动、充满人性的城市文化空间，让广州"世界历史名城"自身的特征、形象焕发出时代的光彩。

---

① 单霁翔：《从"文物保护"走向"文化遗产保护"》，天津大学出版社2008年版。

* * *

　　文化遗产只有与民众发生感情相融才最安全。本书就是遵从单院长的这种思路和主张，对广州十三行遗址遗存加以保护、开发而研究的。这种研究是呼唤实现名城保护、文物保护、旅游开发、城市规划、城市设计、文化景观设计、环境艺术设计诸种专业的综合统筹、在具有对中国文化遗产保护情怀的社会各界人士的参与下、监督下，，使城市变得更加美好。文物部门等行政机关、房地产资本是文化遗址遗产保护与开发的重要主体，应当以更高的站位，深刻理解中央关于"四个自信"，特别是"文化自信"的有关要求，深刻理解保护历史文化遗址遗产对于树立全社会'文化自信'的重要性，深刻把握自身在历史文化遗址遗产保护工作中肩负的历史与社会责任，勇于担当作，勇于打破局部利益束缚，着眼、长远、全局，为保护工作承职任责，积极作为。

风靡世界的国际商埠文化景观

海上丝绸之路上的广州十三行商馆区——是一道耀眼的西洋建筑风景线，昭示了中国古代社会向中国近代社会的变迁史。作为西洋建筑文化的"西来初地"，它演绎了中西两种文化相互碰撞、叠加与融合的悲喜剧，开启了中西合璧建筑文化景观百余年来在天朝大地的延续、发展与共识，已熔铸为至今培育广州世界名城代表性的城市景观形态之一，有必要加以保护、利用。

景观是地球表面各种地理现象的综合体，一种集合式大尺度的审美对象，也是群体聚落功能性设施的统称。它包含了自然形态和人工形态的所有存在对象，是人们观照世界与表现认识的空间，也是以空间为载体的文化形式。[①] 名城景观研究具有深远的社会科学意义。

在1686—1842年长达156年的历史时期内，广州西翼城、西濠涌以西的西关沿江地带，有一块给外国商人居住和经商的外贸"特区"，呈现出两千年来中国不曾有的商埠、口岸城市景观。且自1757年以后的85年间作为整个多民族的大清帝国"一口通商"的"门户"，在世界海上贸易时代被树为"国门"的形象风靡全球（图1）。这一特有的文化景观无可辩驳地显示具有深厚的文物价值，她是一朵昭示中国融入国际商品社会的报春花。

一 中国传统城市第一道西洋建筑风景线

"十三行"是大清帝国垄断对外贸易而特许的半官半民行商组织。后

---

① 幽兰操、俞孔坚等：《城市文化景观》，http://blog.sina.com.cn/kkbrs 新浪博客 blog.sina.com.cn/s/blog_4de0744b0100，2010年5月6日，《景观中国》等文章。

图1　广州古城凸显十三行夷馆风光（历史画卷）

来国人常将当时所有相关对外贸易的行商制度、经营方式、历史年代、活动区域、商人集团以及外商洋人居住的夷馆等，笼统纳为"十三行"。尤其外国商馆所形成的一组异域建筑，成为我国自古以来首次出现一道耀眼的、划时代的文化景观，永远铭刻在中国（广州）城市发展史上。

据不完全统计，当时几乎世界上主要的国家和地区都与广州有了直接的商贸关系。如亚洲的有越南、柬埔寨、缅甸、泰国、新加坡、马来西亚、苏门答腊、爪哇、菲律宾、苏禄、加里曼丹、印度、孟加拉国、伊朗、日本、朝鲜等；欧洲的有葡萄牙、西班牙、荷兰、奥地利、瑞典、丹麦、英国、法国、普鲁士、意大利、俄国等；非洲的有埃及，大洋洲的有澳大利亚等。[①]

为了满足商务往来、便于对外商的监督管理，清政府特划定十三行街以南至珠江河岸，东以西濠涌为界，西至联兴街，四至整然，约5公顷的土地为十三行夷馆区。《华事夷言》载："十三间夷馆近在河边，计有七百忽地，内住英吉利、弥利坚、佛兰西、领脉、绥林、荷兰、巴西、欧色特厘阿、俄罗斯、普鲁社、大吕宋、布路牙等之人。"显然这是一块很有限的土地。尽管如此，中国100多年的外贸史却与此结下不解之缘，中外经济、文化、军事上的交流、碰撞的悲喜剧不断地在此上演，中国由专制

[①] 广州历史文化名城研究会、广州市荔湾区地方志编纂委员会办公室：《广州十三行沧桑》，广东省地图出版社2001年版，第36页。

农耕社会进入近代商品社会的帷幕却也在此被拉开。

十三行夷馆区的地图有不同历史时期的版本。正好说明了十三行夷馆建筑经历了若干次火灾或重建，每次重建基本遵循了过去的分布特征，而建筑样式和规模却难免发生一些变化。总的趋势是层数越变越高、风格越变越"洋"，南北通进深越来越长，且平面图也因测量学的发展，越来越相对精确和详细，如《东印度公司对华贸易编年史》第三卷所附马士1925年绘十三行商馆平面图标有比例尺，珠江岸线标注得也较具体。大清税馆即图中"税口"正在内港里侧。各商馆内部的结构也较翔实。[①]

"万国彩旗飘五色。"各商馆前均有不断向南扩展的露天广场，广场上竖立着各国国旗。风帆时代的船只布满了江（海）面，一片繁忙的景象：

广州舶市十三行，雁翅排成蜂缀房。
珠海珠江前浩淼，锦帆锦缆日翱翔。

清·张九钺《番行篇》

当时珠江岸线尚在今文化公园内，商馆前流淌的江面很开阔，俗称"小海"。如从江上或河南岸遥望，则江北杉木栏路，万商云集，桅杆如林。江面上最惹人注目的"大眼鸡"船，又称"红头船"，是广东岭南一带近代主要货运船。红头船两旁还有"花艇"，供有钱人宴饮、狎妓游乐。远景洋行是为视线关注的焦点，色彩明快突出。行馆之前常停泊着挂英国国旗的欧式小斜桁纵帆船。许多外销画均生动地描绘出屈大均所吟咏的商业氛围："洋船争出是官商，十字门开向二洋。五丝八丝广缎好，银钱堆满十三行"（《广州竹枝词》）。[②]

二 十三行：外来建筑登陆的西来初地

设置十三夷馆乃仿效明代"怀远驿"（招待远方朝贡贸易的来客）遗

[①] 广州历史文化名城研究会、广州市荔湾区地方志编纂委员会办公室：《广州十三行沧桑》，广东省地图出版社2001年版，第7—13页。

[②] 陈永正：《中国古代海上丝绸之路诗选》，广东旅游出版社2001年版，第348页。

制。阮元主纂《广东通志》云："皆起重楼如榭，为夷人停居之所。"（图2）从马士地图可看到，当时流行的"竹筒屋"由"Ⅰ、Ⅱ、Ⅲ……"房号和空白"天井"变现出来。同文街、靖远街的店铺大小、形状也很清楚。图中丹麦馆为6座房、西班牙馆为4座房。"法国馆"实属行商行号，没设天井，靠纵向巷道单独出入。英国馆面积最大，其中有6座带露天走廊的馆宅，宅群间还立有钟楼。该馆正南入口设有柱式门廊，前临靠江花园。与英国馆紧连的荷兰馆也设有柱式门廊。其他夷馆建筑几乎均在中式竹筒屋的南立面，采用了西方建筑的风格或符号，远在太平洋西岸也不忘本国的建筑文化表现。从民族学、文化学等角度看也是不难理解的。

图2　夷馆立面首先被洋商洋化（外销画）

1748年第一次大火后，始筑半西式商馆。1769年西方旅游者曾记载夷馆建筑的门楼外观"设有栏杆的阳台、壁柱及柱廊上典雅的三角顶"，悉按西方形式修建。从夷馆外形看，因西方各国在文化上的根源相近性，差别不是很大。

乾隆末年，著名诗人袁枚旅粤《留别香亭》六首之三云：

教侬远上五羊城,海寺花田次第经。沙面笙歌喧昼夜,洋楼金碧耀丹青。

"洋楼"又称"碧楼","盖西洋人好碧,广州十三行有壁堂。其制皆以连房广厦,蔽日透月为工"(李斗《扬州画舫录》)。①

道光年间,商馆的正立面连排大致如一,坐北朝南、面向珠江,远看较整齐。建筑色彩一般为白色和浅黄棕色,瓦面用灰白色、砖红色。在外销画中还可以看到英、荷等国的商馆立有红米色方形石柱支撑起入口平台,长而宽的阳台向河伸出,特别醒目。有的商馆山墙绘有国徽图案,如英国馆还刻有"不列颠东印度公司"(Pro Regis et senatus Angliae)字样;荷兰馆也刻有国徽及意为"我将保全"或"坚持不懈"(Je Maintiendrai)格言。②

圆拱形的走廊、通道和柱廊很有韵味。一般要通过门前高高竖立的国旗才易分辨出哪一栋是属于哪一国的商馆。在外销画中,常见的是英国的米字旗和法国的三色旗。屋外栏栅从正门到河边圈成花园,河边常带石基墩,用石板铺砌的道路组合成整齐的街道式样。

沈慕琴有《登西洋鬼子楼》长诗对洋楼的格局和陈设进行了描写:

危楼杰阁高切云,砺墙粉白横雕薨。钩阑高下涂净绿,铜枢衔门屈戍平。踏梯登楼豁望眼,网户宏敞涵虚明。复帐高卷红靺鞨,科苏斗大悬朱缨。华灯四照铜盘腻,虬枝蜷曲蚝膏盛。丈余大镜嵌四壁,举头笑客来相迎。毾䇯布地钉贴妥,天昊紫风交纵横,佉卢小字愧迷目,珠丝蚕尾纷殊形。鹅毛管小制不律,琉璃椀大争晶莹。器物诡异何足数,波斯市上嗟相惊。③

---

① 广州市荔湾区地方志编纂委员会办公室:《别有深情寄荔湾》,广东省地图出版社 1998 年版,第 107 页。
② 曾昭璇等:《广州十三行商馆区的历史地理》,《岭南文史》1999 年第 1 期,第 16 页。
③ 蔡鸿生:《清代广州的荷兰馆》,载蔡鸿生主编《广州与海洋文明》,中山大学出版社 1997 年版,第 342—343 页。

三　中西文化从碰撞到融合的建筑表象

文化景观或人文景观是指居住于该地的某文化集团为满足其需要，利用自然界所提供的材料，在自然景观的基础上，叠加上自己所创造的文化产品，包括各种人工场景及其关联动态场景。景观是存在的介质，是我们观照世界的对象，具有其内在的机理和历史的因由。我们通过接触、认识和研究景观，获得世界各种存在的本体及它们的关系。[①]

清代李兆洛有《十三行》诗对外来风气虽有抵触，但也写出夷馆建筑的风格特色着实不凡：

别开邸第馆诸夷，一十三家各斗靡。
窗槛玲珑巢翡翠，轩屏眩转吠琉璃。
铺排景物观殊状，变易华风事岂宜。

在明亮的十三行夷馆街区景观的背后，我们可以看到汪洋大海似的山峦与民居还是中国的城乡景观；在夷馆建筑西式门廊的背后，还是竹筒屋的中式主体建筑。这说明：两种基本特征的文化在这里进行叠加、融合、碰撞。中国的西洋式建筑明代就出现在澳门。后来这种"窗大如户"的半欧式建筑通过十三行渐次传入广州然后再到内陆各地。同期的北京也仅仅是作为园林趣味的建筑小品——少数西洋楼出现在皇家园林之中。[②] 当时广州的欧式建筑样式只能部分地用到商馆建筑上，且规模较小。底层作为办公、售货、买办室、仓库或佣人休息室；二楼以上大都为住宅、起居用室。其他性质的建筑很少。商馆前广场上的一座袖珍式的圣公会教堂，仅仅生存了十几年就毁掉了。

鸦片战争以后，西方诸国取得租界权，在租界内建造完整的西洋建筑，体现出西洋建筑规划设计的整体先进性，引领我国城市建设、建筑设计的发展。自此，中西合璧的西洋风格建筑出现在中国所有开放的城市、

[①] 幽兰操、俞孔坚等：《城市文化景观》，http://blog.sina.com.cn/kkbrs 新浪博客 blog.sina.com.cn/s/blog_4de0744b0100，2010年5月6日，《景观中国》等文章。

[②] 指圆明园西北角的西洋楼建筑。

集镇和乡村，意义多为正面。

为什么西洋建筑在十三行消亡之前一直得不到发展？不是十三行本身的问题，建筑本来只是物质性的一种使用器物，可以为任何阶级、民族服务。但封建王朝却以夷夏之辩的目光来看待，担心"以夷变夏"，对其进行抵制与限制。当辛亥革命成功之后，经商的思想勃起、开放的意识勃起；当禁锢科技发展之顽固体制遭受冲决后，先进的东西就会得到认可，社会才出现一个大的进步，迎来一个建设的高潮。典型的例子就是遍及半个中国的骑楼、骑楼街、骑楼村、骑楼镇、骑楼城、骑楼大都市，展示了中外建筑文化共生共荣的效果。几乎全岭南地区都有骑楼。岭南原生态建筑接受北方影响，尚没发展成熟，海洋文化就进来了。岭南建筑应该是中原文明、本土文明、海洋文明的有机结合体。有人将骑楼污为"殖民地建筑"，这既不符合历史实，也不符合对先进、实用建筑式样理应抱持的"拿来主义"态度。

四　西洋建筑文化景观的漫延渗透感染

西式建筑登陆广州、扎根十三行河滩地后，经过比较竞争，表现出具有较好的可传承、可发展特性，其文化景观的传播亦存在一定的内在机理。

（一）高位势文化的强力主导作用

建筑文化景观的延续发展取决于高位势文化的主导作用。怀远驿是与"朝贡贸易"相对应的中国造"驿馆"，中国处高文化位势，在中国土地上不可能采用朝贡国的建筑风格。

十三夷馆早期也由中国行商建，一致保留了广府地方"竹筒屋"的布置形式和中式风格特色（图3）。"竹筒屋"适宜家庭居住和作坊就地自主经营的特点。不可否定有用地限制的原因，更大的原因是清政府限制外商及其商业资本主义的影响。为追求四围外墙通敞的外廊作风，英国馆、荷兰馆仅仅采用独立式柱向前伸出部分门廊、而后在立面挑出带构造柱的阳台稍许显示这一倾向，直至沙面建筑才使其西式风格全面放开发展。强势文化的渗透在租界建筑上表现得较强烈。

图3 十三行夷馆早期为竹筒屋形制

(二) 外来文化与本土文化积极结合

两种文化的结合是一条"和平共处"、和平竞争、共同发展的道路。1705—1880年的新古典主义是欧洲古典主义的最新阶段,讲究体量宏伟、柱式严谨,后期三层夷馆也受此影响。这里虽与英国本土存在一个20—30年的差距,但并未表现出创作技法的落后(图4)。

图4 后期夷馆及其花园小教堂(外销画)

似乎殖民地多相对在南方、热带；廊柱要素成了殖民地的代名词（按："殖民地的"英文 colonial，柱廊"colonnacle"）。英国殖民地（含香港）的建筑风格应该说是欧洲传统风格与殖民地本土风格的交织。其他国家和地区（如中国广州）兴建的洋式建筑也可用上述公式表述。不同于古埃及文明的断代现象，本土文化吸收外来文化丰富自己，表明了一个民族的自信与包容、且符合事物普适性发展规律。

（三）世界商品经济背景的共生影响

在工业革命推动下，城市猛烈发展。18 世纪上半叶和中叶，英国本土建筑历经乔治王朝（Georgian Style）晚期风格，以乔治六世为摄政王（Regent）的年代来命名，出现了新古典主义、帕拉迪奥主义等前摄政时期样式。尺寸都比较小巧，融合了古罗马、希腊、埃及、中国及哥特式等设计元素。乔治时期模仿古罗马人的风格主要表现为简约对称，具有非常优美的线条，窗户、房门多为矩形，房间内部空间充裕。至 18 世纪下半叶，英国主要建筑思潮是古典复兴，反映了工业资产阶级的政治理论。

"摄政"作风就是一种罗马复兴手法，重视人性化的开明装饰特质。比较流行的有拱形房屋入口，精工雕刻的房门和阳台，以铁质材料做成栏杆花饰。家具以舒适为主要标准，形式、线条、结构、表面装修日益简单。此期，夷馆区传统工整的英式花园也伴随而行。广州十三行夷馆详细平面无从考证，因地形环境、建筑功能、用地规模等要素的影响，估计在中国竹筒屋内部空间布置基础上会不断地加以改造。如商馆建设权出让给外商后，立面柱式必然越来越西化。

英伦本土大、中、小型庄园府邸流行着帕拉迪奥主义（Palladianism），讲究理性的柱式规范和构图原则，这是受到年轻一代辉格党人青睐的折中主义思潮表现，以复兴罗马风为主的大汇合手法。威尼斯窗（帕拉迪奥窗）具有充分的表现力和应用灵活的优点，得到广泛的流传也是理所当然的事。[①] 当广州可以"全盘放开"西化建筑时，则到沙面时代了（图5）。

---

① 田代辉久：《广州十三夷馆研究》，载马秀之《中国近代建筑通览·广州篇》，中国建筑工业出版社1998年版，第34页。

图5　沙面建筑早期风光

五　作为世界商埠名城的建筑文化景观

广州十三行夷馆是封建时代开放口岸的产品。夷馆景观表明一个几千年的农业帝国，第一次冒出了一种新的经济模式。虽然还处在萌芽状态，但它像一朵报春花，以强烈的生命力挑战千年来呈浩瀚状的天朝农业文明。

对西洋建筑景观的心理调适我们花了几十年的时间也没做好。若主动改变策略，则需要：改变认知成分——转变对外来文明的观念，好则为之；改变情感成分——对其功能、美学特质信服用之；改变行为成分——认真体验其科学、实用、以人为本的价值。[1]

景观一词是构成人们记忆的场景单元，是一个关联场景和现象统一的名称。它从欧洲历史风景画的框景概念中转化出来，"五四"时期由日本转译来到中国。偌大的一个"清帝国"，当万里海疆不得随意出海的近一个世纪之中，只有广州"一口通商"，使广州在世界航海图上处于"东方大港"的重要位置。香港、澳门、新加坡及世界各地的华人，对十三行

---

[1] 幽兰操、俞孔坚等：《城市文化景观》，http://blog.sina.com.cn/kkbrs 新浪博客 blog.sina.com.cn/s/blog_4de0744b0100，2010年5月6日，《景观中国》等文章。

的历史是永远不会忘却的。因为正是这段历史，中国人开始真正地融入世界贸易体系。

"十三行"的时间标志作用，具有划时代的意义。"十三行"缘自明代福建月港与外商做生意的十三家货行。当调商汇集到广州实行"一口通商"时，则沿习了下来，并经受了由封闭型的农业时代不自觉地进入商品货物流通时代的社会阵痛。近代史上的各种政治思想主张皆由此而生。当国人对世界商品流通制度还没完全调适好的时候，我们又进入了一段相对封闭的历史时期。十三行这块土地上春秋两季的"一口展销"（广交会）的活动继续承载"开窗"的历史使命。

今天，国人愉快地进入 WTO 世界贸易组织系统之际，更有必要重温"十三行"那段历史。在国际贸易中，"岂知洋人更狡猾，洋货日贵洋行贫"，"海市蜃楼多变态"，"荡尽私囊欠官银"[①] 的教训也是值得我们吸取的。当英国东印度公司[②]垄断组织被改革而实行更有利于对外贸易的开放制度时，中国还无动于衷，仍坚持由十三行垄断的"一口通商"政策。十三行的毁灭，实际上就是清政府约束外贸活动的"广州制度"[③] 的覆灭。制度的开放改革、对经济规律的认知运用，就会焕发出巨大的潜能。制度变革的过程意味着一场社会大进步。

塑造"十三行"的空间地标旅游景观无论怎样评判也不为过。世界上知名的事物，总希望能在人们心目中形成一道视觉景观实体形象。十三行商馆废墟的隐含性早已逝去，今日开发过渡期的招徕性却让房地产商吞没了，今后十三行商埠文化旅游区的行销性形象，应该实实在在地还给广大人民群众。有了十三行的地标景观作用，就容易让人们捡回被丢弃的那段历史。让天下的游人知道地球上的这个坐标点给人们应该传达些什么样的信息和怎样美好的意象，并使之成为当年各通商国凝聚有"十三行"情结的人们作"觐见"的圣地。

另外，一个开放的商埠城市的有机构成绝不只是一片孤立的"蕃坊"

---

① 梁承文：《历代名人咏荔湾》，中国文史出版社 2003 年版，第 60 页。
② 为规范对外贸易和约束外商行动，清政府制定了一套滑稽而落后的管理制度，外商称为"广州制度"。
③ 东印度公司为 16—19 世纪，葡萄牙、荷兰、英国、法国、丹麦、瑞典等国对印度和东南亚各国以及中国垄断经营贸易而特许设置的公司。该公司不仅从事商业活动，而且享有独立国家主权，拥有政治和军事权力。19 世纪初，英国政府取缔了该组织的垄断地位。

驿馆。广州与"十三行"相关的城市要素还有许多，是它们共同组成了一个庞大的网络系统，全面而完整的铸就了商都广州的形象。这一点正好符合史迹文化旅游的特质。落实在城市规划、城市设计上，有必要围绕主题加以整合。如十三行夷馆区、西堤、沙面、六二三路、人民南路、桨拦路、怡和街、漱珠涌，以及琶洲、黄埔古港、海幢寺等就是一系列颇具故事性的历史舞台。

当年广州能规划建设分布全城的骑楼街道网，是法律效应与群众配合，从必然王国到自由王国的结果。骑楼风貌景观——构成了广州世界名城一道特殊的风景线（图6），随后传播到整个南部中国。我们相信十三行商埠文化遗址保护开发，必能实现文化复兴、传承中西合璧艺术，实现大众商业的最大化、国际化。

图6　中西合璧的骑楼景观是广东十大名片之首

十三行商埠文化旅游区应该成为国际性的品牌。它是千年商城、千年港城的代表形象之一。它不仅可以成为"十三行商人""广州商人"，还可以成为国外商人及水手后裔、学术研究人员重要的关注对象。例如，瑞典国"歌德堡Ⅲ"号、阿拉伯"苏哈尔"号等仿古商船重访十三行就是有力的证明。通过名城历史文化街区保护规划，名城景观环境艺术设计，通过具有历史文化内涵和渊源的主题性公园建设和开放，让十三行的历史轴联系起世界各国数千年的"帆船时代"，让十三行的景观轴贯穿起广州历史的主题文化空间，联接有国际影响力的海洋文化。

一个"七百忽地"的城市增长极

十三行作为进入商业文明社会的动力因素，促进了大清帝国广州城市的发展。国际贸易地带的十三夷馆区是为一个城市"增长极"，西关、西城、西村、"河南"、黄埔古港等历史地段是为发展新区。分析其促进力的同时，明确其他消极因素的制约，为广州新时期的商埠文化世界名城建设与可持续发展以借鉴，意义匪浅。

有清一代，广州古城其他城区并无大的发展，只是在顺治四年（1647），因城南江滩已成陆成街，为守卫南面新城，由明城东西两侧伸出，直下江边筑建了东西两翼城，各20余丈，俗称"鸡翼城"，分设正东门、安澜门。然而，相对全国普天禁忌、完全"闭关锁国"的抑商政策，"一口通商"却给了广州一个特殊的机遇，促进了广州的一口繁荣，为中国社会经济与国际市场的交接搭起了一个跳板。因广州十三行的生存，使城外西关、南关、河南南华西街等地带，得到了一定的发展。这是世界商贸动力因素刺激城市建设发展的历史成就和证明。又因整个国家的对外贸易始终由"十三行"操办，上述发展可否谓之"十三行模式"？其间"一口通商"近一个世纪，可否称之为"十三行时期"？有待学界共识。

不过，清政府的开放政策是勉强的、不彻底的"门缝政策"，缺乏正常商业心态，巧立荒诞征缴名目，限制中外商人的经济文化活动，城市建设是不自觉、被动的，并没能达到最佳效果。

一 一个"七百忽地"的城市增长极

16世纪末至19世纪中叶，人类已走过大航海探险时代，正在先后不断地完成第一次产业革命,进入全球商品流通的大时代。随着东西方外贸业的发展,到广州的外国商人与日俱增,许多贸易数额大的国家开始在广州设立商馆,取代了(明)"朝贡贸易"怀远驿的一套旧规。康熙五十四年(1715),英国东印度公司在广州首设商馆。雍正五年(1727)荷兰获准建商馆,雍正六年(1728),法国在广州设立商馆。雍正九年(1731),丹麦,雍正十年(1732),瑞典,相继设馆。乾隆二十二年(1757)一口通商后,广州的外国商馆数量大增。[1] 正如《华事夷言》所载:"十三夷馆近在河边,计有七百忽地,内住英吉利、弥利坚、佛兰西、领脉、绥林、荷兰、巴西、欧色特厘阿、俄罗斯、普鲁社、大吕宋、布路牙等之人。"乾隆年间(1736—1795)夷馆占地 5.1 公顷。乾隆五十一年(1786),美国驻广州第一任领事山茂召到穗上任。[2]

"忽",长度和重量的单位,一丝的十分之一,一毫的百分之一。显然这"七百忽地"就是意味很小的一块地,但却成了广州的一个经济增长极,一个世人瞩目的地方,一个中国社会制度转型的拐点。十三行素有"金山珠海,天子南库"之称。乾隆初年,每年十三行的海外贸易关税收入,除支付军饷、衙役差饷所需之外,尚有盈余五十多万两上缴朝廷,更别说地方各级官吏所获巨额收入。

外国商馆是外国驻华贸易的管理机构,具有外交和商贸功能。但多数商馆主要以经商为宗旨。如广州的荷兰馆就是专门贩运茶、丝和瓷器的商馆,在广州洋行中,荷兰馆又名"集义行"(the Hong of Justice),经商宗旨十分明显。外国商馆又称十三夷馆、十三洋行,均属商办性质。当中国行商财力不支或特殊情况(如失火烧毁)下,外商参建或租地自建商馆,采取了他国传统建筑风格,自然就有了西式建筑,首先就出现在中国十三行这片土地上(图1)。

当时作为商人、牧师来广州的西洋人留下了许多文字记述十三夷馆,[3] 但比较专业的研究很少。如威廉·希基(William Hickey,1769 年 8

---

[1] 冷冻、赵春晨、章文钦、杨宏烈:《广东十三行历史人文资源调查报告》,广州出版社 2012 年版,第 13—14 页。

[2] 曾昭璇:《广州十三行商馆区的历史地理》,见胡文中等《广州十三行沧桑》,广东省地图出版社 2002 年版,第 10 页。

[3] [美]威廉·C. 亨特:《广州"番鬼"录》,冯树铁译,广东人民出版社 1993 年版,第 16 页注。

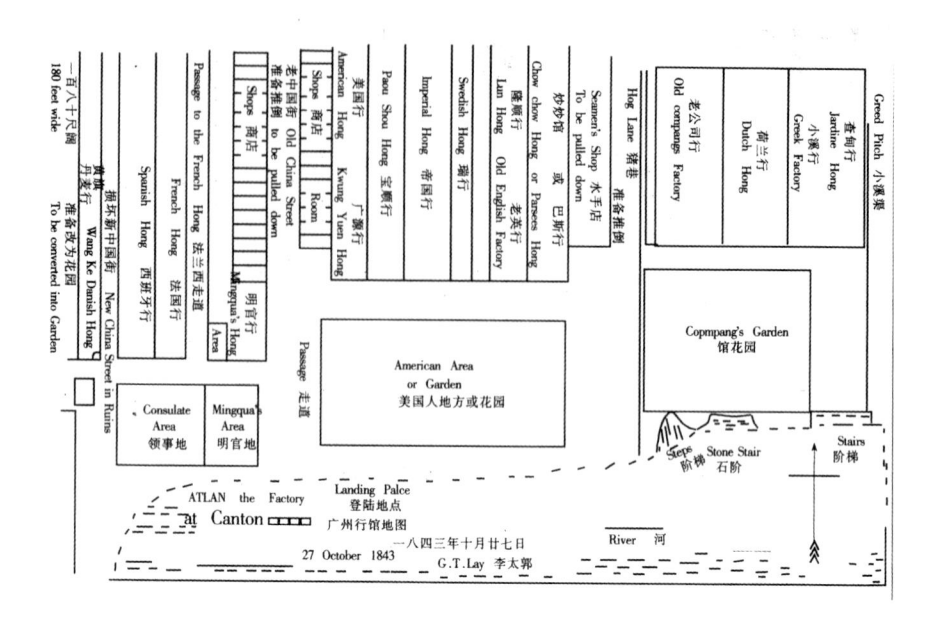

图1　1843年李太郭绘制的商馆分布图

月到达中国）的《中国通商图（*Chater Collection*），威廉·C. 亨特（William C. Hunter）的《广州番鬼录》（*The Fan Kwae at Canton*，1882年）、《旧中国杂记》（*Bits of Old China*，1885年）等著作则成为了主要的历史资料来源。阮元《广东通志》云：商馆"皆起重楼如榭，为夷人停居之所"。李斗《扬州画舫录》云："广州十三行有碧堂，其制皆以连房广厦蔽日透月为工。"①

每个商馆虽大同小异，但各具特色，馆前各竖本国国旗标明国籍。黄培芳《香石诗话》引钱塘叶詹岩《广州杂咏》，这样描写夷馆风光：

十三行外水西头，粉壁犀帘鬼子楼。
风荡彩旗飘五色，辨他日本与流球。
十三行畔搬洋货，如看波斯进宝图。

这种"万国彩旗飘五色"的文化景观（如图2、图3）乃对外开放贸易的产物。作为一个城市发展的"增长极"，带动了城市的建设发展。道

---

① 曾昭璇等：《广州十三行商馆的历史地理》，《岭南文史》1999年第1期。

光年间（1721—1750），商馆的正立面连排大致如一，坐北朝南、面向珠江，远看较整齐。建筑色彩一般为白色和浅黄棕色，瓦面用灰白色、砖红色，特别醒目。有的商馆山墙绘制有国徽图案，如英国国徽刻有"Pro Regis et senatus Angliae"。荷兰馆也刻有国徽及"Je Maintiendrai"格言。①圆拱形的走廊、通道和柱廊很有韵味。一般要通过门前高高竖立的国旗才易分辨出哪一栋是属于哪一国的。在外销画中，常见的是英国的米字旗和法国的三色旗下的屋外栏栅从正门到河边圈成花园——美国花园和英国花园——这是西人在中国（商馆区）修建的第一批西式园林。②

图2 "万国旗飘"的外贸特区（玻璃蚀刻画）

二 "十三行"促进广州的城市发展

出现在广州17—18世纪的十三行商贸特区，不仅创造了自身繁华景观，也带动了广州西关、河南南华西街、沙面、古城西南一隅的发展（图4）。

---

① 龚伯洪：《商都广州》，广东省地图出版社1999年版。
② 江滢河：《鸦片战争后广州十三行商馆区的西式花园》，《海交史研究》2013年第1期，第111—124页。

图3 夷馆建筑近景（［法］于勒·埃及尔摄）

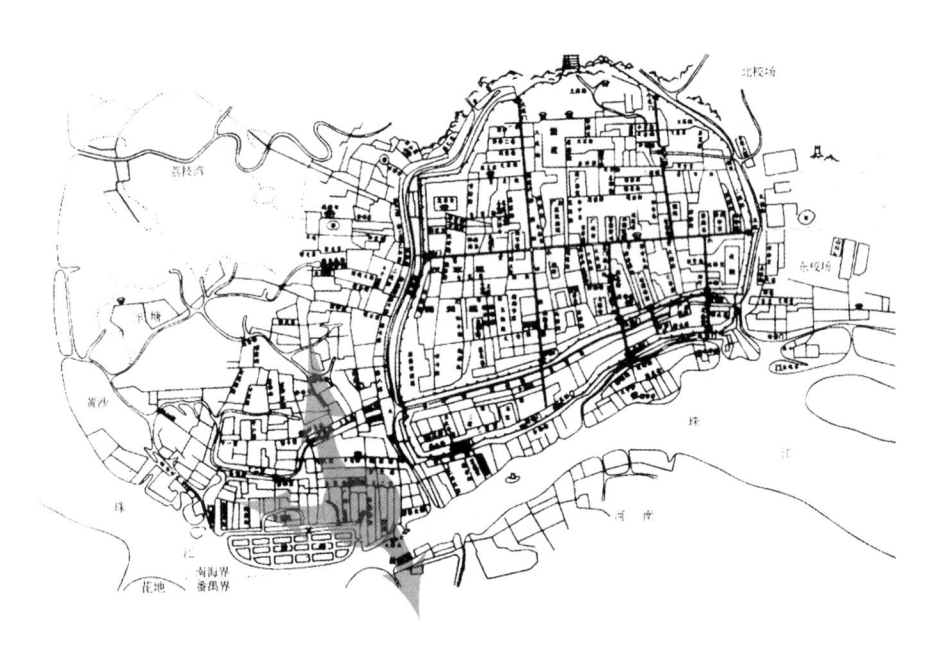

图4 清代广州城坊外郭扩展图

（一）重点促进了西关的城市建设

广州明代西城墙连接清代西翼墙，北起越秀山南到珠江，两墙迤延伸西是为西关。西关多河湖水系，适宜造园游赏，并不是理想的建城之地，明代只有"十八甫"街圩。清代十三行时期，西关聚集有众多纺织工场以及工商富人 2500 多家，每家雇手工业工人 20 多人（尚钺《中国历史纲要》）。纺织业的兴旺带动了印染、制衣、鞋帽、织袜、绒线等相关产业。商贸带来城市建设的发展，许多农田很快变成了机房区。因建机房开街的街区有第六甫、第七甫、第八甫（今光复中路），转西上九甫、长寿里、小圃园，北连洞神坊、青紫坊、芦排巷（今龙津东）等。大街小巷连名字也以纺织品为名，如锦华大街、锦纶大街、麻纱巷等。有专卖布的杨巷，有专业性的故衣街、装帽街等。资金流转的银铺多设在十八甫。道光以前的西乐园大部分变为市区，西关平原的农田被大片开发①（图5）。

图5　西关最早的城市景观（［法］于勒·埃及尔摄）

西关人家的祖辈，或为商贾、商贩，或为商行工人，多从事与商贸有关的职业，所以西关行业"会馆"林立。尽管当年丝织工场故址不复存在，但一些街牌、巷名留下了十三行时期织造业兴旺发达的痕迹。1816 年，随阿美士德使团来华的随团医生麦克劳得曾描述："广州是中国最有趣的城市，论城的规模，它最大，论财富也可能最多。在广州，你可以看到当地

---

① 广州市荔湾区地方志编纂委员会：《广州市荔湾区志》，广东人民出版社 1998 年版。

的风土人情，也可以观察到他们因与欧洲通商贸易而渐习欧风……"①

太平门外的商铺共有15000家,② 这些商店与行商的公行、馆所、商栈等设施都靠近十三行夷馆地带。这儿是西方建筑文化最早抢滩登陆中国的地方之一。现在，太平门外的上下九路独具岭南传统建筑特色的西关商廊，都是在十三行时期发展基础上形成的。这是一个发展高峰期，广州形成了"城—厢"呼应的结构模式，致使古城重心西移。

十三行时期西关顺理成章地充任了广州金融业、饮食业、南北药材业、北货业、布匹业、大米业和酸枝家具业的主要集中地和商贸大本营。时人称：（广州）"通夷舶，珠贝族焉，西关尤财货之地，肉林酒海，无寒暑，无昼夜。"③ 当时国外资料记载："有机会到过广州，走过它的街道，看一下街道熙攘的情景下，就会认为此城人口，绝不会少于一百万人。"④ 乾隆年间诗人李调元两首《南海竹枝词》⑤ 可一窥西关概貌：

> 自是繁华地不同，鱼鳞万户海城中。
> 人家尽蓄珊瑚鸟，高挂栏杆碧玉笼。
> 奇珍大半出西洋，番舶归时亦置装。
> 新出牛郎云光锻，花边钱满十三行。

"一口通商"的政策，提升了西关经济地位，故成为行商、牙行（参见《续文献通考》卷三十一：中介商人组织）、买办们置买房产、安顿家眷落户久居的首选之地。如潘仕成在荔枝湾的私家住宅乃广州最有名气的近代私家花园。现存西关大屋群社区基本都是十三行时期奠定的历史街区，并非杂乱无序的自由集市。现在西关的十三行路、杨巷路、第十甫路、十五甫路一带的民房仍保留有当年的街巷格局和中西结合的建筑风格。

（二）整合附属的四条涉外商业街

为防止外商直接与民众接触，清廷限制洋商仅在十三行一带活动、不

---

① 广东省博物馆：《广州百年沧桑》，花城出版社2003年版，第12页。
② 蒋祖缘：《简明广东史》，广东人民出版社2007年版，第36—37页。
③ 引自戴逸主编《简明清史》第一册，人民出版社1980年版，第410页。
④ 刘平：《序二》、中国第一历史档案馆、广州市荔湾区人民政府：《清宫广州十三行档案精选》，广东经济出版社2002年版。
⑤ 梁承文主编：《历代名人咏荔湾》，中国文史出版社2003年版，第40页。

得入城，并于乾隆四十二年（1777）开十三行街，虽说"为西洋诸国贸易之所"，①实质是控制洋人的活动范围。以十三行街断北，并以此为骨架，垂直南向有四条商业街（Old China Street、New China Street、Hog-Lane），将夷馆区划分成三个大的部分。"附近之新豆栏、同文街、联兴街、靖远街等处，市尘稠密、阛阓连云。"（《林则徐集·公牍》，第163页）尽管清政府用心阴险，对其虽然总是"管卡压"，但这种涉外小商业街却也出现了"千家百户次第开"的繁华景象。由此中国的绘画、工艺品、礼仪习俗等与国际社会取得了紧密的联系。

西边同文街　这条小街两旁全是整齐的两层小店，上层是装有玻璃窗户的小骑楼，下层是木板店面，有时用雕花银饰。街道宽7—8米，地面是用15—17行花岗岩条石板顺街铺砌。岩石为冬瓜条状，长1.5米，宽0.6—0.8米。这种铺砌图案同西关街巷用石板横砌大相异趣，平坦流畅北通十三行街，南达珠江边。从图6可见一边街铺有如不连通的骑楼。

图6　同文街（外销画）

---

① 广州历史名城研究会等：《广州十三行沧桑》，广东省地图出版社2002年版，第53页。

中间靖远街　　街宽 7—8 米，街两旁也是中国式的两层小商店，屋顶上布置有整齐同一的露台，下部为骑楼雏形式样（图 7）。另一张图刻画了街口立有四柱三门式的牌坊，坊门附近转弯处商店山墙亦开有门洞，以此扩大营业面。

东边荳栏街　　位于今荳（同"豆"）栏东的西侧，旧名豆栏正街。俗传"羊城呼市为栏"。街宽 5 米左右，故只有一侧布置商店。其开店面同后来半边骑楼街一样很有风趣。十三行时期因傍商馆，得以迅速发展成街，且为"沙亭往省城新豆栏渡"。①

图 7　靖远街（外销画）

（三）拉动了古城西南一隅商行区发展

夷馆南侧广场是填江造成的，临接珠江设有码头。夷馆东侧跨过小河有十三洋行及一座城楼，十三行街北侧的洋行中有称作"公所"的集会处，夷馆西侧设有围墙与外侧洋行相隔。洋行除了同文行设在同文街外，其余多设置在十三行街之外。它们从靖海门外起到十三行街东端止，依次排列有四家商行在西濠东部。② 今越秀区仁济西路怡和街（怡和行）、普安街

---

① 《番禺县志》，见黄佛颐《广州城坊志》，第 615 页。
② 章文钦：《广东十三行与早期中西关系》，广东经济出版社 2009 年版，第 203—205 页。

（普安行）、宝顺大街（天宝行、同顺行）就是当年遗址。因西濠涌出口附近有豆栏码头，可利用西濠涌的水体转运商品，进出方便、避风避潮，有利于洋商安全采购、推销货物，使这里还出现了许多洋行行栈——怡和行、集义行、同文行、宝和行、宝顺行、广元行、中和行等各家行栈均集中于此。[①] 此外还有许多"商铺、作坊和离开街道很远的妇女居住的房子"[②]。但因清廷限制洋商、行商不准入城或外拓政策，虽近在咫尺，城内的建设发展却没能受到大规模的积极影响（图8、图9）。只是古城外西南一带，到了近代民国时期不可避免地发展成为广州重要的商业中心区——太平南路，与十三行这段历史背景大有关系。

图8 广州港（英国画）有炮台和水军守卫

（四）带来水上"浮城"异样的繁华

乾隆三十年（1768），英国商人威廉·希克讲道："珠江上船舶运行忙碌的情景，就像伦敦桥下的泰晤士河。不同的是河面上的帆船形式不

[①] 王元林：《清代广州十三行与广州城市建设关系研究》，十三行与世界文化名城培育研讨会论文，2012年12月。

[②] ［美］威廉·C.亨特：《广州"番鬼"录》第16页注，冯铁译，广东人民出版社1993年版，第21页。

图 9 中西建筑的"城—馆"结合部（《粤海关志》）

一，还有大帆船。在外国人眼里，再没有比排列在珠江上长达几哩的帆船更为壮观的了。"① 沙面没有成为租界之前，因受十三行的影响，形成了一个繁华的水上"浮城"。在 19 世纪前期，8 万多"疍民"大多集中在沙基一带，通过河流网联系着古代整个珠江三角洲地区。

美国人威廉·亨特（William C. Hunter）这样描述 1825 年他所看到的"浮城"景象："从内地来的货船、客船、水上居民和从内地来的船艇、政府的巡船及花艇等，数目是惊人的。此外，还有舢板，以及来往河南的渡船，还有些剃头艇和出售各种食物、衣服、玩具及岸上店铺出售的日用品的船；另外还有算命的和耍把戏的艇——总而言之是一座水上浮城。"②（图 10）

十三行时期沙面还是外贸仓库集中重地，战略地位也十分重要。原来因这里"临江为十三行，为诸番人贸易处"。"窗棂悉饰玻璃，门外高台"已为新型城市社区。至清光绪时，沙面依然"舟楫盈江几数万"，"笙歌达旦、官不能禁"，③ 娱乐业自古盛极一时。因进出口商品多用船舶转运，

---

① ［美］威廉·C.亨特：《广州"番鬼"录》，冯树铁译，广东人民出版社 1993 年版，第 15 页。
② 周霞：《广州城市形态演进》，中国建筑工业出版社 2005 年版，第 146 页。
③ （清）黄裳收：《沅亭杂记·岭南杂记》，光绪二十二年（1896）刻本。

图10　珠江水上浮城（自《广州旧影》）

故沙面一带水边仓库、码头甚多，早期海关设施、守更炮楼也设立于此。因民间信仰还建设有"南海西庙"以保佑出海人平安。西关长卷图可一睹当时盛貌。

（五）促使河南出现了最早的居民区

十三行行商是享有对外贸易垄断特权的官商组织，在对外贸易活动中，造就了不少富庶人家，尤其以潘、卢、伍、叶四族豪门为最。这些十三行首富在广州"河北"做生意，在广州"河南"居住，借用私家豪华水上巴士——专用划艇通勤联系。落户这里的十三行行商潘、卢、伍、叶等大家族，平整土地、清理河涌，大建宅群、庭院、宗祠、桥梁、寺庙、戏院……形成了海珠区最早的城区发祥地——今南华西街（图11、图12）。人们只要在潘家祠道、龙武里、龙溪首约、洪德巷、栖栅街等街巷，或漱珠涌两岸走走，处处可见当年的历史遗存或地名称谓。尤其该区公共城市景观和私家园林的集聚效应，对推动岭南风景园林的发展，尚有值得大力研究的必要。例如，潘家的大院、南墅、看篆楼、南雪巢、六松园、万松山房、海天闲话阁、听帆楼、清华池馆、晚春阁、船屋山庄、花语楼等20多处庭园把各个家族居住区变成了一座座巨大的风景游赏区。

富比国王、宅院可驻扎一个军的规模,① 除了行商人家的仕途之士在此吟诗作画、小姐贵妇赏花观月,还定期安排外国洋商集体到此一游。

图11　广州河南最早的城市居住区

图12　河南最早的港埠作业区(外销画)

---

① ［美］马士·宓亨利:《远东国际关系史》(中译本),第61—62页,转引自蒋祖缘《简明广东史》,广东人民出版社1987年版,第337页。

三 "十三行"对城建影响力的分析

王权、商业和工业,是封建王朝时期影响城市产生和发展的三大参变因素。"商品依赖于城市的发展,而城市的发展也要以商业为条件。"[①] 十三行时期,"商业"才刚刚渗透到王权城市之中,一定程度上促进了广州的发展。德国地理学家克里斯特勒(Walter Christaller)有句名言:"城市在空间的结构,是人类社会经济活动在空间的投影。"上述广州新出现的城市结构成分,多侧面"表明人口、生产工具、资本、享受和需求的集中"(马克思语)还有商品集中的历史事实,正是十三行时期十三行经济模式的产物。早期的封建城市呈非生产性特质,以纯消耗农业与手工业产品的人居住为主。十三行带来商品经济的繁荣和货币经济的发达,是城市发展程度的重要标志和突出表现。十三行所经营的外贸活动,改变了原来的国际关系及城乡关系,使原来的赋税体制不断向商品经济体制转型;物质、资金的双向流动带来劳动力、人口的流动;商品与货币的联姻,使城市有了内在的动力。

城市发展史证明:商业对中世纪城市带来的变化是巨大而深刻的。十三行所从事的国际外贸业对几千年的封建城市来说是一种新生事物(emergent)。作为一种新因素的介入,不仅会使农业时代的城市原有物质的数量有所增加,而且会导致一场全面的变革,从而使城市原有实体的性质发生变化(图13):由政治中心变为经济中心,由少数人(如满人)的统治工具变为大众谋求金钱与利润的场所;对外关系由封闭对抗转为开放交流,内部次序从追求永恒的静态形式转为追求功利效益的动态运行和新陈代谢,由此推动社会进步。显然,十三行对广州促进的是一种"反专制垄断"的革命,可惜不彻底。直到骑楼城市景观的出现,才彻底实现了商业革命的胜利(图14)。

广州"十三行"的辉煌并不是什么先进政策的产物,只具消极政策中的机会性优势。清政府对世界发展形势并无清醒、理智、前瞻性的认识,依然做着它的"天朝"梦。制度经济学者认为制度是经济社会发展的内生变量,其代表人物刘易斯说:"制度对经济增长的作用,取决于制

[①] 《马克思恩格斯全集》第25卷,人民出版社1998年版,第371页。

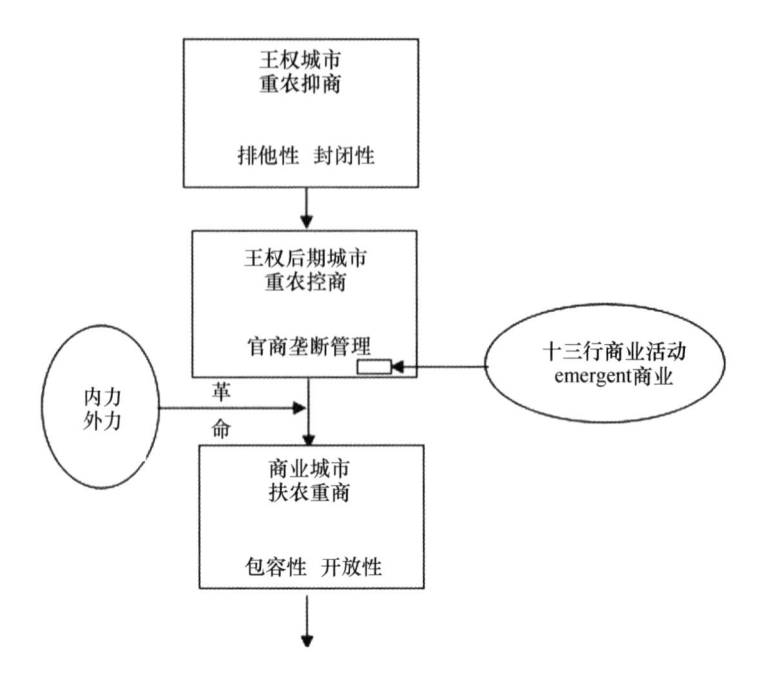

图 13　城市文化特质的演变

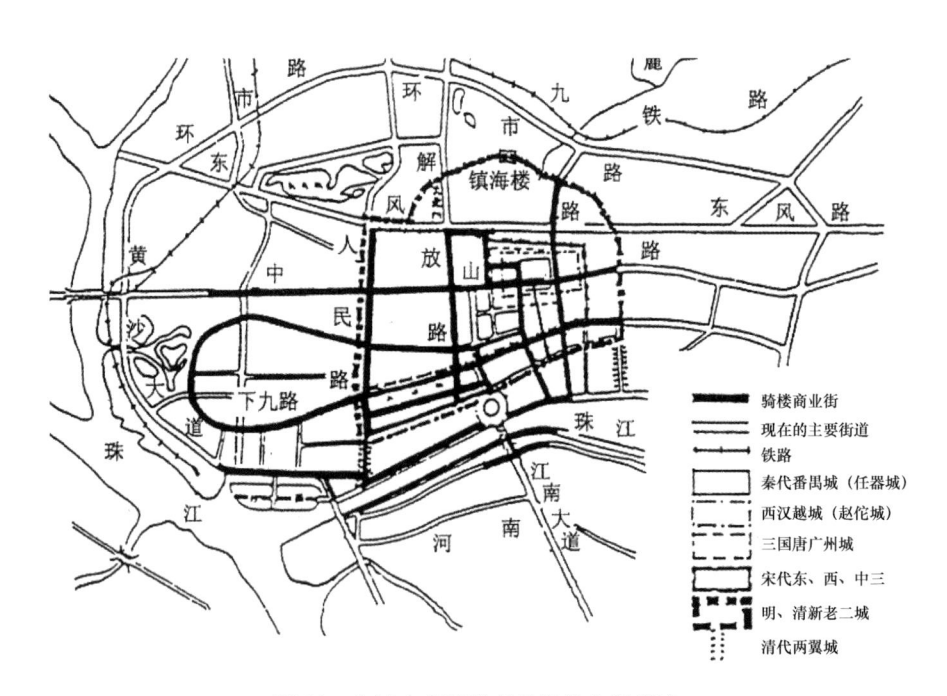

图 14　全城分布骑楼商业街的广州商城

度对努力的保护,为专业化所提供的机会以及允许的自由等。"①"一口通商"、官商包办,无论作为一种制度、一种观念、一种方法,明显的是十分落后的:对全国来讲,既不公平,又无高效率;在国际事务中,最后连唯一的一扇国门也保守不住,连累十三行外贸事业的命运也以悲剧结束。清政府的"保商""商欠""捐款"等行商制度,清政府对外商的一套行为管理限制制度,统称为"广州制度",都是很荒唐的。无论从纵向还是横向比较,工商业在广州缺乏自由发展的空间,外贸业与城市的结合并不紧密,清王朝对城市建设发展的限制往往是负面的,经验教训很多。

(一) 商业居住用地长期得不到解决

就在对待"居住活动地盘"问题上,暴露出大清王朝与西方世界多方面的矛盾。中国进入清朝,中央集权一步步发展到顶峰。整个古代城市化就是在中央集权不断发展的大背景下进行的。如何有利于实现中央集权,实现中央对地方的有力控制,消除政治上军事上的潜在威胁则成了统治者第一位的考虑。无论城市发展状况如何,它只是政治设计的副产品。严禁外商进城,出于维护王权的尊严。早期统治者对商人采取敌视和压制态度,认为商人大都是来自另一个阶级的人,他们通过商业掌握了雄厚的财富,从而形成可能颠覆其统治的潜在实力。由于价值观念、管理模式、国防意识等方面的差异,由于矛盾的深刻性、长期性与多样性,开放贸易、平等互利、持久稳定的局面始终建立不起来。清王朝比唐王朝不如,唐代还准许阿拉伯人建"蕃坊"、办学校,具有纪念性的光塔寺宗教建筑保存至今。《雅典宪章》(*Charter of Athens*) 指明,城市的发展主要解决"居住、工作、游憩、与交通四大功能"。十三行时期的政府,除了考虑政治与税收,其他都视为是微不足道的。

(二) 缺乏商埠城市基础性的港口建设

十三行时期,清政府并不注重"国际商埠城市"的建设,只许可外国商船少数人员限制季节入住商馆。一口通商近百年,商馆区一直得不到扩建。即使由外商自建,亦不予支持配合,只能在中国式的竹筒屋门前组织廊式出入口设计,进入沙面租界才实行了现代城市化建设。可怜十来栋

---

① [英]刘易斯:《经济增长理论》,周师铭等译,上海三联书店1990年版,第65页。

夷馆建筑，被大火烧了一次又一次，并殃及大片城区，酿成历史悲剧。

十三行码头作为外贸内港，"河旁之地"码头堤岸基础设施极差。清政府也一直没有任何积极的建设。倒是"各国商人建码头，泊火轮船，许几输傤值五百两"。① 可是"所有公司码头向系停泊公司三板船只"②，不能满足运输要求。商馆前的小海消失，河道凸岸淤塞是主要原因。道光十一年（1831）发生拆毁英商"巨石盘址构基设栅"③ 事件，实乃缺乏码头设施而又不让他人兴造之缘。当局官员却还怒斥行商，欲杀人泄愤。④ 黄埔古村作为十三行的外港，海船始终靠不了岸，只能停在江心。现只有几块条石被指认为当年的码头遗产。该村的农业景观比较丰富，作为港口码头设施景观确实十分贫乏。

（三）城市商业街道缺乏理性规划设计

街道是有活力的城市商业空间。因重农抑商，清朝200多年，十三行160年，整个广州城没能形成一条像样的商业街。完全靠民众自发沿着堤埂兴建，没作有效地防火、防潮考虑。露天场地作交易场所，并受到严格地军事管制和官商垄断经营制度约束。对洋人、国民采取严格的语言隔离、人身行为隔离（连新豆栏码头旁边都要筑墙防民夷混杂）、广告限制等政策。从外销画中可见登船上货多在滩头进行。

四 "十三行"的进步基因该有个结语

广州十三行蕴含新型的经济活力因素而凝成城市发展的"增长极"，明显地推动了广州古城外围的建设发展。但由于历史的局限性，城市化的

---

① 道光壬申《南海县志》卷五《建置略·津渡》。
② （清）梁廷枏：《粤海关志》卷二十七《夷商》。
③ 道光《南海县志》卷二十六《杂录下》引《南粤游记》。
④ 十三行"河旁之地"码头堤岸基础设施一致很差。清政府不会修建，只会拆毁。《广州城坊志》"十三行"条载："道光某年……蕃人夤缘得以巨石鳌址，设栅置守，一若厥土为所有者。秣陵朱公桂桢巡抚广东。一日，命驾至海关署，声称欲人洋行观自鸣钟，拉监督同往。比至，降舆周视，勃然怒见于面，趣招洋商伍某甚急，辄指地问曰'此何为者？'答曰：'鬼子码头也。'公顾监督大言曰：'内地安容有鬼子码头，我知是皆若辈嗜利所为，我将要伊等几颗头颅乃已。'伍某惶恐，长跪于地。于是石工毕集，公喝令毁之，顷刻而尽。旁观万众，惊悒咋舌，无有敢发一言者。""清官"就是这样作威造孽！

有效发挥还很不够。研究这段历史有助于人们培育建设"千年的海上丝绸之路上的广州商埠文化世界名城",把握经济社会发展的客观规律,避免历史悲剧的重演,顺利地去实施新型城市化的建设转型,以迎接在WTO国际商贸活动中,随时而来的机遇和挑战,改变历代消极被动的局面。

打造世界名城品牌的黄金走廊

把强化"首都风范、古都风韵、时代风貌"的城市特色摆在突出位置,[①] 着力整体保护、精心打理、综合整治、活化利用,统筹保护城区丰富的历史文化资源,"擦亮"历史文化名城"金名片",这是近年首都北京开展治理名城的策略方术,"推进科学治理、提升发展品质"的一条主线。[②]

同样,这条主线也值得海上丝绸之路的历史文化名城广州参照运用。

城市文化要以科学规划牵引,合理确定城市的发展方向、规模和布局,统筹安排各项建设,协调各方面的矛盾,使之逐步发展成为适应人们日益增长的物质和文化需要的现代化新型城市。打造城市文化品牌,已经成为每个城市关注思考的焦点,在某种意义上说也是城市整体提升"软实力"的标志。

文化遗产不应该看成城市发展的绊脚石。当你把它当成是城市发展的负担时,它就只能蓬头垢面地待在角落里;而当你把它当成城市的发展动力与文化资源时,它就立刻站起来,光照四方。

一条大道关系着太多人民群众的生存利益和环境质量。康王路是从老城区剖切出来的一条大道,正好从"十三行"西边通过。道路两边的拆迁和建设到底是啥样子?新辟大路对历史街区应采取怎样的补救措施?未来的康王大道如何有利于保护和创造十三行商埠文化旅游区的环境美?正因为康王路还存在许多不足,所以它成为了老百姓关

[①] 中共中央 国务院批复《北京城市总体规划(2016——2035年)》北京市规划和国土资源管理委员会(引用日期2017年10月12日),见 https://baike.baidu.com/item/%E.

[②] 《各界专家解读北京2035——首都风范、古都风韵、时代风貌,擦亮古都金名片》,2017年9月30日,文章来源:北京规划国土(ID: bmcfcpalrn)见 http://www.sohu.com/a/195733233_697365。

注的焦点。城市市政建设应当鼓励人民群众积极参与，献计研献策，群策群力。

一　老城心脏，保护历史最为重要

　　原来这里是西关的老城核心区，康王路得名康王直街。康王直街典出康王的故事。同治五年（1866）署广州知府蒋超伯《南漘楛语》载：《宋史·忠义传》首康保裔。其时北宋湘潭人路振作《祭战马文》云：北宋真宗赵恒咸平年间（998—1003），中国北部少数民族的契丹国侵犯河北高阳县境。高阳古为军事要塞，设高阳关。守将高阳关都部署康保裔，洛阳人，善骑射，为龙捷指挥使，屡立战功。与契丹军战，不幸失利。契丹执大将康保裔，略河朔而去，未尝以死节许之地。今黔粤间皆庙祀之，呼为康王，或称康公。①

　　清咸丰《顺德县志》云：各属之祀康帅，有建庙于宋绍兴间者，其余称宋建、明建者亦夥，盖由来久已。街盖以此得名。乾隆《南海县志》亦载："广州西门外街曾建有康王庙，成就庵，西门外街名康公街。"②1936年陈济棠主粤期间，曾规划有康王路。后几经名称变更，定北自流花湖东风路，南至西堤、六二三路的城市主干道为康王路现名。现名克服了某些命名上过于浮躁的情绪：一是沿地方文化民俗之习，继续保有纪念性的含义。近代历史上曾用此名进行过城市总体规划、分区规划，产生过一定的积极影响。二是今天恢复这一名称，顺乎时世、向往和谐。突出一个"康"字，可联想到沿"康庄大道"奔"小康"，追求"健康人生""健康社会"等一系列吉祥字眼。

　　康王路位于荔湾区人民路以西，呈南北走向。北连中山七路、中山八路，南面与人民桥相偎依；往东、西方向辐射出去的有和平路、长寿路等，并从广州著名的商业步行街上下九路腹心地段穿过。交通四通八达，凡需要从南至北穿越老城的车辆，大都可经过这里。从北面的中山七路、中山八路可以直接去到越秀、东山等区，穿过南面的人民桥轻易就能到达

---

① 黄佛颐：《广州城坊志》，广东人民出版社1996年版，第544—545页。
② 清道光十五年（1835）重修。见［清］同治十一年（1872）刊本《南海县志》（佛山市南海区地方志编纂委员会办公室翻印 mbook. kongfz. co）。

海珠区的洪德路、滨江西路、工业大道等主要交通干道。长寿路、上下九、和平等多条商业街横穿康王路段，织就了该片区密集的商业网络，吸引了全国各地商家、商人云集。此外，地铁六号线已从康王路南横过，新修八号线将从北向西南平行贯通穿康王路，康王路北段与中山七路交接口的陈家祠站为该区带来了地铁沿线的便利生活，从这里去天河新城和芳村等老城区，乘地铁只需用十多分钟。

历史地段（Historic District/Historic Site）反映了社会生活和文化的多样性。在自然环境、人工环境和人文环境诸方面，她是包含着城市历史特色和景观意象的地区，是城市历史活的见证。历史地段的凝聚性、关联性、延续性，是我们必须注意整体保护的问题。活的历史地段至今仍然在城市生活中起着重要的作用，它们在千百年的历史长河中不断积淀、发展，有很强的生命力，最能体现城市的特色，也是文化旅游中最能吸引人的场所（图1）。保护好历史地段，对当地居民也是非常重要的。它能提高人们的文化素养，民族自豪感，增强城市活力。[①]

图1 国外老城历史街区往往是展示世界名城的名片

---

① 张松：《历史城市保护学导轮》，上海科学技术出版社2001年版，第54页。

（加）简·雅各布斯著《美国大城市的死与生》（金衡山译，译林出版社 2005 年版）以美国大城市为样本侧重研究了街道、街区等城市基本要素，他认伙：在旧城改造过程中，由于成本的提高，街面房屋一般旧有小本经营的商业模式已经无法立足，从而使历史街区造成的街道多元化缺失。几十年前在美国城市发展中犯过的错误，至今在我国一些大、中、小城市的旧城改造中重演。我们要以更加智慧的方式避免重走弯路。

二 历史街区，建设干道恐遭损毁

大路一开，历史街区便往往面临重大的存亡抉择。牺牲历史街区、放弃城市历史文化遗产而求取房地产经济快速发展，是一种得不赏失的"败家子式"的错误。房地产经济学告诉我们，土地价格、住宅密度和容积率存在许多微妙的关系。维护老城区原有容积率，开发商是赚不了钱的。提高容积率几乎成了开发商的必然追求。如此这般开发的结果，是不可能保持历史街区的风貌的。

康王路穿过老城区，沿线串有 4 个历史区段或 3 个历史街区：陈家祠、华林寺、十三行。其中十三行历史地段包括桨栏路以南的街区和公园景观地带。对这些地段的房地产开发是令人担心的。目前能否保持这些地段的固有风貌特色尚有待相关政策和立法加以保障。

新型楼盘可有千千万，历史遗迹却是绝代之物。令人担心的正是荔湾城区的心脏地段，许多有保留价值的历史街区因房地产开发将会有被肢解、拆毁的危险。因为开发商的"大量危旧房"地区往往就是保留至今的一些历史街区的代名词。一条道路，尤其是一条城市干道的拉通，大片的历史街区就有可能中复存在。开发商为追求利润，推倒 1—3 层的老房子，建造起二三十层的商品房出售。原来旧城区的居民不少人被置换，老城区的空间形态、社会形态、历史形态、风俗形态，人口、产业、景观等结构形态自然就发生根本性的变迁。不同地位的人群、不同的价值观念的追求者对此的认识与评价是截然不相同的。从人类学、民族文化出发，从长远的、科学的、合乎客观规律性的原则出发，我们应该采取高加审慎、周全、珍惜的态度。要妥善协调局部利益，保全全局利益和长远利益，避免过急过热开发行为演变或损害历史文化要素的"建设性破坏活动",使我们的城市空间越来越不近人性,越来越缺乏旅游价值和吸引力。

三 区段分析,区别政策保护整治

道路在基本概念上仅是线形空间要素,在规划平衡表中却是一个大型面积要素,而在实际操作上还是一个立体的空间要素。一般情况下,它仅仅是物质的构成,在更深层次上,它具有更多的文化构成。在旅游者的眼光中,城市道路不仅是一个物态环境,同时还是一个重要的、刺激强度很大、感受信息丰富的生态环境。康王路的规划需要考虑的要素当然很多。

(一)划分功能区段有利特色保护

目前康王路沿线由于缺乏规划整合,商业布局分散,文物古迹周边环境较差,各个购物点与旅游点之间交通不畅,给市民和旅游者带来不便。为此,《规划》将康王路两侧纵深片区进行逐个地块定位划分,沿线以康王路地下商城、陈家祠旅游购物区、下九路传统商业区、十三行历史文化恢复区为核心,在有效保护、认真承袭历史文化的前提下,将在康王路沿线形成以观光旅游、商业贸易、休闲购物,兼具高品质居住生活功能的四个区段:

一是从东风路口至陈家祠为现代居住区段;
二是陈家祠至龙津路口为民间艺术文化旅游区段;
三是龙津路口至十八甫路口为历史文化商贸旅游区段;
四是十八甫路至沿江西路为十三行历史文化恢复区段。

(二)引入"后街",构筑概念性步行空间

在规划中,因引入"后街"或"内街"的概念,人们可以注意到:除了传统的下九路骑楼商业步行街外,还有低一个层次的"后街"或"环状步行街区",很大程度上丰富了步行化空间。

其一,北部后街起于惠城大厦,历经源胜工艺街街区、华林寺玉器街、穿过名汇大厦底层,直到富善西街区,终止于十八甫路。预计今后该区域内购物、游览的人流将主要集中在这条"后

街"上，而且通过对原有支路的改造，立面整饰，适当引入商业功能，会更具吸引力，成为除了骑楼步行街之外的另具传统特色的商贸街。

其二，环状步行街后区，规划建议北起长寿路，南达十八甫路，东侧利用荔湾大厦室内步行空间和保留原街坊路怀远驿，西侧利用"后街"、地下通道，形成一个环状步行系统。"怀远驿"乃明代"国宾馆"。清顺治十年"仍明市舶馆地与荷兰互市"，康熙十三行时宜承"旁建屋一百二十间以居番人之遗制"（《澳门纪略·官守篇》）。今修康王路后街，必要留下一点历史痕迹，比如现存完好的石板路就应该留下来。老祖宗的遗产在新时代定会有新价值。

（三）建立旅游体系，美化片区形象

按照规划，今后在康王路沿线，人们可以游览以下景点：陈家祠传统工艺博览休闲区、卷烟二厂现代工艺流程工业旅游点、源胜陶瓷工艺传统购物区、福善西传统民居风貌旅游区、下九路民俗与购物旅游区、十三行历史纪念性旅游区等。规划还特别为上述景点设计了"一点、一线、两片区"的旅游线路。"一点"即陈家祠周边；"一线"指下九路商业步行街；"两片区"为十三行历史文化恢复区至西堤，与经惠城大厦、源胜工艺街、玉器街，穿越名汇大厦底层至富善西街的步行商业后街所途经的街区。

为了方便旅游者，规划还建议该区域增加民俗旅馆、大巴停车场、设于规划建筑首层的社会车辆停车库等旅游设施；并在康王路沿线增设若干休憩广场，与陈家祠广场、文化公园、西堤绿化广场一期构成沿路的休憩空间，方便旅游者游逛歇息。

康王路的流花湖隧道拉通可解除人民南路压力，从而拆除其24岁的高架桥，恢复人民南路的历史风貌[①]（图2）。

[①] 吕楠芳：《康王路隧道拉通 人民路高架桥拆除》，《南方日报》2018. Copyright 2018 Sohu. com Inc. All Rights Reserved。

人民路高架桥适时拆除

广州市规划局公示有关规划，专家称最佳时机是康王路隧道完工后

羊城晚报讯 记者吕楠芳报道： 刚过24岁生日的人民路高架桥或难免拆除命运。昨日，广州市规划局官网"规划在线"上公示了《广州人民南路历史文化街区保护规划》，规划中提出，待时机成熟时拆除人民路高架桥，以恢复人民南路历史文化保护区的历史风貌。据了解，这是官方近年来首次公开表态将拆除人民路高架桥。

据了解，此项规划的目标是以历史文化保护区与文物古迹保护为基础，保护传统骑楼商业街区风貌，突出人民南路历史文化保护区历史风貌特色，复兴传统商业街区商贸功能。规划范围以人民南路为主干，北起上九路、大德路，南至珠江岸线，西至康王路及光复路两侧的区街，东至天成路、仁济路，规划总面积33公顷。

规划将人民南路历史文化保护区划分为历史文化保护区核心保护范围和建设控制性地带两个层次，重点保护市级文物保护单位南方大厦、清真寺，保护人民南路骑楼街、大新路骑楼街、一德路骑楼街等历史建筑风貌的完整性与连续性，保护新华酒店、新亚酒店等近现代优秀历史建筑。

10月18日至11月21日期间，此项规划向公众征询意见，公众可通过邮件、网络等方式进行反馈，邮件寄至广州市吉祥路80号广州市规划局综合收发，网上反馈则可登录查询网址（http://pph.upo.gov.cn/imgs/?id=20100000011509）。

不过，具体拆除人民路高架桥的计划尚未提至广州市政府工作议程。广州市委常委、常务副市长苏泽群日前表示，在没有替代交通疏导功能的措施之前，人民路高架桥不会轻易拆除。中山大学教授、博导、规划师袁奇峰表示，康王路下穿流花湖隧道完工后，就是拆掉人民路高架桥的最好时机。

图2　拆除高架桥　解放人民路

四　两条主道，界定十三行旅游区

人民路与康王路已将成为贯通广州老城南北的两条主干道。左"康王"、右"人民"，两条平行线夹着十三行商埠历史文化旅游区（图3）。十三行路是为一条历史轴，轴线迤南是十三夷馆区，从轴线出发逐渐向南扩展：夷馆、馆前广场、花园、税口、西堤、码头、珠江、帆船。轴线迤北，当年为中国行商、行外商、通事等办公、经营、驻守的地方。后来广州西关城区不断发展，向北推进：和平路、桨栏路、光复路、上下九路……整个西关的形成与十三行路关系重大。以十三行路为历史轴线的商埠文化旅游区，目前也是整个广州市所剩最后一块比较完整的历史街区，我们有必要和责任将这一地段保护好，为子孙后代留下更多一些历史文化信息和记忆。

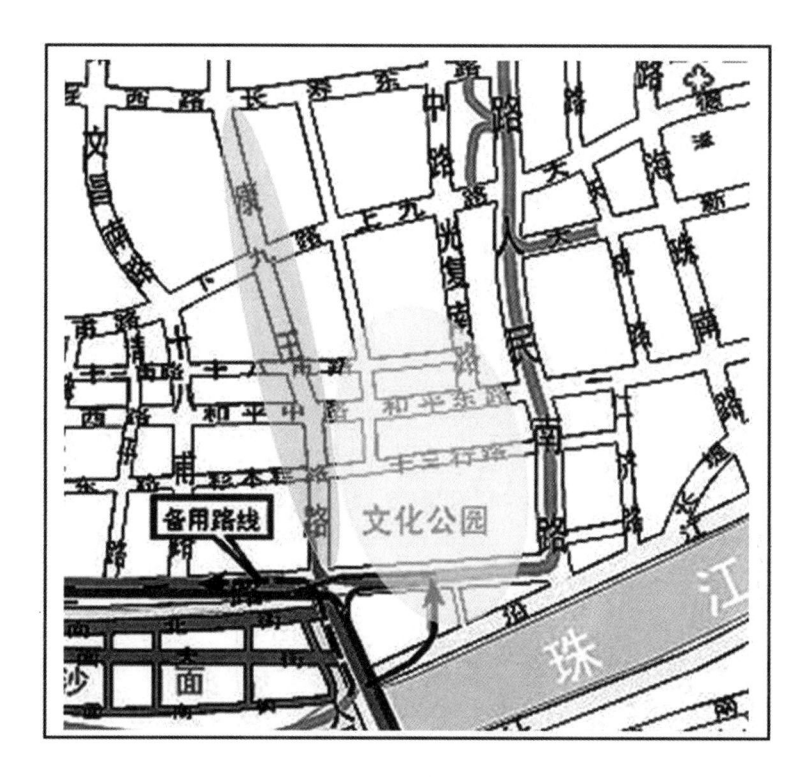

图3　康王路与十三行商馆区及民间巴洛克街区位置紧密相连

"两条平行线"之间的十三行商埠文化旅游区，由南向北规划有三大景区：西堤沿江景观博物馆游览区；夷馆遗址历史文化主题公园游览区；十三行路以北商业购物步行街区。三大区正好同现在康王路规划的十三行历史文化恢复区相重合。这为康王路与旅游区的统筹规划、协调发展提供了难得的契机。

"两条平行线"为解决历史街区的地面交通问题将发挥重要的作用。康王路的首期建设为旅游区的运作预示了美好的前景。人民路的复兴也将为十三行地区带来更大的市场和方便的交通环境。在这种大好形势下，下一步的康王路建设还须慎重考虑继承、保护与新建的关系，进一步明确规划设计要点，以期达到理想的目标。

（一）坚持正确的性质定位

两条平行线之间应以居住、旅游为主，迁出不协调的建筑，增加沿街绿化用地和内街小块绿地，改善街区环境。平行线两侧建筑即使要多建设地下停车库（场），也以不破坏街区整体风貌为前提①。尤其人民路骑楼街的连续性千万要注意保护。

（二）保持历史的道路格局

保护两条平行线内传统内街内巷的空间模式，解决好可达性。在内街、内巷要限制过境交通穿越；对其道路交通设施的改善应尊重原有交通方式和特征，维持原有道路格局、街巷尺度和道路路面铺砌方式；路面铺砌已遭破坏的应恢复原有形式，并宜采用传统面材。

（三）杜绝盲目的大拆大建

两条平行线内，尤其靠近两边界的建筑不宜全部摧毁重建。要根据建造年代、建筑质量、产权、使用性质和建筑风貌进行详细调查、综合评价分类；将文物类建筑、保护类建筑、改善类建筑、保留类建筑，按相应政策进行保护；对更新类建筑、沿街整饬类建筑，应作相应的艺术处理，重点照顾内街的完整性与协调性。

（四）吸纳先进的市政设施

两平行线之间的历史街道一般比较狭窄、市政设施差，保护与改善的矛盾较大。规划应考虑市政设施要服从保护历史街区的风貌要求，本着促进持续发展的思想考虑工程技术问题。新材料、新技术、新工艺，可以尽量使用，但不是破坏而是有利于保护历史建筑风貌。街区市政管线应入地。煤气不宜通达的地方可采用电力为主，其他能源为辅。

五　历史内街，恢复民间巴洛克风采

规划提出，保护范围内的文物建筑（包括附属设施）不得损毁，不得破坏原有风貌或改建、拆建，占做它用。对于历史街区，规划提出要保留其原有的空间布局及风格特色，保留街巷空间尺度及特征。其中，源胜陶瓷工艺街要在保留其使用功能的基础上改善；富善西街区要在保留

---

① 中国城市规划学会主编：《名城保护与城市更新》，中国建筑工业出版社2003年版，第146—147页。

"竹筒屋"风貌基础上进行功能更新；下九路商业步行街则要在保留"骑楼"风貌和功能基础上改善。至于西起康五路、北起十八甫路，南至杉木栏路文化公园北，往东延伸至海珠南路一带的"十三行历史文化恢复区"，规划强调，必须对沿街商业建筑进行复兴改造，构成活化的十三行街巷，恢复昔日中国唯一对外通商口岸的繁华景象。

"内街"的概念很有意思。过去的后街指认为生活性的后街后巷，大多数人口都是本地居民，外来人口很少涉足这样的空间，要么是些死胡同，一般没有什么商业活动，至多在街头巷口有一两个小货摊，为附近几户老邻居、老主顾提供一点酱油、火柴及香烟之类的小商品。老人活动多聚集一起露天打牌。稍有一两个陌生人进入这样的后街，均会引来居民警惕的目光和打探。这些地方街道往往是不整齐的，市政设施差或老化落后。但也有所谓高尚的大户人家居住的后街，街道石板路很有特色，家家大门森森、户户院落沉沉，宁静而清爽。

如何将这些"后街"开发出来？须区别对待。

前者，如怀远驿老街，当年是明朝的朝贡贸易"特区"。如桨栏街、豆栏街等，民国时期招幌林立一派传统风情，只是后来相对衰落，沦落为不起眼的后街。对这样的"后街"，应提高街道环境质量加强市政建设，增加服务功能。引进商业，引进社会旅游人群，成为相对开放的辅助街、专业街、或者休闲观光街、旅游内街区。尤其是街巷深处隐藏着古迹名胜，恰逢修复开放时，那这些通往名胜古迹的小街巷就一下子会兴旺起来。正如北京的胡同游、古巷游的应运而生。通向古迹的街巷口，竖立一个小牌坊，更令景观空间有序、有韵味、有深度。

后者，如耀华大街西关大屋较集中、具有文物保护价值的传统居住区，就不宜大势开发经营，引进商业、游乐、服务等项目，破坏这里的宁静之美、休闲之美、古雅之美。这些"后街之美"本身就是宝贵的物质财富，也是开展特色旅游的宝贵资源。所以，康王路与十三行夷馆遗址附近的历史街区之间的关系，必须科学而冷静地对待。

（一）康王路南端景观设计

从现十三行路西端入口至珠江边是历史公园地段，应在维护现状格局的情况下，坚持十三行商埠文化旅游区的景观规划。以历史文化公园为蓝本，以公共的、大众的、开放的游览空间为基本组成结构，不应以建商品房、大型商厦为目标，康王路的道路公共空间与公园空间多以绿化为联系、定界而互相融洽整合，以恢复传统建筑的风格为手段，构成良好的城市景观系统是核心要点之一。

（二）商埠街区的景观设计

十三行路以北至十八甫是商埠历史文化恢复区段，康王路于这段将作怎样的道路景观设计？道路两旁的建筑设计目标定位是什么？此举至关该地段的历史文化地位。这段道路景观应该更多地体现当地遗留的清末民初商业建筑的风采，远远看去体量不应该很大很高、太新太亮，否则就会影响和平路、桨栏路上建筑的体、形、色彩之和谐美，破坏它们固有的文化体系，而对体现历史商埠情调将大大不利。康王路的临街面主要应按内街建筑的"山墙"处理，填补原有街区的缺陷，高度、体量应与内街历史建筑一般上下。山花女儿墙、拱券罗马柱、阳台满洲窗、曲栏小穹窿等传统建筑模式语言，可以积极大量地运用，翻奏出凝固中西文化美学特征的新乐章（图4）。

图4　十三行民间巴洛克风貌历史街区

（三）内街入口的景观设计

十三行路、和平路、桨栏路，三条东西走向的历史街道的出入口，如果说还不能很好地在其他地方，如东部人民路方向展现出来的话，此时借康王路的开辟，则能顺便揭开"新娘的红盖头"，很有特色地营造出亮点，有利于把商旅人群引进这一片历史街区，使颇具生活气息、历史韵味的商贸旅游活动有声有色地在迷宫似的"内街"开展（图5）。牌坊、牌楼、过街楼、寨门等名称原本所指传统的门道入口建筑样式，我们可以借鉴这些有历史韵味的建筑模型翻造新形象、新特质、新用途，既有传统文化，又有时代精神，一定会传播永恒的美。广州的牌楼是特有意思的，画册《羊城寻旧》刊出若干实例。那是独立式的，这里还应注意同康王路上现存的街面建筑相结合，构成一个和谐的统筹景观效果。

图5　十三行街（路）被拆出来的"西街口"至今没作特色修复设计
来源：http://roll.sohu.com/20130128/n364885096.shtml.

有一个反面的例子就在康王路边，中国禅宗文化初祖达摩的"西来初地"，那个俄皇太子曾认真游览过的华林禅寺及五百罗汉堂，[①] 那个誉满全国的玉器一条街，原为著名的游览景点、名胜古迹，本应采用各种手段，引导各地游人进入这个"后街"或"内街"来参观游赏，可当前被一个"我行我素"的商厦毫不留情地，封堵。只有在规划中尽量避免这种设计，才能让我们的历史文化避免遭受损毁的命运。

[①] 清道光十五年（1835）重修，见清同治十一年（1872）刊本《南海县志》（佛山市南海区地方志编纂委员会办公室翻印 mbook.kongfz.co）。

十三行巴洛克历史街区的复兴

"十三行"历史文化是广州的一张名片。国内外的学者对此进行了旷日持久的研究。对十三行商埠文化遗址的开发呼声从没间断过。然而至今也很难找到一处有关十三行代表性的文化景观，可以触摸、身临其境、回忆体验、有旅可游，具有地标性特质的城市要素。广州市民及国内外的旅游者均渴望得到城市规划高层的认可，保护并开发十三行历史街区，以实现十三行景点建设"零"的突破。

一 历史街区"文商旅"是个国际性的课题

历史文化街区，又称历史文化保护区、历史地段。中华人民共和国国家标准《历史文化名城保护规划规范》中规定：经省、自治区、直辖市人民政府核定公布应予重点保护的历史地段，称为历史文化街区。人类探讨历史街区的保护开发模式有了 100 多年的历程。

历史文化街区的复兴是经济全球化、高速城市化以及大规模旧城更新改造过程中带给世界各国的一个重要课题。在历史文化街区复兴的过程中须采取相应对策以保障物质形态更新的同时，还须保护地方文化遗产和延续地域性文化，提高传统历史文化街区的竞争力。保护历史街区就是对维护国家文化和社会价值做贡献（《内罗毕建议》）。

（一）国外实例分析

不同国家、不同城市对其具有特色文化的历史街区进行的保护与开发利用，尽管有着不同的背景、动机和对策，但其中反映出来的趋势却是明显类似的，这就是通过旅游业和商业的开发，为日渐现代化和趋同化的城市保留住自己的文化特色。①

(1) 巴黎老区树旅游大国形象

20世纪五六十年代的巴黎老城区,高楼大厦很想在其中立足,成群的汽车都想在老城区内冲开宽阔的大道。然而那时巴黎的老城区街道狭窄,房子的设施陈旧,卫生条件差,供电不足,从实用的角度完全有可能被拆掉和另建新楼。对此房地产商们跃跃欲试。今天令人为之倾倒的那古老而又迷人的沃日广场,在当初差不多已经被宣判了死刑。

没曾想到,正是巴黎人通过自发的努力,把巴黎的老屋老街原汁原味地保护了下来。当巴黎的民居面临毁灭的厄难时,巴黎人挺身而出,在报上写文章,办展览,成立街区的保护组织(如历史住宅协会、老房子协会等),宣传他们的观点。巴黎人认为,"正是这些老屋、老街,构成了'历史文化空间'",巴黎人的全部精神文化及其长长的根,都深深扎在这里。如今,每年吸引8000多万的外国游客,成为世界第一旅游大国。

(2) 纽约老区死路复兴树样板

纽约小意大利街区(little Italy)从19世纪末开始,已经成为下曼哈顿区东边一个非常独特的街区。20世纪70年代初始,逐渐缩小甚至走向消亡。但一部分小意大利商业区中的店主和餐馆老板决定采取行动来维持小意大利的边界,并增加其吸引游客的商业生机。在一个名为小意大利重建协会(LIRA)的商人组织推动下,小意大利成了很有旅游吸引力的聚居区典范。这个改造复兴工作,虽然民间商业色彩较浓,但也给我们许多仅仅依靠政府改造和规划的历史街区再发展提供了新的思路。

(3) 新加坡唐人街树成熟标志

唐人街等历史街区除了有着重要历史意义和历史价值的建筑物以外,更能展现民族群体的社区生活。20世纪80年代,新加坡政府意识到其蕴含的不可替代的价值。以前"我们在致力于建立一个现代化大都市的同时,那些很好地体现于老建筑、传统活动及熙攘热闹的街头活动等之上的东方神秘与魅力也被我们扔掉了"。于是政府便开始对这些历史街区和民族活动进行保护的努力。通过旅游业和商业的开发,为日渐现代化和趋同化的城市保留住一定的文化特色,就提高了城市旅游的吸引力,并帮助解

---

① 雯清:《新加坡唐人街上欢庆传统节日也成为一大旅游看点》,Opinion Pudong Development 2013/0933,新华社发论坛。

决城市中心衰退所带来的种种内部问题。现今这种决策行为被视为城市发展成熟的一种标志。

(4) 葡国老城多为世界文化遗产

葡萄牙不到 2000 万人口，主要城市有 3 座，每座城市的历史街区均为联合国授予的"世界文化遗产"。商业很"文静"，有条不紊地进行着，每天的游人一拨一拨有规律地在历史街区游赏、购物、娱乐、清闲。他们在体验历史、享受生活，幸福地面对未来。历史街区每一个公共或半公共的空间，无论大小都有值得停留和观赏的环境和艺术（图1）。城市新建区与历史街区并没有明显冲突与不协调的界面、区别和隔离之感。

图1 葡萄牙许多城市历史街区均为"世界文化遗产"

(二) 国内实例分析

历史街区、历史文化街区是一个城市文化底蕴的集中展现区，往往融传统建筑、民俗风情、传奇人物、地方戏曲、特色工艺等诸多元素于一身，是彰显城市个性的独特名片。实践表明，历史街区在保护和传承当地文化、打造和宣传地方旅游品牌等方面的独特价值是任何肤浅的人造景观都无法替代的。历史文化街区是一个充满文化氛围和具有人文主义精神的场所，是一个充满意义的空间。[①] 许多新观念、新理论为帮助修复历史街区的文化景观和空间场所，发挥了很好的认识和指导作用。

（1）天津海河畔的历史街区

天津是海河之畔的一颗明珠，它既带有西洋风格艺术的烙印，又饱含传统的中华民俗。由于地理和历史原因，天津不仅各国租界西洋式建筑众多，而且有众多的近代海内外名人故居。这些饱经沧桑的街区和房屋如今已成为天津独有的一道风景线。包括著名的五大道在内，目前津城共有13处各有特色的历史文化街区（图2）。如今这里都是世人津门旅游的必到之地。

图2　天津历史街区也是近代商业中心

---

① 黄乐、黄爱亮：《场所依赖理论在历史文化街区研究中的应用探析》，《科技经济市场》2011年第2期。

(2) 哈尔滨花园街历史街区

在中国的城市建设史上，哈尔滨是一个具有特殊历史背景的城市。哈尔滨早期的建筑荟萃了欧洲近代各个流派的特色。历史建筑作为城市发展中丰富的信息载体，具有深刻的审美价值、艺术价值和科学价值。对其历史建筑保护必须注意继承历史文脉，重视文化精神的延续，实现其历史文化和现代城市空间的完美融合，深得人心（图3）。[①]

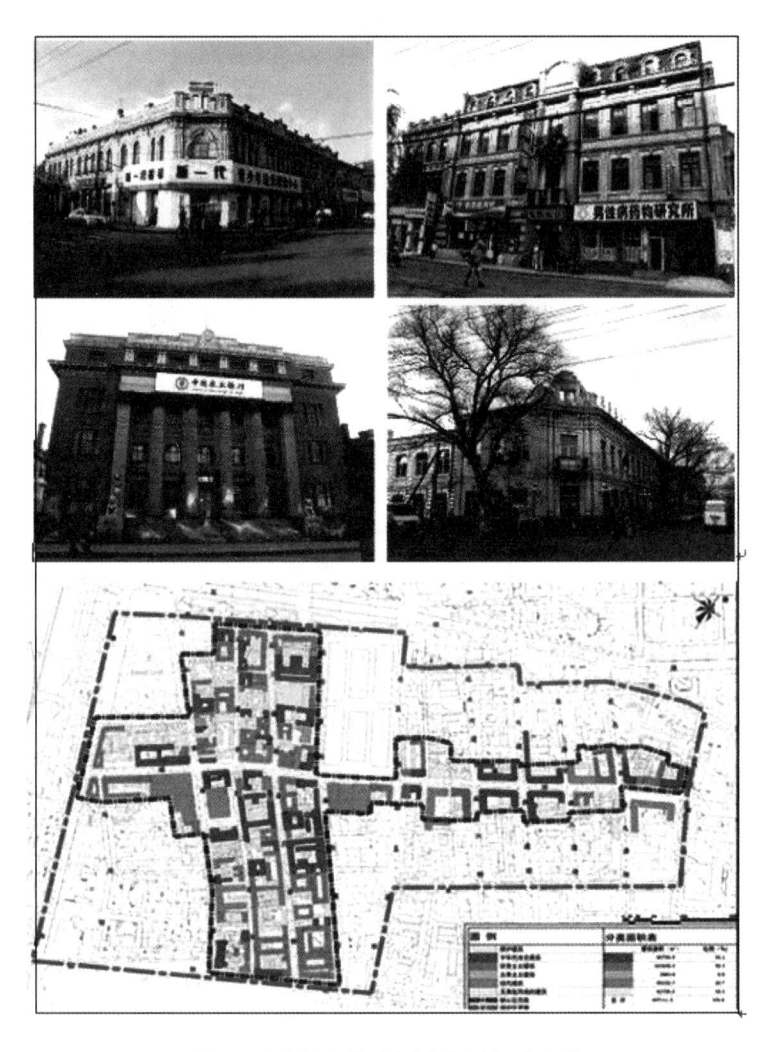

图3　哈尔滨巴洛克历史街区备受人爱

---

① 陈辉、刘松茯：《哈尔滨历史建筑保护的艺术性与原真性》，《建筑历史与理论第九辑（2008年学术研讨会论文选辑）》，2008年。

(3) 杭州御街历史文化保护区

保护历史街区要有延续性，或者说要有传统。杭州面对城市，而不是一个建筑，从城市的角度进行梳理：过去 20 世纪 20 年代杭州的市中心区，就是后来所言的"一堆大破烂"。恰恰是这条御街还保持着一个美好城市的记忆、一种有趣的影子，恢复了人们对城市的美好感觉。这条街的复兴说明，并不仅仅只是一条老街要保护，还要开启杭州城市整体意义上的复兴（图4）。

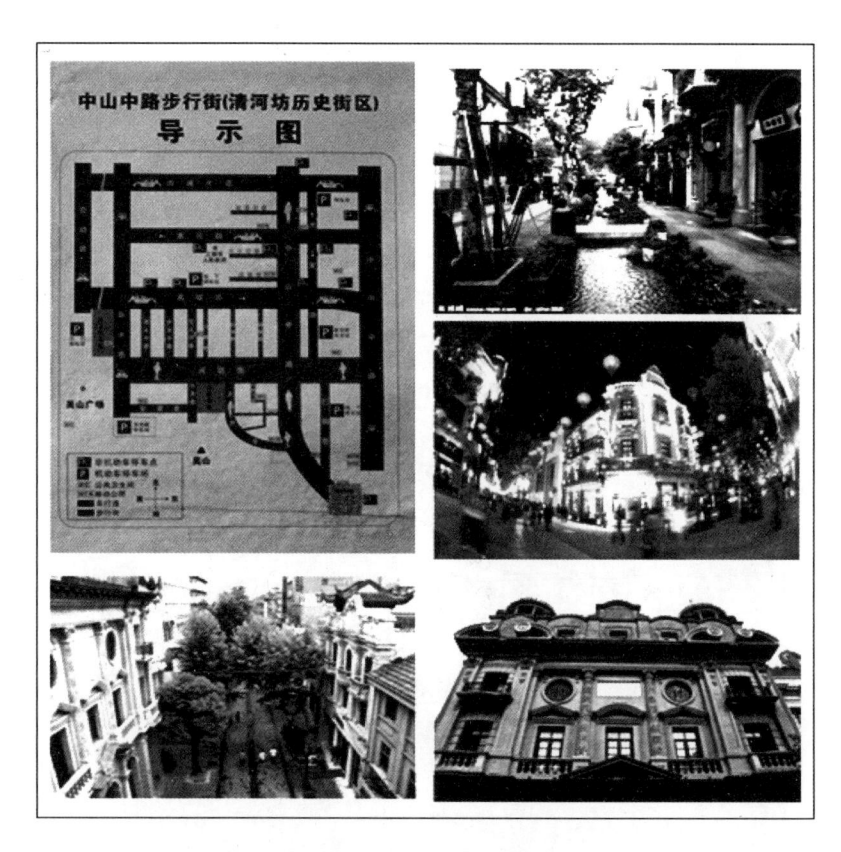

图4 杭州复兴历史街区年人流量上千万

二 广州十三行历史街区基本概况调查

本书所研究的广州十三行历史街区位于荔湾区岭南街，其范围包含康王路以东，人民南路以西，桨栏路、光复南路以南，珠江水岸以北区域。

长期被世人约定俗成的十三行文化旅游区就是以这一片历史街区为依托的。这里是广州商埠文化的发祥地，其地理位置优越，地段良好，经济价值高。有清一代，作为一个外贸特区和经济增长点，有效地促进了西关、城南、海珠南华街区以及沙面沿江一带的发展。十三行路以北的历史街道主要有和平东路、浆栏路、光复南路三条，另有多条南北走向的小巷。规划面积 0.34 平方千米，行政上大部属岭南街居委会管辖。

十三行历史街区在各个历史时期的地图都有明确的标注（图5）。这说明其空间格局、经济结构、人文环境均有较固定的模式。历史演进过程

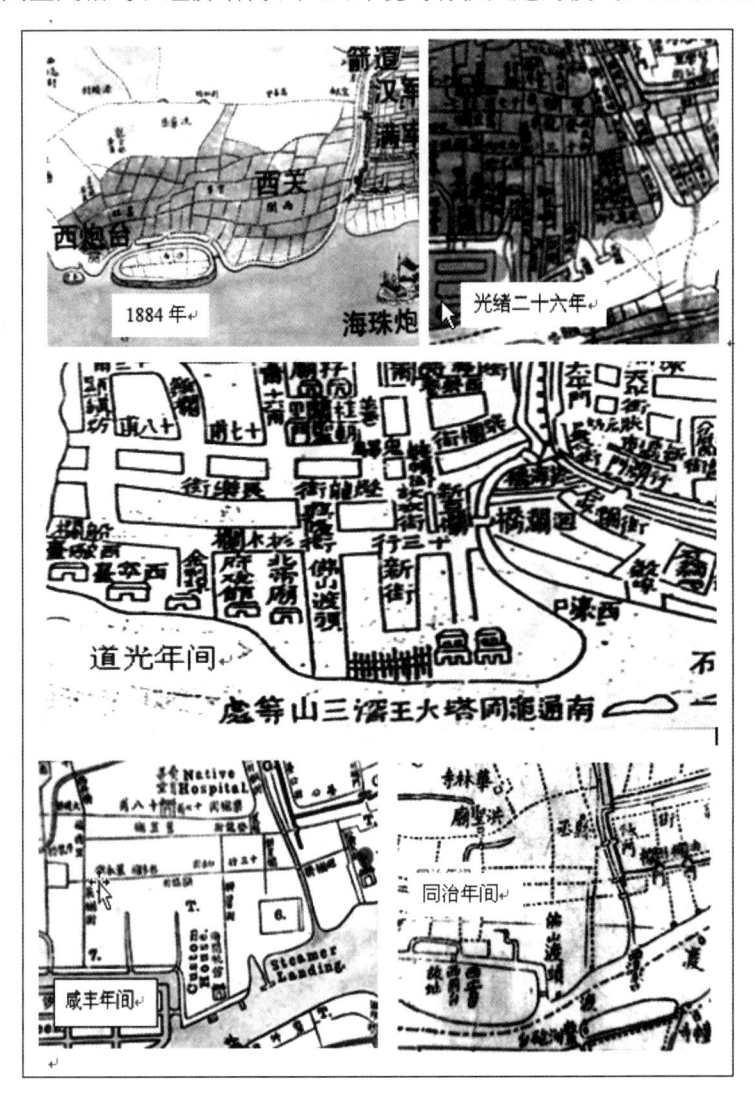

图5　十三行历史街区各时期保持不变的格局

中代表社会进步的新鲜事物总是首先在这里出现。例如，最早的丝织、锦纶制作作坊、会馆、银号、对外贸易、西医院、银行、中英文报纸，最早的国际码头、外销画、西洋风格建筑、火轮船、自鸣钟等"高科技"时髦物品的应用与上贡宫庭，多元文化艺术的交流与碰撞等，都是在这里首次出现、发生、登陆、集中进出口；作为一个新型经济模式，拉动了全广州及内地的发展。今天将其划定历史文化保护区、在此构建有国际影响力的十三行商埠文化旅游区，是不二之选具有他处不可替代的垄断性、唯一性、文物遗址意义的不可复制性。

在清代人的笔下，我们至今仍可领略十三行历史街区往日的繁华。十三行义成行行商叶上林（原名廷勋）《广州西关竹枝词》："一围杨柳绿荫浓，红尾旗翻认押冬。映日玻璃光照水，楼头刚报自鸣钟。""古寺长安日出迟，铺陈百货欲居奇。珍奇不少传家宝，流落民间价不知。"既描写了插着红尾旗、装着玻璃窗、挂着自鸣钟的十三行商馆的洋楼，又描写了百货充斥、珠宝骈集的街巷行铺。[1] 无名氏《西关文》则称"南海名区，西关胜地。……十八省之商贾并集；打水围之兴，第一牌之金粉成群"。[2] 赵光描写道光年间的西关"粤省殷富甲天下，洋盐巨商及茶贾丝商，资本雄厚，外国通商者十余处。洋行十三家夷楼，海舶云集城外，由清波门至十八铺，街市繁华十倍苏杭。珠江风月，日夜笙歌"。[3]

十三行历史街区位于现岭南街。岭南街位于广州市荔湾区东南部，东以人民南路为界与越秀区人民街相邻，南靠珠江北岸沿江西路、六二三路，通过人民桥与海珠区相连，西至大同路，北以和平西路、和平中路以南为界，至杨巷路连接上九路（图6）。岭南街在1999年由原岭南、清平、光扬3街合并而成，多次调整后现设有社区8个，辖区户籍人口38271人，常住人口41476人，流动人口约20万人。辖区总面积0.97平方千米，24条马路，132条内街内巷。辖区范围东西走向长、南北走向短，纵横交汇，行政区域图呈现"T"字形状。辖内有人民高架路、地铁6、8号线、内环路、西堤码头等交通枢纽便捷贯通周边区域。有幼儿园4所（沙面幼儿园、冼基东幼儿园、光扬幼儿园、沙面实验幼儿园）、小学

---

[1] 章文钦：《广东十三行与早期中西关系》，广东经济出版社2009年版，第192页。
[2] 何惠群等：《岭南即事》，六续，见注1。
[3] 赵光：《赵文恪公自订年谱》，见来新夏《近三百年人物年谱知见录》，上海人民出版社1983年版，第182页。

1所（沙面小学）。荔湾区老年人大学、荔湾区社工培训基地设于岭南街家庭综合服务中心内。辖区主要居民楼迎街面均为商铺。历史建筑很有特色，但因风貌杂乱构不成理想的旅游景点景区。

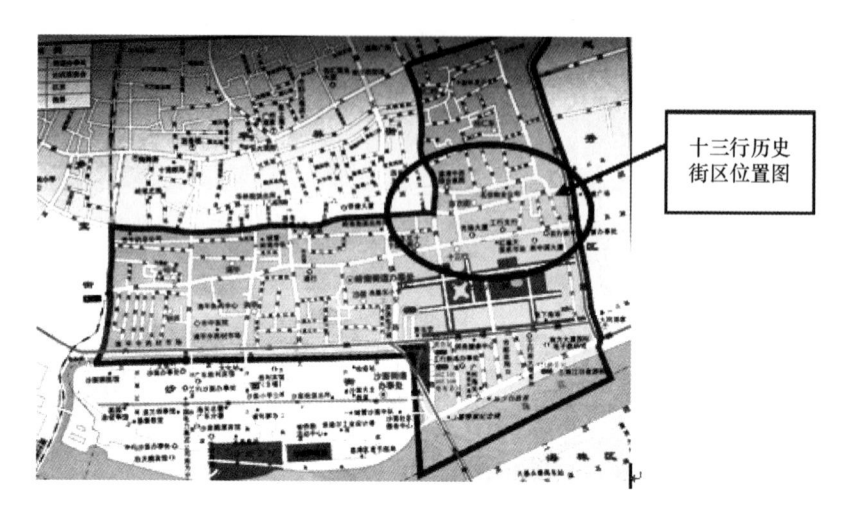

图6　十三行街区主要在岭南街行政范围内

据刘怀宇《广州45片历史文化街区历史风貌区将挂牌》（《南方日报》2014年12月10日）一文显示，名城办公室现将十三行商埠文化历史街区分划为四片："和平中历史文化街区"（荔湾区）、"人民南历史文化街区"（荔湾区、越秀区各一半）、"光复南历史文化街区"（荔湾区），以及"光复中历史文化街区"（荔湾区），分别属于两个行政区和三个街道委员会。这并不方便整体保护规划与日常管理。

历史遗留问题有：

（1）规划失误使老城传统街巷空间异化

十三行历史街区属于老城核心区，本不应规划建设超高层建筑，只因"新中国大厦"（因清时期的"新中国街"故名）、"十三行大厦"违背城市规划基本原理，写字楼被任意改作货仓批发市场，致使该街区进入了长期的混乱状态，并潜藏许多消防隐患。

（2）高架路恶化了历史街区的生态环境

高架公路桥横穿纵贯历史街区，致使许多历史名街的物理气候环境、人文环境、景观效果、商业骑楼空间遽然恶化，不适宜人的居住就业，而交通状况并不能因此得到根本好转，负面现象过多。

三 十三行历史街区的发展命运危机

当前，十三行历史街区的城市规划目标定性、各城保护区概念和相关的行政管理体制、商业业态模式皆有待进一步完善。城市规划法规、建筑维修规范图则、日常管理比例、产权责权相关政策等急需出台。历史街区文化内涵与传统风貌特色的保护必须给以高度重视，否则有在较短时期内遭损毁和破坏的可能。时间，已经成为最应急取的工作。

（一）市容市貌及商务秩序动态景观混乱现状

因缺乏长期规划，发展某种单一批发市场，破坏了街区固有的良性商业构成体系，致使商业秩序混乱不堪，优秀的历史文化景观败坏，损害固有的市容市貌。产业结构调整失误使老城区功能萎缩或不堪重负，并导致许多老字号商业日益没落倒闭。近日著名的大同酒家被迫关闭，就是又一实例。

因为服装批发市场的蔓延使更多的小街小巷成为堆货出货、搬运拥挤的空间。外来人口剧增、交通秩序混乱。尤其该地特制的一种手推车，目的是用来转移批发货物的，租用者有时还用来睡觉。因道路不平、车轮碰撞，发出一种巨大的刺耳声，再与人声、车声、喇叭声交织在一起，使整个城区噪声环境恶劣（图7）。无论临街还是深巷，因建筑物多用来作货仓买卖，而使许多具有巴洛克艺术的建筑被迫进行改造，造成市容市貌非常混乱。

（二）统一的巴洛克建筑艺术没有及时给以保护

因早期文保不力使十三行商馆建筑遗址被毁。该街区许多近代优秀建筑，尤其颇具中国南方民间巴洛克风格的历史建筑，未能得到应有的保护与合理化的应用。十三行历史街区的临街建筑，多是近代早期西化的西关大屋、西化的竹筒屋、西化式的骑楼。因当时民族工商业的蓬勃发展，使之呈现出一种中国建筑转型的势态，具有某种划时代的意义。本来十三行历史街区的建筑风貌十分统一协调、颇具阅读欣赏价值、适宜整体保护、开展"文商旅"活动，可是因众所周知的遗憾，造成了这一旅游资源极大的浪费。有些建筑被用马赛克外墙砖等新型建筑材料包裹贴面，使之巴

图 7　十三行服装批发市场乱象

洛克式艺术构件大受损伤；为了不适当的功能需要，大量封堵门窗，许多建筑深度破坏，面目全非（图 8）。

（三）无规范无主题的恶性装修严重损毁传统风貌

广州北京路建设时，对骑楼建筑没有做到较好的保护，当前应避免这一问题在十三行历史街区重演。历史建筑应该保持历史的风貌特色，用所谓广告现代手法将其包裹密封，使之不伦不类，掩盖真实的历史文化，更加速历史建筑风貌的丧失与建筑结构的毁损（图 9）对广告造成的严重破坏后果，必须加以重视。

（四）违犯名城保护规划的情况应当引起警觉

图 10 是某"十三行文化遗产活化"报告的大会展示图。该规划设想缩减文化公园绿化用地，并在十三行遗址上建高层建筑。这种做法是与开发"十三行历史街区旅游业"的良策背道而驰的，必须引起警觉，并在政策层面给予这类规划以限制或取缔。

在十三行这块地段上不宜再建超高层的写字楼或居住楼。20 年前的

被封情况　　　　被封情况　　　　被封情况

贴柱式　　　　贴山花　　　　贴外墙

当前"蜗居"乱象　　　　当前"巢居"乱象

图8　许多经典建筑遭到损毁的现状令人担忧

"新中国大厦"、"十三行大厦"，占用许多十三行的无形资产，对遗址遗产保护造成了消极影响。十几年的烂尾楼浪费了大量国家资金和民众财产，使这里人口密集、交通长期都是"瓶颈"（六二三路、沿江西路、人民桥路、西堤二马路天上地下均在此与康王路交会）。如今可能有所好转（因有地铁6号线和即将开通的8号线），如果再建高层，便会增加老城区的人口密度，增加交通、运输、就业、上学等负担。

建筑风韵完全变调　　　　怪诞的构架固有的建筑要素全部遮挡

色块太张扬，破坏风貌　颠覆美学规律的封墙　把古典形象反衬得更旧

新材料不良运用反显平庸　　　将好几栋古典建筑立面连体遮蔽

图9　现代手法的不良运用反而严重损毁历史建筑

十三行历史文化遗产保护空间本来不足。此区已规定为"密度一区"；公园是大众生态用地，要保护"绿线"（城市环境生命线）不能毁掉绿化！新建大厦在杉木栏路，该路与十三行路本是一个整体，当后者被康王路截断后只有二十多米留下对接于十三行路，理所当然融为了一体。作为十三行路保护区的建设控制区和风貌协调区，更应一并整体保护才能

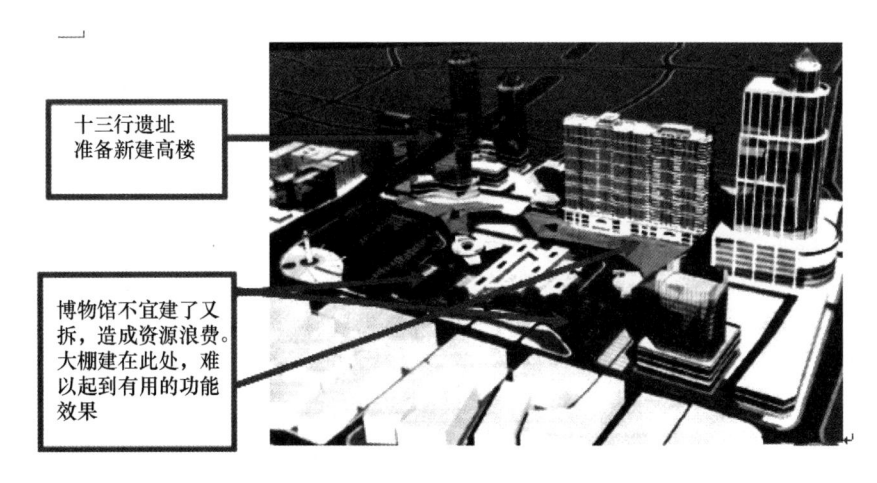

图10 十三行遗址建高楼：应从政策层面限制此种规划

（标注：十三行遗址准备新建高楼；博物馆不宜建了又拆，造成资源浪费。大棚建在此处，难以起到有用的功能效果）

使旅游区形成一个完美的空间场所，并有一个较为开阔的天际背景和一个面向城市大道（康王路）的景观界面（参见《广州市城市规划管理技术标准与准则——城市规划篇》）。

纵观十三行路相关规划，笔者认为应当加强顶层设计超脱局部利益的限制，真正站在历史文化长远发展大局的角度来施策谋划。

四 十三行历史街区"文商旅"整合规划愿景

文商旅的整合规划的一个前提，是要分清三者中何为事物的灵魂、何为事物的基础、何为事物的枢纽结构。

这里十三行的文化：特指历史街区的地方性不可替代，且发展着的历史文化；它应该有个依托的载体。十三行历史文化的形成是由当年的商业、旅游活动积淀而成的。当年回不来了，所以需要保护追忆。

这里十三行的商业：特指跟历史文化相关、并以此"文化"为资本的经济盈利产业项目；传承历史、服务现实，实乃生存之本。

这里十三行的旅游：特指借历史街区街巷空间、巴洛克建筑、园林艺术等载体复兴历史记忆，观光体验十三行历史文化场景的活动，以此提升城市的文化价值与世界知名度。

十三行历史街区的"文商旅"优化配置发展机制如何？拟作如图11解。无论物质文化遗产、非物质文化遗产，要发展旅游都须有客体作为精神的支撑载体,这种载体就是民族文化宝贵的财富。商业借文化发展就得按文化资源的风格要求打扮自己:吃文化的饭、打文化的旗;旅游实质上是一种观赏体验活动方式。要充分尊重十三行街区的特点特色,风格定位。这就是文化资源资本的唯一性、垄断性、不可再生性、享受的珍贵性使然。十三行服装批发市场不能一方面借用十三行的文化资本,一方面却破坏十三行的精神内核,因此必然不能构不成旅游文化或文化旅游。

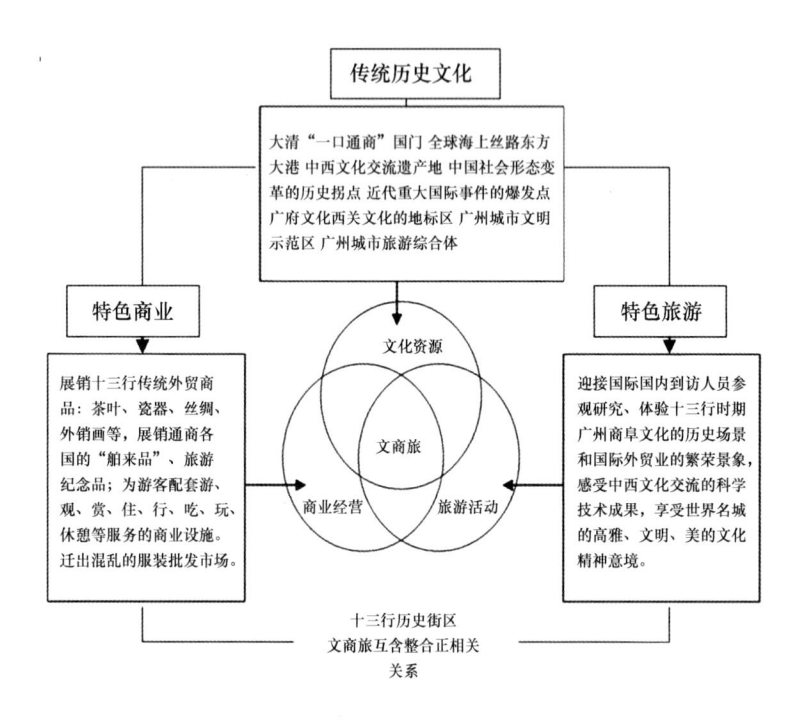

图 11　十三行"文商旅"正相关图示

美国人文社会科学院士、哈佛大学荣誉教授、北京大学高等人文研究院院长杜维明先生做客 2012 年"广州论坛"时指出:"我们要问自己,从现在开始往前看,十年、二十年……希望广州人是怎样的人,是一个纯粹的经济动物和世界其他经济动物一起竞争的,还是一个能够安顿自己身心,能够使自己和社会互动健康……精神价值能够体现,在这个基础上我们的发展道路才是真正可以为其他的发展国家所借鉴。"① 此话正相关对

---

①　甘新主编:《问策城市发展——2012 广州论坛演讲集》,商务印书馆 2013 年版,第 28 页。

人的价值作用。

人们追求的是"文商旅"有机配合高品位的旅游项目，它能保证城市内部各要素协调发展，克服相互之间的负面效应，发挥相互之间的正相关效应，有效地保护城市文化遗产（历史街区），发挥历史文化资源的经济社会效益，让商业经营获得文化效益。旅游业也是一种商业活动（有时"商旅"为一体），利用文化活动获得经济效益的同时，文化资源也就产生了"文化资本"的效益。按文化主导原则实行十三行街区的保护更新，其目标将如图12所示。

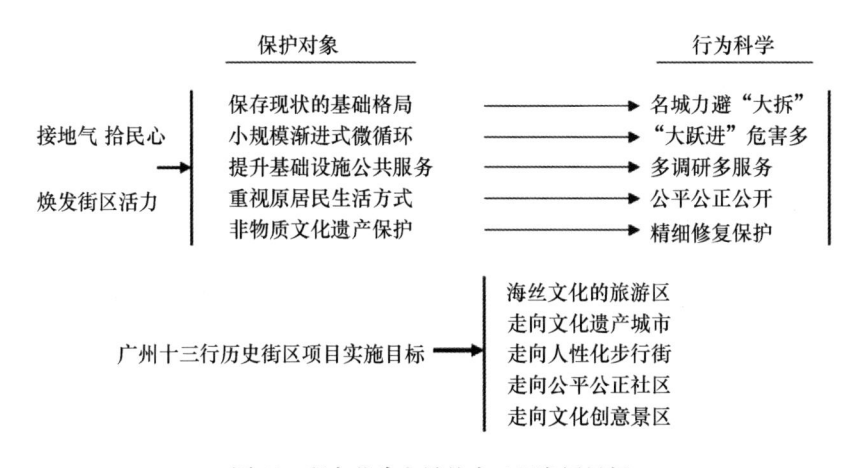

图12 以文化为主导的十三行发展目标

五 十三行历史街区"文商旅"的实施机理

遵循国际惯例，吸取成功经验，高端谋划，保持科学规划定力，实现全民美好愿景，特用箭图的形式概括业界共同的主张和科学规律、以供十三行历史街区借鉴（图13）。

（一）把抢救保护工作摆在首位

改造历史街区首先是整体功能定位的转换。可以分为两种模式：第一，改造成文化和旅游街区；第二，改造成新型居住、办公和商业混合社区。因此在呈现方式上就有了区别。文化旅游街区偏重的是展示功能，体现的是热闹与繁华的氛围；而居住和商业区则是一种偏向安静的元素，是

世界通用对策 ——>	对十三行街区的实施效果
提倡小尺度街坊空间	适人尺度的历史空间人性回归
再塑城市的活体细胞	定格人性化的文商旅城市客厅
宽容城市自组织行为	发挥群众的聪明才智和创造性
通过修补性的再开发	调整违规混乱低档次批发市场
提高街巷路网的密度	利用开放的街巷引出历史古迹

图13　按世界通用保护更新法则十三行的最佳发展前景

一种改良的生活方式。很明显，我们的目标应该是以前者为主。

十三行历史街区的保护一般可归纳为建筑的保护、街道格局的保护、空间系统及景观界面的保持三个方面的层次。

（1）历史建筑的全面保护

历史街区中一类是必须保护的各级文物保护单位，它们应该按文物保护单位的保护和利用要求进行；另一类是具有潜在价值或对构成历史地段整体风貌特征具有重要作用的历史建筑（图14）。这后一类建筑又可分为整体保护与局部保存两种。十三行街区整体保护是不改变建筑原有特征基础上，可对外观或内部进行修缮、整饬，对建筑整体结构进行加固，对损害部件进行修复。局部保存是对保护建筑中体现历史风貌的最主要要素，如屋顶、立面、墙面材料、结构、外貌色彩和建筑构件等保留部分进行修缮；同时对建筑内部进行不改变其原有形象特征的改善（图15）。

图14　应挂牌保护的历史建筑不只这些

图15　十三行街区特色建筑很多亟待保护

（2）传统街道格局的保护

十三行街区的格局从清道光年间保存至今，没有大的变化。和平路、桨栏路、光复南路太平路连同十三行路一并保护，还应考虑到街巷的布局与形态、街道功能和街道空间及景观三个部分。前者包括街道网的平面布局特色，主次街巷的连接关系、街道的分级体系和空间层次，一般不应改变，其功能宜注意疏解。历史地段的街道尺度、界面和空间标志物应予保留。现代交通的开发不应影响该路网与城市道路的格局关系。坚决杜绝再在以上三街靠康王路的西段兴建超高层建筑。

(3) 空间景观界面的保护

空间系统及景观界面是体现城市文化风貌特色的重要组成，也是城市纹理的重要因素。空间系统更是衡量旅游客容量的一个重要指标。景观界面的阅读往往也是在这些空间系统中进行的。景观界面包含开放空间的边界，如景区面向康王路的立面应重点处理。主要景观视线所及的特色建筑，自然界面及人工界面，需多加发现、组织与开发研究。

（二）重点修缮十三行路的旅游景观

广州十三行路是十三行商埠文化旅游区一条历史景观定位轴。对其街道入口景观、街面水平景观、建筑立面景观、人物动态景观、植物水体景观、业态氛围景观、雕塑小品景观等的设计，拟采取历史与现代承接、保护与创新统一、务实与务虚结合、静态与动态呼应、物质与非物质兼容、规划与管理相辅相成的营造手法，突出十三行文化主题，以取得可观、可游、可居、可促产业提升发展的效果。

广州十三行历史街区是记录中国由古代社会向近代社会转型的一道标志性、纪念性的文化景观，是广州作为千年世界海上丝绸之路东方大港的一张历史文化名片。广州十三行商埠文化旅游区的主要构成要素之一就是十三行步行街。过去一度在左的思想影响下，城市设计、建筑设计不许讲究古城古街古建之经典美学艺术。在改革开放、推动"一带一路"倡议的今天，我们更对历史街区的敬畏之心，坚持"抢救第一、保护为主，合理利用、加强管理"的原则，以最为节省、最易操作的技法，复兴构建十三行街的文化景观，为培育广州海上丝绸之路世界历史名城的贡献。

（三）搬迁或改造低档次服装批发市场

依靠街区商户、业主自组织开发系统。已有恒产、又有情感，定有恒心，确保历史街区及其所蕴藏的历史文化永久长存。经济基础决定文化形态，要寻找和保护这种文化形态的经济基础、并使之获利。其操盘的关键就是一定要保护好历史文化及其街区才行。目前有几种通行的商业模式：

一是政府提供广州城区边缘、靠近对外交通枢纽、新建服装批发市场用地，搬迁十三行路低档次的混乱商业项目。在这一过程中，做好规划、财政、安置等工作。

二是运用互联网技术建立网上商城实现批发市场的华丽变身，看货、展览可在十三行原地，提货在物流仓库区，以此提升商业档次、增加旅游设施。

三是就地调整产业结构模式，转换为十三行文化旅游商业业态，人员就地培训学习转型发展、竞争上岗。继承十三行街区传统商业，沿袭商业业态发展脉络，调整地方当前不佳的产业结构，改革小商品服装批发市场架构，因势利导就地实现业态转换，当为顺其自然规律的明智之举。

（四）构筑十三行"一日游"旅游精品

国际古迹遗址理事会在《华盛顿宪章》中指出：一切历史城区"不论是长期逐渐发展起来的，还是有意创建的，都是历史上各种各样的社会表现。这些文化财产无论其等级多低，均构成人类的记忆"。广州十三行历史街区的保护复兴是一个常议常新的课题，随着时代的发展，这一课题已汇集了不少中外经典理论，也吸纳了不少优秀范例。保护十三行商埠文化遗址及其环境，规划建设一个商埠文化旅游区，是符合城市文化基本精神的（图16）。

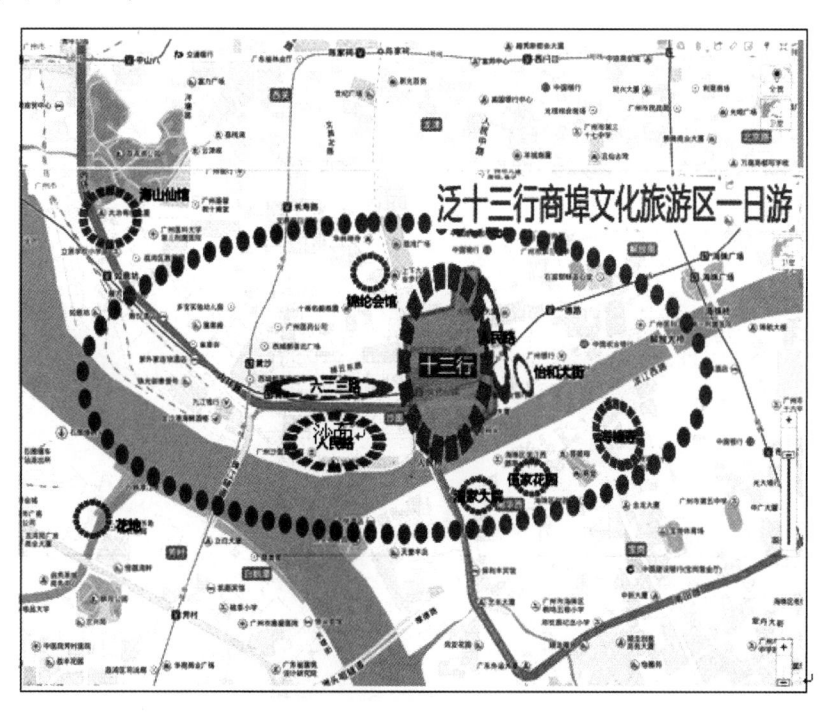

图16 十三行商埠文化圈正好是一个优秀的旅游产品

狭义的、核心式的十三行商埠文化旅游区则为十三行路所在的众多历史街巷和外商夷馆建筑遗址所在的文化公园及西提地段。中观的十三行商埠文化旅游区规划范围包含夷馆遗址地段、十三行路以北的历史街区、现文化公园、人民南路东西两侧行商商行遗址、西堤及其沿江地带、沙面国家级历史文物保护区和六二三路，以及河南潘家伍家行商居家遗址。

广义的十三行商埠文化旅游区可谓从珠江口到白鹅潭，凡与以行商—商行模式对外开展国际贸易活动相关的所有河海港、城乡商埠文化设施系列遗址以及当年重大历史事件相关的广袤地区。核心区要做精，"一日游"好操作。

总述：十三行历史街区将是一个开放式的永不落幕的公共历史文化博览园；西堤应为完全开敞式文化社区，削减过多的其他城市功能，提供旅游者任意出入、穿行其间的，从任何一个方向都能安全地完成一次惬意的游览回环。当然其中还有一条景观轴线序列游路：当您乘船由水路而来，于江边洋船码头登岸，欣赏沿江风光后穿过西堤博物馆群，沿德兴路这条礼仪大道跨（穿）越西堤二马路，徜徉夷馆前区广场，然后十分体面地被礼仪小姐迎入商馆遗址博物馆参观，随后可轻松漫游十三行路以北迷宫式商业街区，或购物、或品食、或赏景、或采风、或人看人……最后满载兴奋而归。

要实现上述"文商旅"完满结合的项目，须广州市政府、甚或广东省政府，将其纳入议事日程，从历史街区的保护工作开始，发动当地产权所有者、投资商、居注者、名城研究者，以及所有对此感兴趣的人，参与其中。让广州人对十三行这张城市名片，真正拿得出、叫得响，并引以为自豪。

千年黄埔古村与百年黄埔古港

粤海关—十三行—黄埔村—澳门，是大清帝国"一口通商"对外经济贸易中的四个关键环节。"粤海关"控制金融、税收；"十三行"行商做具体生意，其中附加严密的监督管理任务；黄埔古村琶洲岛是广州的海舶内港，给养、出口装货码头；澳门，国门口的跳板、外港。四者构成一个完整的自组织系统，长期维持着东方帝国同世界的物质、文化交流和人事活动"血液"的循环。

其中"黄埔"在中国近代史上，在现代改革开放历史的进程中都是赫赫有名的两个字眼。因为它蕴含了经济地理、中西文化交流、社会改革、革命战争等多方面、多层次的历史文化信息与可歌可泣的故事。十三行时期，黄埔是典型的河海文化交汇的港湾。举国上下"一口通商"，促使珠江吸纳大量内河文化信息，波涛滚滚奔向海洋；又从五洲四海各条海上丝路鼓浪而来、叩关贸易的船队裹挟强劲的海洋文化信风，"吹皱一池春水"。江海两种文化的交汇使古黄埔村、古黄埔港，以及具有众多黄埔现象的泛黄埔地方赫赫有名。

"黄埔"，是历史文化内存极其丰富的两个汉字集成块，其中与粤海关、十三行相关的商埠文化旅游资源也是极有开发价值的。这无疑是当前城市建设应当重视的问题。

类似2006年7月，当瑞典国"哥德堡"号考古商船到访的时候，我们将以怎样的形象环境迎接来自世上最远的国度、沿着最长的海上丝绸之路航线，踏浪而来的250年前的友好客人？

一 粤海关的重要"挂号口"

广州古黄埔港是一个与"粤海关"密切相关的地方，缘于明清时期作为广州对外贸易的外港而世界闻名。众所周知,广州是我国海上丝绸之路的发祥地,也是历史上资格最老、历史最久的港口所在。到了清代,相对十三行内河,外港移至琵琶洲东南附近的黄浦村。现广州海珠区新滘镇的黄埔村、石基村一带,就是当年黄埔港的所在地。康熙二十四年(1685)清政府在广州设置粤海关,并在黄埔村南边的酱园码头设立黄埔挂号口后,黄埔村就成了中外贸易的必经之地和向各国商船征收关税之所。当时中外商舶云集、舳舻相接,对外贸易进入黄金时代,同时也开创了从广州而影响至全国的"黄埔现象""黄埔效应"。

位于黄埔村境内的"挂号口"简称黄埔口,是粤海关省城(广州)大关下属的一个税口,属地番禺县,距大关30里。根据梁廷枏著《粤海关志》卷5与《黄埔挂号口图》可知,黄埔口包含黄埔税馆、夷务所、买办馆和永靖营等机构。黄埔挂号口虽是粤海关省城(广州)大关的一个分口,但在对外贸易中的管理地位十分显著。乾隆二十二年至道光二十年(1757—1840)一口通商期间,偌大的中国,海上对外贸易只集中于广州一口进行。80多年间停泊在黄埔古港的外国商船超过5107艘。近一个世纪之内"黄埔挂号口"带动全黄埔村发挥了多方面的作用。

(一) 扼守外来船舶进入广州的要冲

清政府明文规定:"凡载洋货入口之外国商船,不得沿江湾泊,必须下锚于黄埔,并不得在别地秘密将商品贩卖。"还规定外国商船必须"于黄埔地方启其所带炮位,然后交易"。所以粤海关建立后,进广州贸易的外国商船基本上是以黄埔港为锚地。图1是19世纪初,停泊在黄埔锚地的外国商船。[①]据统计,康熙二十四年至乾隆二十二年(1685—1757),即"一口通商"之前,外国到中国贸易(此时江、浙、闽、粤海关同时开放)的商船共312艘,其中经黄埔口岸进入广州的外国商船有279艘,占总数的89%。这些外国商船来自葡萄牙、西班牙、荷兰、英国、法国、瑞典、丹麦、普鲁士、奥地利、意大利、秘鲁、智利、墨西哥和美国等。从粤海关开始统计入口商船的乾隆十四年(1749)算起,至鸦片战争前夕的道光十八年(1838),进入广州贸易的外国商船共5390艘次,其中大部分是从黄埔口岸进入广州的。如果以广州贸易货值统计,嘉庆二十三

---

① 资料来源:《海贸遗珍》,第268页。

图1 1773年停泊在黄埔港的海舶

年（1818），从黄埔进口的贸易货值占当年广州贸易货值的87%。

（二）征收外国商船课税船钞

据《粤海关志》记载，除进出口关税的货税不在黄埔口征收外，外国商船的船钞、引水费、船规银、通事买办费、挂号银等，均由粤海关黄埔挂号口进行征收。约翰·菲浦斯（John Phipps）记述，当时外国商船，"在黄埔付出的费用共有四种：即船料、规礼、引水费及杂项费用"。征收事宜由设在这里的黄埔税馆具体负责。黄埔挂号口的重要地位也可以从征收的挂号银两数量多少得到说明。据统计，黄埔挂号口平均每年征收的挂号银两达1400两，仅次于粤海关总口征收挂号银两9300两，居粤海关下属各分口的首位。外商发现当时具有特殊地位的黄埔的确产生了一种特殊的显贵阶层——黄埔买办、持有海关监督衙口发给的执照。他们像广州同行一样，照料船只就像后者照料商馆事务一样。据黄埔村人说，至清末全村先后充当买办者有40多人。

（三）转运外贸商品进入内港（河）

办理外国商船进出黄埔、外商由黄埔往返广州城以及销售贸易物资方面的有关事宜，大部分由设在这里的夷务所具体负责操办。这是一个包括接待服务、供应给养、组织贸易、管理营运等庞大复杂的系统工作，须动员大量的人力、物力资源、生产生活资源以及交通储运、安全保护力量来实施。亨特曾讲到"无走私货物"的商船，代理人选择一个行商来为该船"担保"，请一名通事来船上办理海关事务，派几条驳船把货物运到广州十三行并把回程货物从广州运来黄埔，这就是代理人需要照料的全部"公事"。

（四）提供外国船员生活服务

为停泊在黄埔港的外国商人购买食物等生活、服务用品，由设在这里的买办馆具体负责。正如威廉·亨特在《广州番鬼录》（见《广州史志丛书》）中所说："一个住有好几千人的市镇，他们差不多都直接或间接地与外国船运有关，充当买办、装卸工、铁匠，等等。"

（五）驻扎部分"国家保安部队"

这里除设有买办馆外，为确保地方与港口安全，清政府还在黄埔村设有"永靖营"军事机构（图2）。清政府向例酌拨广州协标外委一员，带兵12名拾寮防守。

图2　清代设在黄埔古村的海关设施

为执掌以上职能，粤海关在黄埔挂号口设立了书吏1人、家人2人、巡役1人、水手11人等办事人员。这些办事人员中，家人是掌权人物，按粤海关规定，由粤海关监督派驻大关、总口和一些主要口岸的亲信担任。黄埔挂号口有家人2人，仅次于省城（广州）大关（广州大关有家人4名），与澳门总口相同，足见黄埔挂号口在粤海关中具有与总口相同的重要地位。

鉴于嘉庆十四年（1809）英军强行在澳门登陆，进而直逼黄埔口岸和道光十四年（1834）英国商务监督律劳卑率领兵舰擅自闯入虎门开抵黄埔的事态，次年即由两广总督卢坤、粤海关监督中祥拟定了《防夷新规八条》，加强对黄埔挂号口的外国商船的管理。例如，规定澳门同知设置引水14名，专供外商申报引水至黄埔之用。而且规定引水人员必须是殷实良民，有亲邻作保，由澳门县丞加结申送海防衙门，查验无异后发给腰牌印照，才准予充任。到道光十五年（1835）又进一步规定，引水人员必须查明年貌籍贯，发给统一编号的印花腰牌，并造册报总督衙门和粤海关存案，才准予外商雇用。并责成番禺县丞在黄埔对外水人员严加稽查，如有外商雇用引水、通事和买办各一名，并领到粤海关颁发的"部票"（印照）后，才可以驶入虎门，经过丈量船只后方能进入黄埔港水域。在黄埔挂号口向黄埔税馆纳清一切税款后才能进入广州贸易或就地贸易。①

综上所述可知，明清时期特别是清代，因进出口贸易非常繁盛，无疑会促进黄埔村的城（镇）市公共设施建设发展，清政府也非常重视黄埔村在对外贸易中的管理作用。经过多年的发展，今天的广州港已跨入国际亿吨港的行列，它使广州成为中国海上贸易中心地，成为世界级枢纽港城市。广州港的历史源远流长，其中撇不开清代著名的古黄埔港。很多史料记载，古黄埔港在促进中西经济文化交流方面的重要作为，至今仍产生着深远影响。

二 对口"十三行"的河海港

现今新滘镇黄埔村形成于何时？因缺乏可供稽查考证的文献记载和宗

---

① 袁峰：《黄埔海关考》，中央编译出版社2016年版，第43页。

谱志书，至今还不甚了了。黄埔村现有梁、冯、胡、罗四大姓，据说罗氏始祖在北宋嘉佑年间（1056—1063）便从横沙（罗姓分支）迁到这里的黄茅岗开村（现罗家祠后面），距今已有九百余年的历史了。胡、冯两姓则在南宋淳祐年间（1241—1252）到此建立基业。梁姓约于明代从今番禺北亭（属新造）迁此。此外，关、黄、卫、陈等姓，或许是本村更早的居民，现村里还有卫家厅。黄埔村原有祖祠30座，即冯氏19座，梁氏6座，胡氏4座，罗氏1座；① 现存19座，其他11座已毁。

黄埔村昔时并不称"黄埔"。重修于清乾隆四十年（1775）的天后宫，宫正门有书于同治二年（1863）的对联："迹著莆田恩流凤浦，德敷海国泽被凰洲"。"浦"者水滨也，而"洲"则指水中陆地。可见此地古时是滨水陆洲。据乡人传说，黄埔原称凤浦，由于外国商船经常停泊汇集，外国船员讹读"凤浦"为"黄埔"——意思是"黄色的碇泊所"，久而久之，反而成为自然。于是"黄埔"之名日著，而"凤浦"称谓反而日益淡化，最后被"黄埔"一名取而代之。

史料记载：云逵公（十三行行商梁经国父）墓表："公生长凤埔，洋泊所凑之地，织文纤矿，阛溢往来亦一大都会。"番禺黄埔梁氏家谱之艺文谱："番禺梁子梦轩，所居凤浦，地虽偏隅，南滨大洋夷船蚁泊，奇观萃焉。"黄埔村的先人对凤浦一港兴邦的形式都十分看好。梁纶恩小山国八景之一"云阁观帆"诗："杰阁嵯峨凤浦中，海帆层出虎门东，竭来喜阅梯航遍，一统车书万四同。"小小黄埔，早在先人们的心目中就与外洋五洲四海紧密相连。村坊传说：由"凤浦"变"黄埔"，显然是商贸往来、文化交流活动中产生的趣闻，澳门叫成"Macau"，亦类此事件。

黄埔村之历史虽然久远，但其兴旺发达起来是在明清时期被辟为广州外港之后。兴旺近千年的广州对外贸易外港扶胥镇（波罗庙），明代以后由于"淤积既久，咸卤继至，沧海为田"（清代《波罗外记》）的自然变化，扶胥镇对外贸易地位，逐渐为琵琶洲所取代。琵琶洲（简称琶洲）早在南宋时期已是"海舶所集之地"（见南宋方信孺《南海百咏》）。建于明代万历年间的琶洲塔，重要原因就是为海舶进港导航而建，至今仍屹立于珠江畔。而琶洲东南的黄埔，清代被指定为外国商船碇泊之所而兴旺

---

① 广州华侨研究会等：《凤埔古今——古黄埔港寻踪》，广州出版社2000年版，第32—39页。

发达起来。

清政府在管理海关、十三行、外商等条例中规定：凡载洋货入口之外国商船不得沿江湾泊，必须下锚于黄埔。据马士、密亨利《远东国际关系史》一书也记载：外国船来中国贸易，都先驶澳门，在澳门聘用一名引水，再雇请一名通事买办，并领到奥海关颁发的红牌后，才准许驶往虎门。在那里经过丈量并缴清各项费用后，再开到黄埔，不得进入省河。清政府自康熙二十三年（1684）开海禁后，于次年（1685）设粤海关行署于澳门，但实际贸易货物的装卸在黄埔村港。粤海关在黄埔村设立"黄埔挂号口"，掌管中外商船出入黄埔的装卸、接驳课税。故在黄埔锚地与广州城西十三行仓库之间，有驳船来往穿梭承接装卸接驳货物业务（图3、图4）。

图3　鸦战前的黄埔港湾（外销画）

当时，设置在黄埔村的税馆、夷务所、买办馆等可谓海关、十三行的派出机构。1784年美国第一艘来华贸易的商船"中国皇后"号，就是在澳门取得了一张盖有中国官印的通行证，再驶到黄埔村港口停泊的。据记载，遵照中国有关方面规定，必须雇用一名买办，负责经办船上所需食品和其他物品；再雇用一名通事，负责与中国海关处理全部商务；还须有一名保商，以担保来船缴纳税银和船上人员行动的合法性。商船经丈量完毕，保商出示一张卸货许可证，行商便可将船上货物搬运到驳船上，驳运到广州城。货物到广州后，公行商人将货物过秤和检查。完了，这些货物

图 4　黄埔民船替英国商船转运货物

便可以由中国商人出售。而船商所需的回程货物、也由船长与公行商人商议，请公行商人代办。同样，在广州购得货物用驳船运载到黄埔村装上海舶（图5）。这就是美国"中国皇后"号商船在中国进行贸易的手续和过程。

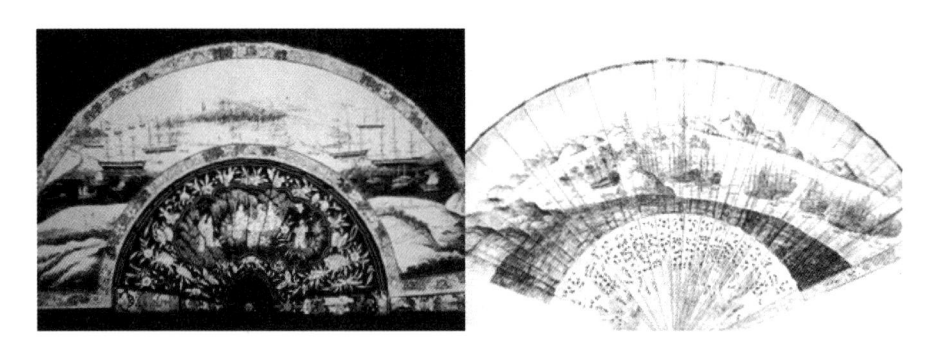

图 5　出口商品印上黄埔图照，证明该地在国际交往中有声誉和地位

18世纪外国商船汇集黄埔的盛况，《远东国际关系史》一书有如下的记载：1789年，"停泊在黄埔的有英国船61艘（其中东印度公司船21艘），葡萄牙船3艘、美国船15艘、荷兰船5艘、法国船1艘、丹麦船1艘、葡萄牙船3艘，共86艘。有时有六个国家的近百艘商船在黄埔麇集碇泊。① 黄埔村港口昔日之盛况，可以想见。又据武育干《中国国际贸易史》的统计，黄埔港的进口值，在广东对外贸易进口总值中占有很大的比重。以1817年为例，广东是年外贸进口总值为23488440元，其中通过黄埔村港进口值就有19711444元，占广东进口总值的80%以上。黄埔村港口在当时广东对外贸易中所处的重要地位不言而喻。

鸦片战争后，广州对外贸易的首要地位为上海取代，黄埔古港也逐渐失去昔日的繁盛。酱园码头也由于逐年淤塞，终于因不利于海舶的停靠而被放弃。清同治年间（1862—1874），黄埔海关迁至长洲岛，但仍沿用"黄埔"之名。

考察现今黄埔村的格局，值得注意的是，它不是一般村落的式样，而具有中国古代商贾城镇的模式。现在村里仍保留昔时城镇的坊、街、里、巷的名称。过去黄埔村港有东市、西市，东市即黄埔直街，西市即今石基村海傍街。不言而喻，此乃商业辏集的地方。过去黄埔村分为十二坊，即一申明居、二磐石、三石门、四碧沙洞、五柳塘、六大道、七泰来、八西浦、九北浦、十根庆、十一宾曰、十二太平，以坊为居民组织单位开展各种群众活动。同时，还有街、里、巷的建置，如汇源街、惇庸街、太平里、青云里、副魁巷、桂芬巷等名称。村里有洪圣殿、天后圣母宫和北帝庙之设，乃是中国古代港口城镇的特征项目。洪圣王和天后圣母都是海神，沿海城镇人民出海活动时为祈求保平安而供奉。今石基乡（原属黄埔村港范围）沿原酱园码头的"海傍街"，顾名思义，即沿海堤街道，是昔时黄埔（村）港最繁荣的一条街。大道两侧，店肆鳞次栉比，夜市通宵。设在这条街上的海关和酱园铺遗迹可寻。街上还有石铺，铁铺和木铺，是专为来往海舶修理服务的。现黄埔村遗存的街巷格局明显高于一般村镇。此外，与黄埔村港隔江相望的马鞍岗下，多有在广州去世的外国官员、商人、海员的墓地，被称为"蕃人冢"。由此可见因外贸兴旺一时的黄埔村是一个国际性的"港城"。

三 追寻蓝色文明的"侨乡梦"

外国商船在从海关监督收到离港执照后，就在黄埔雇请一名"引水"

---

① ［美］马士·宓亨利：《远东国际关系史》，上海书店出版社1998年版。

人开船启碇。按照"旧例",这时买办就会将"礼物"送上船来。这些礼物包括荔枝干、南京枣(极品枣子的名称)、几篮橙和蜜饯姜,然后燃放挂在买办艇尾部一条长竹竿上的鞭炮——求神起航"顺风顺水"。

海关批复从十三行外港码头漂出去的帆樯,捎带去了无数东方文明的宝物,也捎带出了一群追寻蓝色文明之梦的勇敢者。他们用固有的精明与八方商贾应酬周旋,吸纳洋人的学问,用祖传的勤奋在大洋两岸成就了一番事业。当国人还沉浸在"天朝一统"唯我独尊的美梦中时,黄埔古港村的许多文化哲人们已经冲出了传统心理框范,走出了闭关自守的农业王朝的篱墙,呼吸到海洋文明澎湃的气息。于是科学与进步,舶来的文明嫁接在黄埔村古老的传统上,繁殖了英雄辈出的子孙后代,推动了中西文化的交流。从黄埔到全国,黄埔人早在100多年前先走了一步。[①]

(一) 有商德的商人

行商一般都是有一定素质的人。十三行天宝行行商老板梁经国,号左垣。其祖辈于洪武初年从番禺的北亭迁凤浦乡(今黄埔村)南约荣西里居住。梁经国19岁入冯氏洋行做伙计,诚实能干,毫无私心。特别是在冯氏出国十多年时间里,由其一人代为执掌洋行,生意仍然不断兴旺,颇有盈余。待冯氏从国外回到广州,经国将洋行资产如数向冯氏交代,使冯氏十分感激。于是冯氏给予经国经济帮助,于嘉庆十三年(1808),得清政府批准承充行商,名为天宝行。行址在今广州人民南路与仁济路之间。

天宝行是在中英关系恶化和其他行商纷纷破产的形势下创立起来的。长袖善舞的梁经国却以"实在诚信"独树一帜,使之生意兴旺,至嘉庆末年达到鼎盛。中山大学黄启臣教授对天宝行有深入细致的研究:天宝行经营有道,主要表现在两个方面。

一是取得与东印度公司贸易份额不断上升的业绩。按英国东印度公司与十三行商的毛织品贸易,历来是"派分股数",报行交易。作为刚创立的天宝行,一开始就取得一份份额,以后上升到两份……贸易蒸蒸日上,在十三行中的地位也不断上升。由1808年的倒数第一位上升至1832年的

[①] 广州华侨研究会等:《凤浦古今——古黄埔港寻踪》,广州出版社2000年版,第52—65页。

顺数第五位。"营业日起,声誉日隆,天宝行信用日固。"①

二是承保东印度公司商船数日益增多。按清政府规定外商来华贸易,必须在十三行行商中选择保商才能进行。天宝行创立不久,即承充东印度公司商船的保商,且商船数目不断增加。据统计,1811 年是 2 艘,1821 年和 1833 年就达到 5 艘。

道光七年(1827),66 岁的梁经国以年老多病、贸易折蚀为由,委其第三子梁纶枢换商名承禧接办行务。但当时退出行务也不是轻而易举之事,他向粤海关纳款 30000 元,遂得以退出洋行。梁纶枢支持了十年,为了取得清政府的支持,于道光八年(1828)捐输南河工费银 95000 两。道光十九年(1839),天宝行所欠饷银,已占行商欠饷一半。天宝行至此濒临破产。幸好此时梁纶枢以调停英法联军取回广州有功,加上道光二十二年(1842)在捐输海疆经费 20000 两,奉旨议叙盐运使衔赏加二品衔,再赏戴花翎,才得以化险为夷,继续经营行务。

天宝行的后人多弃商从政为官,或弃商从学为士。

(二) 有国魂的黄埔人

黄埔村近代以来,从商者众,于是出现了不少经商致富的名商或文化名人。著名人物,除有黄埔先生胡璇泽外,还有热心中美文化交流的使馆参赞梁诚,飞越"驼峰航线"的优秀飞行员梁广尧,为我国铁路事业打下坚实基础的胡栋朝,有孙中山亲自委任的永丰舰船长冯肇宪,为竭力发展广东糖业、酿造业招商引资做出卓越贡献的冯锐,为发展华侨教育事业劳苦奔波的梁庆桂,还有历史经济学专家梁方仲,广州市荣誉市民梁广尧、梁仲鹏,等等。成功人士很多,他们是中国华侨的骄傲。

新滘镇黄埔村由于特殊的外港区位,使这里的居民和外国人接触较早,因而出洋谋生的人也较早、较多。据统计,全村现有 760 户,2800 人。华侨占三分之一,是一个典型的侨乡。他们主要旅居东南亚地区和美国、加拿大、日本等,尤其是港、澳地区。

---

① [美] 马士:《中华帝国对外关系史》卷一,商务印书馆 1963 年版。

四 "黄埔文化效应"的辉煌史

广州是一个河、海港港口城市。广州港已跨入国际亿吨港的行列。广州港的发展对促进广州中心城市的形成和发展、推动对外交流起了十分重要的作用。追溯广州港的历史,源远流长。其中海珠区新窖镇的黄埔村、石基村一带,则是清代始称的黄埔港前身所在。

一百多年前,美国人来到黄埔,他们感受到"在世界上没有哪个地方比公司船队集结在黄埔的那种景象更好看了,各船的进口货已起卸完毕,每艘船排成优美的行列,等待装运茶叶。那些巨大的船只,不是飞剪船的式样,而是后部宽阔,船舷隆起,船头宽圆,船上各物整洁,秩序井然,显示出纪律的力量"。[①]

马嘎尔尼(Macartney)爵士是1793年英国派到中国的第一任大使,在广州逗留期间的日记写道:英国"雄狮"号泊于黄埔港,"河面几乎为船只和各种舢板所覆盖,即使是最小的船只,也都成排成队的栖息在那儿。靠近江面的陆地平整开阔,在10或12里远的地方有山隆起。左边是黄埔村,有本可雪尔(Bank Shall)即外国商人居住并收藏货物的临时房屋成群坐落之地。右边往下游有两座小岛,通常唤作法兰西岛和丹麦岛"。黄埔村地处一个被外国人十分看好的区位上,外商迫切希望在此兴建港口设施或开辟租界。

200年过去了,今天的黄埔村人却另有新的感慨。凤浦,孕育了许多个神圣的"黄埔":黄埔军校、黄埔港、黄埔新港、黄埔大道、黄埔先生、黄埔区、黄埔开发区,甚至还有新加坡的黄埔河。从一个乡村渡口衍生出了一个"黄埔"世界大港。

放眼全世界能与广州黄埔港相媲美的只有地中海的亚历山大。遥想1784年,美国的"中国皇后"号首航广州,船至黄埔,当即鸣礼炮13响时,那是何等的风光。1745年,瑞典的"哥德堡"号从广州黄埔港返航,满载中国的瓷器、茶叶,在海底沉睡200多年后仍然散发出茶香。那个康熙时代承担中国大部分海上贸易重任的酱园古码头,还留着当年繁忙的记

---

① [美]威廉·C.亨特:《广州番鬼录》,冯树铁译,广东人民出版社1993年版(《广州史志丛书》)。

录，昔日拔锚张帆的号子桨声还在蔗田蕉林上空回荡。

历史是不会沉寂的。人们的记忆需要历史，社会的发展需要历史。今天所有的"黄埔"事业及其骄人的成就，也是凤浦人的历史延续和光荣。我们应跳出黄埔（村）以更高的姿态、更包容的胸怀、更乐观的心情来看待黄埔古村落和周边"黄埔"大家族的兴盛，好事后面还有更大的好事。这是人们期望的"黄埔现象""黄埔精神""黄埔效应"（图6）。

图6 具有经久不衰的国贸活动区位

认识历史要有沉寂的氛围。只有在沉寂中才能保护更多的历史遗迹、保留更多的辉煌记忆，才能更客观、更深刻认识昨天和今天。一旦风气浮躁，会使人们破坏、糟蹋宝贵的不可再生的历史文化资源。黄埔村现在拥有的是属于广州，乃至是中国最可宝贵的商埠历史文化财富。当城市物质建设的推土机隆隆驶向黄埔古村落时，如何将古村落的名胜古迹保存下来，与现代化的建设有机结合，交相促进，焕发新机，如何让旧中国外贸历史上最辉煌的200年重放光芒，将是一个严峻的考验。

五 "关、口、港、埠"的文化资源库

历史自有有幸时。20世纪中叶之后，黄埔古村落处在一个华南现代化港口工业起步建设的用地圈之外，或曰黄埔工业圈僻静的围墙脚下，有幸躲过多次历史文化遗存遭受破坏的厄运，有幸保留下了不少历史文化的遗迹、遗存，可以使今天的我们和明天的后辈们能够多少感受到当年的"凤埔"作为一个国际外贸大港心律的颤动。

"古港之旅"历史商埠文化遗存丰厚。有人说：在黄埔村，每走一步都踩着国际古港的一段历史，每喊一声，都震荡着海贸文化古韵的多次回声，每办一件事都要与"关""口""港""埠"打交道。一块青砖，承载着一段辉煌；一片瓦砾，掩藏着一个故事；一块碑石，铭刻着一处繁华；一截雕梁，缠绕着一缕乡情；一扇窗花，储满了一腔华侨热情。[①]

（一）古祠堂

封建社会的社会风气是"敦孝梯、重人论，慎终追远"，于是建祠堂，供奉祖先的牌位，虔诚地祭祀。同时，族人重科举，金榜题名才可做大官、出人头地，光宗耀祖。所谓"立身行道，扬名于后世，以显父母，孝之终也"（《孝经》）。于是建书院，培养族中子弟。书院跟祠堂常在一起。为了开启上述这一社会活动，实现这一社会目标，各村各姓都建有各自的宗族祠堂。这种宗氏祠堂，可谓各姓成员开展集体活动的场所。各姓村民纷纷投入虔诚的信仰和精湛的工艺技术，集中最好的材料，选择最好的地段和施工时间，兴建本族的祠堂。黄埔村保护完好的古祠堂有梁氏宗祠、晃亭梁公祠、化隆冯公祠、罗氏宗祠、胡氏宗祠等。人们容易看到花岗岩墙群，青砖砌筑封火山墙、硬山顶、铺砌灰绿筒瓦，正脊花样繁多，灰塑花鸟、博古纹饰，极具岭南风趣（图7）。

（二）古民居

全村保存得比较好的传统民居有数十栋，多集中在来燕里、横辰里、

[①] 广州华侨办：《走进黄埔村》，广东教育出版社2011年版，第27—45页。

图 7 具有建设格局不凡的港埠市镇风味

申明大街等用青石板铺砌的古老街巷里。如"子牙居（小园林）""涉趣园（保昌大街 3 号）""都尉第""方伯第"等民居别具古味。"冯肇宪故居""胡璇泽故居"等名人故居，多数房屋工艺制作上乘。富有岭南特色的脊饰雕塑、壁画、漏窗、花基、门洞、灰塑门联等随处可见，不胜枚举。如能成片修复保护，将成为综合开发的景点，而且部分街巷门楼也保存得十分完好。攫耳山墙起伏相连，犹如游龙翻飞，动感十足。门窗贯通的各种空间，形成多层次、多趣味，多变化的序列。民居与外部环境自然的结合，几乎涵盖了中国园林的所有形态文化。

（三）古庙宇

古黄埔村原有华佗庙、洪圣殿、圣母宫、天后（妈祖）宫等寺庙建筑，均与当时海外贸易和航海有关。目前基本保存下来的仅有一座北帝庙。北帝庙又称玉虚宫，是公祀真武帝即玄武帝君的庙宇。"真武帝"道教称"北方之神"。北帝"位居北极而司令南溟；南溟之水生于北极，北极为原，而南溟为委"（屈太均《广东新语·神话》），南粤是水乡泽园，人们以"水"为天，当祀北帝。现庙内还保存了 8 块重修北帝庙的碑记。1755 年《重修北帝庙碑记》，有"黄埔税口肆员"等文字，显然北帝庙当时与十三行时期的外贸管理有关。庙前还有部分拆建后遗留下来的石刻石柱等文物。村内原有文昌塔，可与琶洲塔遥相呼应，表现出另一种文化现象。

（四）古码头

黄埔西南曾有酱园码头，码头后方盖有临时货仓。现在岸边仍然保留一条码头街（"海傍街"），旧时店肆密集、夜市通宵，商贸极其繁盛。码头附近尚遗留有旧时用的基础木桩，直径40—50厘米，梅花阵型排列。部分村民建房时曾挖出当时码头的石碑。附近也散落着大量石碑和外国商人、海员的墓碑，上面刻有各种文字的碑文。码头对面江岸上称为四马岗的地方保留有当时专葬外国人即所谓"番人冢"的墓地。这可谓"海上丝绸之路"极有价值的实物资料。如果说琶洲塔是指航灯塔，黄埔古码头则是海舶落帆的归宿港湾。

黄埔村南侧有昔日南码头遗址，是用于停靠转运洋船货物的"西瓜扁船"的，现已淤积被压在石基村下。石基堤尚保留有当年完好的码头石块和步级石块。现黄埔小学周边150米内，祠堂、民居、相对集中，保存较完整，适宜今后连片整体开发利用。

（五）私家花园

在过去的年月里，黄埔村涌现出不少卓越人士。他们具有成功的事业、广泛的阅历和深刻的思想境界，对社会产生了相当的影响。是黄埔这块热土养育了他们，他们也在黄埔留下了建筑文化的成就，比如住宅园林则是一笔值得研究保护的文化遗产。[①]

（1）梁诚祖居荫园

梁诚是梁族南迁定居黄埔村的第十七世孙，清末第四批留美学童，一生长于外交，忠于职守，热心洋务与教育事业。他除了对于国家民族显有贡献与影响外，对其家族后代亦有积极的引导作用。坐落在黄埔村的祖居：荫园环境优美、水池宽阔、老树成荫；墙院起伏有致，院墙上虚下实，极富韵律之美；园内福寿厅颇多古典家什，室内装饰平易近人。

（2）胡栋朝的栋园

胡栋朝是一位留学美国康奈尔大学，学成归国的铁路工程专家，时任职广州工务局建筑科，仍住黄埔村，自建木楼居住。为此受到广州市市长刘纪文的赞扬，并为他的木楼题字，名叫"栋园"。现有民国二十五年（1936）石刻一块保存完好，故居尚在，古木荫郁，值得整理如故，供人缅怀。

[①] 广州华侨研究会、中国政协广州海珠区委员会、中山大学东南亚研究所：《凤埔古今——古黄埔港寻踪》，广州出版社2006年版，第65—66页。

(3) 胡璇泽南先园

1840 年胡璇泽以"黄埔先生"闻名于新加坡，充任"三国领事"，因经营黄埔公司南先号开辟"南先花园"（南先园）。凡来到南先园的中国人皆赞此园，并留下深刻印象，无疑对国内会带来一些影响。清廷正使郭嵩焘在日记中写道：这个花园"奇花异草、珍禽怪兽，及所陈设器物，多所未见"。清朝副使、广东人刘锡鸿亦谓胡家花园"多目所未经睹也"。中国人李圭参加美国费城博览会后回国途中参观胡家花园亦为"粤人所筑""花木甚繁"的园子叫好。胡璇泽死后归葬黄埔，其故乡情结不言而喻。南先园虽不在国内，但反映了黄埔人的造园思想。

（六）海关港埠建筑

十三行的外贸方式特别怪。外船和货物一般不准进入广州城，均须停靠在黄埔港口装卸和贸易，因此黄埔港则承担着多种功能。管理进出口关税、收取外国商船的船钞、引水费、船规银、通事实办费、挂号银等，这些均由位于码头岸边的"粤海关黄埔挂号口"征收。外商及货物由黄埔港派船往返广州，并由设在黄埔村的夷务所负责。泊港外国商人海员的生活及补给由买办馆负责。港务区的安全，则由设在这里的水靖营负责。于是黄埔村在清代中期一度发展成为"一个住有好几千人的市镇"（亨特），居民多以外贸服务为主，如干"买办装卸工、铁匠、船工等"。至清末全村充当买办的仍有 40 多人。

受上述功能要求的黄埔村镇必设有如税馆、夷务馆、买办馆、搬运馆等建筑（图8）。从《粤海关志》黄埔税馆图可知，税馆在南码头与酱园码头一带的河堤旁，形如吊脚楼前半架设在水上，后半部为两层的主楼，两侧建有廊子和栏杆。经勘察，十三行时期的税馆就位于现高架路快速干线桥下的黄埔涌边。

（七）涉外古街巷

在农业文明基础下形成的黄埔古村既具有典型的广府村落"靠山面塘、梳式布局"特征，又有港埠市镇规划特色。

图 8　清代黄埔港泊地①

港市依水而建。昔日村镇的坊、街、里、巷的痕迹依稀可辨,具有一般城镇的格调。麻石铺设的街道十分整齐平展,可通马车。相隔一定距离设有巷、里,每个巷、里入口处设有门楼,门楼的造型多样谐调,非常具有欣赏性。巷、里的令名也十分具有"文采"、寓意。里巷内部空间丰富多彩,使邻里相互间的关系十分谐和。建筑物的附加小品与"市政"设施多具有美化功能,加上楹联、彩画、伸出院落的树枝,给人十分惬意的联想。人们不由自主地体味这许多要素,构成了一种特有的"街巷文化"。

在南码头西侧的海傍街遗址,街口原有的"大南门"门楼十分壮观。牌坊上镶嵌着署有"咸丰四年"落款的"海傍东约"的历史印记,表明昔日店铺鳞次栉比,不少商铺专为洋人所设,如"修整鬼船"的木匠铺、漆匠铺是为修船服务的。临街处的门窗安装的是可搬动的板门和半截子的板窗。这是清代店铺的典型。据黄埔村年迈的智者介绍,当年的海傍街与现在的黄埔直街相携合,均为单层平房,但很是热闹。

---

① 粤海关博物馆文史资料室提供的 19 世纪外销画。

六 嫁接广交会展的"大机遇"

"朝贡贸易"时期，外国贡使及随从商人住在广州怀远驿，将朝贡余物并不带回自己的国家，而是在广州的市场进行交易卖掉。海珠石上的海珠公园所在地曾是广州"国际外贸市场"的市舶集所在，其实就是个小小的露天"墟"。当时对这种有意义的商品交易活动并不重视。

"十三行"时期，从外销画可以看出，十三行商馆前的广场上常有大规模人群的集市贸易活动，十三行商馆之间出现多条买卖街也就不奇怪了。古黄埔港埠为了服务外国人泊船及货物转运，形成另一种模式的商务街区也很自然。然而随着古港的淤积而转移，黄埔古村的商埠建设也就停止下来。也许还是清政府的"重农抑商"政策，并不注重小市镇发展规划，黄埔古港的建设只能是自生自灭。尽管如此，黄埔村依然是一座村镇建设的杰作。

黄埔村所在的琶洲岛经过100多年的寂寞之后，也许是机缘巧合，历史又重新吹拂古港岁月的风尘，再次刷新这个世纪商埠"广交会"搬到了这里。

今天的琶洲岛上，对当年的琶洲塔已进行了修整，昂首一新看世界。昔日的对外交流古港，冒出了一个与世界接轨、推动国际各行业贸易的场所——目前亚洲最大、世界第二的国际会展中心。这里将成为对外贸易新的中心，黄埔村因而也将面临有史以来最为壮丽的变革，古村将成为广州新城市中心的组成部分（图9）。

冬眠过后的黄埔古村落将来是个什么样子？我们的城市决策者、规划者心中的模式或曰蓝图同老百姓心目中想象的相吻合吗？听说政府部门组织有关专家专门调研，已形成了发展思路。建设将进一步挖掘古黄埔港人文历史资源，恢复古港一条街，再现当年海关税务所、买办馆、酒楼商号、民居花园，使古黄埔港成为广州市的一个旅游观光亮点，作为国际友人来华猎奇、休闲之地。

图9　历史转了一个弯，黄埔古港与广交会又相遇

七　营造"村、港、关、埠"旅游大项目

一个景区、景点，无论自身强弱与否，均需做好旅游品牌发展形象经营定位。[①] 黄埔古村保护与开发最科学的目标定位是一个"古港海关商埠"旅游区（点）。城市建设发展的迅猛势态，使黄埔地区的物质文化遗产保护工作 gc b 最为严峻的时候，同时也面临着前所未有的发展与重生的契机。有了良好的开发规划，便不会让开发目标成为"发展"的包袱，反而会带来商机商流、沉淀古色古香、展现政绩政效。可谓一举多得。因此，必须把"黄埔古港海关博物馆"打造成为一流的历史建筑保护基地、海关税口文物收藏展示基地、海关文化教育基地及对外文化交流平台。挖掘当年海关外班下设验货、稽查、巡缉部门等古迹景点，可将整个古村古港整合成了一个完整的游览区。

"古村古港海关商埠"旅游区开发具有多方面的意义（图10）。

[①] 杨宏烈、肖佑兴：《广州黄埔古村商埠文化特殊旅游的规划构思》，《热带地理》2012年第4期。

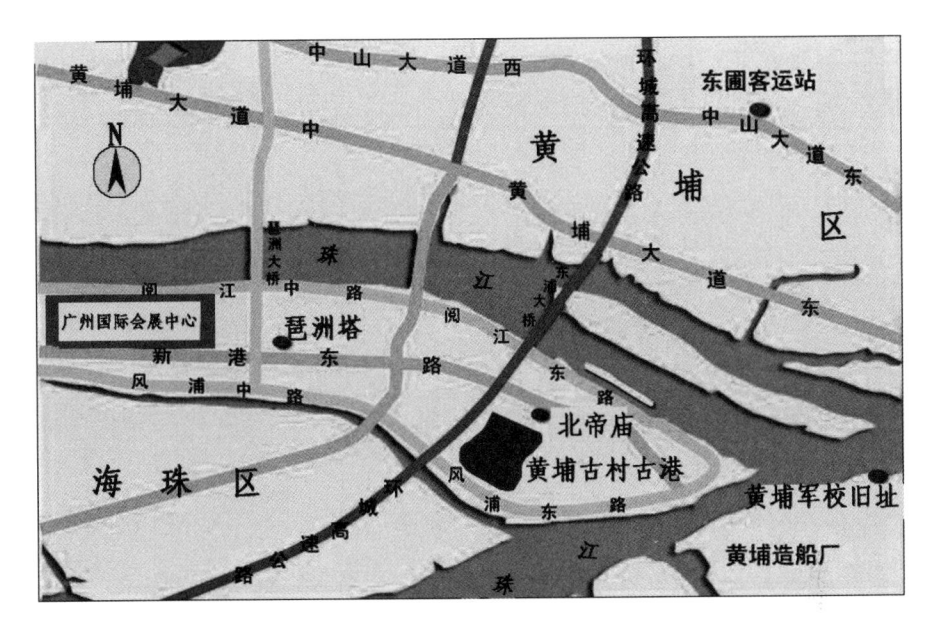

图10　古港特色旅游国际性品牌的区位形象

（一）可彰显"一带一路"发展战略绩效

保护与开发古港遗址可以成为广州"一带一路"的重要成果和形象工程之一，亦证明"一带一路"与广州城市发展有紧密联系，体现广州两千年来河海港之城镇特质，并以此还能推动侨乡文化建设，展现广州的沧桑巨变，更好地适应广州海洋文化旅游产业发展的需要。

（二）可成为海丝旅游的一颗耀眼"明星"

外人对广州素有文化景点"星星多，月亮少"的慨叹。过去为此不惜斥巨资造"月亮"工程，结果却不尽如人意。试想如早日拭去黄埔古港的封尘，进行体现广州港口城市特色和岭南风情的适宜包装，完全可以成为极富有历史文化特色而又有现实旅游价值的一颗明珠，使"村""港"处处都是可观、可游、可赏的艺术化空间。云南丽江古城、江苏昆山周庄古镇，以及许多城市历史街区的成功保护开发则是先例。

（三）形成"口岸文化"遗产可靠"硬件"

为广州海上丝绸之路发祥地和两千多年不衰大港的辉煌历史提供可靠的"硬件"支持。按照联合国教科文组织的世界文化遗产标准，广州市可将分散的秦汉南越宫殿遗址、光塔怀圣寺、西来初地、清真先贤古墓、南海神庙、黄埔村古港等整合起来,以"海上丝绸之路遗址"进行申报。目前最大的缺项是相关实物和原址太少,而黄埔古港粤海关项目的保护、发掘则可提供丰富而直接的实物材料,无疑会加大申报成功的筹码。2001年安徽黄山的古村落西递村和宏村均获选世界文化遗产,其最大"硬件"就是靠完整保持原真风貌的民居建筑,这对广州黄埔古村不无启示。

(四)演绎海关文化提升商埠旅游"竞争力"

广州市委、市政府领导多次强调,增强城市竞争力的首要任务之一就是充分开发历史文化资源。从历史文化资源的存量来看,在京、沪、穗三市中,北京得天独厚,无可比拟。而广州"山水古港""一口通商"较之上海则有一定优势,但目前却未能充分开发出来。上海在20世纪80年代末开始就着手修复了市郊朱家角镇的明清建筑群,展现了一幅古意盎然的江南水乡风情画卷,连远在昆山的周庄也被纳入上海的旅游圈中。广州应尽早将城市竞争力中的历史文化资源优势充分发挥出来,黄埔古港、粤海关黄埔口的保护与开发对这一目标有示范作用。

(五)引进海外侨资投入"黄埔口"旅游业

因广州城市中心"东移南拓"的整体战略需要,早已带动琶洲地区的快速发展。作为本区域今后的一个"亮点",应使周边一系列文化古迹与现代广交会等景观相映成趣,极大提升本区域的整体价值。另外值得注意的是:黄埔村是广州市著名的侨乡。据统计,当地村民人口中旅居海外和港澳的占有大半。广大华侨华人热爱家乡,关心黄埔村和广州港的建设。黄埔古港的保护与开发,将极大提高该村和广州海外华侨的光荣感,促进华侨与广州的联系。该村的华侨和港澳同胞中不乏热心支持而财力殷实者,若引导他们参与保护开发,可谓两全其美。

八 "定位精准合理"就好操作运行

黄埔古港距广州中心市区并不远,已成"广州地望"。至今,古港遗址的保护与开发已引起了上至决策层,下至社会各界的广泛关注,并做了大量基础性工作，旅游景观建设也取得了很大成绩。但作为一个全方位、产业型的、完整旅游项目，古村古港遗址规划与开发尚未达到十分理想的状态，距离一个在全国有影响的、可居、可游、可览、有意境的精品旅游项目，尚需再思考、再开发。问题还是缺乏一个明确的能负责的"老板式主体"。

历史文化作为一种不可再生的物资资源和人力资源，自有其独特的保护与开发规律。[1] 至今黄埔古村外围的土地几乎全部用来开发房地产。古港遗址在广州海丝之路发祥地中的地位日渐凸显，对其利用和综合开发的呼声也日趋高涨。如何做到保护性开发，以免出现建设性破坏，我们认为，可实施分期联动模式[2]开发。

（一）贯彻保护规划

黄埔古村启动"海丝文化项目"保护与整治规划，就是要原汁原味地再现黄埔古港。街道布局、建筑风貌留下了古代滨海城镇的痕迹，残存的宗教祠寺建筑显现了古港特色，英文石刻墓碑诉说着昔日海上贸易的频繁与艰辛……旅游、观光、休闲应是整个地区发展的主导功能（图11）。

全黄埔村保护整治规划面积122.65公顷，包括黄埔自然村与石基村，其空间结构特征可谓："一河、两带、三心、三大保护区"。"一河"——拟将环绕古黄埔村的"护城河"，可加以整治和恢复；"两带"——拟在村西面建设道路绿化隔离带和在村南面建设滨水区景观休闲带；"三心"——指商业行政中心、传统商业东市与西市。

"三大保护区"是历史文化的精华所在。黄埔直街历史文化保护区、盘石大街历史文化保护区、和古码头历史文化保护区，曾经风光无限。其中重点保护文物有冯肇宪故居、北帝庙、胡氏大宗祠、梁氏宗祠、主山冯公祠、晃亭梁公祠、左垣家塾、"日本楼"、榕川冯公祠九处。古码头区现位于石基村南面，自然风景良好，规划将保护和恢复区内的酱园码头，对黄埔涌采取拓宽、和疏浚河道措施，尽量恢复当年岸线与水面风光。值得警惕的是："日本楼"对面有栋无人居住的传统老屋，本来十分完整，

---

[1] 朱晓明：《历史环境生机——古村落的世界》，中国建材工业出版社2002年版。
[2] 广州华侨研究会、中国政协广州海珠区委员会、中山大学东南亚研究所：《凤埔古今——古黄埔港寻踪》，广州出版社2006年版，第86页。

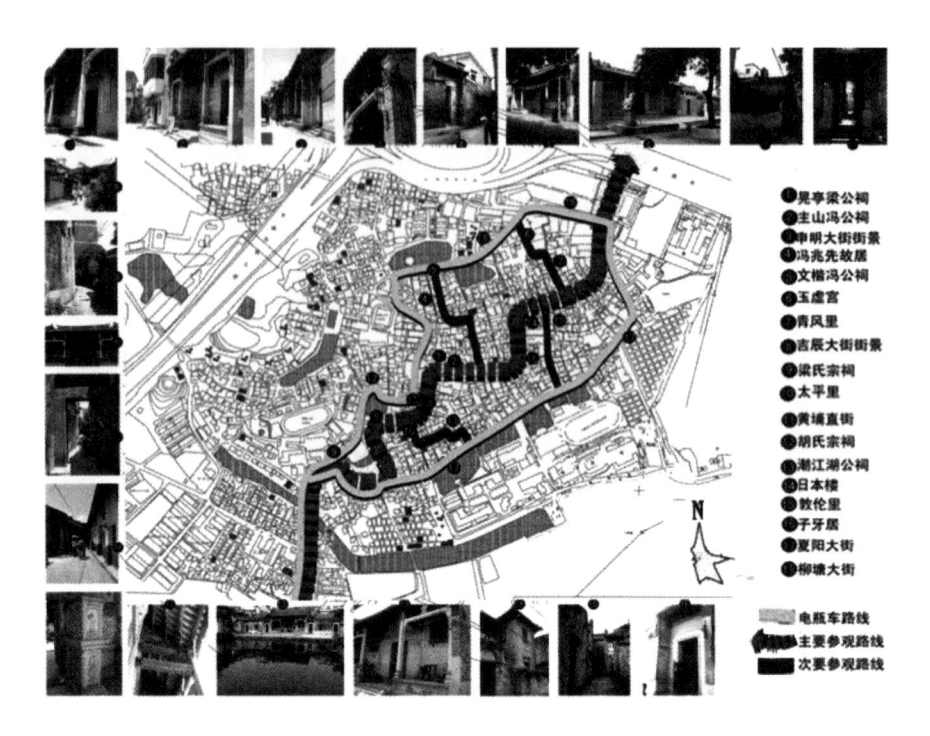

图11　特色旅游国际形象的目标境界

空间组合层次丰富、文化艺术情调高尚雅致，要保护确需一定的古建筑素养加以认知；千万不能为了图快、怕麻烦，一拆了之。

经过几番投资改造，黄埔古村已全然"刷新"。用一种所谓"创新"涂料将所有建筑"涂刷"一"新"，多层小区新楼房用灰色面砖粘贴一通，这种"运动式"做法只是短期的带有投机性的行为，难得有长久目标。我们要的是"原滋原味"、恒久见效的保护。

（二）前期启动措施

（1）摸清利益群体的相互关系

积极调查研究相关利益群体的关系，为古港遗址保护开发做好前期准备。古港遗址横跨黄埔村和石基村，新成立的琶洲街尚未正式运作，市涉及文物、文化、历史、规划建筑、科研、侨务等工作的部门均已介入，但仍未形成较强的合力。特别是古港遗址所有权比较杂乱，既分村有和"族有"，又分私房和侨房，民居情况也千差万别，应详细调查，并登记造册，为下一步综合开发打好基础。

(2) 确立科学而合乎该遗址实际状况的开发方式

目前古街尚没恢复,经济盈利项目没有一个聚集成行、增长发育的"母体",故使整个村子显得无序无规、杂乱无章。与黄埔古港配套的两条古街,既是应该保护复兴的历史文化遗址遗存,又是现今优先发展的旅游景点和经济增长极;既能较快地厘清规划发展头绪,又能维持有规有矩、整齐美观的村容村貌。只有站在村民立场上发展旅游,才能做出有科学性的规划。那种一次次打强心针式挽救古村古港的做法,是不可能持久的。

(3) 聘请文物法和经济法方面的专家参加相关论证

全面梳理各种法律体系,加强对村民的宣传教育工作,使广大居民能认识古村古港灿烂的历史文化,让保护工作能得到村民的理解和支持,并能自觉地参与。丽江古城的新生可以作为我们的楷模。为了保留和发挥丽江古城的灵气,使古城真正成为"活着的古城",在城市规划上,丽江人把古城和新城分开,奉行"保护古城,发展新城"的方针;把古城所有的街道都定为步行街,禁止外来车辆进入;逐步清理了古城内 70 年代留下的钢筋混凝土建筑。1996 年,古城受大地震之灾,灾后丽江人按照"修旧如旧,原貌恢复"的原则,投入 3 亿元资金,完成了路面改造、水系治理以及古城的绿化和美化,使古城在第二年就成功申报为世界文化遗产。此外,当地还成立了由政府职能部门、专家学者和古城居民组成的"古城保护委员会"。委员会与建设部、国家文物局、联合国教科文组织保持联系,负责研究制定古城保护的原则和方针。为了使古城"三房一照壁""四合五天井"的民居得到长治久安,政府专门表彰对民居保护做出贡献的居民。倡导古城居民穿民族服装,讲民族语言,就是一种文化"自信"的表现。

(三) 中期旅游开发

(1) 逐步恢复古港遗址旧貌

在以黄埔小学为中心的周围 150 米范围内,有相对完整的旧民居、祠堂和旧贸易街,作为开发核心资源可以划为保护区,区内的"现代"房屋一部分应予以拆除,另一部分外立面可以修改,整饰成古风建筑式样。决不是大拆古建,用青一色涂刷,将自然河涌变成都城"金水河"。

(2) 修复古贸易街（黄埔直街）

应根据清代原貌建成"古港一条街"，再现昔日的海关、税馆、夷务馆、买办馆和酒楼商号等。逐步办成一个反映"粤海关+十三行"时期中国外贸史的历史文化主题公园，让游客目睹古村当年活态的丰采。[①]

(3) 为了扩大品牌效应，建议将琶州街改成古港街，或凤浦街

在村内已建古港陈列馆和名人纪念馆的情况下，充分开展旅游宣传活动。先将古码头保护起来，一面供参观，一面进行全面考古发掘，重现明清黄埔古港的繁荣景象。并在古码头适当位置建立一座刻有中、英、瑞三国文字的"哥德堡"号纪念碑，选择适当的位置停泊"哥德堡"号古帆船造景，也是难能可贵的应情之作。

(4) 在古港遗址外择地安置保护区内搬迁的居民

安徽皖南古村落——西递村和宏村，可以作为本地操作方式的样板。两村皆位于黟县境内，地处偏僻。西递村始建于北宋，因为村中溪水西流，又设有古驿递铺，因此得名。最盛时有官僚、富商和士子的近600座徽州特色的宅院，村内有两条大街和99条小巷，有"三千烟灶九千丁"之说。迄今仍保留有明清民居三百余幢，其中保存完好的有124幢。而宏村以奇特的牛形古村落出名，其建筑特色与水紧密联系，屋傍水，水绕屋，水屋相映，意趣横生，俯瞰宏村，山为牛头，树为牛角，村为牛身，"牛肠"为千米长渠，"牛胃"为几亩方塘，"牛肚"为方圆数百米太南湖。2001年6月，联合国教科文组以其从一个侧面展现中华民族灿烂文化和东方文明而授予世界文化遗产名录证书。

(四) 后期综合利用

第一，整合古港遗址周边地区多种资源，形成广州东南部重量级的旅游景区。古港遗址周边的历史文化单位有黄埔军校所在长洲岛上的巴斯楼、柯拜船厂、古炮台、"番人冢"，南海神庙、琶洲塔等十三行历史文化同类旅游景点，通过珠江游和广州一日游，可组成一条集古代文化与当代文化以及生态美景于一体的独特旅游线路。借用已建成的沿江有轨电车组成一条旅游专线可串联起上述大部分景点（图12）。

第二，开展与瑞典和美国等合作，充分利用仿制的"哥德堡"号和

[①] 肖佑兴、杨宏烈：《广州黄埔古村文化遗产开发初探》，《现代城市》2011年第4期。

图12 高层建筑包围中的黄埔古村

"中国皇后号"商船的旅游资源，在终航广州时即设立永久性景点，充实粤海关+十三行商埠文化的内容。

第三，黄埔村、石基村的经济结构转型。由第一、第二产业向以旅游产业为主导的第三产业转移。

第四，实现古港遗址周边基础设施和环境的根本改善，使之园林化，且方便亲水活动。

第五，恢复或创新"古黄埔村八景"。古八景集称名是："华山晚望""曲水流觞""北秀山明""古花勒园""上界清风""长鹅之岭""洞里乾坤""夏阳大道"。

（五）成功案例佐证

"广州不是没有周庄，而是没有（发现周庄的）阮仪三"，没有像阮义三那样，成功地站出来保护像周庄那样的岭南水乡物质的、或非物质的历史文化遗产。众所周知的江南水乡经典周庄镇位于苏州城东南38千米，离上海近百里，历经900多年沧桑，仍完整地保存着原有的水乡泽国风貌。全镇依河成街、傍河筑屋、深宅大院、重脊飞檐、河埠廊坊、过街骑楼、穿竹石栏等，构成一幅典型的"小桥、流水、人家"的水墨画。著名的清代民居沈厅，古风犹存，是周庄民居的代表作品。

中国的古村落是关注历史与现实对话的生活场所，是催发爱国主义激情的神圣瑰宝之地。从国家遗产到人类共同财富是古村落当之无愧的价值体现。当今许多城市无节制地在扩大，村落被包围于城区，古村落的历史文化就成了城市的历史文化，甚至成了城市的文化根脉。[①]

[①] 杨宏烈、肖佑兴：《广州黄埔古村游憩商业设施的开发构想》，《南方建筑》2011年第3期。

行商私家园林的比较个性特色

自清乾隆二十二年（1757）至第一次鸦片战争的八十五年期间，广州是全国唯一的对外贸易口岸。中外闻名的广州行商（The Hong Merchants），几乎垄断了中国的对外贸易，他们有物力财力经营自家园林。行商园林的勃兴也在这一时期。同行商命运相仿，行商园林成就了近一个世纪的辉煌，暴起暴落也成了行商园林的历史命运。

著名岭南建筑大师莫伯治先生十分钟爱岭南古典园林艺术，他在他的建筑作品中常常有卓越的运用。莫老生前最后的几篇遗作[①]，就对行商园林的特色背景进行了精练地分析和考证（清华大学曾昭奋教授协助莫老将珍贵的文献资料进行了整理）。且因莫老同行商后人有过直接的接触，文中的史料应该具有相当的真实性，可帮助我们澄清一些模糊了的历史事实，值得我们认真学习研究。

一 广州河南潘家园林

广州十三行街区对江的河南南华西路至同福西路以南的一片住宅区，有当年行商潘家、伍家、张家的花园，起源于潘、伍、张三家住区的街名有数十条。

（一）园主简况

福建泉州龙溪人潘启、名振承，字君玉，号文岩（1714—1788）来广州之初任陈姓洋行司事，陈姓洋行停业后，即自行开设同文行，成为十

[①] 莫伯治：《广州行商庭园（18世纪中期至19世纪中期）》，《艺术史研究》，2003年，第457—470页。

三行首届行商首领。同文行故址在今广州十三行商馆间的同文街。其开张时间在乾隆九年至十八年（1744—1753）前后。乾隆二十二年（1757）以后，广州成为海上丝绸之路唯一的中西贸易口岸，潘启在中西贸易中长时间居于首要地位。《河南龙溪潘氏族谱》载："潘启由闽到粤，往吕宋国贸易，往返三次，夷语深通，遂寄居广东省，开张同文洋行。"

与外商贸易中，潘启有大量的资金往来。乾隆三十七年（1772）潘启为支付几个伦敦商人一笔巨款，要公司将是年生丝合约的货款用伦敦汇票支付。此次交易，是不露面的交易。在这期间清政府只知鸦片专利，对一般商人的经营款项，还未加管制。潘启趁此空隙，将其国内大笔货款，汇去伦敦。此事仅做过一次，而且甚为秘密。除去其合法继承人潘有度外，无他人知晓。潘启于乾隆五十二年（1788）十二月去世，归葬福建原籍。

（二）人文昌盛

潘启在经营同文行期间，适逢十三行独口通商之鼎盛期，而大有斩获。他于乾隆四十一年（1776）在河南乌龙岗下，运粮河之西置余地一段，界至海边（珠江边），背山面水，建祠开基，书匾额曰"能敬堂"，敬潘振承为入粤始祖。祠堂至今犹存，所在小巷——栖栅巷被称为潘家祠道（图1）。据罗国雄《龙溪潘氏入粤族人征略》称：南华西街辖区内以"龙"字及"栖栅"命名的里巷共有20条连成一片。其中主要的有"龙溪首约""龙溪新街""龙溪南首约""溪栅街""栖栅南街"等。潘氏先世居福建泉州同安县龙溪乡，后迁明盛县白昆阳堡栖栅社。潘氏以"龙溪""栖栅"为宅园命名，与以"同文"命行号一样，寓意不忘故土。①

图1 潘家立基树碑

为求私家交通便利，并于河上架建了漱珠桥（图2）、环珠桥（图3）、跃龙桥。为了不忘宗数典，特将其地定名为（福建老家名）"龙溪乡"，运粮河被称为龙溪涌（图4）。从今天的城市地图看，潘家定

---

① 章文钦：《广东十三行与早期中西关系史》，广东经济出版社2009年版，第206页。

运河上的漱珠桥（建于乾隆三十五年即1770年）W. G. Tilesius von Tilenau 原作，此为根据原作所作版画，1813年在俄国圣彼得堡发表，引自 *Fan Kwae Pictures*

图2　运河上漱珠桥[①]

图3　运河上的海环桥

居龙溪乡的范围为珠江迤南，运河迤西的一个南北长600多米，东西宽300米的狭长地带，占地约20公顷（图5）。潘启及其后代在此经营建筑

---

① G. H. R Tillotson, *Fan Kwae Pictures*, SPINK & SON LTD., London, 1987.

112　/　广州十三行文化遗址研究

图 4　漱珠涌入口园林化风光（左为伍家花园水上入口）

（来源：http：//image.baidu.com/search/index？word＝广州%20%20%20漱珠涌）

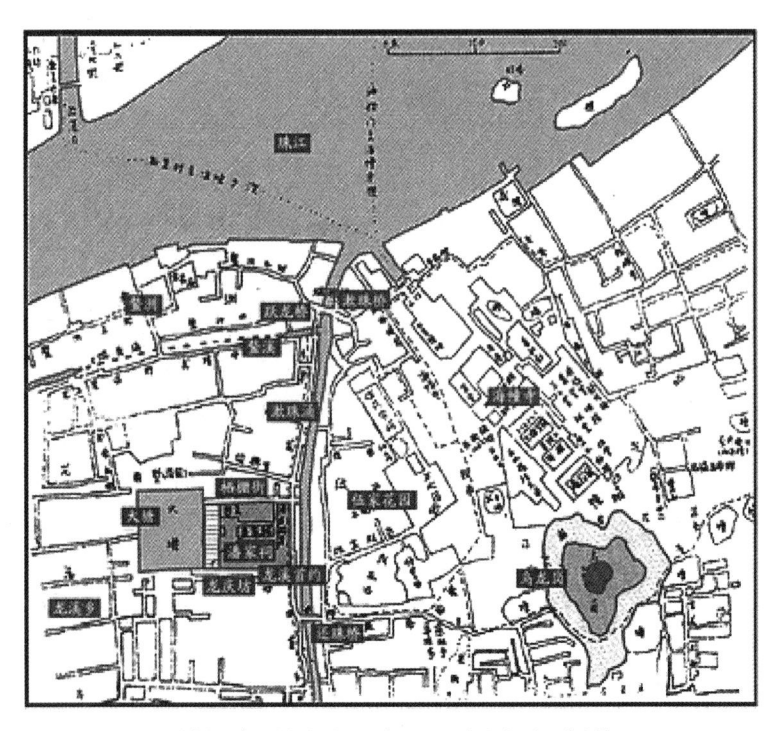

潘家祠历史环境格局分析（据曾昭璇 1907 年广州河南地图绘制）

图 5　行商潘家伍家住居地分布地图

（来源：http：//image.baidu.com/search/index？word）

群落及花园，当在 1776 年以后陆续完成。①

（三）潘园荟萃

能敬堂家族繁衍，子孙日众，各房于龙溪乡多有营造活动。据记载，潘有为的花园建成项目有六松园、南雪巢、橘绿橙黄山馆、看篆楼等。潘有度的花园有漱石山房、义松堂、南墅。潘正亨的有万松山房、风月琴樽舫。潘正衡的有晚春阁、黎斋、船屋山庄、菜根园。潘正亨建海天闲话阁（今留有"海天四望"街名）。潘定桂的有三十六草堂，潘飞声的有花语楼，潘正炜（别号"听风楼主人"）的有清华池馆、秋江池馆、望琼仙馆、听帆楼以及其孙辈所建之养志园等。可以想象，当年这里是一个庞大的园林群，关门有河、连街跨桥。

（1）潘有为筑"六松园"

潘振承次子潘有为（1744—1821），乾隆三十七年进士，官至内阁中书，曾任岳常澧道，久居京华校"四库"书。因忤奸相何坤，退归广州后，在龙溪乡范围内居近万松山麓。相传万松山麓为汉议郎杨孚故宅，故颜其书斋曰"南雪巢"，又曰"橘绿橙黄山馆"；山馆门外陂塘数顷，遍种藕花，塘边多杨柳，风景清美。有诗云："半郭半村供卧隐，藕塘三月鹁鸪飞。"其住处建有六松园两处：一处在花地，建于清乾隆三十五年（1770），是潘有为上京前为其父建造颐养天年的园林。另一处在河南漱珠桥畔龙溪栖栅一带，是潘有为致仕后建。清同治《番禺县志·列传》称六松园"擅园林花竹之胜"。潘有为另有看篆楼、晚翠亭等小园庭，均为乾隆年间所建。建看篆楼藏书画鼎彝甚富，自著《看篆楼古铜印谱》。

（2）潘有度置"南墅"

潘启四子潘有度（1755—1820）继承掌管同文洋行。因潘启的大部分商业资金已成功套汇去伦敦，由伦敦几个合作伙伴商人在伦敦运用；国内的部分资金是留给继承人潘有度的。潘有度曾经一度退出行商，后在 1815 年被迫恢复行商，顺便将同文行更名为同孚行。潘有度在河南的宅园曰"南墅"（俗称"潘园"，近漱珠桥）。南墅占地颇大，内有方塘数亩，一桥跨之，水松数十株；有两松交干而生，因名其堂曰"义松"；所居曰"漱石山房"，旁有小室曰"芥舟"。张维屏曾说："南墅在漱珠桥之

---

① 香港艺术馆：《晚清中国外销书》，香港市政局出版 1985 年版。

南,有亭台水木之胜。""容谷丈理洋务数十年,暇日喜观史,尤喜哦诗。"① 诗人张维屏闻名大江南北,远及京师,其童年时曾在南墅读书。他后来回忆:"墅中有轩。阶前双梧碧覆檐际,风枝雨叶,凉入心脾。轩外数武(半步),一桥见山,万绿饮水。"南墅潘园亭台水榭,楼阁廊庑,叠石疏池,奇花异卉,水松夹道,有池、溪、荷、竹之胜。

嘉庆十年(1805)有几位俄国商人参观了他的家园。三进大宅,头进为花园,园中曲径通幽、花木萧森、怪石嶙峋、凉亭起伏、趣味盎然。二进院落为客厅,三进院落为家眷内宅。②

据波士顿(Boston)商人 Bryant Parrott Tilden 日记记载:潘有度南墅要比伍浩官(怡和行伍秉鉴)的宅院来得典雅,纯为传统的中国式风格,几乎不夹杂任何外国饰物。南墅的收藏也以图书及古董为主。

(3)潘正亨建万松山房

潘有度之侄潘正亨在南墅又修建万松山房,与南墅西隔龙溪水道相望。园林建筑有海天闲话阁。当年万松山上万松参天,从山房阁内望过去,松林一片,十分壮观。又有湖广十亩,栽种荷莲,湖中有风月琴尊舫(书画船)。"十亩芙蕖尘隔断,不知身在水云乡。"有描写秋江池馆的诗《题画木芙蓉有赠》:"水木清华竞晓妆,采莲歌罢鬓云凉,生涯也在秋江上,不爱凌波爱拒霜。""万松山房"跟六松园、万松园有何位置关系与继承关系,值得从该地区历史地理研究着手。③

(4)潘正炜建清华池馆

潘有度四子潘正炜(1791—1850)及其后代继续扩建住宅园林,因资财雄厚,先建秋江池馆,馆内筑水榭、曲廊,又建"听帆楼"(图6、图7),高两层,以收藏法书、名画、古铜印。其藏品之丰,"甲于粤东"。

登听帆楼,北望白鹅潭(那时的珠江南岸线约在今南华西路南侧,听帆楼临江岸),可见帆影一片,楼因而得名。潘正炜又建清华池馆,这是一座有茂林修竹的园林式建筑。"小筑清华傍茂林,笙簧隔水奏佳音。"望琼仙馆及附近园景,其地在潘家祠堂迤南。潘正炜女婿陈春荣有记:"听帆楼,潘季彤观察筑,在河南秋江池馆上。楼下藕塘花架,月榭风

---

① (清)张维屏:《国朝诗人征略》记。

② [俄]里相斯基:《"涅瓦号"旅行记》,徐景万译,黑龙江人民出版社1983年版,第245—247页。

③ 曾昭璇:《广州历史地理》,广东教育出版社2006年版。

图 6　潘家晚翠亭一景

图 7　两个版本的听帆楼（左中景、右远景）

廊，曲折重叠；送目楼上、俯鹅潭，往来帆影，近移树梢；观察读书摹帖于斯，一乐也。"陈春荣另一首诗云："晚听渔歌答，晓听鸟啼遽。倚楼性自娱，听帆何所据，春江带雨来，寒江补云去。"从已见到的绘画看，听帆楼两层（与当地老人回忆听帆楼为两层建筑的说法相符），置于水滨，并有桥梁联系。开间多于3个，总面积约120平方米，屋顶形制是歇山、悬山、甚或庑殿顶亦尚难确定，然前者的可能性较大。周边有山亭配景。斯楼既是潘氏写作、藏书之处，又是文人名流学术聚会之所。莫老于20世纪50年代踏访河南时，仍见遗留下来的"听帆楼"匾。

（5）潘正衡建"黎斋"

潘有度侄潘正衡（1787—1830），字仲平，又字钧石，潘正亨从弟。因报效治河工程有功，授予同知衔，任盐运副使。正衡事母至孝，少负诗名。生平癖嗜顺德黎简书画，藏品甚丰。便于河南栖栅建造房舍，购黎简书画悬之四壁，并名其室为黎斋，斋中栽种花卉、修竹处处，景色秀丽而有野趣。当时黎斋闻名羊城，岭南名流在此雅集。著名文士谢兰生曾为黎斋绘图，乾隆举人高士钊为之作记，吴嵩梁、陈昙均有诗咏。题咏黎斋的诗文就集成一卷。当年中原文人来粤，多有来黎斋观赏者。其诗喜为唐代李贺、李商隐体。五律骨格坚苍超远，近似陈恭尹、屈大均。著有《黎斋诗草》2卷。

正衡又于龙溪筑菜根园、晓春阁、船屋山庄等。晚春阁是庭院中的一栋楼阁，四周栽种花木，十分幽静。船屋山庄建在水边，距渡头不远，堤岸杨柳轻拂，亦是一个清幽所在。菜根园也是建在塘边，一派田野风光。塘中种莲，荷花飘香，园内筑听帆楼，有松径、花圃、竹丛，具"松堤花竹"之胜。另有天外萍洲胜景，环境幽静，既是游园，也是菜园。

正衡为人慷慨，乐善好施。曾到佃家催租，当知农民准备卖儿女偿欠时，便不再收租，还解囊赠款以济其困。又曾到揭阳买地收葬难民。在广州慨然捐资修路修考棚。

(6) 潘恕建双桐圃

潘正衡死后，其子潘恕扩筑黎斋故地，建私园双桐圃。故址在今河南同福西路北侧潘家祠道、栖栅街一带。屋外有两棵老梧桐树，浓荫满庭，因而得名。

潘恕，番禺人，贡生。文史学家。其从兄是十三行洋商巨富、修建海山仙馆的潘仕成。潘仕成曾督修六省战船，招潘恕入幕。潘恕好佛、好客、好书、好画、好笛、好花，好诗词，尤熟历史，兼擅画花卉。

《柳堂诗友诗录》有句曰："春秋佳日觞咏无虚。三十六村草堂为潘定桂所建，一分水绕二分竹，阶前种花。养志园在珠江侧海幢寺前。花语楼为潘飞声所居，种有松竹菊茂盛著称。"双桐圃藏书甚丰，是当时文人雅士的聚会之所，可谓名园。双桐圃附近有名胜憩泉，东邻万松园（伍家花园）。圃中有池湖，有河涌通龙溪（今龙溪二约、龙溪首约曾是龙溪水道），圃中建亭台楼阁，掩映在花树丛中。"绿树遮门，清阴满地，池亭尽好幽栖……草堂隔、一水东西。扁舟便，人来角酒，去也不多时。"该园尤以梅花为胜景。

(7) 潘光瀛筑梧桐庭院

潘家后辈潘光瀛筑"梧桐庭院"，潘定桂筑三十六村草堂，亦留有历史记载。

梧桐庭院在河南龙溪乡栖栅内，属潘家花园范围。潘光瀛建，亦是其居所。梧桐庭院因庭院中梧桐成荫而得名。院中有池塘、太湖石景、竹丛、亭台诸胜景。潘氏中落后，亭院被官府没收充公。梧桐庭院幸免，得以保存潘氏所收藏的部分书籍。在民国前期尚存。还有三十六村草堂，在龙溪乡内。清道光十九年（1839），潘定桂建。占地约三亩，四周栽竹，内有小溪流淌，栽种时花，有花坞竹溪之胜。

（四）龙溪遗梦

现在南华西街中的"能敬堂"东至风光旖旎的漱珠涌，北接悠悠珠江水，潘氏诸园以其规模宏大、雍容华丽的气派，名噪南粤。这些极尽奢华的庭院中，处处种植着稀有的古树、各种各样的花卉等。此外，园子里还养着鹿、孔雀、鹳鸟以及鸳鸯。正如广州俗话说"镬底都镶金"。

当时广州几处行商庭园中，目前尚有些许遗迹可寻的唯有潘家花园。在今河南南华西街迤南，龙溪首约迤西，还居住着潘家后裔。古老建筑高敞的庭院及石柱、门窗装饰等，仍为当年旧物。在1908年广州地图上所见的方塘，面积十亩多，乃潘园中原有水面的一部分；后被填平，现为栖栅南街小学所在。潘启七世孙潘祖尧先生，全国政协委员，著名建筑师，曾任香港建筑师学会会长。莫伯治先生生前曾以潘氏族谱《河阳世系》及所绘潘家祖屋平面图相赠，值得珍惜。今有潘家祠道、栖栅街、龙溪首约、龙溪新街可考。

潘氏家族从清乾隆至道光一百多年间在广州十三行开设同文行、同孚行，经营对外贸易，曾富甲一方，财雄势大，且科举功名鼎盛，名人辈出，并多有著作传世。潘家的子子孙孙先后刊刻传世的文集、诗集、专著有百余种，这在当年的巨富豪族（以潘，卢、伍、叶四姓名声最著）中尤为突出。

二 广州河南伍家万松园

在清代"一口通商"时期，十三行行商因贸易垄断取得巨额财富，伍秉鉴就是最著名的一位。行商们为了满足日常生活、商业来往、外交应酬等需求，大多以省河（珠江）北岸十三行商馆区为经营核心，在广州的城西、河南、花地等地开基立宅、营造私园。

伍国莹（1731—1800）福建晋江安海乡人，后迁莆田县溪峡乡。自闽入粤，于1790年任同文行司事；不久即辞职，创立怡和行，但实际操作者为其子伍秉鉴（1769—1843）及其孙（秉鉴三子）伍崇曜（1819—1863）。嘉庆十二年（1807），怡和行跃居广州行商第二位（仅次于潘氏之同文行），嘉庆十八年成了行商之首。伍崇曜逝世之后，其商务活动随着十三行制度的取消而逐渐收缩。

河南伍园在伍秉鉴的儿子伍崇曜手中继续建设。第二次鸦片战争后，伍崇曜去世，怡和行商贸活动迅速衰落。伍家花园更在民国初期遭遇火灾，园中景物或遗失，或变卖，存世者唯有河南海幢公园的"猛虎回头石"尊。

（一）河南的私园

伍秉鉴祖籍福建，其祖上早年迁居广州西关，入籍南海县，并开始经商。到伍秉鉴的父亲伍国莹时，伍家开始参与对外贸易。伍家之定居河南始于嘉庆八年（1803），购得花园用地2000多井，龙溪水可入圆中大湖，名安海乡。道光十五年（1835）于龙溪以东、海幢寺以西建伍氏宗祠（图8以溪峡为祠道名）崇本堂之后，祠旁小道名伍家祠道，后继而扩建万松园，南及庄巷、北至漱珠桥，西与潘家花园隔溪相望，正门在溪峡街，占地甚广。因其地在万松山麓，园中多值青松，以松景见长，故名"万松园"（图9）。

图8　伍家宗祠（摄者不详）

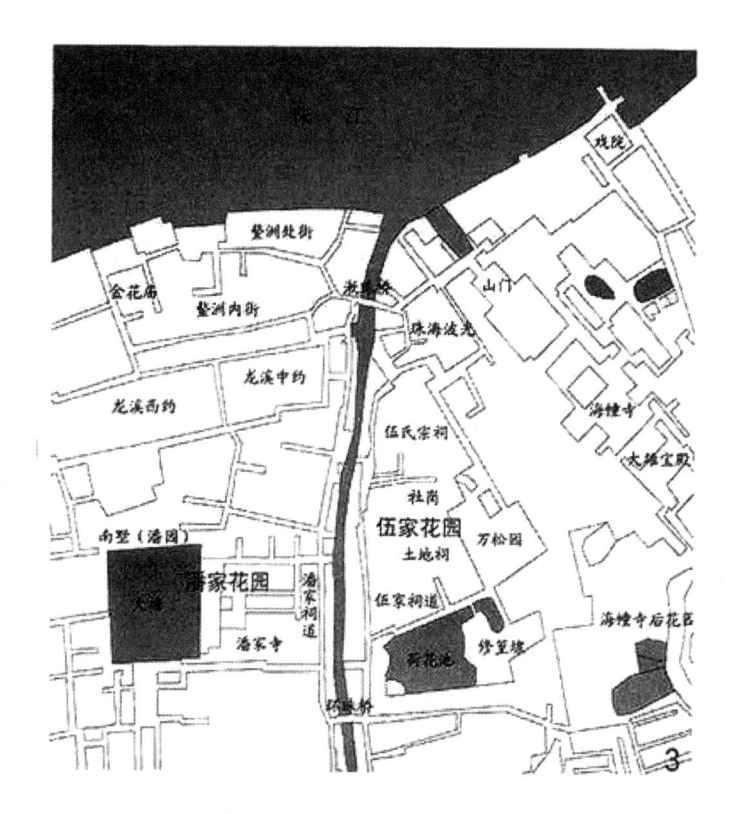

图9 漱珠涌两岸的园林分布（彭长歆绘）

张维屏常去万松园，自爱天然野趣。"五亩烟波三亩屋，留将二亩好栽花。""园中有松涧竹廊、烟雨楼、柳浪亭、万绿维、海天阁、松心草堂……"。园中的主建筑松心草堂上刻有篆书"听松"与"松心草堂"的石匾，是著名学者陈澧手笔。万松园有松心草堂可读书吟咏，接待宾友，成为岭南诗人雅集之处。张维屏在《园中杂咏》中写道：

花庄花埭水弯环，坐对清流意自闲。
词客画师来往熟，柴门虽设不须关。

万松园主要为伍秉镛、伍秉鉴和伍元华、伍崇曜两代人所建。伍秉镛字序之，号东坪，官至湖南岳常澧道；辞官后居安海宝纶楼，日与冯鱼山、黎二樵、钟凤石等相唱酬。至秉鉴时，伍园更具规模。祠道北侧有土地祠，南侧分布着荷塘、竹林，然后进入著名的万松园。穿园而过，经伍氏宗祠可达江边，登临眺望，江流波涌，有"珠海波光"的盛誉。万松园为园中园,是接待西方商人和城中名士最主要的场所。作为园中核心景区的万松园,"有太湖石屹立门内,云头雨脚,洞穴玲珑高丈余,有米元章(米芾)题名。池广数亩,曲通溪涧,驾以长短石桥,旁倚楼阁,倒影如画。水口有闸,与溪峡相通,昔时池中常泊画舫。有水月宫,上踞山巅。垣外即海幢寺大雄宝殿,内外古木参天,仿如仙山楼阁倒影池中"①(图10),可见其景观之丰富美丽。②

图 10 伍家花园(关联昌绘外销画)

另有记载:伍家宗祠及花园旧址在海幢寺迤西,运河迤东,占地约百亩。园中亭台楼阁雕梁画栋,今仅遗留一小段红砂岩磨实砌的墙基,据考为伍家祠堂遗存。其长子伍元芝的住宅花园位于广州最繁华的街道,原为已故大行商潘长耀的财产。《广州城坊志》卷六记载:"万松园在河南,南海伍氏别墅,收藏法书名画甚富。嘉道间,谢兰生……辈时相过从,园额为谢兰生书。"图 11 为华芳照相馆所摄厅堂的内部陈设,眼见其堂上方挂有"清晖池馆"的匾额,可知这内景装潢多么豪华。图 12 亦为华芳

---

① 伍家后人伍绰余:《万松园杂感》诗集。
② 香港艺术馆:《珠江十九世纪风貌》,香港市政局出版,1985 年。

照相馆摄伍园内的荷塘景色。据说曾经植有芙蓉万柄，皆是十八瓣的优良品种。① 图最左边的建筑可能是漱珠涌环珠桥附近的恒和大押货楼。

图 11　清辉池馆室内陈设

图 12　荷池风光（景物背后为漱珠涌）

---

① Carl L. Crossman, *The Decorative Arts of the China Trade*, Antique Collectors Club, 1991.

游历过其中的美国人亨特（William C. Hunter）曾对此描写道：园内亭台楼阁、雕梁画栋、庭院华丽。① 伍元华于道光年间在园内建清晖池馆，又在龙溪涌旁建听涛楼，收藏甚富。谢退谷绘《听涛山馆图》，阮元、白镕、吴嵩梁等人皆有题咏。谭莹赠诗，有"水竹园林夙擅名"之句。② 其后，伍崇曜更尽买漱珠岗畔之地，筑高亭其上，号称"龟岗"。

后人伍子伟纂《安海伍氏入粤族谱》③ 载："其面积共有二千余井。正坐魁星楼，左便土库一间，天然龟岗一丘。右便藏春深处，直道而行则百株梅轩，曲径通幽有大小二桥，一泓衣带水，几间楼阁。……西便白莲塘一口，广阔六余亩，水亭与得树亭对峙。莲塘荷花盛开，香远益清，令人欲醉。东乃南溪别墅，从甬道步落，回廊曲折，书斋十幢。凉亭水榭，观音台、水月宫，河池中鸳鸯戏水，宝鸭穿莲……墅乃先祖及伯叔祖供读之书房也。园中建有大厦四间，为长二三四房居住。"④

从当年外销画家所绘两幅图画中，可见伍家花园的部分风貌。水面虽不辽阔，但水道深远，景观丰盈；平台、凉亭、廊桥、榕树、芭蕉、盆花，颇具岭南特色。直至清末，潘飞声仍称伍氏后人懿庄"家富园林，风流自赏"。⑤ 懿庄为居廉入室弟子，善诗词、工楷篆、精绘画，人称三绝。嗣因开辟马路，将园剖作两便。⑥ 族谱所记载景观，"经沧桑之变，已无寸土"矣。

（二）城西的私园

城西荔湾一带为当时城市开发拓展区，又靠近十三行商馆区，许多达官富人争相在此购房建立家业。伍秉鉴的大儿子伍元芝曾投得潘长耀苏家园林。如果学习类似伍崇曜在粤雅堂、竹洲花坞、书库琴亭、洞房连闼、傍山带江等园庭之胜，可与另一豪商潘仕成的海山仙馆相了埒。伍家园林不仅风景别致，而且和潘仕成的海山仙馆一样，也是一处刊刻岭南古籍的

---

① William C. Hunter, *Bits of Old China* Shanghai, 1911. p. 211. 插图。
② 谭莹：《乐志堂诗集》卷二。
③ 1956年油印残本，藏广东省中山图书馆。
④ 麦汉兴：《广州河南名园记》，伍家花园条，补注。
⑤ 潘飞声：《在山泉诗话》卷四。民国二年州《古今文艺丛书》本。
⑥ 麦汉兴：《广州河南名园记》，伍家花园条，章文钦补注。见其《广东十三行与早期中西关系史》，广东经济出版社2009年版，第209页。

重要地点，其中包括《岭南遗书》《粤十三家集》《楚庭耆旧遗诗》《粤雅堂丛书》等。粤雅堂、海山仙馆、万木草堂、岳雪楼并称"粤省四家"大藏书楼，泽被后世、影响深远。

白鹅潭附近伍氏又建有"爱远楼"，因苏东坡"远望宜可爱"诗句而得名。著名诗人张维屏有诗赞曰："远势层楼起，珠江一览中"（《松心附集·草堂集》，卷1）。花园旧物有"猛虎回头"赏石一尊。旧藏万松园茶具（传聘名工于兴宜，开乌龙岗红土层取泥精制，远胜宜兴泥壶云云）。伍家日常生活锦衣玉食、声色犬马、穷奢极欲。

（三）花地的私园

在今芳村花地醉观公园一带，原有伍氏的另一处私园——馥荫园，又名恒春园。此园前身为同文行商潘氏的私园"东园"，原本打算作为潘氏亲人颐养终老之用。伍氏家族接手后，改名为"馥荫园"，将之作为避暑消夏和接待十三行外国商人的地点。其规模适当，布局也更加自由。清末民初，馥荫园被花地罗氏族人集资购置，分为六块出租，衍变为私营商业性园林。诗人张维屏曾经盛赞这里"老干参天，留得百年之桧；异香绕屋，种成四季之花"。由时人的记载可知，当时园中遍植竹、桧、苔、荷，及韭、崧、橘、柚等蔬菜水果，此外如墨兰、桂花、玫瑰、茶花、木兰等，也是随处可见。

馥荫园，又名福荫园、恒春园。该园位于广州花地（花埭）东部栅头村，即今花地大策直街、联桂北街一带。历经潘、伍两家百余年精心打造，形成了以花木种植闻名的园林特色，在近现代岭南园林中有着独特的价值和意义。它的创建经营与兴衰变迁，不仅牵涉十三行行商中最有影响力的潘、伍两家，更与清乾隆年间中西园林植物文化交流活动有关（图13）。

近期邓辉粦在老照片中寻找消逝的《伍家花园：19世纪世界首富的私家园林》，[①] 得到了一些有关资料。从清代蜀中画家田豫流寓居广州期间所画的《馥荫园图》上可见其整体布局呈不规则的"品"字形，景观集中在左下方的"口"中。图14是《馥荫园图》左边池塘的左下角建筑，从屋顶向序或临水墙基形式看可能为一船厅，船尾厅旁有几个英军人

---

① 中国政府网 http://www.gzzxws.gov.cn/dmtwsg/tsws/201704/t20170426_40683.htm。

图 13　蜀中画家田　豫流绘《馥荫园图》

员在观赏风景。

图 14　馥荫园临池建筑景观（克里兹摄）

蜀中画家田豫流寓居广州期间继绘制《海山仙馆图》之后，又绘制了《馥荫园图》，细致地描绘了园内花木、房屋、亭池、盆景等景物，让我们对馥荫园有一个整体而直观的印象。"口"字里面是池塘，"口"的边框上是花木和房屋。其中画面右半边以大大小小的各种乔木为主，浓荫中分布着一些亭阁；画面左侧，特别是左下方的"口"字四周，则集中了各式亭台楼榭，是馥荫园的精华部分，也是客人最常观光游览的地方。

画面显示，馥荫园的西南边是一条河涌，河上停着小船，小船可以划向不远处的花地河，再到白鹅潭，再到省河南北两岸。小船停泊的地方，正对着馥荫园的入口。入口处是一间房子，即门厅，厅子很大，可以招呼客人吃饭，由门厅进入园内的道路两旁摆满盆栽（图15）。拍摄者克里兹摄于1858年，他是英国海军军官，显然他是接受邀请前来做客的。与门厅并排的是一列房子，其中有一座二层建筑。这些房子朝小河一边不开门窗，起着围墙的作用。

图15 馥荫园的门厅（克里兹摄）

穿过门厅，就进入园内。园内有八角门、池塘、堤岸、石桥、船厅、六角亭以及各种屋宇。从右边池塘可看到八角门及石桥和亭子，且透过桥亭可以看到左边池中的六角亭（图16 比托摄于1860年）。左边池塘中央的六角亭挂有匾额，水上有曲桥连接两岸（图17 克里兹摄）。六角亭是十分上镜的景点，有很多摄影师拍过。在左边的池塘拍摄，从右至左依次是门厅、八角门及石桥和亭子（图18）。

花地伍园是伍家开展社交活动和接待国内外友人的重要场所。1847年夏，澳大利亚旅行家艾达·普费弗女士曾参观馥荫园。19世纪50年代中期，英国植物学家罗伯特·福琼曾到访馥荫园。1887年，改良派领袖康有为曾寓居此园写下名著《人类公理》一书。

在到访的国内外客人中，不少是扛着照相机来的，如英国摄影师皮埃

图 16　八角门、石桥和亭子（比托摄）

图 17　六角亭与水上曲桥（克里兹摄）

尔·罗西耶、约翰·克里兹、菲利斯·比托和香港华芳照相馆的黎芳。因此，相对于河南伍园，馥荫园留下的照片较多，为我们认识和研究花地伍园提供了珍贵的影像资料。

　　伍园在第二次鸦片战争后逐渐衰落。到了清末民初，馥荫园被花地罗氏族人"罗时思堂"集资购置，被分割为六小块出租，衍变为私营商业性园林。抗日战争时期，广州沦陷，花地一带的园林或毁于战火，或遭受

图18 门厅、八角门、石桥和亭子（克里兹摄）

侵占，到抗战胜利后已经寥寥无几。

1983年，政府将附近几个小型花园合并为"醉观公园"。2003年，当年潘氏所建东园亦即伍氏馥荫园旧址的一座梁式石桥被移置醉观公园内。至此，除了这座石桥，曾经盛极一时的花地伍园已无迹可寻了。

三 海幢寺南陈家花园

自潘启在南华西建潘氏家园"能敬堂"，随后不久，十三行其他富商也追随而来，南华西一带很快富贾云集。嘉庆八年，富商伍秉镛也在漱珠涌东，与海幢寺相邻的位置，兴建"万松园"邸宅，其中有个小土丘，称为"漱珠岗"，盖登临可眺望漱珠之景也。从此之后，河南本地的富家争相效尤。在其稍南两岸，先后有陈园、梅园、张园等花园以及叶氏近园、黎氏璞园、林氏景园、高氏东园、杨氏半园等兴建。难怪陈徽在《南越游记》中有云："广州城隔岸地名河南，富者多居之。"

早在18世纪初期，一个姓陈的增城人在广州开了洋行。他主要在澳洲、新西兰一带进行贸易活动，发了大财，回到广州享受生活。1740—1760年，在其居住地建有私家园林，史称陈氏花园，建造年代当在潘家花园之前。陈氏虽不是行商，但他是外贸起家发富的，其文化本质可纳入泛行商之列。1908年广州地图上海幢寺以南有陈家厅直街，多少会与陈氏家族兴建厅堂庭园有关。与后来行商走仕商之路相仿佛，其后代捐了进士。莫老记忆中，这位进士的姓名为陈念典，至20世纪初期仍居西关一带。莫老早年在广州念初中时（约1928年）曾访问过这位进士老人。

按清朝的规定，来十三行贸易的外国商人不得离开商馆，他们被隔离在狭小的房间里，不利于身心健康。约在雍乾年间至嘉庆二十一年（1816），两广总督应英国人的要求，把海幢寺和陈家花园开放给十三行外国商人，以示体恤，准许他们在每月的初八、十八、二十八日到海幢寺、陈家花园或花地游览，每次不得超过十人，必须在日落前回馆①。

陈氏花园位于海幢寺以西一里的溪峡街（今同福中路西端北侧，）一带，也是一个幽静的风景区，当时此处有河涌与珠江相通。河岸林木茂盛，花园范围很大；不过在嘉庆年时就衰败以致湮没了。陈氏花园遗址在嘉道年间还可寻访。据清中期著名文士、南海诗人谢兰生的《过溪峡陈氏废园》诗，闻道"兴废易主"，令人叹为观止。

"高高下下见亭台，尺寸都从手剪裁。
一斧削山成峭壁，万人穿水得浮杯。
风花匝地行云黯，野雀巢松暮雨哀。
闻道废兴频易主，也曾流涕孟尝来。"

在当时，外国商人如能到中国商人的园林府第中参观，被认为是莫大的荣幸（资料来源：《大清帝国城市印象》第223页）。想必陈家花园大致也类此。② 图19为一幅铜版画，描绘的是广州商人的豪华府第。③ 它究竟是哪个商人的府第已不可考。图中高高低低亭台楼阁、远远近近烟柳雾树，游船私艇穿梭其间，逗得水鸟飞禽欢声腾跃，非一般拥挤的小家庭院所能支撑的场面，方能敞开园门接纳四方来宾，作一日之游。

---

① ［英］托马斯·阿罗姆：《大清帝国城市印象》，上海古籍出版社，2002年，第213页。
② 梁嘉彬：《广东十三行考》，国立编译馆出版，商务印书馆1937年版。
③ ［英］托马斯·阿罗姆：《大清帝国城市印象》，上海古籍出版社，2002年，第223页。

图 19　某行商府邸水景庭院

四　广州西关潘长耀花园

潘启在世时，有一位同乡侄辈潘长耀，与潘有度同辈。18 世纪末，他也在广州从事对外贸易。嘉庆元年（1796），潘长耀取得洋行执照，开设丽泉洋行。随着潘长耀于道光三年（1823）去世，丽泉行于翌年破产倒闭，由清政府拍卖其遗产，1824 年易主伍元芝。丽泉行存在时间只有 28 年。

潘长耀于 19 世纪初期极短时间内，在西关地区营造了自家园林。[①]园址大抵在今龙津西路迤西、逢源大街迤北一带，紧靠原有的荔湾涌，今荔湾湖荫溶厅附近，占地约在 1 公顷。当年，外国人称为"宫殿式的住宅和花园"。传有 1844 年法国人拍过潘长耀园林的照片存外国博物馆，希望能有所发现传至国内。

图 20 这幅铜版画描绘的也是一个行商的府第，亭台楼阁，古树小船，颇有江南水乡的庭院风格。画中虽然无注明这是谁家的园林，但按《蜃楼

[①]　香港艺术馆：《十八及十九世纪中国沿海商埠风貌》（*Gateways to China*），香准市政局出版 1985 年版。

志》所描述，应是行商苏万魁的家园。苏万魁乃广州洋商中的领袖人物。[①]园中近处有两层昶轩临水接驳游船，中部似有白鸟群集停歇的荷叶亭，煞是生机有趣。这荷叶式的亭盖小品，不能不说是广州园林有创意的一景。

图 20 拟行商苏万魁的家园

从该幅绘画中，可见庭园的部分风貌。整个园林由较高的围墙围护，园内以较矮的围墙或镂空花墙分隔，又划分为若干部分。围墙或花墙之内是庭院，仿佛园中之园、层层相套，外边则是较为开放的水庭和园景。水面上有景石、珍禽，有雕饰的游艇。花园中有假山。临水的凉亭，塑荷叶为盖，至为罕见。入夜"清风习习夜悠悠""暗舫绿波，月明时候"，正是"六月荔初红，骊珠映水浓，绿天亭一角，声扬藕花风"。在整个庭园建筑中，两层楼房占有较大比例，楼上有敞厅、游廊或露台，往来相通，建筑装修雅致精美。

潘长耀逝世后一年左右，丽泉行倒闭，其遗产被清政府拍卖，为伍秉鉴的大儿子伍元芝投得。

人们对园林选址的追求具有共性。梁嘉彬讲道：卢广利家族曾以宝顺大街与怡和大街之间的普安街为广利行旧址（原公司本部）[②]，多选西灵

---

① [英]托马斯·阿罗姆：《大清帝国城市印象》，上海古籍出版社，2002年，第225页。
② 梁嘉彬：《广东十三行考》，国立编译馆出版，商务印书馆1937年版，第246页。

建安园。西关蓬莱路与恩宁路交界处的颜家巷，为泰和行商颜时瑛的别墅磊园旧址。黄佛颐《广州城坊志》卷五颜家巷条引同治《南海县志》称："磊园，在会城西。本颜翁别墅，以石胜，故名。"

五　荔枝湾潘仕成海山仙馆

潘仕成（1804—1873年或稍后）不是行商，却也是靠行商起家的。他的父亲潘正威是潘有度的族亲，乾隆末年至嘉庆初年来粤。因未获行商执照，而经常借用潘长耀的行商执照作掩护，进行可能与鸦片有关（与英国东印度公司）的贸易活动，也发了财。潘仕成于道光十二年（1832）获选副榜贡生，因在京捐巨款赈灾，被赐举人，又报捐了郎中，在刑部供职。潘仕成连续捐款，都是在他三十岁左右的时候。通常说来他还未有那么大的经济实力，很有可能是动用了他父亲的财富。

（一）海山仙馆的园林特质

海山仙馆始建于清道光十年（1830），是一座辉煌壮阔的私家园林，被称为"岭南第一名园"。海山仙馆占地面积约10万平方米。它西边是滚滚的珠江水，东为西关民居，北是起伏山冈和碧绿田野，南面是水面浩瀚的白鹅潭。馆内有堆土而成的小山，有人工汇潴的百亩大湖。水通珠江，可以泛舟。沿湖有宽敞的环湖路。馆中楼阁掩映，种满了各种草木——荷、桃、桂、茶、柑、菊、松、桧、竹、柳、梧桐、荔枝、龙眼、黄皮、佛手、芭蕉、金橘、蟠桃、菠萝蜜、凤凰木、夹竹桃、吊钟花……清道光二十八年（1884）夏銮绘《海山仙馆图》，该图并附有主人诗友的题记及诗作，较真实地展现了海山仙馆的主要风貌（图21）。

广州城西荔枝湾，系南汉昌华苑故地。道光四年（1824）南海人邱熙在此建成唐荔园。道光十年以后，唐荔园被潘仕成购得。潘仕成倾全力经营海山仙馆（原唐荔园成为海山仙馆的一部分），并在此进行一系列文化活动，所集法帖刻石等有一部分保留至今。潘仕成逝世之后，园产被官府籍没，因范围太大，只能分割拍卖。作为一座大型园林——海山仙馆只存在了四十余年。其遗址在今荔湾公园西南部至珠江东岸一带，占地范围有10多公顷。潘仕成的孙辈潘某在20世纪30年代曾与莫老相识，当时他是一位工程师。

图21　海山仙馆全景画局部（清·夏銮画）

《广州城坊志》卷五记海山仙馆：

> 宏观巨构，独擅台榭水石之胜者，咸推潘氏园。园有一山，冈坡峻坦，松桧蓊蔚。石径一道，可以拾级而登。闻此山本一高阜耳，当创建斯园时，相度地势，担土取石，壅而崇之。朝烟暮雨之余，俨然苍岩翠岫矣。一大池，广约百亩许，其水直通珠江，隆冬不涸，微沙渺弥，足以泛舟。面池一堂极宽敞，左右廊庑回缭，栏楯周匝，雕镂藻饰，无下工致。距室数武，一台峙立水中，为管弦歌舞之处。每于台中作乐，则音出水面，清响可听。由堂而西，接以小桥，为凉榭，轩窗四开，一望空碧。三伏时，藕花香发，清风徐来，顿忘燠暑。园多果木，而荔枝树尤繁。其楹联曰：荷花世界，荔子光阴。盖纪实也。东有白塔，高五级，悉用白石堆砌而成。西北一带，高楼层阁，曲房密室，复有十余处，亦皆花承树荫，高卑合宜。然潘国之胜，为其真山真水，不徒以有楼阁华整、花木繁褥称也。（俞洵庆《荷廊笔记》）[①]

关于海山仙馆的面貌，《番禺县续志》卷四十《故迹园林》中有这样的描述："池广园宽，红藻万栖，风廊烟溆，迤丽十余里，为岭南园林之冠"。又有："跨波构基，万荔环植，周广数十万步，一切花卉竹木之饶，

[①] 黄佛颐：《广州城坊志》（1948年初版），广东人民出版社1994年版。

羽毛鳞介之珍，台池楼观之丽，览眺宴集之胜，诡形殊状，骇目悦心，玮矣，侈矣！"图 22 所示其园林建筑非同一般。

图 22　海山仙馆异状平面建筑

（英国人约翰·汤姆逊摄于 1868 年）

海山仙馆集中了岭南古典园林的最高成就，成为豪华雅集之地。当时来广州的外商都以能进海山仙馆一游为幸。广东高官及钦差大臣亦多借海山仙馆会见外交使节。法国摄影师于勒·埃及尔就是应潘仕成之邀，带着照相机到海山仙馆作客时，为这座名园拍下了不少珍贵照片。海山仙馆之大，还有两件事可从旁佐证，一是当时长期在海山仙馆内服务的杂役就有30 多人、婢女 80 多人，潘仕成的 50 多个妻妾都生活在海山仙馆内。显然，如此庞大的家庭架构，不是相当规模的园林何以能够承担？二是海山仙馆后来被抄没拍卖，正是因为地广款巨，无人能够独立承商。最后官方迫不得已将海山仙馆拆分投标，由诸商分段缴款，各自经营改建。海山仙馆经此分拆变迁，故原筑无存。①

（二）海山仙馆的涉外特性

行商庭院：清代的"外交俱乐部"，与老外共享，共事外贸经营，私有公用乃游园活动之一大特色（图 23）。

---

① 赖寄丹：《海山仙馆文化遗产价值惜低估》（寄丹的博客 http://blog.sina.com.cn/u/1640264634，2011 年 12 月 8 日）。

图 23　海山仙馆燕红水榭（亭）

（英国人约翰·汤姆逊摄于 1870 年）

　　基于丰厚岭南园林文化积淀之上的行商园林是中国古典园林体系中的一朵奇葩。它基于岭南地区特有的自然地理条件生长起来。受商业实利思想的影响，岭南人并不特别强调园林的"私享"，而更看重它的舒适度、便利性和社交价值。所以行商园林中，上演过很多中外之间的博弈，见识了西方各国人士的风范，这则是其他地区的园林少有的。

　　"行商园林是在中国商品经济和对外贸易日益发达背景下出现的，继承了中国传统文化经世致用的思想，也吸收了西方园林的一些造园理念和建筑器材，可谓中国古典园林向近现代园林转型之作"[1]。由于其多采用庭院式设计，所以又往往被称为"行商庭院"这种庭院有别于传统庭院，并非单元式传统合院建筑，围合面积尺度较大，且包含不少园林小品或山水元素，往往安排几何规则的水池，俨然一完整小型园林。故此常谓"行商园林"亦无不可。

　　《中国游记》的作者约翰·汤姆逊曾到海山仙馆做客，他看到这样的美景：低垂着枝条的柳树，树影荫蔽的人行道，反射着阳光的荷花湖，洒

---

[1]　高刘涛：《行商园林里的涉外活动》，广东园林，2012 年第 5 期，第 38 页。

金边的游船在湖面上漂流，两只小鸳鸯甩开蹼脚跟在他们后面。穿过假山洞，长满苔藓和蕨类植物的砌石路面把人们导入各式各样的漂亮亭子里。一个镜子般的水池边，金鱼在阳光下游动。皮肤光泽的青蛙匍匐在承托着露珠的荷叶上。①

海山仙馆常作为外事活动场所。② 1846 年，美国首任驻华公使义华业向耆英递交美国总统致清廷国书的仪式就在这里举行。从今人的眼光看来，在私家园林中从事正式的官方活动，除了极少数的例外，似乎是难以想象的事情。如果我们考虑到当时的历史背景，可能就会觉得没那么奇怪了。

行商，是清时所谓"广州商业制度"重要的营运管理集团，负责监督、管理在华（基本指在广州）的西方人。从这个意义上来说，行商具有管理对外事务的职能，但他们又没有类似官衙、官署之类的专门办公场所，所以很多涉外事务的处理都在他们的住宅区内进行。行商园林因此承担了政府办公场所的功能，使它有着与北方园林、江南园林不同的历史价值，与徽商园林、晋商园林不同的功用特质。

高刘涛指出，第一次鸦片战争爆发后，条约谈判，使长期闭关锁国、缺乏外国知识的清政府措手不及，在处理对外事务时不得不倚重于当时广东地方各类熟悉"夷务"，精通"洋话"的官绅。在此情况下，潘仕成凭借长期与外国人交往的经验，成为清政府处理对外事务的顾问，积极协助朝廷和本地官员参与外交活动。从当时欧洲人的记载中我们可以知道，除了美国义华业，耆英至少还在这里会见过法国官方代表拉地蒙东，旗昌洋行的主任保罗·福布斯等人。③

海山仙馆的富丽和华贵显然让很多外国人着迷。这或许也达到了中方的另外一个目的：通过广州地区最豪华场所——海山仙馆的展示，让法国人知道中国的富庶与体面，以达到增加外交谈判底气和筹码的目的。

外国人游览"行商庭院"可说习惯成传统。位于珠江西岸的花埭自古以花木种植闻名，北端有古迹大通寺，清中叶后，许多行商、士绅在此购地建园，如潘氏东园、伍氏馥荫园、张维屏听松园等。清政府为避免西人入城有必要提供另外的活动空间，自雍乾时代始，遂带旺了这一带的涉

---

① 辉林：约翰·汤姆逊与广州海山仙馆［J］. http: blog. sina. com. cn//gzdh。
② 卜松竹：《行商庭院：清代的"外交俱乐部"》，《广州日报》2017 年 3 月 2 日。
③ ［英］威廉·亨特（Wliilam C. Hunter）：《旧中国杂记》（*Bit of old China*，1885 年初版），广东人民出版社 1993 年版。

图 24　海山仙馆重厅堂第一景

外旅游活动。其中"行商园林"起到直接的接纳作用。

（三）海山仙馆的文化特质

潘仕成也是一位出色的文化人，他编纂的《海山仙馆丛书》和耗费37年时间完成的1000多方刻石，是岭南文化的瑰宝。海山仙馆之所以受到人们由衷的惜宠喜爱，并非仅仅缘于它的园林美景、红荔白荷、青山绿水，更重要的是它积淀着丰硕的经典文化内涵。园主潘仕成不但是十三行的大富商，而且还是收藏甚丰、蜚声域外的文化名流。他不惜斥巨资刻印《海山仙馆丛书》56种，492卷，分编经、史、子、集四部，共120册。他还用心搜罗历代名书法家的名迹法贴，敬分为"摹古"、"藏真"、"遗芬"，而后雕琢成一千多块石碑，大多镶嵌在园里回廊洞壁之中，他还把这批名迹石刻拓本刊印成《海山仙馆丛贴》。潘仕成声名远播、威望大振。而海山仙馆也理所当然、承之无愧地变为当时达官显贵、名流雅士、外国豪商富贾们经常聚集的乐土名苑（图24）。甚至，连那些外国使节与政府要员官宦之间的会晤，也常常假座这里进行和谈畅议。美国作家亨特，法国摄影师于勒·埃及尔，还有英国著名的摄影师、作家约翰·汤逊等，当年都曾是海山仙馆里的常客熟友。

六　五家行商园林比较与共性

本章所涉的五家花园,有四家园主属于当年广州十三行行商,只一家类准行商商人,故均可称为行商园林。另有行商后代园林也可与当年行商拉上关系,用以探讨行商园林的文脉延续。如福建叶氏家族的叶上林开设义成行,嘉庆初期是十三行四大巨商之一。嘉庆七年(1802)后,叶氏转营其他行业。后人叶萼在西关建有"小田园"宅园,乃当时广州名园。行商园林的出现,是岭南园林一个重要组成部分。就已有材料我们可较清晰地看到广州五座著名的行商园林各有各自的特色。就区位分布、兴衰年代及遗存情况列表1比较如下。

表1　　　　　　　　五家著名行商园林概况

	陈家花园	潘家花园	潘长耀花园	伍家花园	海山仙馆
园林主人	陈某〔?—?〕	潘启(1714—1788) 潘有为(1744—1821) 潘有度(1755—1820) 潘正炜(1791—1850)	潘长耀(?—1823)	伍国莹(1731—1800) 伍秉鉴(1769—1843) 伍崇曜(1819—1863)	潘仕成(1804—1874)
园林所在地	河南	河南	西关	河南	荔湾
主人经营时间		1744—1753年间开设同文行,1815年改名为同孚行。至潘正炜达高潮	1796年簏泉行开张,1824年倒闭	1783年怡和行开张,1863年伍崇曜逝世之后逐渐衰落	(1830—1873)

续表

	陈家花园	潘家花园	潘长耀花园	伍家花园	海山仙馆
园林建设年代	在潘家花园之前。1740—1760	1776年建潘家祠，庭院建设在此之后历数十年。1780—1840	19世纪初始兴。1824年易主伍元芝之后有所扩建。1800—1820	1803年已购地、定居，之后扩建花园。1835年建伍家祠。1820—1860	1830年潘仕成购得原唐荔园加以扩建，其逝世后被籍没分割拍卖。1820—1860
1908年广州城市地图上标示的情况	海幢寺以南有陈家厅直街	标有漱珠桥、环珠桥及栖栅地名，庭院建筑未标出，遗址仅标出一方口塘	无	标出伍氏宗祠	无（地图上标出若干"潘园"或与原海山仙馆有关）
遗存建筑	无	若干破旧建筑	无	伍家小姐闺房	无
遗址现状提示	今海幢寺以南有陈家直街（原陈家厅直街）	今南华西路，同福西路以西存潘正炜1826年居所。遗址范围约20公顷	今龙津西路、缝源大街一带，小画坊斋及两处假山遗存	今南华中路、同福中路一带；遗址范围6—7公顷	今荔湾湖以南；遗址范围达40公顷

  行商花园中游园方式的"西化"也是值得注意的事变。这或许可以让我们更好地理解其涉外性质。彭长歆指出："在不断开展的游园活动中，西方游客往往动辄四五十人，或更多，大量人员的聚集对园林活动空间的设置提出新的要求。"[①] 于是，为适应西方商人周期性的赏园活动，几乎所有行商花园都采取了适宜公共活动的空间布局方式，比如在庭园中心设置方形或其他几何形状的池潭，围绕池边的步道宽度大大增加，并栽

---

① ［英］威廉·亨特（Wliilam C. Hunter）：《广州番鬼录》（*The Fankwae at Canton*，1882年初版），广东人民出版社1993年版。

直去弯,有的设有马车驾游,等等。这种独特的造园定位也改变了园林的布置等诸多细节。学者高伟、卢颖梅指出,行商园林对西方元素的使用和借鉴,可以"看成是封建社会时期在西方文化没有大量涌入广州前与西方文化融合的初步尝试,是随后出现的中西合璧风格的起点之一"。①

---

① 高伟、卢颖梅:《还君明珠——探索历史图象中心的广州行商园林》,中国园林,2015年第8期,第110页。

漱珠涌十三行遗址的旅游开发

关于《南华西街历史文化街区保护利用规划》的实施，有几点需格外重视：一是如何切实将南华西街定位为以传统居住、商业服务、文化体验功能为主，展现与传承广州传统民居与骑楼、十三行行商住宅建筑及其园林化特色的历史文化街区。如何在落实上真正做到贯彻到位？二是关于复原潘家祠原有的建筑风貌与景观环境，该街区 591 处历史建筑如何和谐兼容商业、餐饮、旅馆等功能，并在街区内打造 3 条特色"文物径"，设立旅游综合服务中心等。三是如何呼应市民意愿，制定出明确时间表，并切实做到"一张蓝图绘到底"，不因外事受到干扰。

一 政府推出的规划传达了哪些信息？

历史上的漱珠涌实为海珠区的始发地，不仅是一道岭南水乡自然景观风光带，也是一条与国际贸易活动密切相关的人文名胜风景区。如今虽然环境恶化，但依然还有一系列历史文物建筑和十三行文化遗址。因此，该区域的规划决不能是老一套的、大拆大建似的"旧城改造"或"房地产经营"。

（一）核心保护范围面积 22.3 公顷

位于珠江以南的南华西街历史文化街区是海珠区最早的建成区，集中记载了河南地区的发展变迁。据"逻各斯"（logos）拓展现象，初始的"老城区"往往对城市的根本特征与发展产生决定性的影响。这里是清代十三行行商的聚居地，丰富的建筑遗存体现了"因水而生，因水而兴"的空间发展脉络。同时，这里也是广州十三行行商与外商交往的见证，清末民初河南地区多样化居住模式的真实载体，近代民族革命和民主革命运动的活动基地。

规划范围南至岐兴南约、岐兴东约、龙庆北、经龙武里至同福西路，北至南华西路（含北侧沿街建筑）、鳌洲内街，西至洪德路，东至宝岗大道，保护范围面积29.24公顷。其中核心保护范围面积22.3公顷，建设控制地带面积6.94公顷。规划中要求保护不可移动文物10处，历史建筑22处，落实文化遗产普查提出的49处建筑作为推荐传统风貌建筑线索，并对街区内的建筑按照相关法规进行分类整治。本次规划还提出保护多种类型的历史环境要素：即分类保护骑楼街4条，一类传统街巷15条，二类传统街巷8条。在此基础上保护民间文学艺术、老字号等6类各级非物质文化遗产。

南华西街历史文化街区的规划改造是否以传统居住、商业服务、文化体验为主，展现与传承广州传统民居与骑楼、十三行行商宅园建筑及其私家园林的特色，特令人关注。人们要求以行商宅邸、传统居住历史地段以及骑楼街为重点保护对象，建立完善的保护体系。整合与串联重要历史文化片段，推动海珠旧城的"内涵式"发展，为广州世界文化名城战略提供重要支撑。

（二）591栋建筑可做旅馆餐饮

在街区活化策略上，规划要求以历史建筑的修缮保护和活化利用为重点，严格按照"修旧如旧、建新如故"的原则，采用小规模、渐进式的有机更新方式，开展街区微改造。

保护范围内的南华西路、洪德路、同福西路、同福中路骑楼街，在保护传统风貌的前提下，可适当恢复并强化传统商业功能，鼓励发展适合骑楼建筑特点的小规模零售商业，提升地区活力。

在满足保护要求前提下，建议复原潘家祠原有的建筑风貌与景观环境，适当兼容公共服务、文化展示教育功能；栖栅南街的红砖洋楼建筑群可兼容公共服务、文化展示、商业办公功能。

规划对街区保护范围内建筑的使用功能作了调查：无兼容性建筑1076处，核心保护范围内的海幢寺大雄宝殿、塔殿、非沿街的传统居住建筑，应严格保护其历史功能，不得进行功能的改变；可兼容公共服务建筑4处，核心保护范围内的潘氏家庙、南华西路敬和里旧民居、双清楼、潘氏大院等，在满足保护要求的前提下，可适当兼容博物馆等公共服务功能。此外，可兼容商业及公共服务建筑 591 处。漱珠涌沿线传统民居，在满足保护要求，并与街区历史风貌协调的前提下，可兼容商业零售、特色餐饮、主题旅馆、游客服务中心等商业及公共服务功能。

（三）形成连续宜人的步行环境

本次规划还提出南华西街要整合文化资源，发挥文化旅游功能。规划在同福西地铁口周边设置旅游综合服务中心 1 处，包括票务中心、旅游中介服务功能、旅游综合咨询功能。沿传统街巷设置旅游导览手册取阅点和旅游标识，设置适当数量的休息座椅。

打造南华西—洪德路—同福西骑楼街、漱珠涌沿线、海幢寺—海幢码头 3 条特色文物径。文物径和游线的入口和重要节点应设立解说牌，内容应完整简洁，解说牌造型统一、美观，尺度适中，与街区整体的文化氛围、环境风貌相协调。同时沿漱珠涌设置历史河涌水系展示游线，串联漱珠涌沿线的历史遗存重现历史风貌。

同时抽疏补绿，通过小规模、渐进式更新增加小型绿化和广场开放空间。结合同德小苑东侧、兰亭御园南侧等地块的整治，增加开敞空间及绿地。

交通方面，组织南华中路、南华西路、洪德路、同福西路、同福中路单向行车，改善行车环境。优化南华中路、南华西路、洪德路、同福西路、同福中路慢行设施，展现骑楼街风貌；漱珠涌沿线设置慢行道，还原历史风貌。结合地铁、公交站点设置共享单车停靠点。优化街区内部步行设施，形成连续宜人的旅游环境。

二 漱珠涌经历了几个历史文化背景时期

现在广州许多年轻人都不知道漱珠涌，甚至连这个名字都很少听过。早在 20 世纪六七十年代，漱珠涌就已经被覆盖改造为地下排污渠。在此之前，其为河涌的时候也曾繁华过，甚至当时有人将其与秦淮相媲美。至今仍存在很多关于漱珠涌的文字资料与影像资料，让人们还可以窥探到曾经的辉煌。鉴于此，希望漱珠涌历史文化旅游区的建设方案能还人民大众一个基本的心愿。

至今，漱珠涌沿线区域开始受到越来越多的人的关注。这也是由于呼吁启动广州老城区改造和保护引起的。只是历经数年，这方面的改造政策却仍未落实下去，许多规划还停留在纸面上。因此，为真正实现保护此区域的历史文化，让漱珠涌的十三行背景为大众所了解，就有必要研究漱珠涌生态环境和人文价值与旅游开发的特色。

（一）古代漱珠涌的文化景观特色

漱珠涌曾闻名海外。漱珠涌在清代作为仅有的几处对外开放场所，如行商园林潘家花园、伍家花园及与之一墙之隔的海幢寺公共园林，给了众多外国人探寻并了解中国的机会，吸引了大批外国游客。其中不乏世界最早的摄影师与西洋画家，将彼时漱珠涌的盛景摄下来，或者是将其画作登上报纸或印行发行而闻名海外。正是这些比较形象的资料存在，使人们如今还能够窥得漱珠涌十三行时期的繁盛景象。某些图画和照片也曾作为香港明信片而声名远播。直到20世纪初，漱珠涌还可持续发展，后来因为人为破坏，覆盖密封，最后不会销声匿迹。

华西街、龙凤街、海幢街都与漱珠涌有关。屈大均在《广东新语》中说道：漱珠涌原属番禺县，东汉议郎杨孚在此开基建宅。"移洛阳松柏种宅前。隆冬，蜚雪盈树，人皆异之。因目其所居河南，'河南'之得名自杨孚始。"河南发展始自漱珠涌。德国工程师舒乐（F. Sehnock）的地图上示有"先有漱珠涌，后有南华西、后有海珠区"的文字。

18世纪下半叶至19世纪上半叶漱珠涌出珠江口一带的酒楼、茶楼、客栈"鳞次栉比""河上画舫穿梭如鲫"（图1）。顺德诗人何仁镜《城西泛春词》："家家亲教小红箫，争荡烟波放画桡；佳绝名虾鲜绝蟹，夕阳齐泊漱珠桥。"其中三家茶楼曰"醉月"、曰"成珠"、曰"虫二"（意味"风月无边"），颇有名气。全武祥《栗香随笔》咏："不是仙人也爱楼，漱珠江畔小勾留。窗临碧海供遐瞩，门对青山可卧游。"描述了游人在漱珠涌一带"四壁笙箫花似锦，一帘风箫月如秋"的酒楼高堂尽情体验休闲的情景。《白云越秀二山合志》记载："桥畔酒楼临江，红窗四照，花船近泊、珍错杂陈，仙薨并进。携酒以往无日无之。初夏则三鳌、比目、马鲛、鲟龙；当秋则石榴、米蟹、禾花、海鲤。泛瓜皮小艇，与二三情好，薄醉而回，即秦淮水榭未为专美矣。"时人何星垣有诗曰："酒旗招展绿杨津，隔岸争来此买春。半夜渡江齐打桨，一船明月一船人。"这些诗句生动地刻画了当时中上层人士在漱珠涌灯红酒绿的游憩生活，更多地描写了漱珠涌美丽宜人的景观环境。①

图1　1870年代的漱珠桥景观（下从南望北，上从北望南）

漱珠涌与漱珠桥一带有美景、美食、美人，自然成为达官富商、文人墨客流连之地。

南海谭莹，堂堂榜眼，一说到漱珠桥吃鱼生，写起诗来就大大咧咧了。其《漱珠桥畔斫鲙》写道："节逢冬至首频摇，杂作人都认老饕。"番禺陈其锟，礼部主事，主讲羊城书院，讲到漱珠桥的美食，亦尽显老饕本色。他的《忆江南》写道："珠江好，最好漱珠桥。紫蟹红虾兼白蟮，蜀姜越桂与秦椒。柔橹一枝摇。"

---

① 梁国昭：《广州漱珠涌历史文化景观与旅游开发》，《热带地理》2013年第3期。

（二）近代漱珠涌的经济地理环境

漱珠涌在清朝属于广州海珠区域最早形成的街区，因其地理位置与四面环水的因素，当地人称为"河南"。漱珠涌城区最初是从西北角开始发展的，至晚清末河南的发展仍局限在此西北版块。18 世纪下半叶到 19 世纪上半叶正是十三行时期，可以说是漱珠涌发展历史长河中最繁华的时期；曾有许多文人骚客为这里的景象填词谱曲，对外开放，成为有名的旅游景区，吸引了许多外国人在此定居，发展生意。

至于漱珠涌能崛起的原因大致有四个：一是具有优越的交通地理位置。漱珠涌地处海珠区的西北角，南延海珠涌，北接珠江，涌口对十三行商馆区。此处江面并不宽，因此人们过江较方便。西侧是宽阔的白鹅潭，属于珠江南北航道的交互点。海珠区南侧番禺所有乡产出的粮食与农副品均需过海珠涌与漱珠涌才能运至省城（图3），故漱珠涌又名"运粮河"。二是自然条件很有优势，古时此区域水面比较宽阔，有很多小岛与沙洲，后因淤积使得岛、沙洲连在一起，形成如今的海珠区。这与广州其余河涌成因存在较大的差异，也正是因其独特的成因使得该河涌两头均与珠江相通，水位伴随珠江涨落，受潮汐限制。这般密集的水道网，就为水上便利的交通提供了基础条件，形成非常典型的岭南水乡景观。三是此处属于堪舆家心中的"风水宝地"，由于古人受风水理念的影响，多愿意在此地建住宅、开商铺等。四是十三行繁盛给漱珠涌的崛起带来了发展机遇。清代对外开放政策使得外国人多集中在广州区域，十三行更是一枝独秀，这就

图 2　漱珠涌位于动态发展的城市区位

使与其仅隔一河的漱珠涌地带被规划成对外开放的旅游区。如此特殊的环境给漱珠涌发展提供了很好的机遇，但也隐藏着环境恶化的兆头（图4）。

图3　20世纪初期的漱珠涌
（http：//image.baidu.com/search/index？word）

（三）现今漱珠涌已被人为污染遗忘

20世纪中叶开始，伴随经济的快速进步，城市化水平的日益提升，海珠区人口的迅猛增长，众多工业企业的迁入，使漱珠涌污染逐渐加重。直至60年代末被掩盖成为地下排污渠，消失于地图之上、渐渐被众人遗忘。昔日的繁华景象变成了臭水沟。漱珠涌地带当年极为出名的几家茶楼，如今仅剩下成珠楼还支撑着，经历了1985年的火灾后，也一蹶不振了。曾经古香古色的建筑逐渐被拆，仅留成珠食品这个不大的铺面还在出售当年闻名中外的成珠楼美食之一的小凤饼。曾繁盛的海幢寺在民国时期已被改为公园，面积一再缩减，许多土地被用作其他用途。比如说南武中

图4　污染时代的漱珠桥景观

学、市红十字会医院之类就建在海幢寺范围内。"文革"期间,海幢寺再度遭受严重破坏。显赫一时的伍家、陈家之类的巨商私家园林也已不在,仅存潘家大院如今成了居民大杂院,正面临被地产开发商征占,希望能够加以保护,维护其自然、人文面貌。

小结:这里发生有两个变化:

第一变,从水墨乡景化作"黑带",让人深感遗憾。人口的密集能够带来经济的兴旺,然而缺少了生活的基本要素,因河涌污染甚至与蚊蝇共生,家不成家矣。绿水清山才是金山银山。当前,我们有足够的资源能够在经济和环境面前做到"两平衡",应当积极推动,改善自然环境和人文环境。

第二变,从污水横流的河道变作地下通渠,河床填高,成了市井小道的环境,自然比裸露的臭水沟要来得"隐蔽"许多。如今外部加建了不少楼房,掩盖了原来的历史面目(图4)。

人们希望漱珠涌还有第三变,那便是地下的污水变作清水,不再给珠江排污;把上面盖子揭开,还当年威尼斯风貌的建筑细节。其实工程并不复杂,国际上也有很多是作参考的案例。是否能发生"第三变"?揭盖、还涌、清流、亲水，让漱珠涌重见天日，回归健康的历史人文。

三 漱珠涌历史文化景观重要构成要素

物质文化遗产和非物质文化遗产，是旅游区开发的资本，是景区建设的垄断资源。

（一）自然要素是旅游开发的第一资源。

保护与重建工作得到民众支持，重现可能性就较高。现今，漱珠涌的历史风貌基本上没有保存下来。但仍有幸运的一面，抛开此地带少有的几座高楼之外，大片区还属于低矮的房屋建筑。其中某些比较有历史价值的古建筑已被划入市级文物保护行列。类似潘家大院之类已遭较大肆破坏的古建筑，还保留着主体结构。还有部分已消失的古建筑也依然有迹可循。20世纪90年代，海幢寺已被重修，作为公园与寺庙这两种身份，还在接受八方游客与信众。此地民众对于历史文化街区的保护建设热情很高，具有优良的人文景观保护意识。这是社会进步的基因在起作用。

地理求证坐实：漱珠涌消失在街道之下。其实只为三米宽的小道，从马涌一直到滨江的出海口，全长有七、八百米，途经同福中路以及南华中路两条主干道，地势比一般路面要低一米左右。于是从马涌开始顺着漱珠涌原来的河道往北走，可一直走到滨江的尽头发现滨江海皮的出口，有一小型的拱形牌坊，牌坊上明白著有"漱珠涌"的字样，题字的人是"梁锦英"，落款的日期为"1984年3月10日"。"广州水警"的码头，便正好设在漱珠涌的出海口，从码头回望，能够看见污水从出口流入珠江的情景。环珠桥及漱珠桥把漱珠涌由南至北分隔成三段街道，最北的便是龙导尾，此处的街道名曰"龙溪首约"。环珠桥和漱珠桥中间，为"龙溪二约"，而北端便是出海口。这三段街道，各有各的形象，各有各的趣味。

龙溪首约坐落于河南，是一个历史地名。正值广州"一口通商"的黄金时期，十三行行商之一的福建龙溪人潘振承，由于精通外语，信誉卓著，为众行商所敬重，被选为商总。当时，与十三行商馆隔江而望的河南地带，是一片尚未开发的水塘，地广人稀，地价低廉。河南境内有一条直抵珠江口的主要河涌，涌口北接珠江处有一块名为"鳌洲"的礁石横躺于江上，堪舆家认为：该地势有"卧龙漱珠"之像，因此名为"漱珠涌"。乾隆四十一年（1776），潘振承在漱珠涌西侧填塘建宅，修建龙溪首约、二约及栖栅巷等院舍。嘉庆八年（1803），另一位曾被誉为世界首富的十三行行商——伍秉鉴则在漱珠涌东岸购置土地，开祠建宅，与潘家大院隔河相望。伍家花园、万松园、住宅家祠在此兴盛起来。彼时之漱珠桥畔，商铺林立，处处酒幡，繁华无亚于秦淮。广州城内不少人家专门乘船到桥畔的醉月楼、虫二楼吃海鲜；骚人墨客、富贾豪绅亦不时三五相约，在此共酌同游。晚清的广州，漱珠涌是名满中外人士一个别致的城市地标，在相当长一段时间内成为外国画家表现广州的主要题材。

（二）行商历史文化的特色旅游遗产

漱珠桥位于今南华中路与南华西路交界处，横跨漱珠涌，故名。现在地理位置又名河南桥。桥建于清乾隆年间，与环珠桥等一起将潘、伍两家既相分开又相紧密联系在一起（图5）。据《番禺县志》记载，漱珠桥为同文行行商潘振承捐资千余修建而成。潘家之富贵，在当时数一数二，潘振承富而好雅，颇有归隐林泉之意，因此在漱珠桥畔还修了好大一座园子，园名也很有自然之趣，叫作"桔绿橙黄山馆"。园内池塘数顷，种满了荷花，又有花船，主人起居读书之处，收藏了无数珍贵的书画鼎彝。潘振承就在漱珠桥畔隐居了数十年之久，消磨了无数月夜花朝，足迹却极少入城。如果说潘家花园有的是清贵典雅之美，那么园外的世界就是夜夜笙歌的热闹红尘了。《白云粤秀二山合志》记载，当年漱珠桥畔，茶楼酒肆颇多，"大多临江，红窗四照，花船近泊。携酒而往的文人才子，日日不绝"。

1928年，在修建南华路时漱珠桥被拆毁，成为南华路的一部分。现在，由原漱珠涌岸边上桥面，尚留有行人梯级，马路面仍呈坡形，但不见桥状。1966年又把漱珠涌改造成渠箱，成为一条污水排泄枢纽。渠箱北起滨江西路珠江边，南止三丫涌，全长1073米，箱面成为轻便通道。漱珠桥附近居民植树栽花，榕荫蔽日，桥头是为名曰"古榕留客"的街头绿化小景。架在漱珠涌上的古桥尚有环珠桥和跃龙桥，与漱珠桥同龄。环珠桥于民国时期开辟同福路时改建成马路桥，渠箱建成后，仍有桥迹可寻。跃龙桥在拆建马路时仍存在，后湮没。

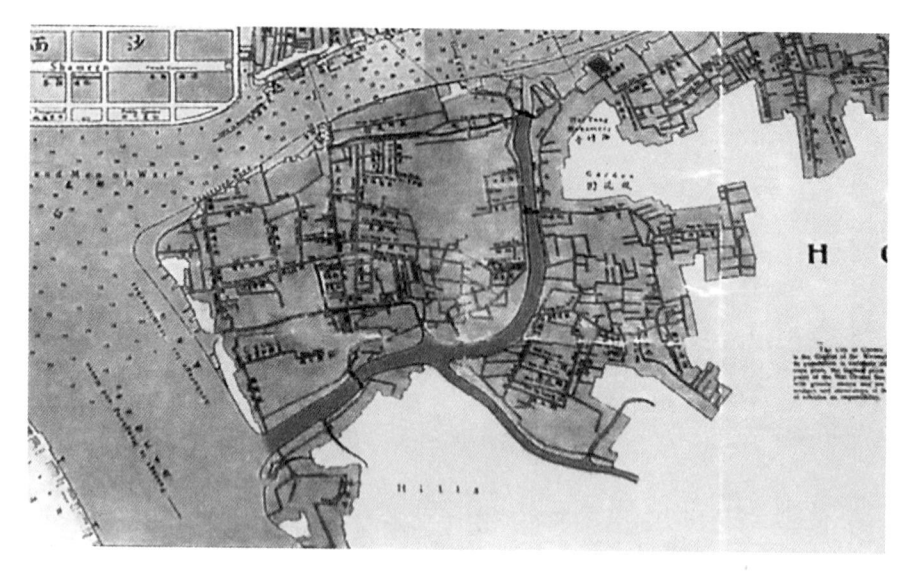

图5　十三行潘家与伍家以涌为界相向发展

(三)"水城广州"文化景观的娇娇代表者

漱珠涌，现被封存的不仅是水，还有美丽与哀愁。广州人现在习惯了把河涌都唤作是"臭涌"，行人往往避而远之。蜿蜒盘旋的河道，本来是曼妙的景观，然而失却了本来的面目，且成了居民的负担。生于水边的广州人，对珠水依然怀有昔日的感情，始终抱有恢复原貌的期望。

漱珠涌封闭之后，桥面上铺了沥青代替原先的石板，所以同福中路这一段能够看到明显的凸起，行车至此还有"过桥"的味道。由于漱珠涌已成旱道，所以漱珠桥顶部南北两端均加建了石梯，斜插至盖板地面，供行人过渡。桥南便是龙导尾的街市，想必是借了此桥的"大名"。

河南以前是水乡，河道错综复杂，气脉相通，船家可以经水道运送物质。虽然漱珠涌水道丰裕，但漱珠桥拱顶低矮，所以稍大的船只都不能通过，平日见到的只有小型的舢板而已。当时临桥观江，必定另有一番风味。江风、菜田、农户再加上小桥流水，成了岭南的秀色。粤语"漱"音通"秀"，漱珠涌的命名看来还是颇有意味的。[1]

漱珠北段为漱珠桥以北，西有"漱珠西市"，东有"漱珠东市"。漱

---

[1] 漱珠涌：《封存明珠的美丽与哀愁》，《广府物语》，2015年8月28日，http://blog.sina.com.cn/s/blog_49af31050102w4ks.html。

珠西市多为平房，与鳌洲街相连，小街小巷，有平民的格调。漱珠东市则以多层的宿舍区为主，海珠区饮食服务中心便设立于此。靠近漱珠桥的一小段有三两间临街的小铺，以杂货及织补为主。这里气息平和，安静冷淡，步行两三分钟便能够到达江边，不失为一处居住的好地方（图6）。

图6 水域与市场联系密切，水好市好（历史照片）

值得一提的是，漱珠涌两岸的建筑也有可书之处。特别是龙溪二约那一段，除了河道改造之后加建的平房，还有一些样式古旧的小洋楼外形非常别致。靠近环珠桥有一栋旧式三层高小楼，有半圆形的露台，从房子边缘伸出，只能容一人站立，形式如水城威尼斯的建筑。河道未改之前，这种西式的露台正好凌驾于水面之上。临水稍歇，趣味顿生。

（四）宗教文化遗产的旅游开发资源

附近海幢寺，相传旧为南汉千秋寺，原来规模宏大，是清代广州佛教四大丛林之一。据载，南汉开国君主曾在这一带大兴土木，除建寺院外，附近还建有梳妆楼、刘王殿及郊坛等，但宋元以来多废为民居。明代富商郭岳龙于原千秋寺处筑建宅苑，占地极广。明朝末年，僧人光牟从郭家花园中募得一块地皮拟建寺院，仅以旧宅稍事修葺之后挂上"海幢"门匾。清初巡抚刘某捐资为之正式建成山门。山门临近南华中路，以前这里是海边，寺中有经幢，寺名即取滨海佛寺之意。据考究，清康熙五年（1666）

平南王尚可喜及巡抚刘某又予捐建，清康熙五年建成大雄宝殿。当年的大殿阔七楹（约35米），高三寻（合：二丈四尺多，约7.5米）。第二年，又建成规模更加宏伟的藏经阁以及天王殿、韦陀殿、伽蓝殿等一系列殿堂及配套设施。清《康熙鼎建碑》称此阁"碧瓦朱甍（梁）.侵霄烁汉"，好不壮观。此后还相继建成丛观、西弹、镜空、松雪、悟闲，画禅等堂宇，地藏、诸天、闻清钟等楼阁，惜阴、就树等廊轩，幢隐卢、空缘禅等馆舍，还有普同塔、瘗鹿冢等僧侣墓园，寺后有松园、宁福庄、瘗鹿亭等。规模之大，为广州寺庙之冠。

1933年北部辟为海幢公园，大雄宝殿划入公园之中。大殿中原有一丈高的大佛三尊，天王殿有二丈多高的四大金刚和十六座尊者塑像，现已全部不存，连天王殿也被拆除。寺中昔日有两口"幽魂钟"，今存其一。大殿后旧有塔殿，殿中有一座高丈许的七星岩白石塔，塔下有方座，宽约五尺，四角飞起，颇具灵气，但亦被毁弃。如今寺院建筑仅存大殿和塔殿。海幢寺曾为外商洋人例假休渊地（图7）。

图7　宗教活动对漱珠涌社区颇有影响

（五）漱珠涌晚清民俗风情的特色资源

山水相依自然很美，漱珠岗与漱珠涌必定多有渊源。"漱珠"这个名字很清纯文雅，据说它是清嘉庆、道光年间的道士李青来起的。李青来祖籍江苏，出生在广州。是个文化造诣很高的道士，后来他在越秀山脚下的龙王庙里当庙祝。到清嘉庆年间，两广总督阮元招揽人才编写《广东通志》，李青来被人推荐入选。年过七十岁仍精心绘制了《圆天图说》。道光四年，李青来在河南建造纯阳观，他见这里山环水曲，松石青奇，就起名叫"漱珠岗"（图8）。

图 8 "漱珠朝斗"乃海珠区十景之一

污染之前的漱珠涌是联系南郊各乡村的水上要道，省城南北的洋货、杂货、农副产品因此相通。虽只一湾小河，却自有鱼游浅底、两岸飞花的景观。逢盛夏夜晚，旗装长辫的富贾们泛舟桥下过，经凤安桥转出沙面、芳村、白鹅潭，或往西郊、荔枝湾，一程赏江景、听南曲。星斗市民工余之暇，晚上三五成群亦散往河涌两岸，围坐纳凉，讲"古仔"，吹"大话"。[①]

漱珠桥与粤曲有渊源。清末民初，这里更成为民间粤曲艺人、南音瞽师的"聚脚处"。他们在这里拜师学艺，或坐在桥头招揽生

---

① 摘自"南华西街"网页《古巷风情》。

意，等待附近的富人家里摆酒宴时，叫他们去唱曲。香港著名的南音瞽师杜焕，就是在漱珠桥拜师的。杜焕每次唱完曲，主家就摆一张桌子，放一壶茶、一碟生果、一碟咸榄冰糖招待他。今南华西路车水马龙，很少人知道这微拱的路面，曾是潮汐往返、粤曲吟唱的漱珠桥。

旧时广州水路通达，可从十三行一直撑艇到漱珠涌，两岸风景绮丽，连接着海幢寺和海珠寺。似可以想见，当年漫步在漱珠桥上，就能听到《叹五更》中所吟唱的"海幢钟接海珠钟"。① 漱珠桥原石额藏于海珠博物馆（图9）。现漱珠涌已成为内街，街口有石碑写着"漱珠涌"三字。从内街通往漱珠桥原址的石阶仍保留着，石阶尽头有一株老榕，盘根错节，华冠苍郁，陪伴着残存的漱珠桥桥基。

图 9　漱珠桥原石额

（现藏海珠博物馆（钟哲平摄）2013 年 6 月 7 日来源：新快报）

四　漱珠涌历史文化景观的旅游开发展望

羊城对岸河南地，是我童年所钓游。杨子宅边闻劫掠，梵王宫里见戈矛。

千家密密排珠海，一水盈盈护广州。二百年来称乐土，却因离乱

---

① 钟哲平：《百多年前，没来过漱珠桥寻欢的，都不好意思说自己是才子》，《新快报》2013 年 6 月 7 日，http：//news.ifeng.com/gundong/detail_2013_06/07/26207910_0.shtml。

话从头

——（清）张维屏

漱珠涌规划目标应该是以漱珠涌为文化纽带，保护历史遗存，整合区域内的十三行重点旅游项目，构成一个相当规模的历史文化旅游区。

（一）复涌破箱水清生态绿化廊设计

韩国首都首尔清溪江重建工程之概念设计思想值得我们学习：排除高架桥、消除隐患可使城市更加美丽具有魅力。首尔揭开了"覆盖40余年的清溪川，建立起崭新的城市型自然河道，重新塑造了一个人与自然和谐的城市河岸文化空间，彻底改善了城市面貌。

清溪川是韩国首尔市中心的一条河流，全长10.84千米，流往汉江。在20世纪50年代由于工业发展，废水污染，当时的政府将其覆盖成暗渠。2003年在首尔市长李明博推动下进行重新修复工程，拆除高架道路，重新挖掘河道，让清溪川重见天日，并重新美化、灌水，种植各种植物，又征集兴建多条各种特色桥梁横跨河道，将清溪川打造成了首尔的城市名片。

当初，由于涉及清拆大量摊贩商店，争议很大，市政府开了4200次说明会，李明博亲自与市民对话743次。工程总耗资9000亿韩元，在2005年9月完成，花了3年时间，终成首尔市中心一个重要景点（图10）。

首尔作为一个600年古都，依山傍水，是块难得的"风水宝地"。其中，汉江横穿首尔市中心，曾是韩国经济发展的象征。现领导和群众都明确：要把汉江发展成为首尔代表性的文化旅游品牌，成为首尔市民及各国游客喜爱的旅游胜地，须大力推进"汉江文艺复兴计划"，恢复汉江两岸的生态环境。自然河道是生态构成要素，能改善气候环境、能提供身心要求的景观。运用丰富的"桥文化"及其遗址遗存，可开辟水上交通，修建旅游设施。遗址雕塑、芦苇水草、绿墙青藤、跌水瀑布、激流水湾等景象进一步彰显市民的幸福指数和经济水平。"以城市设计来提高城市竞争力和品牌价值"，才是建设一个清洁、充满魅力的国际大都市的有效途径（图11）。

清溪川复原后，每年的4—11月被称为"文化清溪川"。这段时间清溪川上到处是大大小小的文化演出，大到有6万多市民参与的"清溪川

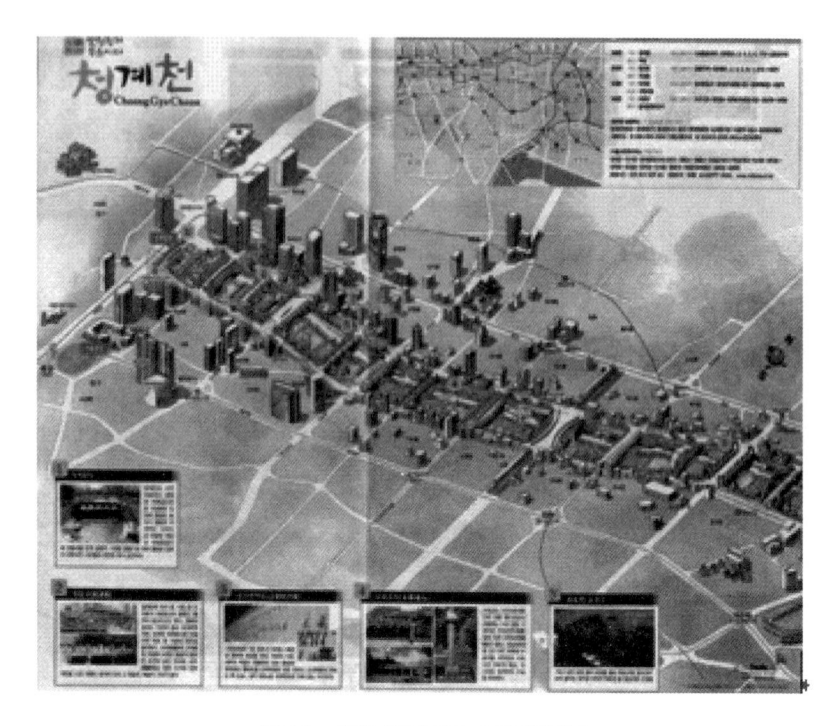

图 10　揭盖恢复原生态的清溪江
（http：//image. baidu. com/search/index? word = 首尔）

文化庆典",小到几十人乐此不疲的街头卡拉 OK,此外每逢周末,还有国乐、爵士、室内乐和跆拳道表演等多种节目演出。

清溪川的神奇变化,透出一个最浅显不过的道理：一个城市要打造形象、开放文化,但不能靠浮夸空谈的国际化或全球化,不能只做经济动物,不能只是盲目"否定昨日",而是要懂得细心认识自身文化,回望自身历史,关怀城市中各种不同的社群生活。

广州漱珠涌的复兴设计如同"首尔设计的关键词是 SOFT（软实力）。一个城市的成长最初要经历 HARD（硬实力）阶段,如要走向未来、实现可持续发展的话,就必须由 HARD 向 SOFT 转变"。

（二）漱珠涌水景风貌特色要素的整合

广州漱珠涌的整治当然与首尔清溪江的情况具有不同之处。规模上漱珠涌长度要短、河道要小、两岸环境有别、历史文化背景内涵不尽相同,但回归生态、提升人文价值的出发点应尽相同。

回顾南华西街漱珠涌的景观发展历史,两岸先为水乡式自然园林景观

图11 清溪川的整治复原堪称水环境治理的典范，复现的河道成了游览胜地

（图12），随之则变为传统水乡古镇似的模式（图13）。下一阶段如要揭盖回复河涌水城风光，可以选择采用多种风格：如巴洛克式古典水城风光（图14）、骑楼式水城模式（图15）、现代商业中心似的水城特征（图16）。设计层面的精细行为应有五个重点：

（1）重点打造二个涌口的江户景观

漱珠涌有两个通江出入口，分别沟通珠江前航道与后航道，也是风景最为生动、沿途视域豁然开朗或憷然收缩变化的地方（图17）。这里可以架桥或设闸，形成特色水工构筑物动态性景观；通过科学而灵巧地控制，可让淡水进，咸水出，避免使涌内长期潴留咸潮，使之实现园林化的水生植物景观效果，方便人们亲近水、能够与水互动。

（2）恢复漱珠涌三座历史名桥

广州河南漱珠涌南段又称为溪峡涌，一共有三座石桥，"环珠""漱珠""成珠"都是行商私人出资建的，其风景图片在西方国家许多报刊上发表过，实乃西方人对广州最初的深刻印象。如建于乾隆三十五年（1770）

158　/　广州十三行文化遗址研究

图 12　水乡园林化水城景观

图 13　传统风貌式古城

漱珠涌十三行遗址的旅游开发 / 159

图 14 巴洛克式水城风光

图 15 骑楼式水城模式

160　/　广州十三行文化遗址研究

图 16　现代商业中心式水城风光（https：//www.2345.com/？kdsx）

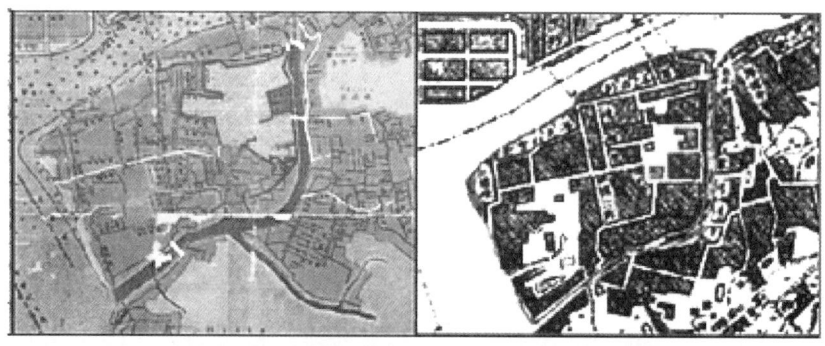

图 17　漖珠涌于珠江前航道的出入口是个繁华之地（横幅画中心局部）

的漱珠桥（图18）曾于1803年在俄国圣彼得堡发表。现在虽已被覆盖，但基础遗址还可以发掘。作为一种鲜明的历史记忆景观符号，很有复建再生的必要。它们可为未来复兴的漱珠涌旅游景区划分段落、丰富层次、竖立历史地标、集聚视线焦点、低角度的组景框景，本身也作为一个观景平台，收纳四方景象。

运河上的漱珠桥（建于乾隆三十五年即1770年）W. G. Tilesius von Tilenau 原作，此为根据原作所作版画，1813年在俄国圣彼得堡发表。引自 Fan Kwae Pictures

图18 运河（漱珠涌）上的桥

（3）积极建议复原漱珠涌两岸行商园林景观项目

如潘家宗祠四进天井大院，通过入口广场或照壁或码头与河涌联系。临近伍家的溪峡街可能还有伍家的家庙遗存，现存的"伍家小姐楼"等与漱珠涌的关系如何加以联系整合，均需落实到规划之中。另有古"万松园"可作绿化造景配置而再现。因为当初先有行商在此置业，后才有南华西街历史街区；亦即"先有南华，后有海珠区"。能够反映这一历史关系的设计构思，当使河涌两岸成为有静有动、既可沉思历史、又可寓意未来的人文风景。

（4）充分注意挖掘地域民俗风情的历史文化内涵

据某收藏家所述：图19所示花园可能是漱珠涌环珠桥附近的行商私家花园。这充分说明这里是广洲古典园林集中地，具有鲜明特色的许多私家园林早已流传于世，并对西方发达国家也产生了深层次的影响。此处亦可深刻说明：越是地方民族的，就越是国际世界的。十三行行商潘、卢、伍、叶四大家族为代表的园林式家居文化生活还有许多值得探究的东西。

（5）高度留意漱珠涌流域红色旅游资源的开发利用

民国时期，南华西街成为民主革命重要的基地之一。当时辛亥革命领袖孙中山建立的同盟会，在广东的分会地点就设立在南华西街这里。高剑父、宋铭黄等革命党人，也曾在南华西街里住，并策划了广州起义，留下了许多动人的革命历史故事。革命先驱廖仲恺、何香凝的双清楼亦在这一社区。过去的南华西街，曾经汇集了各路风云人物，不仅有行商家族，还有居巢、居廉、高剑父、高奇峰、陈树人、黎雄才、关山月等艺术大家。

（三）伍家居住文化遗址遗存的开发展示

广州学者多年不懈的努力，不仅了解到"小姐楼""八和会馆""竹丝庵"，还寻访到红米石路等遗址，这些都能见证当年伍家的盛况。伍家祠道留存有广州最后剩下的一条具有文物性质的红砂岩路，"小姐楼"外的裙墙也是伍家最后一堵红石米墙（图19）。这里不仅有清代的青砖屋、古老木雕，而且还有广州小巧玲珑的八角井，及其他行商（林家）的故居遗址。而得名于伍家福建祖居的溪峡街，更是伍家在河南活动的历史见证。当年十三行富商潘家在河南开基安居，命名为"安海乡"，也是为了纪念家乡福建。当年潘、伍两家以漱珠涌为界，漱珠涌以西是潘家地界，以东是伍家花园。

曾经显赫一时的十三行首富伍秉鉴在海珠区的庞大家业，如今只剩下两栋据说是以前丫鬟住的"小姐楼"（图20）。从同福中路海珠区少年宫西边的"伍家祠道"进去走不到50米即可见到。

图19 十三行伍家遗存有红砂岩墙裙的围墙　　图20 外销画中的伍家小姐楼也许是丫鬟楼

现居住在"小姐楼"里的一位阿婆说:"以前这条'红砂岩路',一直往南穿过同福路延伸到龙骧大街。"阿婆描述中的这段路的距离,足足超过一千米。

"小姐楼"是一排五开间二层木构建筑,从一道顶上有半圆形暗拱的小门进入,是一个不足5平方米的潮湿滑腻的天井,天井的地面也是由红砂岩铺就。从天井往上可以望到"小姐楼"二楼上有一排整齐的花瓶柱状栏杆,每一扇窗的窗叶下有梅兰图案的雕花,二楼屋檐上,木构"牛腿"也是极尽精雕细琢。在一楼天井的一间解放后加建的厨房里,藏着一面4米见方的已被油污熏黑的巨大镂花隔墙,击之声音沉闷"这是一堵当年花园里的'防火墙'。""伍家就是'因水得福,因火而毁'。""小姐楼"应该只是伍家大屋的最后一进或倒数第二进(图21)。

图21 伍家小姐楼及周边构造要素

伍家后人另外提供了如下颇为重要的文物线索或宝贵信息：

①南华路北有"老人大学"校址和建筑，曾是潘家潘祖贤所建，现在已被广州市列为第三批公布的历史文物保护名单。

②伍家花园范围，东至海幢寺，西至溪峡街，北至成珠楼，南至现同福西与溪峡街相交处南约300米，现庄巷也属伍家花园。

③八和会馆溪峡街25号是嘉庆八年（1803）伍家租出的，伍家花园又分上栅和下栅。孙中山辛亥革命起义时，八和会馆是军火库。起义军"冲天燕"曾对林流光的父亲说过他在此运了很多炸弹。溪峡街3号是白驹荣故居，溪峡街1号是孙中山辛亥革命首脑之一黄兴的居点。黄沙是最早的八和会馆，在1938年被日军飞机炸毁，后来才搬来溪峡街25号的。

④伍家家庙（师姑庵）位于溪峡街16号。

⑤伍家的小姐楼，据说因占地面积不够，很难申请历史文物保护。这种情况应当根据实情再行斟酌。有历史价值的遗址，其价值大小不应以占地面积进行衡量。

⑥南华西路紫来街16号，大观戏院是潘、伍两家于清咸丰年间共同出资合建的，是最早的粤剧院，后来放电影（图22），位于溪峡涌出口东珠江边约100米处。

⑦稍靠南华路边有一排旧的两坡顶的单层瓦房，据说是行商的私塾。十三行私塾遗产乃稀缺的资源，应当加以保护。

⑧伍家的码头（可能不存在了），辛亥革命起义时是装运弹药和枪械的地方，与成珠桥连在一起。这些类似的遗址"规划"当慎重加以保护。

（四）保护跟"十三行"有关的历史街道

一片拥有大量民国初年精美建筑的街区——溪峡新街和溪峡街——与伍家相关联。"溪峡"本也是伍家福建家乡地名，是旧时伍家花园的东边边界。当时伍家花园后方是一座叫"龟岗"的花园，现在这里变成了东西向的溪峡新街。溪峡新街3号到11号，矗立着一栋三层五开间的巨大的竹筒屋。每一个开间都有几乎占了整面墙大小的窗户，从二楼一户尚存彩色满洲窗可以看出，当年所有的窗都是同样窄长窗框的木制彩色玻璃窗扇。

伍家花园的最后遗存"小姐楼"之后是广州最后一条红米石路，两旁曾是河南高级别墅街区（图23、图24），住的都是行商买办粤剧名伶。溪峡街1号以前曾经是广州革命党人的一个联络点。临街的那家清平鸡饭

漱珠涌十三行遗址的旅游开发 / 165

图 22　潘伍两家合建海珠区最早的大戏院

图 23　近代中西合璧别墅式建筑一条街

图24 精益求精的手法百花齐放的建筑

店其实是革命基地"守真阁裱画店"旧址,以前黄兴他们搞革命,从漱珠涌运输弹药,就是在这里上岸的。溪峡街1号黄兴家眷住过,也是十分值得保护的历史故事、城市记忆。

住在这里的街坊林伯说:"这栋楼是以前一位姓黎的'开发商'建的,一共15套房,每套都是70平方米。我老爸在1910年买下的,现在这楼都超过100年,还是很结实!"

溪峡街1号可算是整条街最精美的建筑。两层青砖楼、水刷石正门墙,一道拔地而起的长拱门足足有5米高,左右两边的拱顶窗以中间对称。拱形门窗上都有半圆拱形菊花花瓣窗叶,花瓣窗叶之下还有一扇中悬窗,上面有两个方形窗,缀着两个"A"字形图案。溪峡街13号是一栋两层红砖别墅,中间一道楼梯间将这栋楼整齐地分成左右对称的两套房屋。中间楼梯间高出二楼的顶上有一个2米见方的正圆窗,可谓彩色玻璃玫瑰窗,阳光透过它折射到楼梯里面是五颜六色的。紧挨着这一栋联排竹筒屋西侧的是溪峡新街1号——一栋两层高的青砖竹筒屋,这一栋的体积显得细长一些。朝街有三扇窄长的红色木窗,每扇窗的上方都有一块精美的灰塑，雕的是动物、花朵图案（图25）。

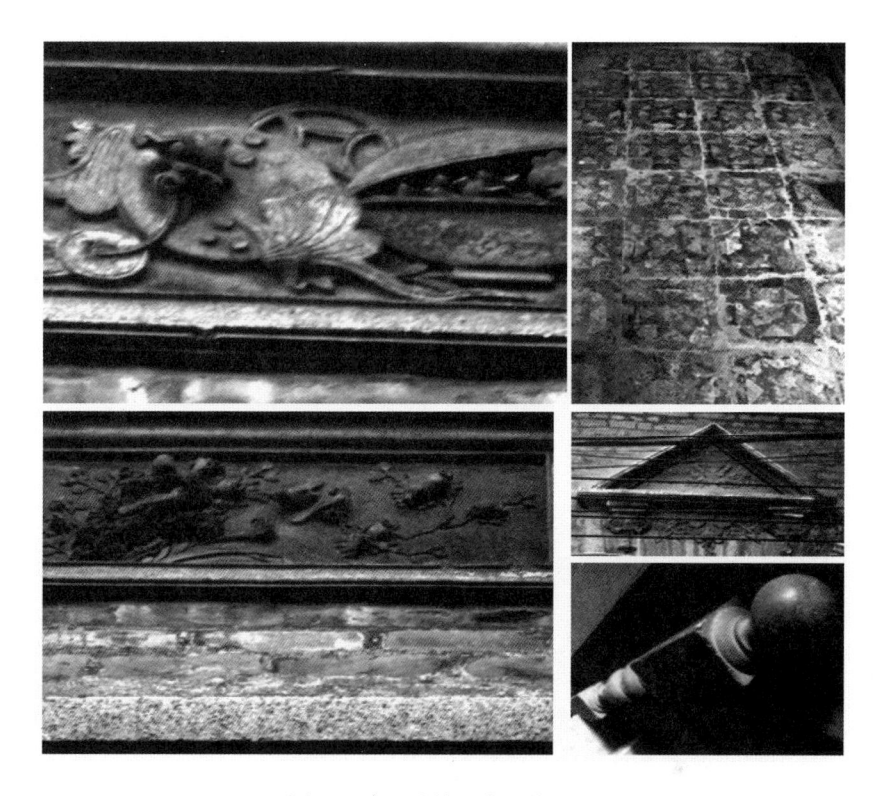

图25　中西建筑元素精美汇聚

在最西端的溪峡新街1号旁就是南北向的溪峡街，这是伍家花园的西边地界，紧邻着当年的漱珠涌。约两百米长的小街，两边的建筑大部分是在民国时期建成，都是两三层高。现在里面都住着人。街道上生长着一些茂密的鸡蛋花、凤眼果，街坊说有些树的树龄比建筑还要老。历史街区远远没到寿终正寝的时候。

溪峡街与广州著名的梅花村、东山别墅有得一比。连片古建呈前街后河"秦淮人家"格局。考察发现这些与伍家相关的溪峡街建筑遗存，希望加以保护，有助加强对行商伍家相关历史的研究。溪峡街一带民国时期的别墅小洋楼、西式骑楼、微型化的竹筒屋，记载着民国时的社会、文化、宗教、商业等方面的历史活动与风俗习惯。

名城历史街区，现存不是太多，而是太少。只有成片的历史街区，才有规模效应、组合效应、景观效应，才有历史文化荟萃的价值。光是几个老建筑,摆在高楼大厦脚下是没有意义的。溪峡街这边有很多古建筑看上去不起眼,但是把它们连成一片,就可变成前街后河的"秦淮人家"了。

建议成片利用老建筑群,形成古酒巴街休闲游玩街,孤立的一点文物建筑是留不住城市历史文化景观的。这个时期,再不成片地保护历史建筑,便有可能被推土机推倒。南华西这边已经修了很多高楼大厦。历史建筑"坐井观天",房地产的迅猛发展对历史街区的破坏性很大。抢救显得更加迫切。这条街后面对着漱珠涌,如果把河涌两岸的西关大屋式民居建筑、红砖小洋楼都保护好,形成酒吧街,就可让人们来游览。政府不必投入太多财政资金,只要做好规划,业主开店,"将死"的历史街区就可"活化"起来。

(五) 早期"八和会馆"的故事发生在这里[①]

广州,不缺少美,不缺少文化,而是缺少发现。这一带有大量民国时期建筑的遗存可以保护开发利用。这条街上也有个"八和会馆",是当年粤剧红船搬运舞台道具的码头;虽然很小,却有故事,现完全可以用来做粤剧民间爱好者活动基地。踏勘现场,清末民国老街有最早八和会馆分馆,地点就在距离漱珠桥不远的涌边(图26)。

溪峡街25号是一间清末平房屋,外墙被刷上一层白色油漆,趟栊门上有一个小方窗,没有任何装饰。但这里却是最早的八和会馆——普和堂所在地,原来是作为"棚面",即存放乐器道具的地方。演出前后常有游走四方的"粤剧红船"接驳(图27)。现在还有一名90多岁的老艺人满叔住在这里。

而在八和会馆隔壁的溪峡街16号,这栋单层青砖屋是西关房屋的典范,趟栊门精雕细琢。屋内二楼加了半层隔层,用木栏杆围起,这是一个保存完整的"神楼",用以供奉祖先牌位。附近街坊说:"这种神楼现在在西关都很少见啦。"

溪峡街3号是粤剧名伶白雪仙的故居,她就是在这间房屋的二楼去世的。她去世后,又租给另一个粤剧名角白云龙,后来白云龙也在这里去

[①] 《珠水南华——广州市南华西街道风采录》,来源 http://news.xkb.com.cn/shendu/2012/0809/217132.html。

图 26　涌边不显眼建筑可能也有不凡故事

图 27　"粤剧红船"是流行南粤地区人们喜闻乐见的粤剧
巡游演出用船（来自《广州日报》）

世了。

　　溪峡街 7 号的业主以前是开银行的。9 号是这条街最早的私塾，从清朝时就有了。13号是在香港做买办生意的,那个圆形玫瑰窗是有含义的,他们信犹太教。据说这屋子是用来"金屋藏娇"的,两边对称的各藏了一个妾。16号是竹丝庵,以前是给伍家那些失意的女人住的。庵内住着一个师父。这里一直到20世纪60年代还在用,后来的师父去了香港继续出家。

25号是八和会馆纪念堂。以前华光诞的时候,这里整条街都很热闹,由早到晚叮叮当当地唱。住在29号的是以前大户人家,现在里面那位老阿姨是当年溪峡街最后一位享受到坐花轿待遇的新娘,当时花轿每条街都走遍,全街的小孩子都跑过去看。31号这户人家做买办。18号本来是全街最漂亮的大屋,雕花很漂亮。43号这家住的也是以前唱粤剧的,现在还有3个唱粤剧的老姑娘,住在这里。

一个居民讲道:小的时候伍家大宗祠还在,很大的。我以前还能看得到花园里面有个亭子,我们也到花园里玩。当年伍家衰落的时候,我老爸还特意去买了一幅他们家屏风,现在装在我们家里,屏风上的玻璃窗可以360度旋转,现在还能用。

粤剧复兴基地在漱珠涌两岸。满叔以前是画舞台背景的。以前剧团来演出,都要自己用个大木箱,把戏服头饰装在里面,很重的,通过漱珠涌运过来,在溪峡街这边上岸。后来因为特殊历史时期剧团解散,就走得只剩下我一个人了。

咸丰四年,广东民间秘密社团天地会发动武装起义失败,因其首领之一李文茂出身粤剧演员,部下又多是红船子弟,所以清廷统治者在两广地区禁止粤剧演出。到了同治年间,有家居漱珠涌西岸的粤剧老艺人蓝桂叔、华保叔两人,不忍见粤剧就此沦亡,得怡和洋行富商伍氏族人同意,在伍家花园内,以家庭娱乐为名开设粤剧"庆上元班",教习儿童,这批学员中有后来名噪一时的武生邝新华(红线女之叔公),"八和会馆"亦创出其手。

稍后,粤剧弛禁。此时分居于漱珠涌两岸的伍家潘家,于光绪二十四年(1898)出资在珠江边建起一座"大观园戏院",从此粤剧正式恢复公开演出,开始走向复兴之路。①

---

① 王凌:《十三行世界首富 伍家花园里的百年老街》,《新快报》2014年4月12日,资料来源于:http://gz.house.163.com/12/0809/08/88EVQ0HQ00873C6D_all.html。

（六）当前即可开展潘家大院博物馆的建设

利用历史建筑开办博物馆，比新修大楼要真实、合理、经济、环保，古代的生活运作空间序列可与今日的参观路径贴切一致，具有身临其境的效果。南华西潘氏家族遗存建筑尚具有一定规模①，适宜开办一处行商文化陈列馆，对国内外游人开放。

十三行首任商总（行商首领）、18世纪世界首富潘启，又叫潘振承，字逊贤，号文岩，今福建龙海市角美镇白礁村潘厝社人，漳州潘氏第十七代。他于清康熙五十三年（1714）生在栖栅社（今潘厝社），于乾隆五十二年（1788）卒在广州，后被葬在故里文圃山下（今龙海市龙池开发区灿坤工业园区）。乾隆四十一年（1776），潘启于河南乌龙岗下，运粮河（今漱珠涌）之西，直至珠江边购买大批土地，以修第宅，筑祠堂，建花园，定名龙溪乡。潘启亦为潘氏家族龙溪乡开基祖。

潘氏能敬堂族谱及相关文献记载："启，……由闽到粤，往吕宋国贸易，往返三次，夷语深通，遂寄居广东省，……公乃请旨开张同文洋行。同者，取本县同安之义；文者，取本山文圃之意，示不忘本也。公于清高宗乾隆四十一年丙申（1776）在广州府城外对海地名河南乌龙岗下运粮河之西，置余地一段，界至海边，背山面水，建祠开基；坐卯向酉，兼辛巳线，书扁额曰能敬堂；建漱珠桥、环珠桥、跃龙桥，定名龙溪乡。在户部注册，报称富户．是为能敬堂入粤始祖。"②

潘氏大院坐北朝南，原宽度约30米（现约22米），总进深约80米，建筑占地面积约3000平方米。主建筑原为三路三开间五进深，两旁设青云巷。建筑物全部为砖木结构，青砖石脚，中式屋架，西式吊顶。屋脊形式为龙舟脊，两边有"镬耳"形封火墙，上面嵌有蓝色琉璃瓦。潘家大院平面图，分为东、中、西三路，中路现存前三进和第五进，第四进被毁，现被一多层钢筋混凝土建筑占据，原貌有待推倒复原。东路第一进现为潘氏后人居住，西路以及西侧的潘家园林完全被毁。

---

① 《南华西潘氏家族遗存建筑尚存（1）》，https://www.douban.com/note/99367098/hi657，2010年11月7日。

② 潘氏：《河阳世系龙溪潘氏族谱》。

潘家祠（家庙）位于广州市海珠区南华西街区原漱珠涌以西，祠堂坐东朝西，东侧为龙津首约、西侧为栖栅南街、北侧为栖栅街、南侧为同福西路骑楼。始建于清乾隆年间，系潘氏龙溪乡开基祖祠，距今已二百三十多年历史（图25）。历经了破"四旧""文革"等运动，现潘家祠原貌已不存，并且被多次改建、加建。现祠堂部分仍是潘氏后人居住，部分为新联泰染织有限公司的职工宿舍，部分被出租。今栖栅街中尚存两块"潘能敬堂祠道界"的石碑。

从潘家祠鸟瞰图中基本可以看出，祠堂的总体布局分为三路双护厝，带后楼，格局与闽南地区的传统大厝的布局基本一致。大院有头门、二门及包台、天井、青云巷、祠堂中座、后天井等占地637平方米。从一些细部上分析，挑梁、丁头拱、烟炙砖、石楞窗等都极具闽南传统建筑特色，而青砖、云母片花窗、满洲窗等则是明显的岭南建筑风格。根据一系列细部以及布局的深入推导分析，可以得到这样的结论：潘家祠的是闽南和广府传统建筑风格融合的一个特殊祠堂，这样的祠堂，或许，在岭南地区是绝无仅有的。潘家祠建筑风格以闽南传统建筑风格为主，适应性地融入一些岭南的元素，这也是建造者潘启"示不忘本"在建筑风格上的体现（图28）。

潘家大院位于龙庆北2号、龙溪南首17—19号（图30）。1826年潘正炜建。潘正炜（1791—1850）字季彤，号榆庭，别号听帆楼主人。潘家第三代十三行行商，潘振承之孙。继承祖父两代家业开设同孚行，被来华外商尊为潘启官三世，是清代最负盛名的书画鉴藏家之一，著有《听帆楼书画记·续刻书画记》。

潘氏家庙后来也被改建，但是破坏程度较潘家祠要轻一些，这里的趟栊和厚重的红木大门还在，屋顶也可见精美木雕樑架。潘氏家庙外观与潘家祠相似，但内外部装饰大量融入了岭南元素，如蚝壳窗、满洲窗、青砖石脚、龙船屋脊、镬耳封火墙、蓝色琉璃瓦等。

潘家这个濒临消亡边缘的大院的修复设计，是文史界多年呼吁的结果。设计者经过了多次由浅到深，步步推进的现场调研，每次于破败阴暗处，均会发现有相关蛛丝马迹，得以说明潘家往昔辉煌的素材，令人欣喜无比。我们期待这一历史遗址早日修复、重溯史貌。

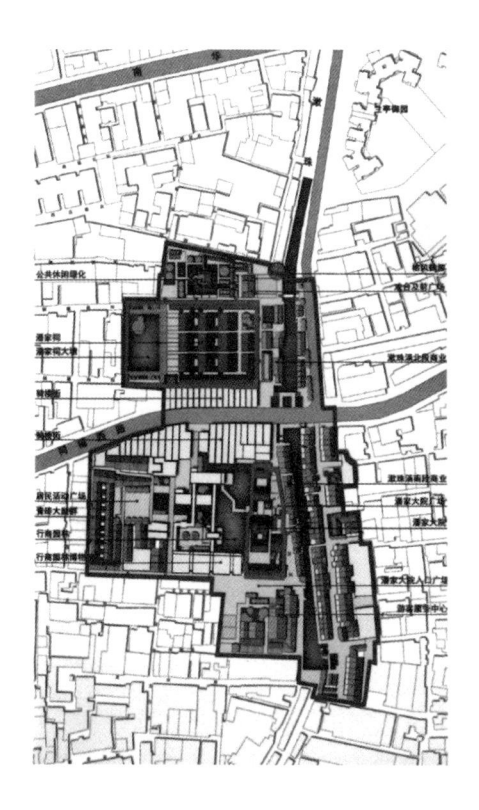

漱珠涌十三行遗址的旅游开发 / 173

图 28　潘氏十三行时期的家庙和大院①

图 29　潘氏家祠原始鸟瞰

---

① 修复规划方案引自南华西街规划资料，本图华南理工大学 2016 年制作。

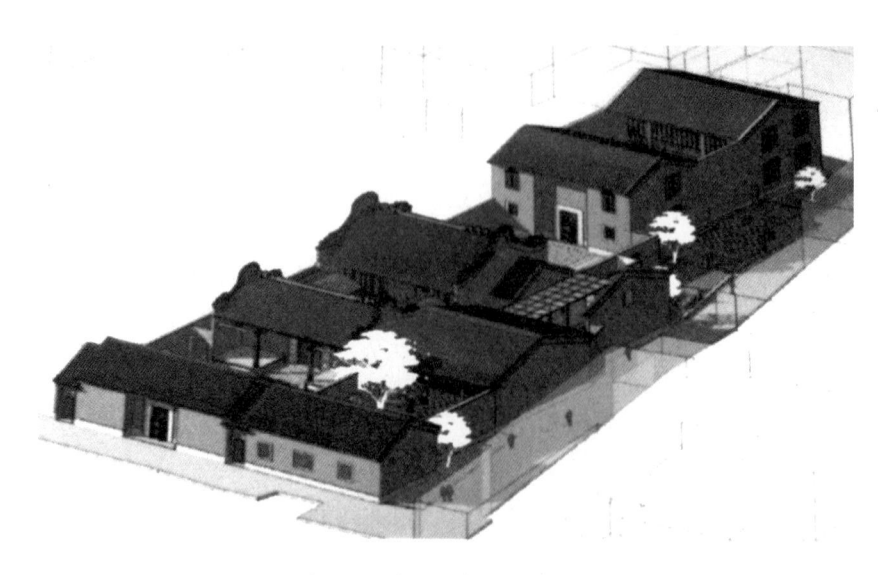

图 30　潘家大院复原部分鸟瞰

珠江后航道上十三行文化遗址

十三行时期，外商在广州的活动空间、时间受到"莫名其妙"的很多限制，于是老想扩张活动范围，自己把控活动时间。鸦片战争后西方各国在各通商口岸圈地建租界，全年住在中国经商，这样"活动时空"就得到了扩张和延续。1845年英国领事联名上海道台公布了《上海租地章程》，在中国的830亩地段的第一个租界，建立起了"国中之国"，有利从事各种经济贸易活动。然而在广州，虽有"十三行"这一百多年的行商外贸史"垫底"，广州人民多次与英法商人交手，但广州的租界"围地运动"就是不那么顺利，最后除了0.3平方千米的沙面，其他租地都没能如愿到手。

由珠江后航道串联的英人难于得手的河南地、洲头咀、芳村、花地、西河水道等地段，如今仍有许多与十三行有关的历史遗存，如何开发利用、景观设计如何体现民意，是人们关注的重点（图1）。

一　广州租界——英人难于得手的领地

道光二十二年七月二十四日（1842年8月29日），中英双方订立《南京条约》。依约文第二条所载，中国对英国开放广州、福州、厦门、宁波、上海为通商口岸，并准英国人携带眷属居住五口、设领事馆、专理商务。广州于道光十九年（1839）以后，因战争而使中外正式贸易关系停顿，据此条约，复得对外开放。

外国商人渴望早日使商船进口，开展贸易。满清大臣耆英首先于道光二十三年五月初七（1843年6月4日）行抵广州，随即于五月二十六日（6月23日）到香港会议，议定通商章程，于六月二十五日（7月22日）

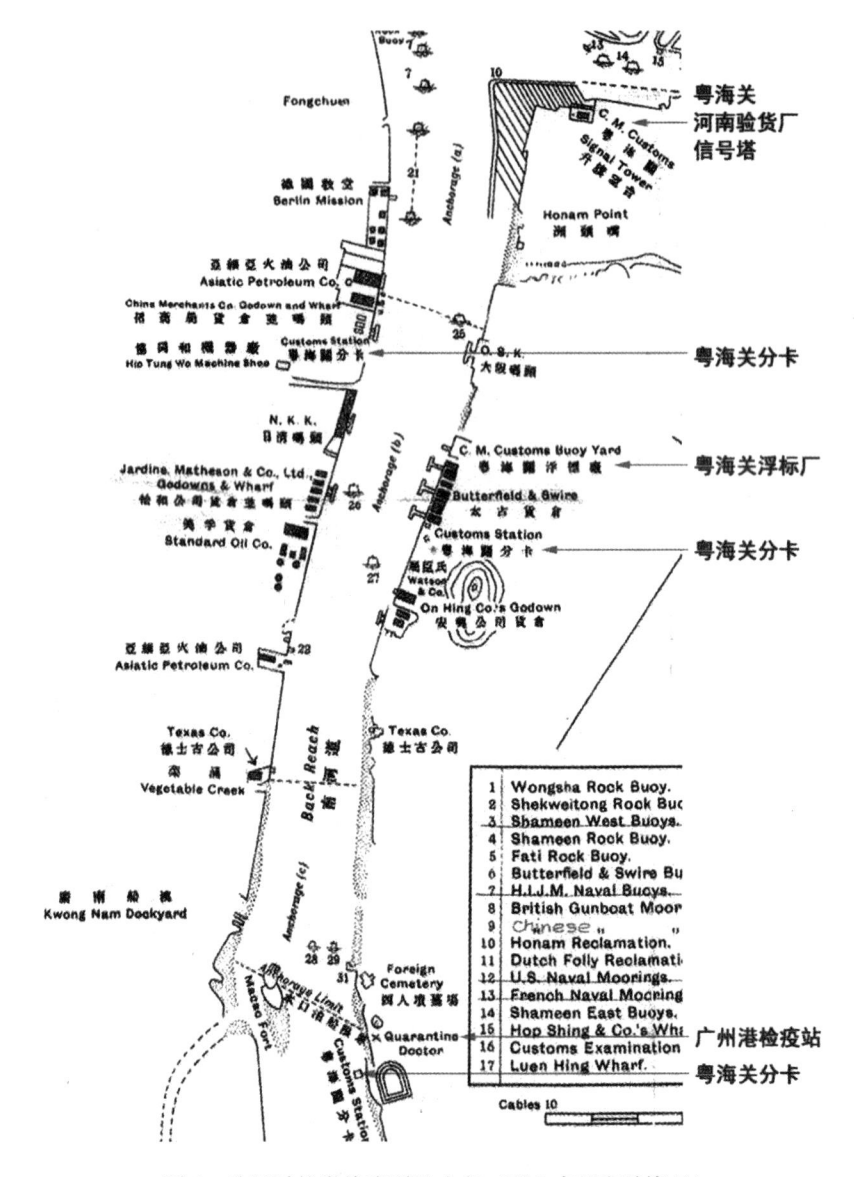

图1　珠江后航道战略要地分布（引自广州海关资料）

在香港公布。六月初一（7月27日）广州正式开关榷税，洋船复来售货。五口之中，广州商埠仍为最先开放。然诡异的是：英方却难得广州租界。①

---

① 详见广州市政府外事办公室《广州外事态》第三章，外国在广州的租界（http://www.gzwaishi.gov.cn/gb/showNews.asp? News Id=873）。

（一）十三行商埠外交用地的扩张

广州开埠之初，筹议暂以十三行为互市之所。但英方基于近水域并有兵船保护安全，一开始在道光二十二年十二月初四（1843年1月4日）就要求在广州城东南、珠江中长洲岛上的黄埔开埠。黄埔较十三行更在珠江下游，水深岸阔，可以停泊大船，地势实较优越。

中国官方既坚持不许外国商人久居黄埔，但卸货泊船征税，则仍不能避免，同时因事实需要，又不能不于十三行一带给外国商人以扩张的余地。就这一点说，广州开关之初，即达成商埠区域扩大范围之共识。鸦片战争以后，十三行地区曾遭到两次火灾，一次在1842年12月7日；一次在1843年10月24日，这更给予英国以扩建商埠的借口。[①]

中英协议把十三行地区中一个湫隘的小街名叫新豆栏（英方文献称为Hog Lane），用围墙加以阻隔，介于英美商馆之间地带，连为一气，地价由英方给付。向外再扩大十三行面向珠江一带的广阔地区，或辟建花园、或增建洋行房舍。租约草案订于道光二十三年九月三十日，英方与大部分行商签约，包括怡和、广利、同孚、义堂、天宝、东兴、顺泰等行商。年租金各约6000元银洋，租约期限25年。草拟这项计划，是出自英国驻广州第一任领事李太郭（George Tradescantlay），又名李春之手。

同一时期英方因选择领事所在地而连带要求扩大商埠。受命经营其事的就是驻广州领事李太郭。他所住之处，在同文街的西班牙行（Spanish Hong），最初经其筹划以及与璞鼎查（香港首任港督）约商，决定把十三行东端的老公司馆（Old Companys Factory，即旧日东印度公司大班驻所），以及当时的怡和行（Greek Factory）和集义行（Tsihi Hong）地方，作为英领事馆。此地西邻新豆栏，东临小河，北通十三行街，向南面临珠江，为泊船下货登岸，地带较为理想。李太郭并在道光二十三年十月初四（1843年11月25日）会同罗伯特（Robert）与六位行商代表签订了25年租地合同。此外，英国又租得十三行英美商馆中间名叫新豆栏的小巷，故使英国上述租地与美国商馆连成一片。

次年，鉴于十三行地区的外国机构数次受到广州市民的攻击，英国领

[①] 黄任恒编：《番禺河南小志》，刊于海珠区编志办编《海上明珠集》，1990年，第132页。

事马额峨代表各国商人与广东当局达成协议，规定对中国人进出十三行地区加以限制。道光二十七年，英人又租借到原十三行的馆舍遗址。随后在十三行地区兴建了许多新馆舍、货栈、办公楼供各国商人开设商行之用，西方各国驻广州领事馆亦多设于此。至 19 世纪 50 年代，十三行地区依然成为外国人集中居留的地区。

（二）洋行租地协议与河南扩界纠纷

英人并不满足于十三行一带的租地，1843 年，英公使璞鼎查要求租黄埔，设立圩市，获得两广总督祁上贡的同意，并悍然贴出告示，限群众在两月内拆迁。当时黄埔人民坚决反对，斥责官吏卖国，对侵略者"一味逢迎畏怕"，表示"断不肯被其建筑，必定与其交仗"，并联名呈控。英国在黄埔的租地，被迫终止。

1847 年 4 月 3 日，英公使德庇时借口发生佛山群众殴击数名英国人的事件，率英军千余人，偷渡虎门，直闯省河，泊十三行附近，向耆英提出入城、租地、惩办佛山殴击外国人的凶手等要求，耆英几乎全部答应。关于租地，英国人采用"我责官，而官责民"的策略，由耆英派府县官员迫令业主议价。业主不允，英国人即于 5 月 15—17 日自行到洲头咀丈量，插旗志界。①

17 日，当地群众在双洲书院开会，决定对策。18 日，发帖请求东平、升平社学援助。20 日，48 乡 3000 余群众到十三洋馆示威抗议，并递交《致英国领事馆信稿》。信稿谴责英国依仗清政府官员逼群众租地，警告其若"仍然恃强硬占"，群众将"舍死相争"，绝不是官员能压服的，各地人民纷纷声援。到处贴出长约、揭贴，警告英方和耆英：倘或强行霸占，"先杀耆英，后剿英逆"，结果公使不得不取消强租洲头咀的打算。②

接着，英人又要求租石围塘。他们串通清朝地方官员和买办，由业主潘氏以"捐产充官"的名义向佃户收回地产再租给商人。但是，群众很快识穿了他们的阴谋，齐集各路社学，商议"内制耆英、外御逆夷之策"，到总督衙门递呈抗议；揭露所谓"捐产充官"系"巨猾富商，藉夷起家，借捐廉报效之名，为献地纳款之计"，禁止内地砖瓦木石各匠为其

---

① 广东省文史馆译：《鸦片战争资料选译》，中华书局 1983 年版，第 373 页。
② 潘刚儿：《广州河南人民反租地斗争中的潘正炜》，载入 1997 年之后的《羊城古今》。

施工；宣布由于业主"勾番肥私"，拒交潘氏地租，将租银拨给社学作为活动费用。又因河南 48 乡等发出公启声援，佛山镇及南海三江、金利、神安等地群众均设团练，处处警备，最后，耆英被迫依从各乡所议，不许英人择地建造。1846 年 6 月、1849 年 11 月、1852 年 10 月、1854 年 4 月，英公使多次要求租黄埔长洲，均遭群众反对。徐广缙、叶名琛都不敢贸然答应，以"阻于众论"，"业主不允"为词，拒绝了英国的要求。

由于河南地区民众反对激烈，耆英也极力劝阻英人在这个地区租地，英国无从强租，只好在黄埔江岸边停泊船只，供英国官员留宿船上。最后，由于英国驻香港总督与两广总督勾结，英国终于在黄埔租到七处江岸货栈。年租金分别为：二百八十两；四百五十两；四百五十两；二百二十两；一百三十两；一千六百元；六百元。后经耆英及其助手广东巡抚黄恩彤同意，英人又在黄埔租得猪腰冈山地，作为墓场，以及滨江囤货之所。后因耆英内诏离粤，黄恩彤也被罢职，其情势更不利于英租地扩界要求。

耆英离职后，徐广缙继任钦差大臣两广总督，对英人扩租要求坚决拒绝。其时英国香港总督也改由文翰（Samuel Gerge Bontam）担任。双方仍对黄埔租地进行交涉。英国副领事计划在长洲珠江沿岸上，建筑屋宇及囚房。就此事，文翰与徐广缙之间往返公文不断。徐广缙均以外交辞令耐心加以劝阻。

文翰在职期间（1848—1852），黄埔租地未达目的。继任港督包令（John Bowring）继续为河南租地进行交涉，继续遭到当地民众反对。包令态度强硬，将当地已订租地合约及民众抗议，附于照会，改送粤督徐广缙、巡抚叶铭琛，引据历次中外条约，为争执依据。同时声言调派海军，保护建房之进行。此时已署任两广总督的叶名琛，照复包令，用官场辞令，以礼驳斥。包令不满叶名琛答复，引用耆英在道光二十七年将黄埔猪腰冈租给英国作为公墓之案，坚持要租赁屏冈之地，均没达到目的。英国诸多问题日见棘手，不愿与广东钦差大臣周旋，决计向北京清廷直接交涉，也无果。[①]

（三）十三行的焚毁到沙面租界的划定

1856 年 12 月，十三行洋人商馆区被大火焚毁，化为灰烬。1857 年

[①] 梁超文、劳兵：《洲头咀风云——记广州河南民众抗英斗争》，《炎黄纵览》2000 年第 1 期，第 44 页。

12月，英法联军攻陷广州后，就急迫寻找新的居留地，以取代被焚毁的十三行地区的洋人商馆。[①] 1858年，英法占领军三人委员会选准了位于十三行西南面，珠江白鹅潭畔俗称沙面的这块地方。这是黄埔港进入广州的必经之地。宽阔的白鹅潭水面，既可停泊军舰，又是不易引起业主纠纷的水旁官地，只要挖一条河涌与陆地隔开，筑桥相通，便可自成一个小天地。1859年5月，英法两国官员正式向广东巡抚毕承昭要求租借沙面，7月，两广总督黄宗汉被迫答应英法租借沙面的要求。英法官员要求广东当局负责沙面河滨地基填筑工程，将沙面筑成一个小岛。其筑基费在英法两国向广州当局勒索的"赎城费"中扣除，由粤海关支付。沙面地基填筑工程于同年下半年开始进行，迁走原散居当地的寮民，拆毁两座第一次鸦片战争时修筑的城防炮台，在四周用花岗石垒成椭圆形，然后用河土填平，再在岛的北部与陆地相接处开挖一条100英尺宽的河涌，亦用花岗石砌岸，使沙面从一个小沙洲变成四面环水的鹅蛋形小岛，东西长2850英尺，南北宽950英尺，面积55英亩（合约330亩），在岛的东西两端各筑一桥为出入通道。整个工程耗资32.5万墨西哥元，英国分摊五分之四，法国五分之一。租地面积亦与此相适应，英国占44英亩（合264亩），位于西部；法国11英亩（合66亩），位于东部。1861年9月，英法两国官员分别与两广总督劳崇光签订正式租约，每亩年租金1500钱，每年年底由专人交纳给广东当局，此后，中国政府"均不得在此内执掌地方收受饷项及经理一切事宜"。沙面从此成为英、法租界近100年。作为西方城市规划的一块"飞地"，至今仍对广州的城市建设产生影响。

二　洲头咀——产业调整彰显文化历史

从十三行时代到近代，从清末到民初，是广州河南滨江地带的平稳发展期。从20世纪20—30年代、到80年代洲头咀由仓库区，码头区到工厂区，环境越来越不适人。进入21世纪，城市发生了巨大的变化，洲头咀一带形成了一个开放式的滨江公园。部分厂矿企业关、并、迁、转，通过产业调整、土地置换，通过神奇的房地产运作，100多年前的洲头咀正

---

① 1857年提呈上下两院《皇家海军在广州军事行动有关文件汇编》第158页，1848年12月30日《英国巴尊麦子爵致文翰函》。

面临着更大的嬗变。洲头咀公园与沙面遥遥相对,扼守着珠江越来越窄的北航道。从公园江边北望白天鹅宾馆,贴着水面似乎很有一段距离,"水令人远";可是抬眼直观宾馆大楼,大楼好像就在面前。洲头咀几尊雕塑的氛围给人一派欣欣向荣的感觉,只有几棵老树和几粒苍石,有一些悠久的意味,"石令人古"。

哪儿是当年英国鬼佬插旗志界准备征用的地方?哪儿是十三行脚夫搬运茶叶走过山跳板下坡上船的埠头?哪儿是潘正炜与潘仕城撰写"公启"签字署名的地方?当年十三行的仓库在哪里?看来要搞得十分清楚,难。但这并不十分重要。① 因为这块土地,这个洲头咀名字已经是一个内容十分丰富的历史文化集成块了。

洲头咀的确像一个圆尖形的嘴,将西来的珠江主航道一分两岸,有点"二水中分白鹭洲"的形胜。洲头之南有些厂房仓储建筑已改造为茶座,咖啡厅,或球馆,还一些做了游乐场。剩下靠江边的一些厂房仓储建筑及室外水池、系船桩和工作棚,也正等待整治或改建(图2)。

图2 洲头咀的遗址改造及环境设计

从世界滨水城市的发展看,20世纪50年代以来,随着产业结构的调整,城市中心滨水区经历了一个逆工业化②(Deindnstriati-zation)过程。

---

① 梁廷枏:《夷氛闻记》卷五,中华书局1959年版,第150—151页。
② "逆工业化"中转移工业产业,调整产业结构,疏解居住人口,应理解为特定范围内城市化的一种表现形成。

西方发达国家开始认识到滨水地区非工业性功能的重要性，并逐渐出现了一批港埠空间开发项目。其中，伦敦泰晤士河港区的更新、伯明翰的运河河滨改建，巴塞罗那 Vell 港的改建尤为瞩目。另德国汉堡、荷兰鹿特丹、意大利威尼斯等滨水城市都有很多成功的实践。美国在过去的岁月，69个滨水城市都进行了滨水空间的重建和开发活动，其中巴尔的摩的内港重建项目、波士顿的罗尔码头项目、纽约南街港滨水区开发项目等成为滨水区所在城市发展的巨大推动力。在亚洲，新加坡河的开发，使船艇码头商业街被改造成为新型的、富有本地文化特色的商业街。城市港埠更新已成为世界性趋势。

港埠作为一种特殊的滨水历史街区，早在20世纪70年代就被学术界和政府机构明确地定性为"历史地段"，即具有一定的历史遗产价值。1996年巴塞罗那国际建协（UIA）第19届大会所提出的城市"模糊地段"就包含了诸如工厂、码头等废弃地段，并指出此类地段需要保护、管理和再生。

洲头咀的广船机械厂、橡胶工厂、集装箱厂已经基本上停工，再往南就是江中岛上车歪炮台及相对北岸的镇南炮台遗址。房地产开发商的一些施工队伍已经进驻，正在做好开发的前期准备工作。未来的洲头咀将发生巨变，环岛（海珠区）路构筑新豪宅区域，洲头咀一带要成为"大榕树下的健康人家"。城市巨变是好事，其中的历史文化也理应引起人们的关注与保护。

三 后航道——十三行线性遗址景观带

广州不仅有珠江前航道，还有更加广阔的珠江后航道。珠江后航道的城市设计和控制性详细规划颇受人关注，希望能整合太古仓地区、广纸地区、海珠湾（沥滘片区）、海珠湿地等重要节点，形成融入粤港澳大湾区发展的经济带、创新带，和能彰显有关十三行文化遗址的景观带。

珠江后航道又被称为"南珠江"，长期以来多走货船，两岸以工厂、仓库、农田为主。早年广州市第十一次党代会报告就提出：要"统筹珠江沿岸开发建设，推动产业升级、城市更新、水系治理、景观优化；加强沿江创新资源对接，提升珠江创新带；整合沿江景观资源，建设高品质生态文化旅游岸线"。①

　　珠江后航道设计范围西至洲头咀,北至工业大道、环城高速,东至黄埔涌,南至珠江,共 18.7 平方千米,与珠江前航道景观带重点区段(三个 10 千米)范围对接。让设计范围内的旧村旧厂、批发仓储、港口码头等低效用地解决好权属问题,实现高效用地再开发策略,形成融入粤港澳大湾区发展的后航道滨水创新走廊,重要景点"串珠成链"构建个性化的慢行体系,强化人与珠江的互动性。

　　在广州的第四次文物普查中,在十三行时期曾经存放进出口货物的仓库分布区,发现有研究价值的近代码头仓库遗址共 6 处:分别是英商太古轮船公司码头仓库、日商大阪株式会社码头仓库、英商亚细亚火油有限公司龙唛码头龙唛仓库和花地码头仓库、英国怡和公司渣甸码头仓库、荷兰商人码头仓库旧址。② 难得的是这些旧仓库码头及其配套的其他设施不但大多保护完好,而且大多仍在使用。这些特殊的仓储设备遗产也可采取园林化环境手法加以保护(图 3)。

图 3　上海徐汇油罐遗址公园

---

　　① 《广州:海珠区珠江后航道城市设计和控制性详细规划招标》,2017 年 10 月 18 日,来源:大洋网。
　　② 梁廷枏:《夷氛闻记》卷五,中华书局 1959 年版,第 150—151 页。

10年前，据《广州日报》记者倪明摄影报道，珠江后航道也是当年十三行时代各国洋船所经过的航道，有关滨水地带景观，整治规划设计已经出炉。计划将旧边检楼改造成"哥德堡"号展览馆，将永兴街果品批发市场打造为广州市的"渔人码头"，中国近代史上的大阪仓、太古仓等现存最老货运码头分别改造成市民运动广场和文化博物馆，将产业类历史建筑地段的保护性再利用做出一个示范，让工业遗产遗存变成一个个旅游景观亮点。

（一）旧边检楼改成"歌德堡"号展馆

珠江广州河段长70多千米，分前航道、后航道和西航道。前航道穿流市中心，是珠江两岸景观最丰富的河段，这里有被称为广州"外滩"的长堤、西堤。自珠江西航道石门风景区南下，有11座各具特色的跨江大桥。相比之下，后航道则"逊色"很多，不仅建筑数量不多，风格很不统一，而且区域内除洲头咀公园和海珠涌沿线绿化外，基本没有公共开放性绿地，环卫设施也严重不足，公共厕所缺乏。

为了迎接"哥德堡Ⅲ"号的到来，曾一定程度上改善了珠江沿岸景观，北起洲头咀，南至鹤洞大桥、沙度路和工业大道以西的滨江地带的景观整治有了改善，滨江休闲绿化带把礼仪大厅、渔人码头景观桥、改造后的大阪仓和太古仓串联了起来，展现珠江后航道的幽美景观。

据广州珠江外资建筑设计院有关人士介绍，洲头咀公园西面将建礼仪广场，利用旧边检楼改造成的贵宾接待中心，"歌德堡"号展览馆将位于广场的南北两侧，面积达1000平方米的礼仪大厅建在两者之间，三者自然地围住合出一个入口小广场和面向珠江的礼仪广场，广场地尽端为伸出江面的栈道和"歌德堡"号停靠的码头。

据悉，边检楼是"历史建筑"，必须妥善保护。改造后的展览馆仍保留其主要的结构形式，立面上开设大面积的玻璃窗，并装饰百叶窗，大厅采用通透的玻璃立面，以便将珠江的景色引入室内，屋顶采用大跨度拉膜结构形式以呼应江中"丝路帆影"的主题。但人们总希望整体造型具有历史文化寓意的艺术形象（图4）。

此外，鉴于世界上许多旅游城市，都是借用临水的有利资源，精心打造成渔人码头（如美国的三藩码头）。广州的"渔人码头"，应包括"十三行畔搬洋货，如看波斯进宝图"（钱塘叶氏《广州杂咏》）的渔人码头

图 4　历史建筑的保护利用

公园、珠江涌景观带以及跨海珠涌的景观桥。

（二）大阪仓将建纪念性运动休闲广场

《广州港史》记载，20 世纪 20 年代，外国商人争相进驻广州港口，日本是其中之一。大阪仓为旧式日本洋行的仓库，建于 20 世纪 30 年代，现为广州河南港务公司的内二码头附属仓库，建筑面积 5650 平方米，高 6 米，重坡屋顶，第一重坡顶的坡檐下有小木百叶窗。大门上方当年插旗座至今仍清晰可见。侧面墙上开设长形拱顶窗户，仓库的大门也是旧物。大阪仓的旁边，还有一个三角形仓库、一个极富日本建筑风格的别墅楼。楼高三层 12 米，为大阪株式会社当年建造，总建筑面积 997 平方米；兼有办公、住宿功能。如今办公大楼保护完好，外墙爬满攀援植物。

按照目前规划要求，大阪仓将建成为体育休闲场所（图 5），具体包括 10 桌台球桌、21 桌乒乓球桌、12 个羽毛球场、24 道保龄球场及相关服务附属设施。改造设计中保留了大阪仓原有的大部分墙面，并对墙面加以整饬，赋予更多的历史纪念性装饰艺术（图 6）。据悉，这一片码头将布置亲水曲桥、景观石柱、木平台、船桅杆、景观亭、特色坐凳等，营造成出一个个欢快、和谐、舒适、悠闲的城市景观亲水空间（图 7）。

图 5　大阪仓复修鸟瞰

图 6　忠于原基本形象的维护设计

（三）太古仓作近代码头兴衰史博物馆

反映广州近代仓储物流的太古仓为旧式英商太古洋行的仓库，建于20世纪二三十年代，包括7座仓库和一个水塔，现质量无损，仍在使用中。当年建造的三座"丁"字形栈桥式混凝土码头岸线长达321米，仓库17113平方米。使用英曼彻斯特联合钢铁公司的钢筋产品，尽管长期泡在海水中，至今不生锈，令人称奇。

太古仓又名"内一码头"，是海上丝路历史文化延续的遗址之一。1856年冬，广州十三行大火后至1860年英法租借沙面之前数年，外国人大都居住在河南地区现太古仓码头至白蚬壳轮渡码头一带。当时这一带仓

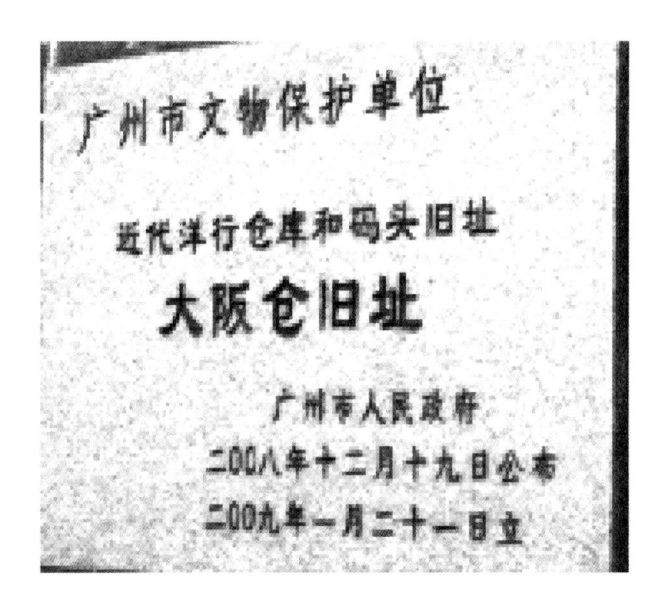

图 7　文物牌设计缺特色

栈林立，船艇聚集，是广州内港对外贸易的重要场所。据了解，太古仓及其周边历史文化价值如此丰富的港口码头旧建筑群落，在华南地区都是少有的。新中国成立后，太古仓码头一度是运送抗美援越物资的主力港之一。1980 年 11 月 23 日，模仿小说《一千零一夜》中航海家辛巴德航海故事而制造的仿古船"苏哈尔"号从阿曼首都马斯喀特起航，于 1981 年 7 月 11 日到达广州，便在太古仓码头靠泊。由于这里特有的旧仓库群景观，曾吸引众多影视剧到此拍摄外景。其中包括轰动一时的《虾球传》，以及李连杰、赵尔康、宋佳等人出演的《中华英雄》。

太古仓老码头的地理位置优越，如何保护利用这群建筑，成为不少文化界人士关注的焦点。如果把珠江对岸的十三行夷馆区、海关大楼、沙面西式建筑及河南 108 乡群众反租界斗争历史，以及见证中外文化交流的同福西路基督教河南堂等遗迹相联系，将会构成一条不可多得的中国近现代对外交往史迹长廊。改造后的太古仓将集博览、文化、休闲娱乐等功能为一体（图 8）。

据设计人员介绍，其立面改造设计中以青砖为主，保留了原有的大部分墙面。北侧 3 座作为码头兴衰史文化博物馆，建筑面积 7830 平方米，分大小 17 个展厅。南侧 4 座作为综合休闲俱乐部。在改造设计中，从历史遗存中吸取特色手法值得肯定。如图 10 中的货物传送通道吸取图 9 中传统做法，本身就很有趣。

图 8　太古仓的保护规划示意

图 9　历史遗存中的传送滑道颇有特色

图10　借鉴历史手法延续特色记忆

（四）拓建道路要保护展示历史文化景观

目前，海珠涌北面有南北向的洲头咀路及东西向的滨江路、同福路作为主要道路，海珠涌南面则有南北向的革新路以及东西向的新民街、新民四街、沙度路等。

规划方案提出，拓宽洲头咀路拓至24米宽，跨海珠涌建景观桥一座，以连接洲头咀路与海珠涌南边14米宽的景观支路；在海珠涌以南，沿江边修建景观支路，并把人行道与滨水休闲带结合起来设计，将革新路拓宽至26米。

可以说道路是城市最普遍的景观空间和观景地带，修路不仅要关注最基本的"通""达"功能要求，而且要注意自然、人文、人工环境景观美学。历史地段更是如此，通到一个容量不是很大的休闲游赏区，其路面不一定要很宽很宽，也不一定要切割得笔直笔直，也不宜占用很多很多滨江绿化地带。宜人的空间有景、有文，能焕发人们情思的地方，应优先让给人，车则次之。当道路修到历史地段时，相当于把一个比历史建（构）筑物占地还要大得多的场地铺到了历史景物跟前，有时会在竖向地势地形上造成破坏，效果很多是负面性的。南华西街一些十三行行商园林遗址的参照物，皆因道路的铺盖失去了景观标志或参照作用。比如，英军为租界测量过的漱珠桥是由潘振承损资千金、于乾隆庚寅（1770）鉴造建成的。

漱珠桥环珠桥是行商园林南墅万松山房、海天闲话阁、书画船（匾曰"风月琴尊舫"）、听帆楼等园林建筑物的地标，也是联系鳌洲、溪峡等与外商、行商相关地点的标志物。"漱珠桥外一凭眺，弯环溪峡通双洲（鳌洲、鹤洲）"（方睿颐《二知轩诗钞》）。如果道路景观设计有意留下一些特定的地貌地物，则将给游人以无限遐想。人们希望道路带来更多可停、可观、可赏、可玩的附加空间，如：车道的动线稍稍绕一个弯就能保护水边一棵多姿多态的榕树，榕树下的空间将是多姿多彩美好的人生舞台。古代炮台的纪念与造景功能应该优先考虑（图11）。城建部门在修建道路时，可多考虑一些人性化、生态化的景观设计（图12）。

图11　车歪炮台的历史图片

如果上面谈到的景观是属于"路外之物"，那么纯粹属于道路系统内的各种构筑物，辅助设施则为"路内景观自身之物"了。道路的路标、路引、护坡、跨线桥、红绿灯、岗亭、停车场、栏杆、路灯、路障，隔离礅等小物体，不仅具有组织和疏导交通的功能，也是街道、观光道、散步道景观的重要组成对象，其造型和色彩也须经过认真的设计，使之系列化和与环境相和谐。日本是设计细节比较细致、衬托要领而著名的国家，从城市规划的建筑造型，对道路的景观要求都非常重视。就是对一座普通的步行天桥，选什么材料，用什么颜色，昼景和夜景有什么不同的感觉，都须用电脑模拟实验，经比较后投入实施。交通景观系列对历史街区，对休

图12　生态化、园林化、人性化的滨水步道好

憩旅游区的景观构成是很有影响的。使它联系一组组特色历史建筑物（群）或自然要素，形成一种具有独立性成景，或连续性成景相结合的富有主题性的景观，则是我们应该认真追求的，只有这样，"地方文化景观"思想才能得到弘扬，渗透交通工程之中，形成规模系统。广州河南整个洲头咀地区包含范围很广，景观的组成部分十分丰富，但呈分散、无序的状况，通过道路设计就有可能很好地将其组织成为地方历史文化旅游景观大系统。

四　西河——十三行景点的省澳纽带

范岱克先生是个美国人，但也是个"广州通"、是个"十三行研究专家"。凭借他天生的母语优势，他钻研了大量外国资料，同时又利用娴熟的汉语功底，长期在中国调研，他于是取得了丰厚的学术成果和倍受尊重的学术地位。《利用珠江三角洲的文化遗产发展澳门—广州的贸易往来和文化旅游》，就是他在 2000 年 5 月 20 日于广州岭南文化与澳门研究会上的精彩报告，值得我们学习。

当时外国人每年由澳门到广州有两条路线。大西洋船的主要路线必须经过虎门，因为这段河流的河床较深，可以容纳体积较大的商船。另外一条路线名为："西河"，经过当时的中山，为"大班"号在淡季时返澳停泊所用。中国政府在 1759 年要求外国人也必须经第二条水路返广州。在鸦片战争前，所有大公司每年都曾用西河道到广州一次。① 其中有一种可吸引游客的景点，就是重新修建珠江两岸的收费亭。说到主要的航道，虎门是唯一一个外国商船在澳门和黄埔之间必须停留的中转站。虎门税口就设在横琴炮台所在的江中岛上。在黄埔和广州之间，外国人被要求在三个海关口停留。第一站在黄埔岛上，第二站在广州城南方的一个著名堡垒绥定台上，第三站位于广州邻近十三行街的码头上。在黄埔的收费站，主要负责控制、监管和管理所有停泊在黄埔的外国船。在码头的收费站，主要负责对这些货物出口工厂的管制。这些收费站上，有海关人员检查外国人的护照和确认他们的合法性。

在西河有四个收费站。第一个在关闸，第二个在前山（今珠海），第三个在当时的香山（今中山），第四个在 Sinay（新会或顺德）②。到了今天，当日的河流因为干涸或堵塞，已被废弃。但在 18、19 世纪时，这些河流却是外国人进中国的必经水路，它们记载了历史和文化交流的场景。

在广州—澳门之间，当外国人要经过西河时，他们必须经过三个税口。这三个税口都向商船上的人要求检查通行证和收取费用。上文提及的，在码头的海关，就是收取外国人私人行李费用的地方。在码头的两边，还有两个小型的收费站，它们负责扣取进出口工场作坊货物的关税。

所有这些外国人曾经停留过、交税和出示通行证的地方都是具有发展潜力的历史景点。这些景点应作重新修葺，以保存其历史面貌，吸引游客。在广州附近还有很多这类景点，如"Hoppo"（户部）的居所，以前是海关总部。每月的初一、十五，Hoppo 都会前往天后庙参拜。以前工场作坊多集中在西关，十三行街区有孔夫子学校和庙宇，也有旧的穆斯林清真寺，以及在 19 世纪后期受游客欢迎的其他庙宇。

其他吸引顾客的地方，有广州的购物街、刑场和白云山。这些景点在

---

① 范岱克：《利用珠江三角洲的文化遗产发展澳门和广州的贸易往来》，《岭南文化与澳门研究会交流论文》2000 年 5 月 20 日。
② "Sinay" was about half way between Zhongshan and Canton, which which would put it near Shunde. HOwever, Shunde was not called "Sinay" in the 18th century so it is not certain where this tollhouse was located. The word "Sinay" "Sinai" "Sinway"," Che Nae", etc. are used consistently by all the foreigners from the 1760s to the 1830s, as the name of the last tollhouse on the West River.

以往曾吸引了不少游客，相信在今后对旅客仍具吸引力。

　　海外华人和在内地、特别是珠江三角洲的中国人，当然在某些地方与外国人的兴趣并不一致，能吸引外国人的东西未必能引起中国人的兴趣，有些景点则可吸引所有游客。例如，伶仃洋、金星门（在其澳岛上）和在香港的金星门，林则徐销鸦片的虎门，以及澳门的林则徐博物馆，都可作为吸引游客的景点。

　　其他提议就是曾在很多画作和照片中出现过的、传统的中国房屋和小舢舨模型。这些模型必可引起中外游客的兴趣。另外一类为有特别用途的船和舢舨，如行走黄埔和广州之间的驳船，行走澳门和广州之间的客船和海军巡逻船。因为这些船内都有起居室，可引起游客对18世纪船上的起居生活方式和那一段历史的兴趣。

　　自明代始就成为事实上的广州外港，十三行时期澳门又为中国对外贸易活动中的一个重要环节或组成部分。① 古老的中国贸易是珠江三角洲的重要历史，它将为澳门、广州和所有周边城市带来发展潜力。以上不过是几个提议，至于如何将当时珠江三角洲与外国的交流历史转化为未来这个地区的优势，仍待研究。正因为世上很多不同的人曾经参与这个贸易，又因为近年来学术界兴起了研究这段贸易历史的热潮，很多人遂产生了翻新这些旧景点的兴趣。由于三角洲对促进中西交流曾经扮演重要角色，具有足够潜力建立富有创造性和生命力的十三行历史文化旅游业。

五　花地——芳村的十三行纪念风景

　　河南洲头咀与芳村花地都是与当年十三行有关的历史地段。洲头咀现为一个开放式的公园，花地滨江一带现为开放的休闲娱乐景区。此二者与沙面十三行一带，绕白鹅潭水体三角鼎足而立，遥相呼应。广角镜头下的泛白鹅潭风光呈现一幅幅气势非凡的图画（图13）。近景是芳村花地，只因缺乏纪念性文化景观小品，所以很难令人联想到这些历史地段的文化背景。为此，从如下几个方面可作些考虑。

---

① "明代澳门便是广州外港口"等迎澳门回归日专题报道，《广州日报》1999年12月。

图13　广州芳村　水秀芬芳

（一）注重历史文化景观是一种高洁情愫

每当时过境迁，面对美景，深感换了人间。人们总爱回眸时光隧道那边的尽头处，寻思那些已像珠江流水般逝去的尘封岁月，从今昔境界的落差中惊愕和感叹时空的巨变，为之悲戚或欣然，为之凄然或宽慰。年迈90岁大关的历史地理学家曾昭璇教授，每当抚摸一张名城旧照片时均能感同身受它昔日的风采。如果曾先生看到眼前这张白鹅潭的风景照，一定会联想到很多很多有关十三行的事件、人物、地理风俗，因为曾老是研究十三行历史地理的泰斗人物。

近几年，报刊上不断披露十三行的历史素材。这些素材不断地勾引起越来越多的人士"摅（同抒）怀日之蓄念，发思古之幽情"（汉·班固《西都赋》）。从社会心理学的角度看，"怀日"之风，"思古"之热，正是浓荫之下的心态所使然。抚今追昔，进步而不会浮躁，人们需要亲近遥远的过去，此外无所期待、无所他求，思怀所得无非是由沧桑之感所引致的一番感慨而已，是远离功利与欲望，蓄积于心的一腔高洁情愫。曾老就是这样的人，他讲得极好！

这样的思想境界，正是当今开展城市环境艺术建设所必需的。在洲头咀、在花地，都有许多与海洋文化、与海上丝绸之路相关的历史文化史迹，可以选做塑造城市地标景观的好题材。

(二）遗址公园的小品设计与景观鉴赏

现在洲头咀公园内树有一尊"大铁锚"雕塑，不言而喻，象征当年船舶在此泊靠，樯橹如云、商船连城、洋货流通的盛况；构思不错，不过处理手法太一般化。如果将此锚与其他景观要素相搭配，如同野草、缆绳、石桩、锚头停留的一只小水鸟，显现真实生动情景则意境会更好。现在的锚座是数十平方米的混凝土台，台座同雕塑主体没丝毫本质联系，既无美学意义，又无实际意义，且不生态化，还浪费原材料与投资。不是所有的雕塑作品都必须像神灵那样供奉摆设，有的雕塑更应该具有历史性和生活趣味（图14），紧扣公园主题，直接摆在大地上。

图14 大清"留发不留头"（上）
用出土文物作雕塑小品好（下）

另外一尊是纪念碑式雕塑面向大江,碑身上半截中间嵌有帆船的彩色壁画两端各为一个圆柱形带雉堞的碉堡。下半截两端为六棱柱体中间夹着平面碑身,碑身上嵌着碑文:"以大慈大悲的名义"纪念阿曼"苏哈尔"号帆船马斯喀特——广州航行纪念碑,由阿曼苏丹民族遗产文化部于苏哈国25年(1995)与我国有关部门共同竖立的。该碑上部具有苏哈国特色,选址洲头咀,主题与环境两相适宜(图15)。

**图15　阿曼苏哈尔号帆船马斯喀特
广州航行纪念碑**

建议在洲头公园,或后航道沿江休闲带确有考证的地点,设立有关十三行时期纪念性雕塑,或将有关历史资料刻在景石上警示后代,构筑有纪念性、艺术性的园林环境,用以加深游人对该地段"花地"渊源的认同。绿色景观应该同产业类历史建筑和地段——工厂、工业遗址遗存的保护更新联通、渗透、融合为一个整体(图16)。

工业建筑物的物质寿命往往比其功能寿命长,内部空间更具使用的灵活性,与其他功能并非严重对立关系。改变功能、改变使用方式,同样具有适用、经济、审美和历史纪念性的价值。工业遗址遗产的历史价值、环境价值，是值得城市规划设计好生研究的。这是城市文明的必然进程。发达国家的先进性实例很多，我国也有了不少。①

图16 珠江后航道景观整治方案
（广州珠江外资建筑设计院）

（三）花地文化遗产与景观地方性特色

芳村花地虽不为英法企图租借的租界地，但为十三行时期外商游览地，且与上述两地河南洲头咀、西关沙面（租界）共绕白鹅潭形成互为眺望的对景三角位置关系，风景价值极高。

---

① 杨宏烈：《广州工业文化遗产的保护与开发利用》，《城市问题》2014年第5期，第36页。

清代广州的园林向市郊新区扩展，如俞询庆《荷廊笔记》中写道："广州城外临珠江之西多隙地，富家大族及士大夫宦成而归者，皆于是处冶广圃、营别墅，以为休息游宴之所。"陈泽泓先生研究指出，在花埭（今芳村花地）一带，曾有连成一片的园林区。以今芳村公路为界，以北有醉观、醉红、翠林、幻香、群芳、留香、新长春、余香圃、评红等种植花果盆景的生产性园林，以南有诗人张维屏经营的听松园、画家邓大林经营的杏林庄，康有为经营的康园（图17）以及富商潘氏经营的东园、六松园，伍氏经营的恒春、馥荫园等。

图17　康园正门入口、出门见水（历史图片）

清嘉庆十七年（1812）两广总督明文指定花地（主要指大通寺一带）为十三行外国商人的旅游点，花地因此成为"国际旅游胜地"。

"大通烟雨"为宋代羊城八景之一。[①] 大通烟雨一景重在大通寺。寺址位于芳村花地河口的东南侧，唐以来建置大通港，与广州城隔江相望。水道往来船舶众多，岸上绿树环绕，江上烟雾朦胧，景色缥缈迷茫。十三行时期《广州土俗竹枝词》这样称颂：

[①] 冯沛祖：《广州风物》，广东省地图出版社2000年版，第397—401页。

珠江两岸访青楼，花地潘园任浪游。
名胜大通烟雨寺，风光犹胜古琶洲。

现古寺之景已成云烟，只剩下几十米阔的花地河。城市化的推进，江边成了一片开敞地。为了让人们体会当年十三行外商每月逢八游览大通烟雨的情景，可于此组建"烟雨井江春最闹"景点，作为此地历史文化地标标志。景点可由如下几个小品构成：

"敕赐大通烟雨"牌坊，四柱三间七楼，浮雕云纹蟠龙，有飞檐压顶气势。旨令地方官吏，"永保胜迹，不得相犯"，多做为民为社会的好事。

"烟雨井边春最闹"（康有为诗1896）。使其井——景也。井名"烟雨井"把过去汲水井口等物件，当作景观艺术品来设计，如能产生"扁担放井流，鹅潭水上收。阳光照船影，井口见船浮"的物理光学效应；能听到"夜深人静时，琴歌叫卖声"的声学效应；能看到"天阴下雨前，井中起云烟"的气候特征，则一定又神气了。①

这一"坊"一"井"，可使"大通烟雨"复活，世界客商再游。届时，白鹅潭上将出现"千队红妆万支桨"，士女人日游花地"的热闹景象。花地河上放灯船，盂兰节会万人缘。让今天天下客商把广州的热闹看过够。

花地原名"花埭"即为一种"花市"，早在上千年前因河涌纵横、堤堰曲折，又处在亚热带，故花草繁茂，有"千年花埭花欲盛"之咏叹，"花地"之名不胜而起，流传至今。

花地园林众多，清代是其鼎盛期。采用古园林名作地名也是一种追忆历史文化的手法。目前已有20多处地名用了古园林名，如：茂香园、广香园、荣香园、杏芳园、余庆园、知道园、兄弟园、惺园，等等（图18）。同样历史街巷以花卉命名，也很有纪念意义。如浣花路、红棉街、剑兰街、春兰街、鹰爪树（鸡蛋花树）路、芙蓉三约、杏花大街，等等。条条街巷几乎成为岭南名花的集中展示场，且多数街巷的命名都有渊源典故。②

---

① 冯沛祖：《广州风物》，广东省地图出版社2000年版，第397—401页。
② 参见广州日报记者刘显仁，通讯彭淑（2006年6月）报道：芳村106个地名由花花草草命名。

图 18　清末私家园林的风采

十三行时期的外商是否也与这些花花草草、大大小小的园林有缘？这是肯定的，英两国当时就有花卉物种交流。

广州的重点花卉业基地之一就在芳村，这儿要建国际化的花卉市场和花卉观赏项目。口号是非常鼓舞人心的。能够长时期的鼓舞人心则是难的。这需要传承芳村历史文化，运用生态艺术造景手法，发扬光大中国的花卉园林经典，使之走向世界。

当年十三行的有关茶商在广州河南创办手工制茶工场，生产有花香味的薰花茶新品种。[①] "茶文化"也是芳村办得火红的事业。把"花卉"与"茶"结合起来，把茶与园林结合起来，形成了一种新品牌，既可创建历史游览纪念地景观（图19），又可争取经济效益，何乐而不为？

---

①　蒋祖缘：《清代十三行与西关文化》，载《广州十三行沧桑》广东省地图出版社 2001 年版，第 104 页。

图19 水滨是生态敏感地带不宜完全硬质化设计

十三行与粤海关相关文化遗址

从唐朝开始，中国管理海外贸易的机构叫"市舶使"，宋代叫"市舶司"。直到康熙二十四年（1685），清政府在粤、闽、浙、苏4省设立海关，管理港口、海外贸易的职能才由"海关"取代，这是中国近代海关制度的开始。十三行与粤海关同为对外贸易的两个环节，相关文化遗比较多。

一 海关前身——明代市舶制度的遗址怀远驿

繁荣的贸易背后，是巨量的商品流动。通过东南沿海的大小港口，中国的丝绸、陶瓷、茶叶等漂洋过海输往世界各地；爪哇、印度、中亚、非洲等地的香料、珠宝、象牙等也从这里源源不断地流入"天朝上国"。

中国古代对海外贸易的管理，自唐置市舶使于广州，总管东南海路外贸。唐代到明朝的市舶制度，开创了中央直接管理或控制外贸管理的新体制。随着海上贸易的发展，掌管海外贸易的专司机构——市舶司应运而生，市舶使由一任职官发展成专设机构市舶司。以市舶使、市舶司为代表的官府对海外贸易进行管理的制度被称为市舶制度，可以说是中国海关的前身。

明洪武七年（1374）在宁波、泉州、广州设三市舶司专管朝贡贸易。史载："宁波通日本，泉州通琉球，广州通占城、暹罗、西洋诸国。"永乐年间平定安南（今越南），在当地短暂设立交趾市舶司。"靖难之役"后，宁波、泉州等地市舶司被裁撤，仅剩广州市舶司行使职能。《明史·职官志》载："提举一人从五品，副提举二人从六品，其属吏目一人从九品。"

掌海外诸藩朝贡市易之事,辨其使人、表文、勘合之真伪,禁通番、征私货、平交易,闲其出入而慎馆谷之……嘉靖元年,给事中夏言奏:"'倭祸起于市舶。'遂革福建、浙江二市舶司,惟存广东市舶司。"显然,"倭祸起于市舶"的说法是片面的。明代广州市舶司设置的怀远驿如图1所示。

图1 明代广州怀远驿(左为涌口全景图,右为1655年荷兰尼霍夫素描刻印板画)

二 粤海关——一口通商管理外贸的总体架构

梁廷枏(1796—1851),广东顺德人,字章冉,号藤花亭主人。清道光年间,梁廷枏在当时的粤海关监督豫堃、钦州学政臣曾钊及两广总督幕僚方东树的支持下,编修了我国第一部地方海关志《粤海关志》,记载了十三行时期粤海关的详细情况。

由于历史地理国防等原因,粤海关在4个海关中显得最为重要,与其他海关不同,粤海关专设海关监督统管海关全部事务。监督由皇帝从内务府旗人中钦派。梁廷枏《粤海关志》卷五称:"我朝厘定管榷,官制有兼管、有简允。天下海关,在福建者,辖以将军;在浙江,江苏者,辖以巡抚;推广东粤海关专设监督,诚其重任也。"粤海关监督的全称是"钦命督理广东沿海等处贸易税务户部分司",充任者多为内务府满员,是皇帝的直接代表,由皇帝钦派,权力很大。首任监督设于康熙二十四年(1685),以后逐步更换,至鸦片战争爆发前的道光十八年(1838)止,共有九十四人出任。

粤海关设在广州的大关总口对外贸易发展最快，逐步成为中外贸易的集结地。特别是乾隆二十二年（1757）开始实行广州一口贸易与征税机构的粤海关，其地位也日益显赫。粤海关机构庞大，管理范围相当广泛。粤海关大关衙门设在广州五仙门内（约在今广州宾馆附近），在澳门设有行台，负责对外出和进驻停留船舶的稽查。

粤海关内部的机构按行政关系分为总口与小口两类。总口共有七处，以省城大关总口和澳门总口最为重要（图2），大关总口稽查城外十三行和进入黄埔的外国商船进出口货物，

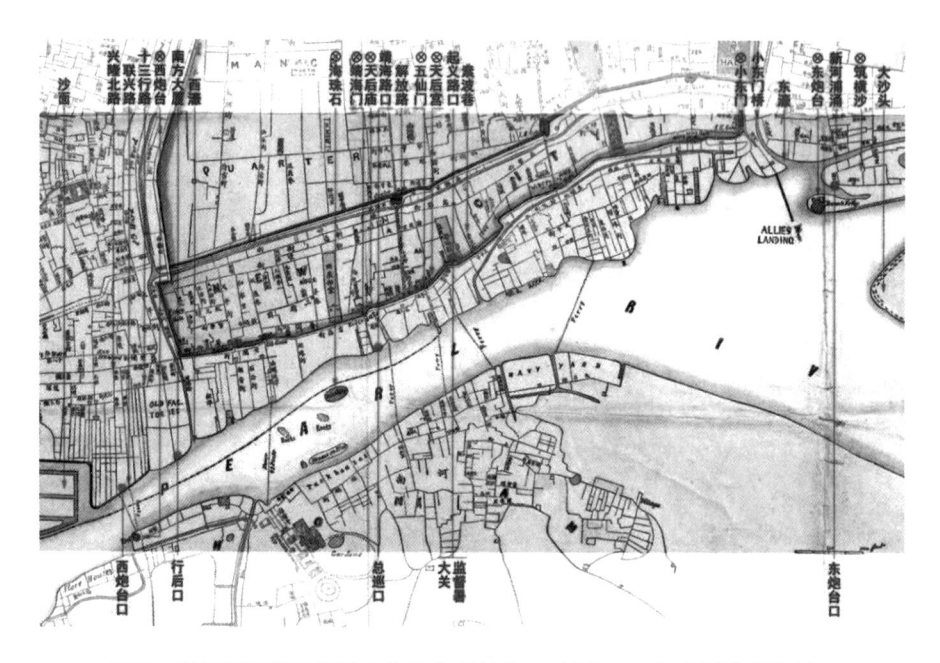

图2 广州城粤海关机构分布和今存地名（地图1860年来源广州海关）

澳门总口负责稽查进入澳门和外国贸易的商船。大关与澳门总口因负责稽查来往外国船只，较为重要，分设有旗人防御（武官）两员，每年请广州将军衙门派员前往纠察；其他各口由海关监督分派家丁带同书役分路管理。一总口委官一员，每年由总督派委人员前往稽查约束。总口设有旗员防御两员，分别驻大关总口和澳门总口。两总口的关税事务又分为附省10小口，由海关监督或奉旨监管关务的总督、巡抚分派家人带书役管理。

粤海关主要业务有：其一，在经济上的管理职能——基于财政经济上的需要，粤海关拥有了征收关税和对外贸易管理的职能。其二，由于粤海关监督官制的特殊性而承担的隐性职能——兼承担着为皇帝提供诸如暗中察看广州地方官的施政情况、为皇帝呈送采办的外洋进口货、在广州替皇帝打造器物等。其三，基于外交考虑，粤海关成为清政府对西欧各国怀柔外夷政策的主要执行者，从而履行了一定的外交职能。

清代粤海关的中心工作是征税。康熙二十八年（1689），经朝廷商议，由时任两广总督吴兴祚、广东巡抚李士桢与粤海关监督宜尔格图会同确立了《粤海关税则》。这是中国第一部海关专用税则。鸦片战争之前，粤海关一直执行这一税则。

三 税口衙署——粤海关的关税机构建设分布

（一）各种"税口"

当时粤海关的管辖范围沿着绵延数千里的海岸线，管理范围很广。粤海关下设类似今天分关或办事处的总口7处、小口70多处，遍及广东沿海。根据粤海关机构设置的层次地位分为大关、总口、子口，各口按职能分为正税口、挂号口和稽查口。正税口负责检验进出口货物及征收关税，挂号口负责检查进出关境的手续及收纳挂号费、销号费等规费。稽查口负责缉查走私物品。上述各种"口"的建筑早期大多为中式平房。一般设在码头、商船停泊处、河涌口、水陆运输方式转换枢纽、或商品集散地（图3）。

其中，设在广州城内外的有大关口、总巡口、总查口、东炮台口、西炮台口、佛山口、黄埔口、虎门口、紫坭口、市桥口等。十三行附近很多税口带有外廊和小庭院，黄埔古港的税口建筑为水榭式样三面有外廊，皆为适宜停船靠岸开展工作之必要。

（二）监督衙署

清代粤海关由粤海关监督公署总领。监督公署隶属朝廷户部，全称"督理广东省沿海等处贸易税务户部分司"，管理对外贸易和征收关税。另有史料记载：粤海关监督署衙门设有"八房"机构：算房、库房、稿房、单房、船房、票房、承发房、柬房。署衙设于广州五仙门内，从19世纪粤

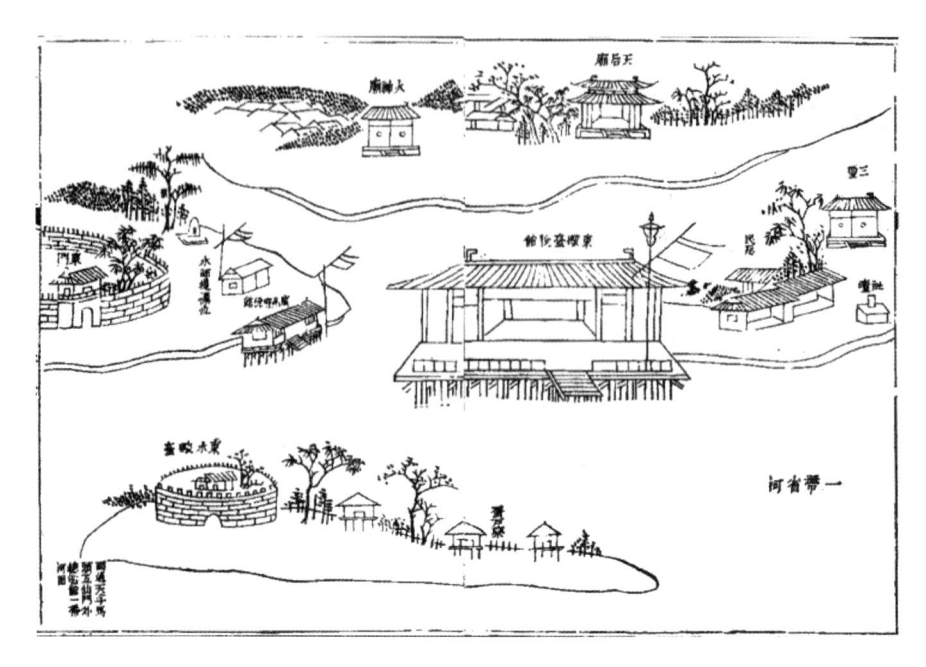

图 3　设于东濠涌河道转换处的税馆

海关监督衙署油彩画片（图 4）可见其为海关建筑模式。粤海关监督衙署全景图如图 5 所示为一组庞大的建筑群，并有严密的防卫监视系统设施。

图 4　早期粤海关建筑形象

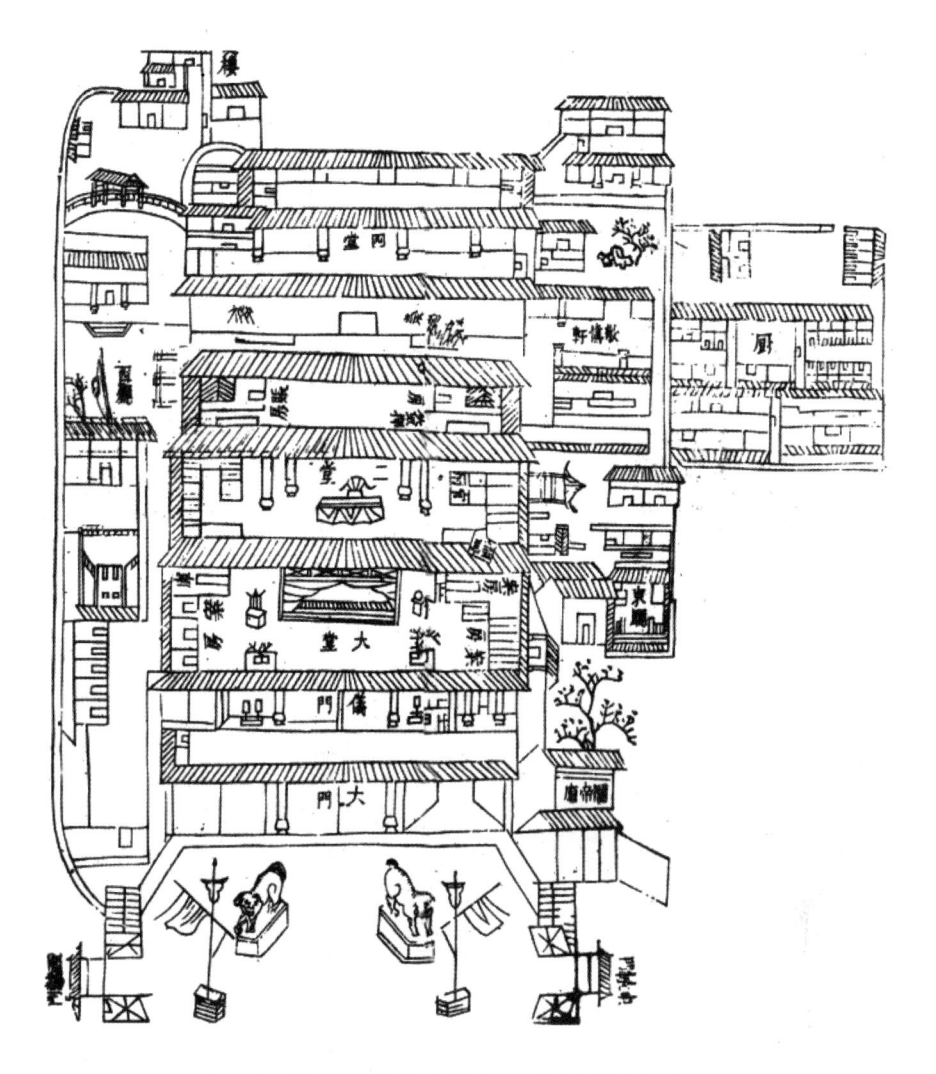

图 5 19 世纪粤海关监督衙署（《粤海关志》大关）

　　粤海关监督衙署广州大关是一组有 30 多栋单体组合的、规模较大的传统建筑群。入口"有理无钱莫进来"的八字衙门前，可见旗杆上悬挂的"关"字旗，可从周边各个方向看到大关的威严屋宇。整体以厅堂一字排列，形成许多个院落。最南部边缘是高大型的照壁、随后两侧设有东西向开的辕门以及东西哨楼。东、西、南三方围合的门前广场，正对自南至北排列的主体建筑。首先是配有八字照壁、两只大石狮子守护的正大门。二进为设有轿厅的仪门，三进为东西两端设有案房（案卷室）的大堂，接着是类似大堂的二堂。二堂后面是设有账房（西）与茶客室的后厅。出后厅隔条道则为内院倒座房墙,进入墙门乃内堂院落,再次为后院。东西两路布置有其他一些辅助建筑院落,如设有东花厅、西花厅雅座。东部还有园林式的休憩敞轩,更东乃大厨房。全组建筑群的西北角设有防卫监视用途的多层更(塔)楼。监督至则居此,银库、吏宅并在焉。①

第二次鸦片战争后,清咸丰十年(1860)在西堤成立粤海关税务司署。清宣统二年(1910)位于广州西郊联兴街的粤海关常关,以及粤海关黄埔分卡均有照片存留。前者有衙门式的大门入口,后为两层楼的房屋。民国时前者变为三层带柱式外墙、弧形窗罩、圆拱柱廊山花女儿墙的西式建筑,1931年改称"粤海关民船管理处"。后者为9开间两层带外廊西式坡屋顶建筑。1916年建成的粤海关大楼俗称"大钟楼"(图6),意味着开放后的海关建筑进入了国际"巴洛克"风格时期。②

图6　1899年的税务司署到1916年的粤海关大钟楼

① 梁廷枏:《粤海关志》,卷五《图》上,原书按。
② 杨宏烈:《广州十三行历史街区文化研究》,社会科学文献出版社2017年版,第213页。

四 海关遗产——21世纪的国际旅游文化资源

广州粤海关大钟楼、波楼、红楼等海关建筑均位于白鹅潭畔，可联合开发成博物馆旅游牙齿。

（1）"波楼"

波楼旧日的正式名称是"粤海关俱乐部"，位于海珠区南华西街洲咀大街上。100多年前，这座恢宏的建筑就是珠江南岸地标。因为楼旁有一座悬挂台风信号风球的瞭望台，粤语称球为"波"，取英文"ball"的译音，故称它为"波楼"。

在同福西路相连的洲咀大街，写着"波楼"的老牌坊还屹立着，波楼红黄相间的外墙在绿树掩映下很洋气，别具沧桑韵味。墙角被风化的麻石奠基石用英文写着"November 28，1908"。从老照片上可知，波楼北面就是珠江岸边的滩涂。底层做验货厂，楼上为俱乐部，其余为宿舍格局，当初供单身外籍官员居住（图7）。

图7 粤海关"波楼"（历史图片）

令波楼得名的百年气象信号台，被称为"波台"。这座预报台是粤海关为来往商船而建的天气预报信号台，因要在信号台上悬挂风球而得名。

当时这里视野开阔，用高倍望远镜最远可以眺望到珠江口的虎门。广州人惯称江为海，故波楼所在的这条街也以"海天四望"而得名。[1]

这个信号台肩负着两个任务：一是通讯指挥、灯塔报信。通过瞭望平台上的摩斯码号灯光和信号旗，指挥过往珠江船舶的航行和停泊；信号内容大致有"几时靠码头""抛哪个锚位""途中有什么障碍物"等。二是悬挂风球、预警风暴。在暴风来临之前，会依据不同级别的台风升起不同颜色的风球，报告强风或台风的级数。故这里也是广州最早悬挂风球信号的气象台。一般三四个人24小时轮值班。

波楼位于洪德路洲咀大街波楼大院3号，占地4815平方米，波楼组成可为四部分：

其一为信号台，原建于1885年前，位于大院东北角，为本质结构。1908年遭台风破坏，1910年在大院西南角重建钢架信号台，造价8000银两。此塔占地面积30多平方米，高33米，于塔上可监视白鹅潭一带船舶往来[2]（图8）。

图8　颇具特色的波楼瞭望台远景

---

[1]　广州波楼 https：//www.baidu.com/s？word=海关%20%20%20。
[2]　摘于海珠区环保局出版的《物华天宝——海珠区历史人文遗迹》。

其二是仓库，位于大院东南部，建于1889年前。曾作为鸦片私货仓库，该仓库占地面积812平方米，为双料砖木结构平房，外墙加厚，顶高4—5米，窗也特高。1948年曾遭火灾，由于屋高墙厚，救护及时，未遭重大损失。1974年拆除后改建为宿舍。

其三为3号楼，英式建筑，位于大院中部，建于1910年，为一字形混合结构楼房，建筑面积3857平方米，是当时珠江江南岸边最壮观的建筑物之一。内部自东向西分为2、4、6、8、10、12、14七个门牌，其中2号门牌较大，超过总面积1/5，底层做验货厂，曾为俱乐部，其余4—14号均为宿舍格局，当初供单身外籍官员居住。1915年海关验货工作全部移到西堤验货厂，该楼逐步改为海关干部、职工宿舍（图9）。

图9 "波楼"外墙色彩现状依然鲜艳

第一次鸦片战争后，道光二十三年（1843），清政府原先设于五仙门（今海珠广场西侧）的粤海关监督署衙门被撤销，另建新关于长堤（今沿江西路），交由税务司管理。关内主要职务都由英国人担任，有效地杜绝了当时海关系统的贪污腐败现象。其后，由于关内职员众多，需要设置一处集体活动的场所，于是在珠江南岸的洲头咀，并于 1910 年建成装饰豪华、设施完善，俗称"波楼"的俱乐部。①

基督教河南堂谭洲龄牧师曾在《海珠文史》撰文，指波楼"里面有客厅、壁炉、餐厅、舞厅、图书室、戏台、弹子房等……""即使一钉一木，均从英国运来"。② 楼内木地板、木楼梯、木扶手、木天花。扶手上的雕花，目前尚见英式作法（图 10），保存较好，只是天花板的残缺一直没得到修复。波楼也是海洋交通史研究的重要遗产。③

图 10　波楼设施细部构造（广州波楼 https：//www.baidu.com/s？word=海关%20%20%20）

（2）"红楼"

沙面"红楼"实为海关宿舍，又称海关"红楼"，位于沙面岛东侧沙面大街 2、4、6 号。这栋饱经 114 年风霜的英伦风格建筑，现为国家重点文物保护单位（A 类）；高三层，红砖砌筑，南面和北面建有尖顶阁楼，仿 19 世纪欧式浪漫主义建筑风格。因沙面西部有一栋苏

---

① 何裕华. 敢问广州民国时期的"波楼"有几个人知道了？百度快照 2017 年 12 月 11 日，广州 www.sohu.com/a/1443237…。
② 广州波楼 https：//www.baidu.com/s？word=海关%20%20%20。
③ 来源：新快报、广州全攻略、you.ctrip.com/sight/gu…百度快照。

联领事馆大楼，其风格、色彩与此相似，故有东西红楼遥相呼应之说。

广州海关"红楼"，始建于 1907 年，坐北向南，占地面积 1400 平方米，楼长 48.835 米，楼宽 29.68 米，楼高（至檐口）15.10 米，至屋顶立有东西两塔（图 11），塔尖标高 27.9 米，地下半层（层高 1.90 米），原结构为砖、木、钢，局部钢筋混凝土结构。红楼因其所在的特殊位置，以及建筑独特的造型和鲜明色调，被视为广州沙面精品建筑。在广州长堤大马路海关大楼建成之前，这里曾作海关办公楼，后改为海关会所兼俱乐部。凡中、高级以上的职员可在此居住。

图 11 "红楼"外观形象

"红楼"的维修是目前沙面 A 类文物建筑中的经典 NO.1。按原状维修的"红楼"内保留了大量百叶门窗、壁炉、铸铁天花板等极具欧洲风格的配件，外墙"脱漆"工艺做得也很好，褪去此前随意刷上的红漆后，外墙恢复成最原始的红橘砖清水墙（图 12）。不需置放展品，这就是一座现成的博物馆。

古树丛中的沙面海关"红楼"，目前已挂出了"沙面会馆"的招牌。这里有保护完好的柚木楼梯和地面花纹，沿着十分和谐的老柚木楼梯顺势向上，

图12　沙面　海关用建筑"红楼"

令人陡然觉得环境氛围别有滋味。神奇的欧洲彩色透光玻璃，从外面看不到色彩，而由里面往外望却露出色彩鲜艳的图案。一层楼板下的原金属冲压天花板，花纹图案亮丽非凡。在广州也是唯一的发现。红砖白缝的清水墙柱、漂亮的金属冲压板，古色古香的近代欧洲壁炉，还有大量原汁原味的百叶门窗等近代欧式风格配件。透过栏杆往里看，清晰可见屋顶悬挂的水晶吊灯及其放置讲究的家具（图13）。"红楼"成为名副其实的沙面标志性建筑。

为了彻底解决屋顶的漏水，修复中发现"红楼"百年前采用了合金波纹瓦，化验可知严格按原金属成分配比。严格按原样、原尺寸定做恢复，取得了相当好的效果。为了最大限度保护文物建筑，对外墙采取了无损法人工脱漆，尽量采用合适技术修补原物。此外，对楼面地板还进行了结构加固。广州海关"红楼"修缮工程由广州大学建筑设计研究院和广西文物保护研究设计中心勘察设计，修缮面积约5600平方米，2007年1月开工，于2009年3月竣工。[①]

[①] 海关斥资1500万修缮"红楼"恢复"沙面会馆"2011年6月21日，来源：大洋网 http：//news.ifeng.com/gundong/detail_ 2011_ 06/21/7142812_ 0.shtml。

图 13　"红楼"的细部构造特色

（3）"硝烟池"

道光十九年（1839），林则徐奔赴广东禁烟。他在粤海关、十三行的大力协助下，从外商手中收缴鸦片、从中国民间收缴烟膏烟具，并在东莞虎门集中销毁。

为了销毁这些害人的毒品，林则徐指挥在海滩高处开挖了两个销烟池，长、宽各 46.5 米，池底平铺石板，四周置桩栏板，池前开一涵洞池后通一水沟（图14）。销毁鸦片烟时，先将池内蓄水，撒盐成浓盐卤水，再将鸦片分批投入池内，用浓卤水溶化。然后再投入生石灰搅拌使其分解销蚀。末了把这些夹杂废品残渣用江水冲走，涓滴不留。三个礼拜后，终究销毁殆尽。自 1839 年 6 月 3—25 日，历时 23 天，以海水浸化销毁鸦片 19187 箱和 2119 袋。

图 14　虎门销烟池

澳门与十三行相关的文化遗址

广州十三行同澳门联系十分密切。明代，澳门便是广州的外港口，外商的居留地。广州一口贸易时代（1757—1842）对澳门来说是一个特别的时期。十三行统管外商，来往澳门的机会很多，与之相关联的遗址、遗迹当然不会少。从澳门到广州之间的珠江沿岸和西河故道沿岸与十三行相关的文物古迹遗存也不少，如何把十三行的商埠文化旅游沿着这"两江四岸"外延到澳门，建立起大湾区有机一体化的旅游产业链，还是很有可行性的。

一 濠镜澳——十三行世贸中心的外港口

明朝政府于嘉靖十四年（1535）将广州市舶司迁移到澳门，澳门从此开埠，尔后遂发展成为中国对外贸易的重要港口。因此，1535年是澳门历史上一个有特殊意义的年份。

1522年中葡战争后，明朝政府将称为"佛郎机"的葡萄牙人赶出广东，同时实施海禁，断绝东南亚各国与广州的贸易。但这样一来，"广之市井萧然"，"例应入贡诸蕃亦鲜有至者"，政府税收急剧减少，民间商贸也深受影响。为了改变这种"蕃舶不至，则公私皆窘"的局面，嘉靖八年（1529），两广巡抚上疏朝廷要求重开广州市舶司，获得明政府批准，广州于是重新成为通商口岸，其管辖范围包括澳门等广东各处口岸。鉴于葡萄牙人的船只曾直接闯到广州城下的教训，广东海禁重开后，明朝政府命令各国商船来广东，先"在广州各洋澳驻歇"，等候官府处置。"澳"即泊口，这些洋澳当时有10个之多，濠镜澳即澳门便是其中之一。

1522年，广州市舶司曾从城外迁到高州府电白县，但那里地处偏僻，不利于贸易往来。16世纪30年代末，海禁放松，于是各国的商船又纷纷集中到香山、东莞和新宁县的各个泊口，尤其是浪白澳。但浪白澳作为泊口并不理想，风大浪高，"水土甚恶，难以久驻"。在各国船主的一再要求下，广州市泊司于1535年迁移到香山县濠镜，也就是澳门，澳门得以开埠。

关于这一段迁移过程，明、清两代的著作记叙很多。如《明实录》记载："先是暹罗、东西洋、佛郎机诸国入贡者，付省会而进，与土者贸迁，设市舶堤举司税其货。正德（年）间，移泊高州之电白县。至嘉靖十四年，指挥黄琼纳贿，请予上官，许夷寓濠镜澳，岁输二万金。"

在世界贸易历史上、澳门有过它的重要地位。自从明朝中叶以后，澳门对外贸易开始迅速发展。从明嘉靖三十六年（1557）算起，直到明朝崇祯十四年（1641），是澳门对外贸易的全盛时期。澳门成为明代最大的对外港口，成为西方各国对东方进行国际贸易的中继港，沟通欧洲、亚洲、美洲三大洲间的国际贸易中心。澳门东通吕宋、日本，以及南洋各地，西通印度、波斯以及地中海。

不到十年时间，澳门已发展成为有上千栋西洋楼房、上万名外国人居住的国际性贸易港口城市，成为当时世界闻名的远东最富庶的城市，这不能不说是明朝政府对外开放成果。

澳门特区的开放，使大批西方货物及东南亚、日本、吕宋的工业品及土特产通过澳门流进中国，中国的丝绸、瓷器、铁器及农产品和矿产亦通过澳门输送到世界各地。特别是每年从日本长崎、印度果阿、菲律宾马尼拉等地输入的大量白银，流散到全国各地，从而大大促进了商品货币的发展。

入清以后，中国曾经一度实行海禁，到康熙二十二年解除海禁，设立了浙江、福建、江苏、广东四个通商口岸。其后到乾隆二十二年（1757），清政府又关闭江、浙、闽三关，广州成为从海路而来的中西贸易唯一合法口岸，从这时起直至1842年中英《南京条约》签订、实行五口通商时止，在长达近百年的时间中，澳门作为广州的外港，成为中国事实上唯一的合法对外贸易的港口（图1）。

1686年清政府设立广东洋行制度后直至1842年中英《南京条约》签订，广州十三行一直把握或垄断对外贸易并负责管理约束外商，黄埔作为各国商船的停泊所，澳门则被作为来粤贸易各国商人的共同居留地。十三

图1 澳门南湾（左1815年、右1843年摄）

行与澳门、粤海关、黄埔同为广州口岸外贸体制的四个重要环节。①

十三行商在澳门的中西贸易中占有极其重要的地位。他们常与通事一起负责向澳葡传宣话语，转达官府政令，同时又作为贸易伙伴而与其关系密切，甚至还经常插手调解外事纠纷。

嘉庆十二年（1807），清政府以白银出洋日多，以致各直省钱局银斤短少，传谕粤海关监督会同两广总督酌定章程，以示限制。澳葡即通过十三行商向清政府要求由他们专营白银业务并得到允许。由于十三行亦官亦商的身份，澳葡来自欧洲的大西洋船，因为船大货多，钞饷较重，其承保者照例由十三行商承担。此外，包括葡人在内的西方商人上省下澳也由十三行商禀明粤海关衙门，使沿途稽查顺利。西方国家的商船进入黄埔以后，负责船货交易事宜的各国大班需要居停十三行，与行商进行交易。这些业务往来充分反映了十三行与澳门的海外贸易关系十分密切。

二 澳门行——林则徐审视西方世界

林则徐在1839年担任钦差大臣前往广东处理禁烟事务时，曾经在百忙中拨冗去了一次澳门。电视剧《澳门岁月》说他是重申中国主权去了。当然，这么说自然也不能算错，朝廷大员进出澳门，本身就意味着中国对此地拥有主权（图2）。然而，林则徐之所以忙里偷闲要到澳门转一转，以他当时的心境，大概不可能仅仅是为了去向葡萄牙人重申主权，而是要到澳门摸摸洋人底，看看洋人到底是怎么一回事。虽然在广州的洋行里也

---

① 章文钦：《广东十三行与早期中西关系》，广东经济出版社2009年版，第158—176页。

可以见到洋人，但毕竟只有澳门才是洋人安营扎寨，生活了几百年的地方，也是其他各色洋人比较能够自由来往和活动的所在。

图 2　澳门清国遗物圣旨碑

　　林则徐澳门行，跟他来广州前后的思想变化有直接关系。虽然我们一直称林则徐是近代中国"睁开眼睛看世界的第一人"，但是他的眼睛并不是从一开始就睁开了的。由于中国长期的封闭，整个知识界对西方世界的了解非常有限。他们关于西方的知识甚至可以说是笑话百出，而且即使是这种笑话百出的知识，也只有那些比较务实和留心杂学的士大夫才知道。在林则徐来广州之前，大概是由于洋人特别喜欢进口中国的茶叶和大黄（尤其是前者），加上风闻他们以食肉为主，所以朝野间就有了一种风传，说是洋人日常以干牛羊肉粉为食，如果没了中国的茶叶和大黄为之通便，就会胀死。所以，中国根本不用动刀戈，就可以让这些金发碧眼的洋人乖乖就范。

林则徐显然是相信这种风传的，不然的话，他来广州之后，就不会一再照会英国人："况如茶叶、大黄，外国所不可一日无也，中国若靳其利，而不恤其害，则夷人何以为生？"或多或少，他有点指望英国人害怕没了茶叶大黄被胀死而主动缴烟。

然而，很快事实就告诉他，风传似乎不那么可靠。林则徐虽然是科场健儿，出身翰林的老虎班（在明清属于升迁特快的那种人），但并没有被八股蒙住了眼睛；多年的宦途，并没有养成因循苟且之气。这位与陶澍齐名的晚清经世致用派的干将，马上就抛弃了他先前的成见，他要认真地考察一下，他所要对付的洋人到底是怎么回事。不言而喻，就当时而言，澳门是个最方便的地方。

那时的澳门还没有现在这般大，在中英的对峙中，至少在澳门的葡萄牙人还是表现出了对"东家"的友好，澳门的"新闻纸"差不多异口同声地向着中国。所以，澳门的葡萄牙人几乎是有点受宠若惊。官方大张仪式，摆出了最隆重的仪仗队，洋兵和洋乐，热闹非凡，而且全城上下，"是日无论男妇，皆倚窗填衢而观"（见《林则徐日记》）。

第一次置身"夷类"之中的林则徐，由于历史上文化的惯性，也由于葡萄牙人众星捧月似的捧着，不可避免地有点傲慢，可是他的眼睛却没有因此而朦胧。虽说是走马观花，林则徐的观察还是相当细致而客观的。他的日记，对此行做了详细的描述。对于好长时间一直令国人大惊小怪的"上而露胸，下而重裙"的妇女装束，居然也无一字褒贬，只是淡淡的一句"其夷俗也"带过。

从澳门返广州后，林则徐开始雇人从澳门收罗"新闻纸"和其他有关西方的资料，并翻译成中文，还利用洋商通事（翻译）以及为洋人做事的役夫多方收集"夷情"。

显然，他从澳门得到的东西是最多的。这些资料，先是形成了《四洲志》，而后又经魏源的加工，形成了中国第一部比较完备地介绍世界的著作《海国图志》。

敏感的澳门报纸，很快就发现了林则徐的变化，他们盛赞林与那些"握大权，不知英吉利并米利坚人之事情""骄傲自足"的大人先生不同，说他不仅善于收集有关外国的知识，而且"凡有所得，不辞辛苦，常时习之，记在心中"，真是"聪明好人"。

林则徐的身后之名，是荣耀的，而这个"睁开眼睛看世界的第一人"，在他睁开眼睛的过程中，澳门，起了一种非常重要的作用。跟林则徐和澳门有关的魏源《海国图志》，不仅在日后的岁月中对中国摆脱蒙昧起了不可替代的作用，就是日本的维新志士们，也从中获益匪浅。

现在澳门建有林则徐博物馆，这说明在外国的眼里，进步的人物、进步的思想一样受到尊敬。世界还是清白的。目前，全世界已有4座林则徐纪念馆。福州老城区澳门街林则徐纪念馆建在林公的老家。虎门林则徐纪念馆建在林公彪炳千古的英雄壮举虎门销烟的地方。新疆林则徐纪念馆主要是纪念林公帮助百姓修水利（坎儿井）的事迹。此外，美国纽约也有林则徐的一个纪念碑。而广州更应该建林则徐纪念馆。纪念馆可以选址天字码头，也可以选址当年的两广总督府遗址。利用旧有建筑物、现有街巷和院落环境做展馆既可达到纪念名人的目的，又保护了名城历史街区。这样的展览环境会比玻璃房子能传承更多的历史文化信息，产生更大的思想感染力，留下更多深层的回忆。

三　省港澳——商埠文化旅游的金三角

广州、香港、澳门三地同属一个自然地理区域、水陆相连，人口交流频密，形成了广州市民普遍存在的港澳亲属关系。一个多世纪以来，"港澳关系"成为珠江三角洲和广州人民与港澳同胞亲属关系的代名词。"葡澳""华洋"相融互惠，历史较长；"港英""华埠"也是如此，循序渐进。三地开展旅游本应是水到渠成的事，多元文化本来相互吸引力就大，完全可以办得生气勃勃（图1、图2）。

在经济方面，历史上三地是结成一体的，交通运输、直接相连、工商业互设机构（分支机构）进行活动。20世纪三四十年代流行"省港澳"这一地域特定概念名词。"省"指广东省城（省会），故三地为"广州城、香港地、澳门街"，此乃当时三地的形象构成关系。

从城、地、街的称谓看，可见前人对三地之规模大小，在心目中已有一个很明确的定量：广州城是最大的，澳门只是街而已，香港则介乎二者之间。到底什么时候形成对这三地大小的观念，看来至少在一百五十年前香港开埠。以三地的开发而言，香港是最后的。

澳门称为"街"，许多人都指是今天的营地大街。因为在葡人来到之

图3 由"教堂"变"三巴牌坊"早期景象

图4 当代三巴牌坊前的大台阶

后,各国商人纷至沓来,就在炮台山与西望洋山之间的北湾开阔的地段进行贸易。商人们先将货物贮驻于十字门的船只上,以小艇运至现内港登岸,就在营地街一带盖临时性木栅、帐篷,大做生意,待至交易完毕,则拆除一切撤回商船。这些可从现今该大街的葡文名称 RUA DOS MERCA-DORES(直译为"市场街")而得知。所以从营地大街附近的街道名称,仍可以看到如木桥街、柴船尾、聚龙通津、船澳口这些有关字眼而感知澳门"商埠"形成的初始情况。

在澳门的对外贸易退至低潮后，上述地区仍然作为澳门对外交通货运的船只停泊点。直至海滩渐为淤塞，而又经填海成陆，这些地区才失去原来的风貌。但原有的名号可以给予后人考证该处历史的有力证据。

营地大街为什么会有这个名称。说来也真是复杂。有资料说，这条街道早在明代已有命名，叫"聚卢森堡大街"，"大街"实是其简称。至于现称的"营地大街"则有两个来由：

其一说是清代以来，对澳门的管治很严谨，不只有官员专门处理有关澳夷的事务，也设立了关税总口，抽取货税，管制船只的吨位和出入等等，亦经常派兵驻守。而驻守的地方，就在今营地大街之处，"营地"的字眼，即据此而来。

另一说则是指在19世纪初，英国为争夺澳门，以保护英国东印度公司的业务，曾派兵登陆澳门，扎营地发展成大街，如是称为"营地大街"。

但不管怎样，现在大家所叫的"大街"，"营地街"或"营地大街"，都未能改称它名，看得出这原是昔日中外贸易的商埠场所。虽万万不能与香港的弥敦道或皇后大道比较，但营地大街却是澳门的一条有来历的悠久街道（图5）。

图5　历史建筑本身就是一页历史

"澳门总口"，是粤海关设在澳门的收税"大关"，同省城大关一样是层次最高的税务机构,遗址在南湾外巷。17世纪末,广东设立洋行制度后,澳门的中西贸易最初由广州行商兼营。如是行商与居澳葡人来往关系密切,经常身着官服迎来送往,并留下"澳门纪事"很多诗作,像义成行叶上林其人起码都写了15首。① 上述外贸活动地点更多是在港埠进行,当然也有许多带礼仪性的豪华场所。

十字门水道在澳门之南,为帆船时代广州通往东西两洋的水上航道。澳门原属广州府香山县。著名的屈大均《广州竹枝词》"十字门开向二洋","银钱堆满十三行",② 足以使人们对"十字门"产生丰富而神奇的旅游联想。以诗文而扬名的历史遗址更有人文色彩和吸引人的魅力。

澳门三山:东望洋山、柿山(大炮台山)、西望洋山,是澳门的重要军事高地,又是著名风景游览区,建有许多有特色的博物馆(图6、图7)。

图6 最早码头变成商埠现为纪念地

广州去的行商或来广州的外商,难免身临其境,感受澳门的商埠氛围。《澳门纪略》所载:以番字碑立议事亭(局)也是一个著名的公共场

---

① 章文钦:《广东十三行与早期中西关系》,广东经济出版社2009年版,第160—161页。
② 屈大均:《屈翁诗外》卷一六。

图 7　炮台山博物馆入口可引人入胜

所，广州历代行商不可能不光临此地。如此作为一个纪念性的遗址，不言而喻有必要加以保护和展示。对于生于斯、长于斯、或歌哭于斯的广东商人与乘帆踏浪而来的西洋商人对澳门的妈祖庙均表现出浓厚的参观兴趣（图8）。

图 8　澳门至今留存大量与海洋文化有关的中国明清传统建筑
（左为妈祖庙，右为哪吒庙）

英国东印度公司是广州十三行的贸易老对手。澳门有原英国东印度公司首席大班住宅（今为东方基金会）遗址、东印度公司坟场（巴斯人墓地）遗址。而今这些遗址保存完好，且具有特定的景观观赏性（图9）。另有潘仕成一干人参与在澳门举行的外交谈判而停留过的遗址，也有一些是公共场所至今犹存，其本身亦可以向来澳的旅客传播十三行丰富的历史往事。

图9　澳门西方老式墓地葬有许多世界名人

1999年，澳门成功申报世界文化遗产城市，这对提升澳门世界名城的影响力、美誉度、促进旅游业全球化发展大有好处。大陆须进一步实施改革开放政策，广州十三行旅游可以与澳门某些景点作故事串联整合起来。①

---

①　范岱克：《利用珠江三角洲的文化遗产发展澳门和广州的贸易往来》，《岭南文化与澳门研究会交流论文》2000年5月20日。

大清炮台遗址旅游开发与审美

十三行时期，从广州到虎门的珠江沿岸许多山、岛、城池均修建有不少军事炮台，鸦片战争中多数炮台被摧毁。现存炮台多为战后重建。炮台一般雄踞地势险要之处，加上珠江出海口的山海风光，往往构成自然景观、人工景观两相映照的壮美之势。同日月山海共存的民族壮士们可歌可泣的斗争故事，更添人文之美。这是极其生动、直观的爱国主义教育素材，也是一种丰富的文化旅游资源。

将炮台基本情况调查清楚，宏观上组织"江、山、城、海"珠三角古战场战略游；中观上组织广州—虎门城防、江防、海防要地战术游，微观上开展海—岛、海—陆战例史迹游，都将是很有发展前景的一项"朝阳"产业。如是炮台遗址、军旅史迹、景观美学、旅业开发，则是本章的几个关键词组。

一　十三行时期的炮台类型分布与筑造

明代，中国沿海一带海盗猖獗，沿岸筑造海防，但只建墩台和烽燧，用作瞭望和示警之用。清初广东沿海筑炮台式要塞，它是从明代海防卫所城池体系基础上演变而来。因为当时，旧有的海防设施只是集中的点式防御，虽然建在有利的地形位置上，但仍不能控制有效范围，所以在沿海控高及险要之地，建筑炮台式要塞，以便可以长期固守海防要地，控制重要地区及封锁由海岸通向内陆的交通要道。《海国图志》有"守外洋不如守海口，守海口不如守内河"之说。[①]

[①]（清）魏源：《海国图志"筹海篇"》（第一卷），1868年。

珠江口历来是防卫要地，经过几百年的构建筑造，形成了一个防卫系统。它从深圳湾的赤湾炮台开始。向内依次筑造沙角炮台（包括捕鱼炮台、濒海台）、威远炮台（包括靖远炮台、镇远炮台、南山炮台）、上下横档岛炮台及大角山炮台（包括蒲洲炮台）等（图1）。陈坤在《虎门炮台图说》中对当时布局有表述："遵查虎门为粤东天险，炮台之设以御外侮。……由伶仃而进东西有沙角大角之险，其势若大门马，由此而进，海分二道，东入三门，其山左右雄峙，镇逼水口；西入横档，上下二山倚角，扼中流之冲，……从伶仃至狮子洋，险道百余里，重重扼呃，此天之所以设险也，各台修复诚足以捍边患。"[①] 这些炮台组成了珠江口的N道防线（图2）。依其任务及用途，大致可分为以下几种类型：

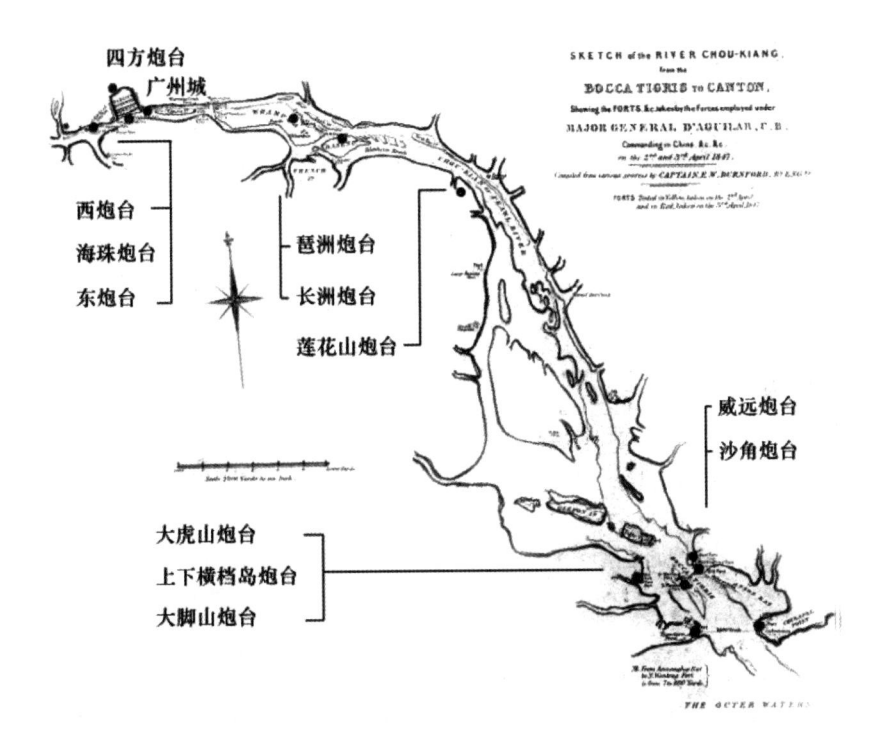

图1 从珠江口到广州城百里炮台文化遗产廊道

---

① （清）陈坤：《虎门炮台图说》，1873年，第3—4页。

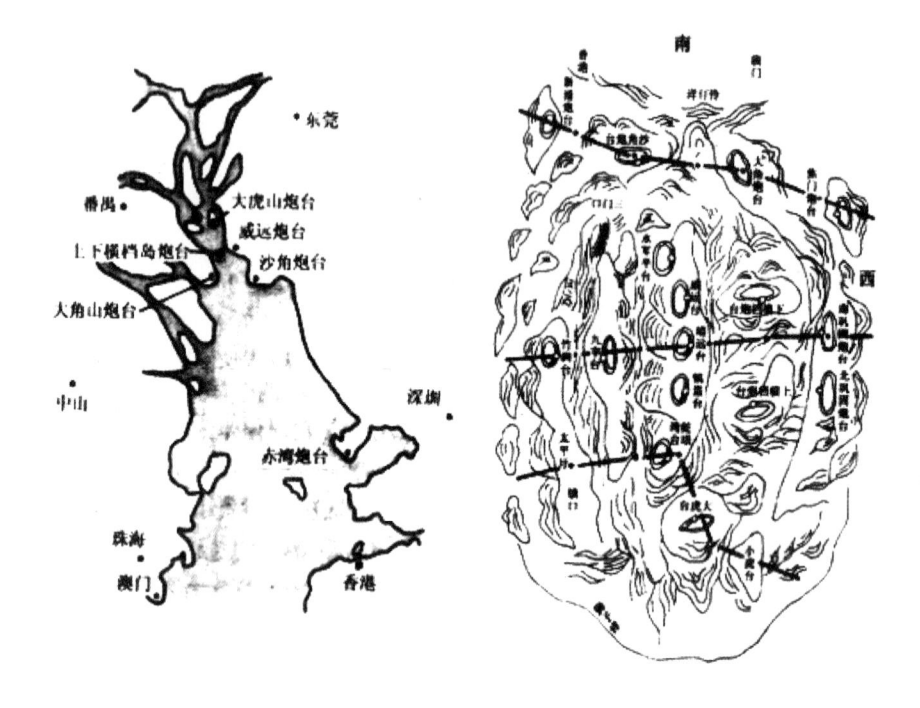

图2 珠江口的炮台分布①

（1）海口要塞

用以握守，保障海湾及海港的安全。

（2）海岸要塞

用以巩固海岸及海湾的安全，掩护泊湾的水师，及支援海岛作战。

　　（3）江防要塞

用以保卫沿江要地，握制航道，防止敌人深入内地。

（4）海岛要塞

用以固守近海的重要岛屿，保卫海口及海岸的安全。

（5）城坊要塞

用以防守城池关隘，城门要道，以防攻城。

清初筑造的炮台，多位于视野广阔、射击便利及能居高临下的险要之地。炮位部分为一高台，通常为长方形或圆形，多用岩石叠砌，中加灰沙土，增厚坚固。炮台部分与营盘部分是用明道或暗道连接的。营盘作长方

---

① （清）陈坤：《虎门炮台图说》，1873年，第3—4页。

形或梯形，依地形势而定，四周围墙约 5 米高，厚 1—2 米不等，墙顶建有垛口，营盘内建有营房、火药库、子弹库及演武厅等。

清代中叶，因为炮体威力增强，射程更远，故将部分位于暴露位置的炮台放弃，改建城墙低厚、炮位较隐蔽的炮台。但此炮台目标仍大，炮位集中易为敌人集中射击，实施突破。

鸦片战争后，海防炮台要塞都曾被重修或加建。除选择视野开阔、射击方便、居高临下及能控制航道的险要地点外，并根据各种火炮的射程与威力，在有利的地形上，从山顶、山腰及山脚下采取层层配置，并对所控制的海面、海口及海岸等部位，能达到火力集中、炮位疏散、消除死角、减少损失及互相掩护的目的。

各炮台都是由炮位、指挥部、子弹库、营房、暗道、堑壕及护墙组成。

①炮位：属于山脚下的炮台多呈弧形，称为月台，台内火炮射击时，弹道低伸，对敌船射击时无死角，能够较易控制水道。山腰及山顶的炮位多是露天的，称为炮池，内置射程较远、威力较大的火炮，相对山脚下的炮位，实施超越射击。各炮位掩护都用三合土筑造，其旁建有人员掩体。各炮位间建有掩蔽沟壕或砖砌暗道，内设火药库和子弹库。

②指挥部：通常是由台城与望楼结合而成，台城为一不规则小城，内筑房间，四周墙上设射击孔。城中建望楼，既供观察，又可指挥作战。

③火药库：在炮台后方，用隐藏暗道与炮池连接。其位置在敌人火炮不能直接命中的地方或为地下暗室，以保其安全。

④子弹库：位于炮台暗道内，也有设于炮池护墙上，多为拱形结构。

⑤营房：建于炮台背后山城上，供守台士兵休息及住宿，四周建有围墙，用作防卫。炮台规模大者，营房侧建有演武厅，周围亦有围墙掩护。

⑥护墙：炮台周围用砖石砌筑的环形阵地，它将炮池、指挥部及营房等围合在内，使守炮台的炮兵与步兵在作战中能密切配合。

炮台的筑造在当时有申报程式。[①] 炮台通常用石、砖等材料筑造，较少用木。营房、弹药库、暗道、门楼等多用青砖砌筑，讲究磨砖对缝；炮位多用石砌筑，外抹三合土（石灰、泥沙），地面也是三合土。暗道特别

---

① （清）顾炳章编：《虎门炮台工程》（第二卷），1848 年。

是弹药库都有排水系统，多用排水沟和沙井组成，以保持干燥。清初多是铸造铜炮（固定前膛炮），通常几百斤重，清末从西洋引进后膛炮（多为德国造克虏伯炮），可旋转移动，因此炮位多铺上枕木铁轨。现存炮位多为此种式样。

二 十三行时期大清主要炮台遗址

如今从虎门至广州珠江沿岸边仍有100多座古炮台遗迹可寻，如长洲岛上的6个炮台，均为长洲镇与十三行有关的文化景点。

（一）沙角炮台

沙角炮台位于东莞虎门镇南部沙角岛的西北角，背靠沙角山，逼近大洋，形势陡峭，为进出虎门必经之地。清嘉庆五年（1800），于该处修建炮台1座，名沙角炮台，1840年鸦片战争中被英军所毁。道光二十三年（1843）重建，1857年第二次鸦片战争中再次被英法联军攻毁。《虎门炮台图说》中所述："查沙角炮台建在沙角山麓，周围五十六丈五尺，安配炮十八位，坐东向西，与大角炮台隔海相望。"[①] 此书写于1873年，故应是道光年间重建式样。现存遗址为光绪九年（1883）重建新式炮台，分为十一台。[②]

沙角炮台有炮位1座，名沙角临高台，台外有石墙围绕，炮位为暗台，有暗道连通，暗道内有火药库。捕鱼炮台有炮位4座，分别以前、后、左、右命名，形式与沙角炮台相同，台外有石墙壁围绕，炮位都是暗台，有暗道进入，火药库在暗道内。

濒海台有3座新式露天炮台，各有坑道连接，入口有门楼一座。此台可能即是百草出炮台。

在濒海台东南山坡、有仓山、蜈蚣山、旗山、龟山、狮子山、白鹤山、象山及凤凰山8座山头，各以该山之名建8座炮台，均为露天炮台，有坑道相接，它们与上述三炮台，合称沙角炮台（图3）。

沙解炮台是关天培等爱国名将，战斗牺牲的地方，据载当时九磅至十

[①] （清）陈坤：《虎门炮台图说》，1873年，第7页。
[②] 此文中有关各炮台建造的年代都是从《广东通志》及有关地方志中得来。

二磅的西洋炮是十三行商潘正炜等捐资，通过新加坡购买英国利物浦造新型大炮。

沙角炮台古平面图
(陈坤：《虎门炮台图说》，1873年)

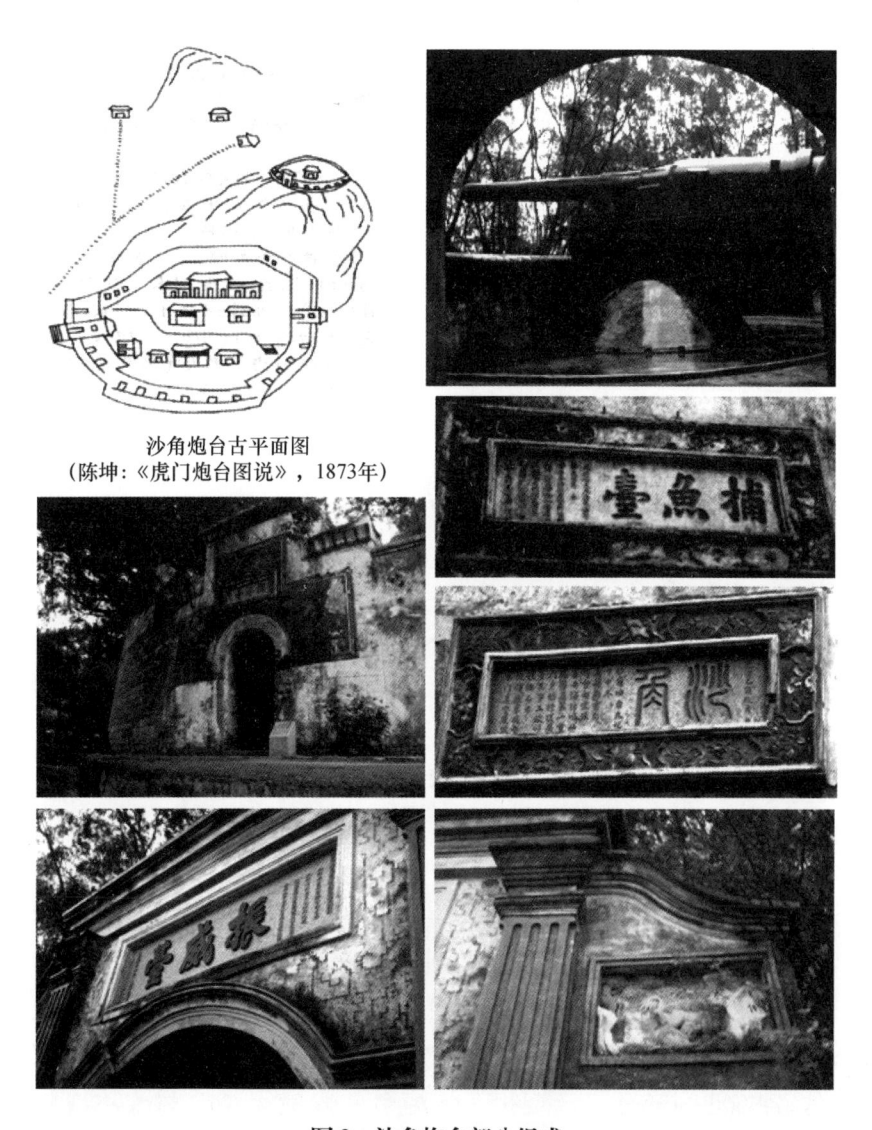

图3 沙角炮台部分组成

（二）威远炮台

位于东莞市虎门镇威远岛西南之南面山麓，为虎门口重要防卫要塞。清康熙五十六年（1717），于南面山麓筑造南山炮台，嘉庆十九年（1814）因南山炮台距该处水道较远，难以控制水道，遂于南山西北角，建镇远炮台 1 座，该炮台周长 512.8 米，安炮 75 门。[①] 道光十八年（1838），于威远和镇远两炮台中间又建靖远炮台，该炮台周长 528 米，安炮 66 门。鸦片战争时，三炮台先后为英军所毁，两年后重建，但 1856 年再次被毁（图 4）。

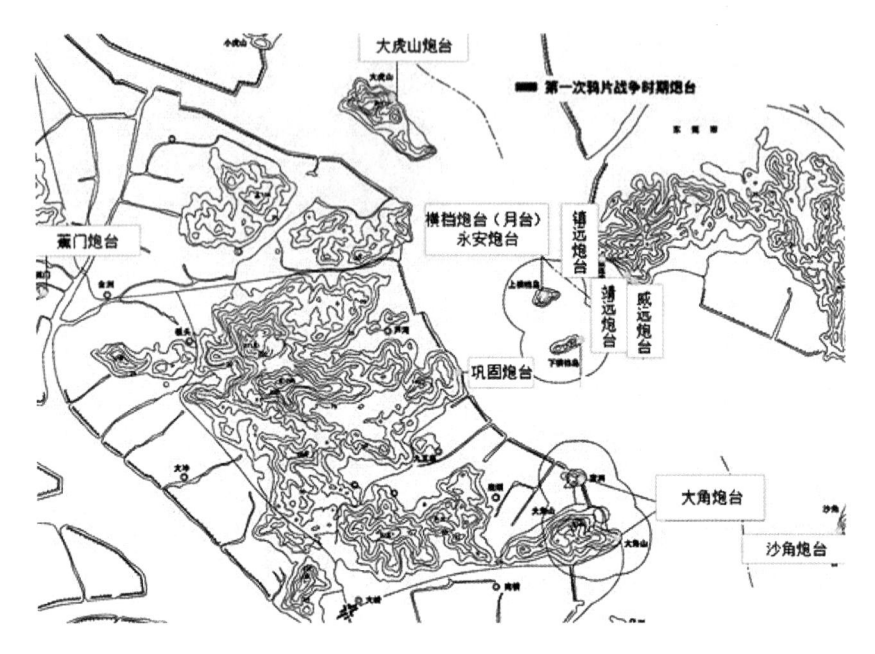

图 4　威远炮台与镇远炮台

光绪八年（1882）又重建 3 个炮台。威远炮台于沿岸修筑炮洞 26 座，皆用花岗石建成，南面另建露天新式炮位 3 座，中为一高墙连接，墙上共开枪孔 25 个，分 3 行排列。炮洞背后有后道环线，该炮台并入威远炮台改称威胜西台。对靖远炮台则改建新式露天炮位 7 座，各以花岗岩石为基，上加厚灰沙土，自山顶顺山势向西南珠江口伸展，各炮池间皆有坑道连接，该炮台并入威远炮台后改称威胜东台。镇远炮台也改建成新式露天炮位 7 座，火药库连指挥所 1 座，沿山坡建筑，自高至低排列，用坑道将各炮池连接。3 座炮台合称威远炮台。

[①] （清）陈坤：《虎门炮台图说》，1873 年，第 26 页。

(三) 上横档岛炮台

上横档岛位于番禺区南沙虎门水道主航道西侧，与下横档岛南北相隔，居珠江咽喉位置（图5）。清康熙五十六年（1717）于岛上东部滨海外建横档炮台，嘉庆二十年（1815），于横档炮台前加建前山月台，道光二十年（1840）再改建加固，并于两旁江底钉插暗桩，安设木排铁链，横贯两岸，称"金销铜关"，现仍存遗址。道光二十一年（1841），炮台被英军所毁，两年后重建。咸丰六年（1856），再次被毁。该岛上炮位最多时达150座。[①]直至光绪十年（1884）再重建新式炮台。

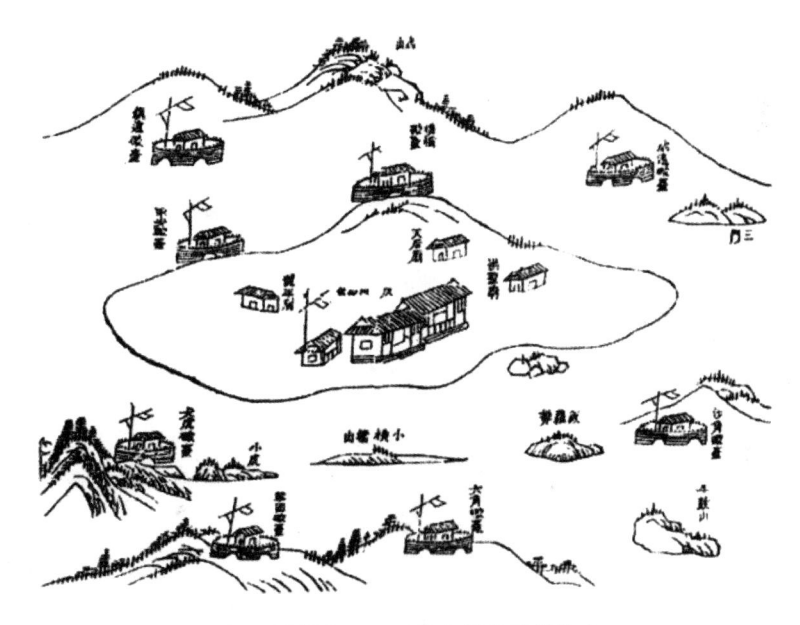

图5 雄居虎口、面临大洋的横档炮台

岛上炮台建筑尚存，除指挥所及营盘已毁（留有残迹，现逐步修复），各炮位及坑道等建筑保存完好。岛上炮台共分四组，入口位于岛南部滨海处，自南至北为永安炮台（两炮位）、横档炮台（三炮位）、西炮台（三炮位）及东炮台（三炮位）。指挥所及营盘位于永安台与横档台之间，营盘内有水井一口。现炮位都是露天炮位，有坑道相接，坑道内有弹药库，炮池内有铁轨，供炮旋转移动，炮池四周墙壁上建有炮弹库及固定环（图6）。

---

① （清）陈坤：《虎门炮台图说》，1873年，第24页。

(四) 下横档岛炮台

下横档岛也位于番禺市南沙虎门主航道西侧，上横档岛南面。清道光二十三年（1843），于岛上环绕江岸建高约2米围墙，周长709.29米，内筑炮台，安配炮位100座，[①] 咸丰六年（1856）第二次鸦片战争中被毁。光绪八年（1882），在岛上高处加建炮位。1938年，该岛被日军攻占，并拆除所有大炮。1953年岛上所余的环岸围墙亦被拆除。

图6 带旋转轨道的炮池

岛上高地共建炮台9座，自南至北排列，另在东岸海滩建一炮台，共10台。高地炮台分两组，南部3座，北部6座，中间为火药库及官厅，兵房则位于岛北部江边。各炮台有坑道连接。弹药库在暗道内，炮池内有铁轨，炮池四壁有弹座及固定环。现在这些炮台作为爱国主义教育基地得到修葺，开放供人欣赏。

(五) 四方炮台

越秀山镇海楼背面，通向鲤鱼头岗的"半山路"至大小岗的山腰，岗顶就是1841年5月31日被几万农民包围的英军司令部——四方炮台，现仅有遗址（图7）。

四方炮台原名永康炮台。广州城北除永康炮台外还有拱极、保极、耆定、东得胜、西得胜等炮台。广东试用通判顾炳章著《虎门内河炮台图说》："永康台即土名四方台"，建自顺治十年（1653），"坐北向南、南西距

[①] （清）陈坤：《虎门炮台图说》，1873年，第22页。

城一里","外台周围四十九丈九尺,高一丈七尺","共配二十二炮位","官厅二间,兵房十六间,药局一间"。四方炮台是广州城北制高点。

图 7　四方炮台位高可控四方

（六）西炮台

阮元《通志》云：城西炮台三：曰西宁、西关、永清。西炮台右,乃潮水入西濠处。《粤海关志》图载西炮台、税馆,左为联兴街、右为兴隆街,前后玄坛庙,迤右为西炮台（图8）。西炮台与十三行地区距离最近,俗称火枝炮台。在19世纪中叶英国记者（画家）的笔下又称"红炮台",因炮台下半部涂上了红色。道光二十一年四月初二（1841年5月22日）,川总兵张青云,守卫西炮台,得城西义勇与丝织工人助战,英军受创。道光辛丑（1841）,英军窜扰省河,猎德、西炮台并

图 8　位于十三行附近的西炮台

失，城外民房焚毁无算，四城皆闭（叶观光《自辑年谱》）。商馆的正中对面常常停泊一艘英国战舰。

（七）海珠炮台

海珠炮台位于珠江海珠岛上（图9）。岛上曾于明代开办过"朝贡贸易"多余物品交易市场，1928年以炮台为基础扩建为海珠公园，园内立有海军将领程璧光铜像。1931年扩筑新堤并入珠江北岸。

图9 办过"国际交易会"建过公园的海珠岛炮台

海珠炮台是许多外销画经常刻画的对象，江中似城似岛，岛上有台，台上有楼，"城"外是水，水上游船。不知何故1857年1月10日的《伦敦时事画报》将海珠炮台称为"荷兰炮台"，城东江上的东炮台称为"法国炮台"。

三 古炮台遗址的旅游美学特征

炮台是军事设施，是工事、是阵地、是战场，是血与火交织的地方，是硝烟和厮杀弥漫的空间，何谈之美？然而"美"就在其中。炮台具自然风景之美与人文景观之美。炮台给人的审美感受是多方面,多层次的,它给人的深刻联想和思想激励也是其他一些景观所不及的。炮台遗址原为战役要地,同时也是生态敏感地带,有些遗址留待今天,在城市化的过程中恰好可用作公园规划用地(图10)。

图10　长洲岛白兔岗等炮台遗址适宜作公园用地

自然,它的本义是"无主自在","不假人为"的东西,作为广州至珠江口沿岸炮台自然环境是极其可观赏的,这与靠近城池,或筑于城台之上的炮台环境以人工居多,大不一样。自然形态的客观世界,山川、岛屿、苍崖、林木、海潮等,构成了十三行时期军事炮台周边的主要自然要素和军人生活环境,至今依然存在。

人类从大自然中走来,又有复归自然的愿望。陶渊明说:"久在樊笼里,复得返自然。"大自然集中了一切神奇美妙的东西。正是自然美的吸引,才产生了以观光游览为主要内容的现代旅游。

宋代山水画家郭熙认为:"山水有可行者,有可望者,有可居者。而可行可望不如可居可游之为得。"① 山水间可行可生者,一般只给人以视觉信息,而可居可游者则使人身临其境,能够从游、观、听、嗅、触、思、情等多方面获得美的信息量。具有"全方位观照"的立体感特征。所以自古以来,人们都乐于在自然环境优美的地方,修建宫观楼阁,宅园馆驿。

虽然十三行时期的古炮台修建的初衷并非为"可居可游"之需要,但当战争的功能消失之后,古炮台的客观条件环境却恰好构成这理想的状况。而其战争的工事及配套设施,又是极其"理所当然"的设计,合"目的性"地建造与存在。人们在此就近畅游山水,而无深入山沟荒野的不便和危险(这些因炮台已克服),既得丘壑林泉之乐,又能体验十三行时期军旅生活,从而可让游人长时间盘桓,以至流连忘返。

俄国美学家车尼雪夫斯基有一句名言:"美是生活,任何事物,我们在那里面看得见的依照我们的理解应当如此的生活,那就是美的;任何东西,凡是显示出生活或使我们想起生活的,那就是美的。"② 车氏所见,使我们体验到当年中国将士的戎马生涯和腥风血雨的战斗具有悲壮的美。每一座炮位,每一座营飙门楼,每一个昂首的堞垛,都是一道风景,都是一部历史教科书。这比那些后来建的教育式雕塑更有感染力(图11)。

图11 炮台故垒是一种悲壮的美

---

① (朱)郭熙:《林家高致》,中华书局2010年版,第9页。
② [苏]车尔尼雪夫斯基:《生活与美学》,人民文学出版社1959年版,第6—7页。

珠江口的山水之美，至今还需要人们去发掘。扼三江而襟二洋，控省城而引瓯越的地理位置，中国南大门与军事要塞于经济历史重要性，许多书籍还研究得不够。战争军事文化也应是重点研究领域。千年来的多次海战就发生在这里，其中必有因缘。如果说当年在东南的水景气象不再入梦，那么弥补这些缺失的"风景区"将是江海交汇的珠江口。这一带可以再现"东海渔珠"，可以再塑"琶洲砥柱"，可以再现"东庙更比西庙雄"，可以重演"楼橺粉台旗杆长、楼窗悬镜塑重洋"（清·乐韵《十三行街》）的水上生活情景。珠江口可以成为一个大型水上旅游区。

珠江沿岸众多的古炮台，因随日月轮流，"人工化"的工事，似乎已经"自然景观化"了（图12）。人工与自然配合得十分"默契"，神貌合一。雄踞山顶的炮台似磐石高昂着不屈的头，匍匐在山脚下的炮台（如崖门）像卧龙警惕着海面上的任何一个动静。山腰的炮台似苍古的崖石阅历了侵略者的残暴。登台可以饱览"落霞孤鹜、秋水长天"的景色，下海可聆听"渔舟唱晚"、"雁阵惊寒"的音籁。

图12　广州大学城"自然化"的炮台工事呈园林古雅之美

可能你到过岳阳楼，斯楼对洞庭，"衔远山、吞长江""朝晖夕阳，气象万千",令人"心旷神怡,宠辱皆忘,把酒临风,其喜洋洋者矣!"这种千古撼人的情景在珠江上的许多炮台上同样可领略到。

许多炮台和营房具有一个个小城堡的特质。① 中国古代的"城"就是以"筑城以卫君,造郭以守民"为目的的。居住与守卫,其实就是"城"与"炮台"共同的特质,只是环境对象不同罢了。士兵的居住是附属于战事需求的,炮台守卫的对象是整个国家。中国北方、南方的军事城堡、卫城之类,其中也有带家属从事屯垦农作的,其中也设有祭祀的寺庙等宗教信仰的建筑物,类似国外的炮台设有教堂。珠江口岸的炮台和营房具有"城墙公园"美的本质(图13)。

图13 一个炮台群就是风景区的"园中之园"

明《园冶》一书对城墙构景十分欣赏。"斜飞堞雉,横跨长虹"是桥城组合的特写景观。"开径透迤,革木遥飞叠雉,临濠蜒蜿,柴荆横行长虹"。李商隐诗:"云从城上起层阴",则是城墙的天际轮廓线景色。颐和园和北海具有守卫性质的建筑喜用墙楼的造型来构景。帝陵的宝城、明楼、围墙也吸收了城墙的建筑语汇,城墙的防御功能与造景功能取得了高

---

① 杨宏烈:《论城墙公园》,《中国园林》1998年第11期。

度的统一，人们对城墙壕堑的审美趣味与园林"高方欲就亭台，低凹可开池沼"的相对原则十分吻合。城墙许多组成部分，如墉、堞、楼、檐、壕、堑、墁道、水门等都为园林观赏提供了借鉴。营房、炮台里里外外都有景，"园中园"更有观赏层次韵味（图14）。

图14 炮台的工程要素颇具园林空间艺术小品特征

战争是残酷的，然而为战争服务的劳动创造是美的。将珠江口沿岸的古炮台群组成一个巨大的旅游景观区是拓展珠江游、广州东南水乡游、广州名城专项游、爱国主义教育游、海上丝绸之路文化游、泛十三行商埠文化游的优秀选题。

四 古炮台遗址保护利用的成功范例

从明代起，澳门便是广州外港口，十三行时期，黄埔作为各国商船的停泊所，澳门则被作为来粤贸易各国商人的共同居留地。十三行与澳门、粤海关，黄埔港为广州口岸外贸体制的四个重要环节。广州日报在澳门回归之日特别报道并全面介绍了"澳门是没有围墙的炮台博物馆"[1]。可见古炮台在人们心目中的印象是深刻的，同时也启发了我们，保护和利用十三行时期广州珠江口沿岸的古炮台是更有特色的文化旅游活动。

为加强澳门的防卫能力，葡国人从17世纪初开始往澳门半岛海岸陆

---

[1] 《广州日报》报道：《百年炮台》1999年12月20日，第34版。

续建立堡垒炮台，如大炮台、妈阁炮台、加思栏炮台、望厦炮台及松山炮台等。时至今日，一些炮台仍然存在，但其战略价值已尽消失，变成旅游景点或其他用场。如妈阁炮台因处市内，已改建成五星级豪华酒店；望厦炮台成为学校的校址；大炮台、松山炮台则成为旅游胜地；漂亮妈阁炮台又名圣地牙哥炮台，位于澳门的西湾西端，建于一座历史悠久的古堡上，距今350年。澳门政府于公元1622年修炮台，以防御澳门的入水路，当年炮台纵有150步，横有50步，距海平面约10米，适用于枪战。古堡内设有小天主教堂，名为圣雅各伯小教堂，教堂内有精致的圣雅各伯雕像以及圣母花地玛，伊莎贝皇后的瓷砖图像。1981年，古堡炮台改建为圣地牙哥酒店，但仍保持原有的特色。城墙、隧道、教堂、炮台等文物与葡式风格的设计互相结合，白色的外墙和红色的屋顶映衬在青翠的山色中，格外美观。

有如神助的大炮台，又名大三巴炮台、中央炮台或圣堡禄炮台，坐落在大三巴牌坊侧，建于1616年明神宗万历年间，为保护圣保禄教堂而兴建。1622年抗击荷兰军舰入侵的战斗，澳门军队操炮有如神助纷纷命中敌舰大获全胜。这天正好是圣约翰礼拜日，于是圣约翰被视澳门的主保圣人，并把这天定为"澳门日"。20年前澳门政府将大炮台辟为旅游景点，四周景观优美，可俯瞰全城，远眺珠江口及拱北一带风光。炮台上有大片空地，绿草如茵，古树参天，巨型铁炮雄踞一旁，炮台上的古塔还是当年耶稣会的会址。

望厦炮台位于环境优美的望厦山，为防清廷的军队，于1849年修建。望厦山为澳门北部天然屏障，形势险要。炮台后改为驻守澳门的非洲籍葡兵营地，故望厦山俗称"黑鬼山"。1980年始改建成旅业学校，后建成望厦公园，环境十分优雅，新设的植物园、人工湖、瀑布、上廊、罗马式广场、喷泉与古色的炮台相互衬托，乃旅游好去处（图15）。

加栏思炮台位于南湾以东的松山之北麓，建成于1622年，此地依山面海，地势险要，遥控十字门。1622年荷兰入侵时，一艘名叫Callias的葡方战船被击沉。为纪念此事，故起名"加栏思"。该炮台为澳门东南方向海防重地，其射程最远能达氹仔岛的鸡颈尽头，凡来自鸡颈氹仔、澳门的船舶，加栏思炮台居第一道防线，又与仁伯爵炮台，圣约翰城堡及大三巴炮台的相互连贯防御。

图15 澳门炮台山遗址公园集锦①

　　松山（东望洋山）炮台海拔 94 米，为澳门半岛最高处，松山之巅，始建于是 1637 年，周围城墙高 6 米。由于居高临下，能俯瞰全澳门，因此炮台的主要作用是防御和作观测站。当年设有 7 门铜炮，并击败了荷兰的远东军，如今还有 2 尊铜炮孤独地缅怀往日的时光。炮台上的圣母雪地殿教堂建于 1626 年，所祀的是葡国供奉的捍卫航海之神。屹立于教堂旁的东望洋灯塔则是远东历史上最悠久的灯塔，为澳门八景中的"灯塔松涛"。

　　澳门的炮台现多为城市中的炮台，亦即原设炮台的周边地方已充分实现了城市化。但是澳门并没有平掉这些战争故垒而拔建摩天大楼。广州珠江口岸炮台，今后可能有开发利用的一天，应结合自身的特点构建自己的

---

① 部分图片取自百度网络，特此致谢。

古炮台旅游文化景观,切忌硬搬和模仿。但澳门所作原址保护利用的思路是值得我们借鉴的。

长洲岛曾组织专家研究:岸炮、岛炮、山炮往往形成炮台群,是很有魅力、很有神秘感、很令人怀古的景点。从现状照片上我们就会发现这些炮台位居山势险要之处,立四面开阔之巅。古铁炮及铁轨、掩体及地道、炮台禁区的入口哨所、大门遗存、登台的栈道、守卫炮台带有堞雉的垒墙,本身就是动人的景观。《译名》云:"台者,持也。言筑土竖高,能自胜持也。"现实中的台早演绎到园林景观之中,具有园林美的特质。只要保护下来,将原守备道变为游览路通上去就是很好的登高感怀观景点。

长洲岛有关部门对古炮台群遗址景观的保护与造景进行过规划,可直接观赏珠江海景,参考了大连旅顺、台湾基隆、澳门等地的古炮台区的开发经验。以现有部分炮台遗址为基础,整治周边环境,可形成一条古炮台遗址观光带。以"修旧如旧"的方式修复部分炮台,如蝴蝶岗、新旧西岗炮台,战争题材的景点大可增加观赏性和趣味性。炮台的一些辅助设施,如士兵宿舍、瞭望哨所、弹药库、掩体通道、寨堡山门等,拱顶、厚壁、曲折、险峻的军事建筑要素,皆让人感受到当年的烽烟战火,产生久远的记忆和联想。这样的"景点"也许是当年的军事工程没有臆想到的,其景观效果、观光效果比特意的景观设计都会好。在项目修建过程中,应按景观设计要求留出视觉走廊,保护原有的山体地貌,使旅游设施和生态环境融为一体。在炮台间还可根据地形地貌设立吊桥、栈道等趣味性步行设施造景。

靠近香港的珠海淇澳岛白石街的炮台是个"土"炮台,当地民众却非常重视这一古迹遗址的教育功能。当年的神炮手蔡义和广大村民均为后人深深怀念。图16中的两尊雕塑即为纪念广场增添了静思与动感之美。

广州案例大有所为的是南沙区大角沙炮台遗址所在的天后宫旅游景区,把炮台的园林要素与风景区建设统筹(图17),大可做大做强、做出特色,实现珠江口到广州城百里炮台群线性文化遗产旅游景观廊道的整合开发。①

一座宏伟的纪念碑将在大角炮台附近立起,以纪念在180年前——标

---

① 杨宏烈、夏建国:《珠江古炮台遗产廊道的系统保护与开发》,《中国园林》2012年第7期。

图16　珠海淇澳岛上的炮台纪念雕塑

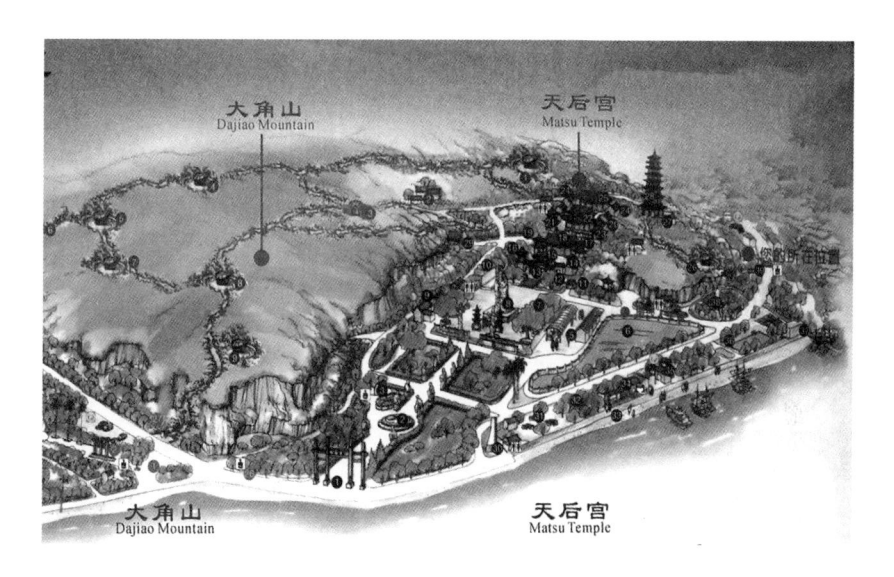

图17　大角沙炮台遗址结合大型风景区开发造景好

（图片来源 http：//image.baidu.com/search/index?word=广州%20%20%20%20南沙）

志中国近代史开端的鸦片战争中牺牲的忠烈。这是全国首座"鸦片战争抗英阵亡官兵纪念碑"。南沙是鸦片战争的主战场，抗英纪念碑建在这里实至名归。南沙大角炮台虎门一带御敌的重要炮台，与毗邻的沙角炮台共同构成了珠江入海口的第一道防线，素有"粤洋第一重门"之称（图18）。

1841年1月7日（道光二十年十二月十五日），英国侵略军突袭大角、沙角炮台激战"自辰至未"，即从当天早上8时左右持续到下午4时左右。战后，大角炮台遭到严重损坏，清军阵亡291人，伤469人。涌现出众多可歌可泣的故事。

广州越秀公园内"圆炮台"和"四方炮台"遗址是明清两代众多城防炮台中留存下来的两座。市政府拟建"四方炮台"景区好。另广州南航道上岛式车歪炮台遗址更有开发功能。

图18 "粤洋第一重门"

长洲岛上灵骨永存的万国公墓

如果有人问你广州长洲岛在哪里？可能你一时不知所措。如果有人又问你黄埔军校，可能你马上就会有明确的印象。其实黄埔军校就在长洲岛上。因为开发至今尚不成熟，尤其是与十三行商埠文化密切相关的长洲岛海关遗址、工业文明遗产、外国人的丧葬公墓、古村镇、战争炮台故垒、海上丝路交通设施遗址等项目却鲜为人知。其实，"十三行"是一个"名牌"，做好长洲岛十三行文化遗址的保护与专线旅游规划有着重要的意义。

近年来人们渐渐发现一些有名的文化遗址，虽然地面上毫无任何实物标志，然而历史终究是历史，并越来越多地被用作旅游资源，开发成为旅游风景区，且获得十分理想的经济效益。如是，如何合理地开发历史文化遗存，已成为当代规划工作的一个重要课题。长洲岛是一个森林覆盖率很高的风景区。在风雨磨砺中，已"自然化了"的历史人工建造物，更是一种"美"，或许是一种特别深沉、高尚，或特别悲壮、凄厉的美。对长洲岛的开发，应与围绕这种"美"来展开。审"美"不足的规划，只会对文化遗址造成损坏。

一 十三行世贸通天下 长洲岛古港怀远人

长洲岛面积只有6平方千米，但岛上却有丰富的自然景观与人文景观旅游资源。同黄埔村一样，长洲岛也是十三行的外港，与十三行有着千丝万缕的关系。可以这样说，长洲岛是伴随着十三行的兴盛而兴盛起来的。长洲岛拥有不少与十三行相关的历史遗存，并在中国近代史上，扮演了重要的角色（图1）。

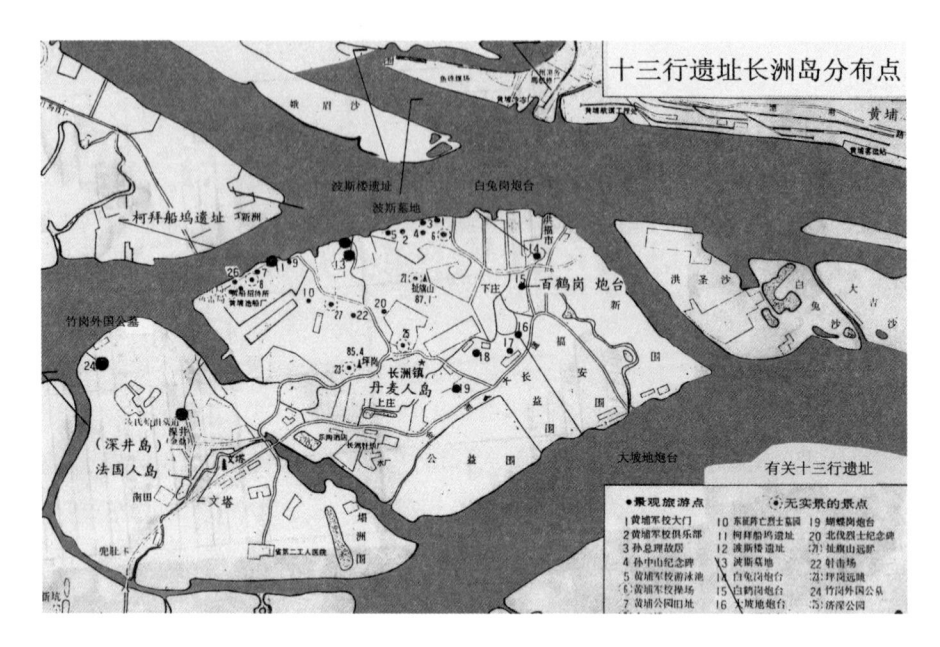

图1 长洲岛部分历史文化遗址分布

雍正十三年八月初六（1735年9月21日）广东巡抚杨永斌"关于海关现在酌行八条事宜及本年已到荷兰等国洋船情形"的奏折中称："洋船进口俱在黄埔湾泊，其附近之深井，村民多有能番语者于洋船湾泊所处搭盖蓬寮货卖蔬菜食物或缝衣剃头。"可见当时深井的村民已能主动用外语同洋人交流。当时的黄埔港是全世界最繁忙的港口。

中国画家煜呱画过一幅有关长洲岛的外销画，画上背景是林木葱郁的长洲青山，近景是商船如蚁的珠海，泊有美国"海上女巫"号（或为"塞缪尔·拉塞尔"号）商船，远方为长洲岛上的市镇古塔。左方是法国租住的地方——法国人岛。岸边是分配予五个通商国家的十三行仓库货栈，由左至右是英国、荷兰、丹麦、瑞典、奥地利。1854年4月英公使多次要求租借长洲，最后英国终于在黄埔租到七处江岸货栈。年租金分别是：280两、450两、450两、220两、130两、1600元、600元。

长洲岛位于珠江出海口的主航道上，是从狮子洋进入广州的必要经之地。为广州的第二道门户，素有"要塞"之称。第一次鸦片战争前，林则徐为防御外敌入侵，从澳门等地买来200门新式大炮，装备虎门、长洲及珠江沿江炮台。由于广东沿海海防严密，英军舰艇无隙可乘，只好转而北犯。清光绪十年至十五年，彭玉麟奏请修造虎门、长洲两个地带的新式堡垒与炮台等军事设施。长洲新式炮台分布在东南六个山冈上，有白兔岗、白鹤岗、大坡地、新西岗、旧西岗、蝴蝶岗炮台阵地。第一次鸦片战争中的"乌涌之战"，第二次鸦片战争导火索"亚罗"号事件都发生于黄埔。1844 年 10 月 24 日，清政府被迫在停靠黄埔的法国军舰"阿吉默特"号签订了《中法黄埔条约》。①

长洲岛地理位置独特，环山带水，为省河中形胜之区，适宜发展造船工业和国防军事工业。光绪二年（1876），两广总督刘坤一以 8 万元购买了香港黄埔公司在长洲的于仁、柯拜、录顺等船坞及附属厂房设备用以扩充机器局。此后，长洲船坞逐步发展为清政府的一个军事工业基地，致使粤洋海军——广东水师初具规模。

小小的长洲岛上自光绪三年（1877）后陆续办起广东省的西学馆、博学馆、水陆师学堂，海军学校、工业学校。最为著名的是 1924 年孙中山亲自创办的黄埔"陆军军官学校"。这所新型的军事学校为国共两党培养了大批军事、政治人才、高级将领，在中国近代史上占有一定的地位。

然而，关于外国人坟场的事很长时间没有引起国人的注意。直到美国有关人士将"长州岛外国人坟场"这幅油画（图2），交到中方手里时才着手整理好几处类似墓地。从画中可见：黄埔港中停泊两艘美国商船；坟场中央的尖方碑是为纪念亚历山大·埃佛里特而建的，他是来华的第一任美国专员，于 1847 年 6 月 28 日在广州逝世，并于翌日安葬在该岛上。

图 2　外国人陵墓（西洋油画）

---

① 长洲镇人民政府：《长洲镇志》，广东人民出版社 2008 年版。

二 清点海丝历史遗产 挖掘丧葬文化内涵

文化遗址不仅是一个空间的概念，还存在"时间"的概念。它告诉人们时空的沧桑变化。它凝固了一段历史，又给城市一个记忆。清点历史的遗存，挖掘文化的内涵，是人类进步的表现。

根据官方的资料记述，竹岗又名番鬼山，在长洲深井村旁。该山濒临珠江的山坡处，有一个清代客死广州的外国人墓地，"番鬼山"因此得名。墓地原墓葬较多，因时光洗刷和人为破坏，现得以恢复的仅20座左右。长洲岛有外商锚泊生活的遗址，难免附近会有他们的墓地。

（一）竹岗村墓地

十三行时期长洲、深井一带水深港阔，逐渐成为商人云集、船舶如蚁、显赫一时的贸易口岸。已被发现黄埔村古码头的石碑记载：来中国通商的外国货船常常停泊长洲岛，并有外国人聚居在长洲岛深井以南的竹岗村。深井岛（外国人称为法国人岛，可能法国人最多或最早居留于此）竹岗的外国人墓地有25个。公墓便是埋葬去世的外国来华经商商人、政府官员及海员因疾病或意外客死广州的地方。公墓建在深井村竹岗（俗称马鞍山或"番鬼山"）山腰，岗上翠竹丛生，没有路标，只能在山冈上乱找一气，名为竹岗，还真是长满了竹子。费了好大劲，好在还是找到了。在绿叶掩映下的数十亩山地上，错落地竖立着大小不等、刻有各种文字的墓碑数十块。可惜大多被移动或毁坏（图3）。许多墓地石块被人搬走铺路、砌桌凳、或做房基石。当时仅存十余块。墓地距今已有240年的历史。十三行时期，墓地前就是腊州码头。长洲猪腰岗山地可能是英国人最先租得的墓地，从现存的墓碑可知，在此下葬的死者来自英国伦敦、美国纽约、波士顿、德国不来梅以及西班牙、阿拉伯、东印度、孟加拉等地，职业有外交、商务、教士、邮政、海员等，美国首任驻华公使亚历山大·义毕业的墓坐落其中。

此墓地是1984年文物普查时被发现的，在目前所发现的墓葬或碑石中，美国第一任公使的亚历山大·义毕业的高大墓碑引人注目。该墓由三块花岗石雕刻砌筑而成，呈四面锥形。碑座有铭文，正面为英文，背面为中文。在义毕业墓地周围是散落的墓碑，东倒西歪的。其中有块碑石上清

图 3 外国商人残存的墓碑

楚地镌刻着"Seamen"的英文。

考证用中英文刻着"美利坚合众国奉命始驻中国钦差大臣亚历山大·希尔·义华业之墓"的石碑，可知义华业于 1847 年 6 月 28 日在广州病逝，终年 58 岁。死后葬于此墓地。1849 年 5 月 1 日正式建墓立碑。这一墓群的发现，在历史上足以证明长洲岛在中外文化交流和贸易来往中起过一定的作用。

据悉，多年来，美国很关注这块墓地的状况，曾向中方提供了美国马萨诸塞州坎布里奇博物馆收藏的一帧"黄埔外国人的公墓"的照片。2000 年丹麦大使刚到广州就急忙寻访长洲岛，来此找到三个丹麦人的墓地。

"汉学迷"德意志联邦共和国驻广州领事李浩然，读过约翰·纽荷夫的中国游记绘画，十分关注广州。2001 年他在德国的文物商店买到一张清朝初期的广州地图原件，视为珍品收藏。"为了查找客死广州的 5 位普鲁士商人，我还专门到过长洲岛的外国人墓地，在墓碑上逐一核对，虽然至今仍无收获，但我不会放弃对这段历史的研究，以此推动广州和德国的文化交流和贸易活动。"李浩然说。

每一块墓碑的后面几乎都有一部平凡而又传奇的故事。[1] 探秘广州黄埔长洲岛外国人墓地，其实也是开展一些有益的文化交流。

根据美国国务院历史文献办公室的资料显示，义华业是美国马萨诸塞

---

[1] 梁贵源：《广州黄埔长洲岛外国人墓地探秘》，《岭南文化》2016 年 11 月 3 日，来源：互联网整合，http://www.hua168.com/lingnanwenhua-324233.html。

州波士顿人，出生于美国独立战争七年之后的1790年，16岁毕业于美国坎布里奇市剑桥大学（哈佛大学前身），曾在国内外先后担任过众多的高级政治和商贸职务，且因著书作诗而兼有文人身份，早在使华之前，就有"平日存心欣美中国文学、政事；厚爱中国制度、人民"之志，并"皆欲著为篇章，施诸实行"。

若是照此判断，算得上是"中国人民好朋友"的义华业当时使华确实心有抱负。但是美国西弗吉尼亚大学教授JamesR. Elkins却在一篇名为《完全陌生人：律师和诗人》的文章中称义华业是一名"活跃但是并不非常成功的政治家"。

1844年，中美签订第一个条约——《望厦条约》（又称《中美五口通商章程》）。次年3月，受时任美国第11届总统波尔克的任命，55岁的义华业出使中国，但是因病折返，后再次出发，于1846年10月抵达广州就任新职，驻十三行寓所，即日又向清政府主理外交事务的钦差大臣兼两广总督耆英送出照会，请求择日相见。耆英后来率同广州知府铜麟、豪富儒商潘仕成等一行亲自出城相会，并在广州最豪华的海山仙馆为其设宴。虽然受到热情款待，但是在广州的10个月，义华业的政绩乏善可陈，他联合法俄反对英国人独霸广东的主张未被总统采纳；请求进京面见道光帝，也被后者以未有接见外国使者为先例谢绝。

在长洲竹岗山头，芳草萋萋，野花星散，云淡风轻，整片外国人公墓显得相当宁静。而它们却是中外关系史发展的见证。据了解，清代十三行时期来到广州不幸去世的外国船长和船员，包括美国首任领事均长眠于此。另外，不远的山头，还有10座到广州做生意去世的巴斯人墓地。因此，长洲人把相邻的几座山冈叫"番鬼山"。

广东革命历史博物馆原馆长、著名文博专家黎显衡讲道：竹岗外国人公墓是广州中外关系文化交流、贸易发展的历史见证，对于促进中国对外开放有着一定现实意义。近年来，美国很关注这块墓地的状况，曾向中方提供了美国马萨诸塞州坎布里奇博物馆收藏的一帧"黄埔外国人公墓"的历史照片。

长洲岛的外国人公墓如今已经得到修复。墓地主人中最显赫的当数美国第一任驻华公使亚历山大·义华业。

（二）巴斯教徒墓地

距离竹丝岗不远处的另一个山冈，则是巴斯人墓群。按墓碑记载，最早的葬于1847年，最晚的为1918年。据了解，巴斯教徒墓地是清朝番禺地方政府勘定范围及批准为旅居广州的巴斯教徒专用的墓地。它面临珠江，占地约1000平方米，有成人墓十余座，按埋葬先后自北向南参差排列。每座墓的地面部分均用花岗石砌筑成阿拉伯式石棺。棺顶采用一整块花岗石，上面刻着英文及古遮拉特文。古遮拉特文则是印度孟买地区通用的文字。

黎显衡说，由于擅长经商，巴斯人有"亚洲犹太人"之称。印度沦为英国殖民地之后，不少巴斯人随印度商人来广州和香港从事贸易活动。而这些花岗石下埋葬的是160多年前来自印度孟买的"巴斯"，他们在清朝后期曾从海道进入广州，续写了世界最古老的宗教之一——琐罗亚斯德教（又称拜火教）在中国的历史。而巴斯教徒活动遗址——巴斯楼，位于长洲岛上的白头斑，现通称巴斯山。琐罗亚斯德教教徒的墓地，俗称无声塔。传说该教教徒死后，将尸体放在一空地，让鸟啄兽食，日晒雨淋，最终化为尘土，不留痕迹。于是这一地方就成为无声塔。长洲岛的无声塔位于巴斯山顶，面对浩荡珠江，与孟买郊区的一个无声塔的环境极其相似，得以表达背井离乡的琐罗亚斯德教徒以此怀念家乡的心情。

巴斯山海拔38.9米。墓地面临珠江，有成人墓10座（现仅存8座），占地约1000平方米。按埋葬先后顺序自西北向东南参差排列。各墓间距2—3米不等，墓穴的大小亦稍有差别。根据墓碑标记，最早的葬于1847年（清道光二十七年），稍迟的葬于1852年（咸丰二年）。各座墓的地面部分均用花岗石砌筑成阿拉伯石棺。石棺及棺顶均用整块花岗石，碑文刻凿在顶盖的面上，各墓的大小形状大致相同，亦有仅竖一块墓碑的。这表明他们的墓葬方式已受我国惯用的直立式墓碑和土葬风俗影响，与其原来带有神秘色彩的自然风化、不留痕迹的葬俗有了很大的不同。碑文的内容为死者的名字、宗教信仰及亡故日期、地点、年龄等。有一方碑还特地用英文及古遮拉特文（GVJARAR），标明死者是从事国际贸易的商人。碑文如下（译文）：

马力支·宝力支·烈地门耶，巴斯，从事国际贸易，公元1850年2月5日，即斯提择德纪元1219年5月12日在广州逝世，长眠于此，终年45岁。

1918年有女童、初生婴儿及死产胎儿的墓各一座陆续葬于这里，地面部分与成人墓同，但面积较成人墓小。现存三方英文的小墓碑，分别证明了死者身份和埋葬日期。据三方墓碑所记，埋葬的是女童、婴儿，还反映了罗业斯德教徒忠实自己的教义，以及该教所独具的宗教社团的封闭特性和凝聚力。他们在1918年前后，仍在广州从事过贸易活动。

拜火教巴斯楼位于长洲造船厂，在巴斯楼附近的山头上是无声塔及十几个巴斯教徒的墓地。其北面竖有"巴斯墓界"石两块及番禺县正堂定界。

19世纪孟加拉商人来十三行做棉花贸易，他们住在长洲岛（外国人叫丹麦人岛），因为他们都信奉巴斯教（又叫拜火教），故在此建了一幢巴斯楼作为宗教活动场所，即诀别死者的地方（图4），坐南朝北，由北入口进，后有阶梯上山。此楼尚存（为1923年重建），新中国成立前仍有教徒看管，里面有块碑石，说明巴斯教徒建楼的情况。① 该楼现在是黄埔造船厂的档案馆。

图4　坐落在造船厂的巴斯楼

据记载，该巴斯楼曾作英国驻穗领事馆，真佩服当年英国领事的胆量，在崇尚天葬的巴斯人墓地正下方办公不知是何感觉？现在外国人虽然

---

① 广州历史文化名城保护委员会编著：《广州名城辞典》，广东旅游出版社2002年版，第123页。

走了,外国货船虽然走了,但是他们为我们留下了丰富而宝贵的历史文物和名胜古迹,提供了丰富的旅游资源。

三 墓地是人生的归宿 墓碑乃历史的记忆

历史学家常常同墓地和墓碑打交道,就是跟历史文化打交道。我们人类要向前走,往往要"回过头寻找未来"。① 跟十三行有关的故事,很多就是这样的。"欲去明日、问道昨天。"②

大清帝国从1757年起,只有广州一口通商。清政府规定,凡载洋货入口之外商船,不得沿江湾泊,必须下锚于黄埔,并不得在别处秘密地贩卖,这就使"南洋开禁后,夷商来粤省,……市舶皆聚于黄埔"。

对于当时的壮观场景,英国人威廉·希克曾在1769年感叹道:珠江上船舶运行忙碌的情景,就像伦敦桥下的泰晤士河。不同的是,河面上的帆船形式不一,还有大帆船。

文字对往景象的记录比较直接。但是纸背后面的历史,却只有通过犹存的文物遗址才感到更真实。作为外国人来到广州的第一站,黄埔也因此留下了他们的印记,公墓即为其一。不同的是,公墓所在的山头经历了番鬼山—花园岗—竹岗的三次易名;在被发现和修复之前,部分记载墓地主人故事的花岗岩碑石还被铺成了石板路。

傅斯年曾说过史学便是史料学,没有史料,任何推理和考证都难站稳脚跟。正是因为这样,在村民的指点下,最终于茂密丛林中找到外国人公墓的时候,令人非常兴奋,"一看上去,那些墓葬形式很显然与中国的不同"。

经过清点,公墓共发现237座墓地(截至目前,已修复26座),最早的建于1751年,但是由于历经战争和各种运动,所以比对美国马萨诸塞州坎布里奇市博物馆《黄埔外国人公墓》(For-eignersCemeteryatWham-Poa)油画中肃穆和幽静的西洋墓园景色,当时破败的现场甚至能闻出发腐的味道。

---

① 任军. 文化视野下的中国传统庭院 [M]. 天津:天津大学出版社2005年,第1页前言:国际建建界口号:"Look past for future"。
② 现代中国设计应"以古为镜"[J]. https://www.xzbu.com/'/view-7523229.htm 引老子语。

找到美国首任驻华公使义毕业的墓后，政府十分重视，于1991年拨款约120万元买下了竹岗3万平方米的土地，并从周边村落找回了数十块墓碑。20世纪90年代中后期，美国前总统克林顿两度访华，两国关系升温，当事人也接到上级任务，先后带着美国文化领事和时任总领事，坐着美方公务车在甘蔗田地穿行，去义华业墓祭拜。

1998年，政府拨款50万元开始初步修复公墓，考虑到国内关于义华业的资料非常有限，美国博物馆还提供了上文提及的卡斯滕佐的油画图片供参考，广州的文史专家也数次前往外国人墓地保存较好的澳门和香港进行考察，用铁葫芦加人力的方式，修成了现在可见的三级墓地平台，义华业墓位于最高的那级（图5）。

图5 美国第一任驻华公使亚历山大·义华业墓碑

广州十三行研究中心成立不久，组织了境内外的学者（含港澳台同胞），一起考察了上述外国人的墓地（图6），并开展学术研究。墓地是死人的阴宅，是悲伤的归处。然而世界上许许多多的墓园却是一道美丽的风景区、是一座健康的花园，是一座可供瞻仰的历史丰碑，是一个令人向往的思想景观高地。世界都追求这种人类的共同价值，逝者和生者一样。

据了解，美国领事馆官员亦曾数次于清明期间拜祭义华业，最近一次是2011年4月1日。当时带着花束前往的美国驻穗前任总领事高来恩说，"这次扫墓适逢清明节，我们这样做是出于对传统的尊重，也想纪念这位美

长洲岛上灵骨永存的万国公墓 / 259

图 6　境内外的十三行学者考察长洲岛外国人墓园

国对华外交的前辈。我们很感谢广州市政府能将这个墓园保护起来。"在墓前，高来恩朗诵了一首义华业写于 1845 年、名为《年轻的美国人》诗歌。

四　墓园规划保护原则　文化演绎景观容量

黄埔长洲镇为加速提高长洲岛的知名度，利用海上丝绸之路文化标志、请相关的专业公司做长洲旅游——"岛之旅"的整体策划、包装、宣传和推广，很有必要。但须知构建"国际墓园""万国殡仪馆"可提供良好的社会大环境，可砌筑起与世人交流的资深平台。作为园林景观规划设计的一个分支——陵园规划设计，是为"岛之旅"升华之举措，可将其提升到世界级旅游的高度。

陵园规划设计目标要结合时代发展的特征，除了传统风水学说之外，将海丝人文纪念、国际友人墓葬公园化等设计理念广泛融入其中，立足于创新陵园文化，赋予陵园以新的属性：公益性、文化性、纪念性、国际性，形成现代陵园的新概念。人文纪念功能与陵园旅游文化有机结合，既为广大市民提供了一个祭祀"开拓世界文明"先人、寄托亲情哀思、弘扬中华传统孝道文化的一个国际化场所，又为游览休闲、欣赏园林艺术、接受海丝文化教育，为社会提供精神文化效应，营造了一个先进文明的环境氛围。两大功能的有机结合，须包容全球海丝文化普世价值，提升高级物业化经营管理科学水平，方能良性循环，可持续发展（图7）。

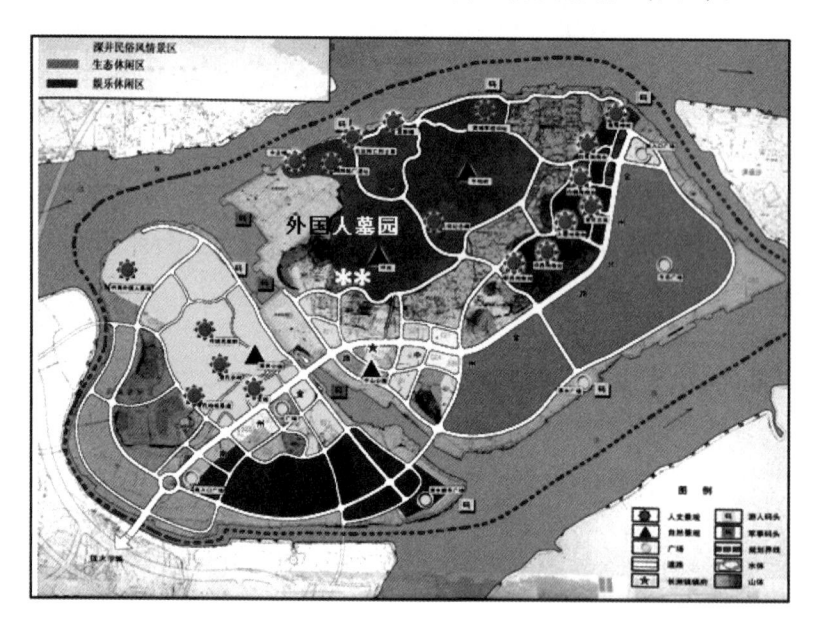

图7　长洲岛外国人墓园（国际）景区位置

国际化万国墓园的构成要素如下：

其一，按风水理论要求而形成的理想化风景区之山水大景观环境：包含必要的配套分隔建筑、点景建筑、多种性质的道路桥梁、市政工程与植物栽培等。

其二，各种不同风格的园林化墓葬区而形成的"园中之园"，包含各种风格的墓棺、墓碑、墓柱、墓池、墓雕、墓塔、墓台、墓墙、墓亭等及其他配置园林建筑小品。

其三，属于全墓园的配套功能建筑、接待、服务、消防设施等。换言之，这里是在中国的外国人陵园设计，要产生一个具有国际性的旅游项目，需将项目放在长洲全岛的角度来考虑，依据殡葬文化特点，与管理文化的结合，主要采用园林艺术手法，方能落实。

（一）总体上实现文物景观保护规划要点

风景园林旅游区开发的前提是，要对历史文化遗址进行保护规划。因为遗址所包含的自然资源和文化资源是无法代替和再生的。鲁迅先生曾有深刻担忧：在中国，有价值的东西是很难保留下来的……不懂的就糟蹋光，懂的就偷光。[1] 因此保护历史遗存是风景区管理的首要任务。我们要依据完整性、真实性和适宜性原则，采取分区、分类、分级保护管理等措施，保护好长洲岛上的所有人文景观资源，采用生态优先可持续发展原则，确保广州长洲岛风景区当前较好的森林田园、水体、岩土等生态要素，在建设开发后的情境不会比现在差。

（1）分区规划

按照行政地域管理的需要和保护程度的不同，可将长洲岛分为人文历史景观区、古村落景观控制区、生态农业区、文娱休闲建设区四个区块。

与十三行历史文化有密切联系的遗址位于长洲岛的北岸，宜归入人文历史景观区和古村落景观控制区。人文历史景观区乃资源有限利用区，里面有巴斯教墓地、柯拜船坞遗址、波斯楼等。其基本要求是：土地利用和使用强度必须严格控制在环境允许的容量以内。禁止一切对风景区景观及环境产生破坏和干扰的活动。

古村落景观控制区，里面有竹岗外国人公墓遗址，因此对控制区内的基本要求是：控制人口规模、恢复自然水系、增加景观绿地、改善基础设施，而区内部分居民应实施搬迁，厂房应该进行退让，结合拆迁改造，恢复人文景观原貌。只有对旅游资源的保护，才能提升长洲岛的历史价值与地位，凸显自身的旅游特色，提升旅游城镇形象。[2]

（2）分类保护

对于各类历史遗存的保护，应遵循如下基本原则。

▲文物建筑专项保护

根据文物建筑级别，划定保护范围和外围控制地带，建立标志性建筑小品或标志记号、标牌等设施。文物建筑的修复、修缮和日常维护必须保

---

[1] 苏宁：《一半是遗址　一半是公园》，《广州日报》2015年11月4日。
[2] 杨宏烈：《RBD的旅游景观规划问题》，《规划师》2002年11期。

证文物的真实性，对于修复、修缮必须要有详细的规划设计施工图，并在文物专家指导下进行。落实消防措施，杜绝安全隐患。

▲石刻石碑专项保护

建立石刻石碑档案，明确位置、年代、内容、损坏程度及修复、保护措施。对受流水侵蚀严重的石刻石碑，应采取相应的防护措施，通过科技手段，延缓风化速度。对位于游人集中处的碑刻，应设防护栏和标示牌，禁止游人践踏、触摸。对历史、艺术价值较高的石刻可采取封闭式保护或室内保护。

（3）分级保护

虽然早已把竹岗外国人公墓遗址列为省级文物保护单位，巴斯教徒墓地、柯拜船坞遗址列为市级文物保护单位，但是并没有严格遵循保护措施和认真执行。本来分级别只是一种明确责任、便于管理的科学方法。不任级别高低都应该具有同样的文物保护效果。分级除了文物本身的稀缺性是为标准之一外，别无其他不正确的观念。发达的城市地区应有先进的文物保护事业成就，以及文物环境成就。

（二）维护生态安全的自然景观修复共荣观念

长洲岛是一个内陆洲岛，自然资源层次丰富。山峦起伏、岸线曲折、重岩叠翠、绿树成荫。山上植被厚实、道路蜿蜒曲折、俨然世界桃源，山下水网交错、阡陌纵横、一派田园风光。

文物景观多为"点"的存在形式，需要动植物、山水自然要素与之搭配，为之保护。墓葬景观自古地处山野，撩人荒凉恸心，除了墓冢碑碣，多是自然景观要素。战争古迹地多与战术地形地貌地物相关。除了工事，武器基座等构筑物，也多为自然要素组成。如果抱着城市房地产开发的心态和城市化建设手法去对待，那可是另一种历史悲剧了。

（1）保护为主

资源大致分为人文资源与自然资源两种。人文资源的科学选定应进行预测和评估，为本区环境保护的战略决策提供依据。开发过程中造成文物周边生态环境的损害，要能最大限度地加以恢复；坚持保护为主，开发要更有利于保护。合理开发、依法而治，实现资源的可持续利用。长洲岛的范围不是很大，其生态环境本来就很脆弱，大量的居住人口与工业项目已经使小岛负担日重。所以长洲岛不宜实行大规模房地产开发。许多自然要素也是一种文化要素。水可以比德、山可以壮志、松柏令人高尚、藤竹教人坚韧，老牛顽强的生命力、骏马奔腾的冲锋劲，都在同人类彼此交换信息。保护特色山水景观、植物景观、动物景观，就是保护人类自己。

（2）生态优先

可以达到旅游业发展与环境保护相互促进的双赢结局。因此，应把生态环境保护规划纳入长洲岛的整体目标规划中，并作为开发建设每一个环节都要遵循生态法则。要做到在发展的同时，环境得到充分保护和较大改善。十三行的历史资源是广州的宝贵文化财富，是一批重要的国史填补资料，值得重视和开发利用。那种不生态的处理手法不该给予支持（图8）。

图8 生态元素太少的墓园"死气"更重

（3）适度开发

规划科学、合理有序，开发应坚持适度原则。长洲岛上适宜假日探险游、怀古游。岛上森林较茂密，要积极保护其"人迹罕至"的景观效果。自然古老价值就在于"人迹罕至"。如果说水泥、广场、油锯、尾气是它的大敌，那种乱砍滥伐，城市"硬质化"思想则是罪魁。古时疍民生活的民俗风情与独特地域种植、养殖的黄埔蛋、深井鹅、霸王花等特色饮食文化资源，既是景又是情。只有这样的自然生态环境才能更好地作为当年十三行的历史文化背景。

（三）确立墓地中西结合风格的景观设计理念

长洲能有今天就在于她"偏安一隅"，深藏几分山林野趣，几分神秘色彩，这并非坏事。大学城的"学府效应"将引发投资热潮，长洲岛将由静态封闭型管理向动态型管理转变，长洲岛的环境承受能力和景点接待能力也将受到严峻考验。对此，如果长洲岛的开发不注意历史文化的保护、不注意生态环境的保护，而任意上马项目，该岛的自然与人文生态系统的完整性损失将无法弥补。

长洲岛这样的风景区，不宜上大项目，比如高层建筑、大广场之类。岛之西部、西北部都不宜建大桥，一来破坏景观、氛围，二来坐船参观效果更有韵味。一元钱的船票就能登上"战舰"，驶向梦幻般的黄埔军港港湾。尊重"沟里游、沟外住"，"山里游、山外住"，"岛上游、岛外（边）住"的原则，对长洲岛的长远发展更有益处。

目前，长洲外国商人墓地刚一进行了初步的修复，环境有了改善，马上就受到国内外学者的肯定，并引发研究热潮（图9）。作为一个人性化墓园项目，还有许多被破坏、丢弃、遗漏的墓葬遗物须得收复、寻找、补全、就位。作为一个成热的旅游文化项目，尚需将必须的配套要素补充完善，有效开展国际间的礼仪交往、历史研究、人文体察活动。外国人的丧葬文化习俗与我国多少都会有相异性，漂洋过海来华经商的人可能还有其特殊要求。

我们应该尊重人家的丧葬习惯，这也是一种人类文明的表现。其实外国商人的公墓也在某种程度上受到当地环境的影响，我们起码可以看到，长洲岛上的墓地与澳门的坟场无论大景观还是个别墓碑小景观都存在一些差异。西方墓地风格多样：巴洛克式、哥特式、古典主义式、希腊式、罗马式、拜占庭式、勒偌特尔式（几何式）等，都有各自精华。或者说无论园林墓地、草地公墓、森林墓园、台地墓地等类型，只要投入人文艺术都可创造出杰作（图10）。

与十三行贸易的外国人墓地坟场或通往墓地的道口，有条件可设立导引标志性牌坊，即可构得传统丧葬文化模式景观。但这里不是中国先人陵墓，而是外国死者。无意之中，这也就构成了一种中西文化的结合成果。

图9 外国人墓碑初步整理后的基本特色

图10 生态园林式的纪念墓园"生气"充沛

条件允许者,也可于两块毛石之上凿平简书"巴斯人墓地""竹岗外国人墓地",以此标表定位两个景区。这两块毛石只要摆的有修养,也是一景，也可供游人拍照留影。"法国人岛""丹麦人岛"均可如法炮制。肯定花不了太多的钱。上山的道路、台阶、栏杆、挡土墙、半山亭、墓碑、十字架、水池、纪念雕塑、绿化植物、休息座凳、饮食服务等都可当景观设计。泉州是外国商人坟墓比较多的城市，该市对外国人坟墓的保护与展示很有经验，值得广州学习。

（四）有意联系十三行历史遗存构思景观设计

墓园是死者灵魂的归宿，也是社会文化的载体、生死交流的空间。洋行的外国人为与十三行做生意而来、而在中国应把他们"最后的房子""最后的家园"和十三行的遗址遗物联系在一起了。被纪念者的夙愿与纪念者的愿望往往是一致的，这就是"传承"的意义所在。西方国家常将教堂和墓葬安排在一起，不正好说明生死相续、事业不息的理念和传统吗？

商埠作为一种特殊的滨水功能区，早在20世纪70年代就被学术界和有关政府机构明确地定性为"历史地段"，具有一定的历史遗产价值。1996年巴塞罗那国际建协（UIA）第19届大会所提出的城市"模糊地段"，就包含了诸如工厂、码头等废弃地段，并指出需要保护、管理和再生。长洲岛为十三行外港。为了囤积货物，码头边修建仓库是很正常的。如果有当年十三行的转运仓库遗址考察清楚后，可以设立标志物牌。原物已无影，标牌却有形。这种小小的标牌本身就是一个景观小品。它可以设计成挂匾式、铜牌式，还可以设计成柱式、梁柱式、牌坊式、雕塑式、屏风式、凉亭式、建筑小品式、天然石块式……我们可以因地因势因纪念对象而为之。这些各种不同的微型景观模式，可为游人留下历史的回忆、无限的遐思、感慨和惆怅。[①] 与十三行贸易相关的仓库也可能是一种工业文化遗产，可加以保护利用园林景观化。

"景"是风景区的核心组成部分，"文化"是景的灵魂。灵魂在，"景"就有灵气。另一方面，景物在、景点遗址在，加上景观设计得法、得体、得巧、得道，在人们的审美观照中即可"借尸还魂"，从中获得畅想、畅游、畅神等极大的美感享受。长洲岛有关十三行历

---

① 杨宏烈：《中国近代陵园设计思想的革命——广州先烈路西式陵园》，《中国园林》2010年第10期。

史文化内涵的若干景点，如何保全真身，呼唤灵魂回归？须要深思熟虑，来不得半点虚假和浮躁。简言之：可采用"保、理、联、串"四字方针。

"保"，即保有现状景点景观，资源就是现成的景观（点）。保护资源本身，保护资源固有的存在环境。免受来自大自然和胡乱开发的侵害与破坏。碑刻、石壁、炮位、废垒、铁轨、门墙、码头、墓砖等，凭借自身的抗衰老性而存活至今，实非不易。这是固有的景物材料。它们的原真性、原址地位，它们的相互关系以及与周边环境的配置，共同产生了文物价值、景观价值、旅游价值。

"理"，即清理、理景，将资源稍加整理、修补，即可将十三行历史文化思想内涵用形象体现出来。景观要人为的维护和清理，需要认真组织，理出主题、头绪，呼唤出文化之灵魂，感染游人、教育青少年。景物景点景观水平的高低，是衡量管理部门历史文化水平的一个试金石。做得精细、厚重，往往能体现管理部门的优秀水平。

"联"，即联系、联想。遗址遗存很大程度上证明了历史外化的真实性。有遗址、无地上实物景观，也需为观众营造一个联想的氛围环境，好让人们发思古之幽情，"睹物思人""见景生情"；古今勾通，以今察古，察古知今，确有一定难度，但必须做得出色。

"串"，即将多个相关景点串连起来。这种串联可以是故事线索或参观时序上的"串联"，也可以是景观空间上的"串联"，也可以是人物关联因素上的"串联"，串得好会加强景点的宣传力度，加深观感的理解深度和整体性。

金融业制造业的行业会馆集萃

锦纶会馆可谓十三行时代的产物。该会馆的出现反映了某种"劳资关系"、"工商关系"的存在，意味着当时社会正在孕育新的生产关系和新的社会阶级。资本主义的因素正在农本经济的国体上萌芽拔节、抽枝。无疑这是新鲜事物和进步现象。然而这种新鲜事物和进步现象并没有得到顺利发展。值得我们认真研究的意义也许正在这里。

一 十三行时期的会馆

明清两代出现了中国资本主义生产关系的萌芽。商业较以前更为发达，不仅南北、东西的物质交流数额增加、来往频繁，而且金钱票号的流通也倍受青睐，在经济社会中，起主要作用。在这种情况下人口的流动、迁移，变得较为普遍，城市中异地谋生、打工的他乡人口日益增多。于是一种新鲜事物——会馆就应运而生了。

一般说来，会馆是旅居异地的同乡人，为联络乡谊以及防范异乡人的欺凌而结成的民间社会组织（类似外地驻本地之办事处）。会馆可分地缘性的、族缘性的、业缘性的会馆。有时并无明显区别。会馆的联谊功能、旅店功能、咨询功能、中介功能、救助功能、娱乐宣教功能、行业培训功能等是相互交融的。现在已知最早的会馆是明永乐年间芜湖人俞汉在北京建立的芜湖会馆。[1] 此后500年，会馆遍及全国。至清康熙、雍正、乾隆年间，会馆发展到顶峰。尤其"清国通商之市场，会馆、公所、莫不林立"。[2]

---

[1] 何炳棣：《中国会馆史论》，台湾学生书局1966年版。
[2] 彭泽益：《中国工商行会史集》，中华书局1995年版。

"会馆充斥遍环宇,半为游民之栖址。"① 北方会馆以北京最多,共391所(其中建于明代的有33所,清代的341所,民国时期17所)。南方以长江流域的城市居多,重庆8所,沙市13家,宜昌7所,汉口25所,芜湖17所,南京39所,苏州50所,上海62所。除了城市,乡村也有会馆,如汉水、珠江沿线。四川农村会馆多称"移民会馆"。会馆促进了人口的流动,带来了民俗文化的交流,其中包括地方语言、民俗习惯、饮食文化、民间文艺戏剧、宗教文化、社会民政事业等方方面面的相互影响和传播。会馆在中国移民史上、商业史上,发挥了特殊的作用。

清康熙、乾隆年间,恰逢十三行如日中天时期,广州的对外贸易几乎就是全中国的对外贸易。对外贸易建立在国内贸易的基础上,全国的出口商品必须先集结广州,然后装上外国商船。为此,广州的人口职业结构很明显以商贾为主。正如当年叶调元《汉口竹枝词》所云:"茶庵直上通桥口,后市前街星似鳞。此地从来无土著,九分商贾一分民。"汉口如此,广州更甚。另有因广州某些外贸出口商品还须就地加工生产,于是,缔造出一批中国早期的打包工人、丝织工人、烧瓷技工、制茶工人、驾、修船工人、码头搬运工人……在此情况下,广州自然也会出现一种相应专业、行业的社会性群众组织——行业会馆。为维护自身利益,这些会馆必须跟各种代理商、官方、外商、雇佣者打交道。如果说全国大多数城市的会馆都是以笼统的地缘关系为纽带,服务对象是一个地域或省域各行各业、种种色色之人的话,而广州的会馆则表现出明显的专业性、行业性特质。

目前考察发掘到距离十三行较近的荔湾区有锦纶会馆、银行会馆、乐行会馆三所。其他的有钟表会馆(位于今解放北路一带)、梨园会馆(今多宝路尾至黄沙大道如意坊附近)等。听其名,即可发现广州的这些会馆都不属于一般的同乡会馆,而是行业会馆(丝织业、金融业、乐器业等)。特别是锦纶会馆、银行会馆、钟表会馆与"十三行"关系密切。其中三家会馆馆址是为广州市级文物保护单位。

银行会馆(图1)位于今珠玑路小学内。整个会馆坐北朝南,现仅存头门、第一进大厅、东西两侧门楼和青云巷等几百平方米的面积。头门额悬有会馆大匾,现已用铁栅栏隔离保护。进深20米、阔11米、高6米的第一大厅显得非常宽阔,屋顶由八根大柱撑着,柱础为莲花状石刻,屋梁

---

① 胡朴安:《中华全国风俗志》,上海科学技术文献出版社2011年版。

有金箔木雕，表现手法细腻。大厅为银行行商们议事之所，当属主体建筑部分。青云巷采用地道的青砖（东莞大青）铺砌，富有古风古韵。银行会馆始建于清康熙十四年（1675），早锦纶会馆48年。康、雍、乾三朝进行过两次修建和扩建。最辉煌时三路四进，建筑面积2000多平方米，比当时的锦纶会馆气派。

图1　十三行后期的银行会馆建筑遗存

二　商品经营与历史钩沉

从农业文明脱胎、利用天然材料、采用手工作坊生产形式，拿出惊世骇俗的产品，迎接世界商品经济市场的西风美雨，这是十三行时期的中国外贸状况。

（一）锦纶鲜华

锦纶会馆的兴建本身就源于丝织外贸业的发达这一历史事实。广州历代手工业品闻名遐迩，丝织品更为佼佼者，至明清更臻成熟。明清以来关于广州丝织业的记载无不赞美有加。至今粤绣作品在全国仍享有盛名（图2）。拟列举如下。

图 2　粤绣精选作品

- 意大利传教士利玛窦《中国札记》载：中国人"用丝掺以绵织成一种大马士革式的料子，并且模仿欧洲产品"。
- 屈大钧《广东新语》卷十五："广之线纱及牛郎绸、五丝、八丝、云缎、光缎，皆为岭外、京华、东南二洋所贵。"
- 乾隆《广州府志》卷四十八："粤缎之质密而匀，其色鲜华，光辉滑泽，然必吴蚕之丝所织……粤纱，金陵、苏杭皆不及，然亦用吴丝方得光华不褪色、不沾尘，皱折易直，故广纱甲天下……"
- 《粤东闻见录》卷下："惟广纱色泽耐久、皱折易直，故驰名天下。"
- 《粤中见闻》卷二十三"纱缎"条："……剪绒随织随剪，其法颇秘，广州织工不过十余人能之。"①

●《早期澳门史》补篇第四章："广州的手工作坊和行业众多……，每年约有一万七千人……受雇从事丝织业。他们的织机很简单，他们干起活来通常都很利索。"

●宣统《南海县续志》卷四："广东织业则织绸、缎、云纱、花绉、竹纱、牛郎纱、机纱、花绸、天鹅绒、官纱等，其机房工人约以十余万计，但本地织造多用土丝，车丝则全运出洋。"

历史上的锦纶会馆用物质性的建筑材料记载了广州丝织业的辉煌史。锦纶行是广州手工业中历史较长、影响最大的一行；最盛时业内人数有三四万人，直至解放前夕，仍有约2000人。机房分布在今荔湾区金花街、龙津街的大部分地区，这一带的街巷名多与这一段历史有关，如经纶、锦纶、锦华、锦云、锦龙、锦秀等。

（二）资本萌芽

资本主义生产关系在中国的萌芽、发展、壮大有一个过程。因为农耕文明的生产关系长期存在，即使瓦解了，其思想意识依然长期存在，故使这一发展过程相当曲折、艰难。从锦纶会馆的断垣残壁中，我们只能找到一些资本主义生产关系的幼芽。虽然这些幼芽没能拨节、抽枝，更没能长叶、开花、结果，但小小的幼芽却能引发我们无限的遐思。这就是历史景观的灵魂与魅力所在，比我们看到或吃到的东西更可贵。

锦纶行中，按产品而分，有五大行：朝蟒行、十八行、十一行、金彩行、通纱行。除朝蟒行外，下面又分小行，如十一行下分宫、宁、线、平（均为贡品）、天青、元青、洋八五六丝、洋货、洋巾等，分工极细密。若按销售地域分，锦纶行可分为五行，即泽货庄三行（安南货行、新加坡货行、孟买货行）、本地纱绸庄行及福州壶庄行。其中孟买货要染色桃花，较其他行货更挑剔，贸易额也大。按雇佣关系分：有东家行和西家行。东家即老板，多聚会锦纶堂（锦纶会馆）（图3），西家聚集于中山七路之先师庙。以今日地段划分，丝织生产基地，北至中山七路龙田大

---

① （清）范端昂撰，汤志岳校注：《粤中见闻》卷二十三，广东高等教育出版社1988年版，第71页。

街，南达下九路华林街，西接带河路，东靠西门口。后来比较集中于上西关，从业人员数万人。那儿有不少以堂或馆命名的工人宿舍，如丛信、联和、致信、佳乐、宠乐等。宿舍立有规章，管理颇严，平时习武。

图3 锦纶会馆鸟瞰

据称：丝织行业中有"放机""揽头"和工人之分别。"放机"者，即丝绸商，发放原料给"揽头"。"揽头"者，即东家，拥有织机者，雇工织造。有的"揽头"自己或家人也参加劳动。工人受雇于东家，计件受值。

工人一般包伙食，所谓早上头一刀（猪血汤）、午餐竹夹帽（乌榄）。晚餐"阿弥陀佛"（吃豆腐），每月初二、十六"做芽"（加菜、"打鸭鸡"、加餐），供应四两肉。

"揽头"一词，可见《广东新语》卷十五："闽粤人多贾吕宋银至广州。"揽头者就"舶取之，分散于百工之肆，百工各为服食器物偿其值"。按此，"揽头"与"放机"根本区别在哪里？尚需进一步探讨。用今天的"名词""术语"来讲，"十三行"时期的"放机"或为"买办"或为行商，或为"外贸人员""总公司"或为"大老板""投资商"。不应该仅从字面上看为出租织丝机器的人，还可能发放原材料。"揽头"可谓"包工头""承包商""分公司""小业主""小老板"之辈。"放机"与"揽头"之间在某种情况下是可以转化的。

（三）历史沿革

1999年年底，锦纶会馆内的住户迁出，拆除户间间隔墙，露出了镶嵌在东西两面外墙墙壁上的碑刻，大大小小共20方。被遮掩的木构架雕饰——莲花托公仔顶、下弦木外端的瑞兽木刻，此时亦精美示人。

据上述碑文所载，锦纶会馆始建于清雍正元年（1723），是广州丝织业（"锦纶行"）的行业会馆、阖行老板们聚会议事之所。陈坚红女士对十三行时期的锦纶会馆进行过仔细研究。每年的农历八月十三日，即业界"师傅诞"，行内人员会敲锣打鼓，抬着烧猪到此贺诞。一年一次的"选值理"活动也在此期间举行。通过"跌校杯"形式选出"值理"多名，相当今天行业协会的常务理事，处理行中事务。陈坚红女士曾据现年93岁、民国三十一年任"值理"的李添师傅回忆：民国九年稍后，当时政府要把锦纶会馆收为公产。锦纶行请关耀忠（也是机房中人，在南洋时与孙中山认识，曾任国民党中央委员）到士敏土厂向孙中山反映，孙中山批示"永远保留"，收为公产之事遂罢。[①]

1955年，广州市民政局根据"中南军政委员会民政部及中央内务186号文件接管锦纶会馆"，约于1958年安排租户入住。其房屋档案现存市国土房管局。

锦纶会馆的大门口原悬挂木质楹联："石授支机，仙女秘传天上巧；侯封博望，后人景仰看英贤"（图4）。这副楹联隐含两个典故，表达了行内之人对本行业的先贤、先祖、神仙、圣人的祭拜景仰之情。会馆庭院第一、第二进的天井中，各安放大金鱼缸一个（另一说法是大香炉）。第二进檐下有木匾曰"后继有人"，堂内供奉"先师张骞"木像，两旁摆放着酸枝台椅。第三进民国期间曾作私塾。

[①] 本报社：《孙中山曾批示"永远保留"广州将整体平移锦纶会馆》，《羊城晚报》2001年5月20日，第二版。

图4　今天的锦纶会馆正门厅

三　锦纶会馆与"十三行"

据碑刻所知,锦纶会馆是广州400多家丝织品加工制造业(小业主)的联合组织。其最后成品,"车丝"合格者"出口","土丝"质差者内销(当时的"出口转内销")。"资方":"东家行"可在会馆活动,"劳方""西家""打工者"一方只能另去先师庙活动。虽说会馆里供奉着"张骞"木像,但到馆活动的人员并不刻意求艺、直接研究技术问题,仅仅是一个部门的标志物而已。"放机"人员最后从众"东家"包工头那里回收的丝织成品将一股脑地售给行商。行商收购大量的丝织品转手给外商装船返航。很明显行商类似外经贸公司组织货物进出口。海关的作用是收税、监督、检查,十三行出口的中国丝织品主要来自各地丝绸加工企业,保证供应优质丝织品。广州锦纶会馆的"放机"供货商,供给十三行的出口量,就是一个敏感、微妙的数字。

"洋船争出是官商,十字门开向二洋。五丝八丝广缎好,银钱堆满十三行。"屈翁山《广东新语》的这首竹枝词,真可谓画龙点睛地道出了广州丝织业与十三行外贸业的密切关系。

据陈坚红女士所录《东印度公司对华贸易编年史》(章文钦校并注)

第一、二卷及《近代广州口岸经济社会概况》以及魏思德《最近百年中国对外贸易史》资料，编制的十三行历年丝织品出口表（见表1），多少能够说明丝织品的国际出口贸易量总的呈上升趋势，是进入20世纪才衰落的。①

表1　　　　　　　　广州十三行历年丝织品出口

年份	生丝出口情况
1700	9536.80 两，出丝 69.5 万担，丝织品 13075.9 两
1704	丝织品 80000 两
1728	13 种品种，3.4—8.00/两/匹
1739	行商秀官的丝织品获好评
1750	17409 匹
1859	300 万元
1867	丝绸匹头 37777.07 担，其他 342.06 担
1870	绸缎 2973917 元，丝带等 613555 元，混纺 85952 元
1871	绸缎 3569461 元，丝带等 727493 元，混纺 96144 元
1872	绸缎 3836120 元，丝带等 66563.5 元，混纺 130049 元
1878	占总值 1500 万海关两中的 850 万海关两
1889	占总出口总价 1878 万两中 1250 万两（关平银）

十三行时期是广州丝织品出口最为兴旺的时期。因为中国的进出口门户开在广州。当西方世界尚没找到代替品的时候，对丝织品的需求量，肯定是不断上升的。广州的专业行业性会馆现象的出现大大促进了锦纶织造的工艺水平、产品质量、管理水平的提高。1739 年外商对十三行行商秀官的高度评价，亦即对广州锦纶丝织品的高度评价：

> 秀官的丝织品太好了。如果不特别重视，这是对他不公允的，而且他还费了很多的心血按照欧洲的式样制成，我们一定要把它们妥善保护，不致受污损。……真的，我们很难找到一个像他那样能够按照

---

① 陈坚红：《锦纶会馆与十三行》，广州历史文化名城研究会、广州市荔湾区地方志编纂委员会《广州十三行沧桑》广东省地图出版社 2001 年 12 月，第 83—89 页

公司的命令，去完成困难任务的人。①

广州丝织品品种类多，有些品种的名称和式样也迎合了外国人的心理，这是一种促销手段。

19 世纪末叶，广州为外国市场生产的丝织品，主要包括茧绸和茧绸手帕，开始衰落。向西班牙和中美洲输出的丝围巾已让位于更时髦的花色品种。刺绣的花缎、茧绸和绉绸等，由于质量优于日本货，出口略有回升。国内市场填补了国际市场不足，这时的广州向中国北方口岸供应了相当数量的丝织品，丝绵混纺品、丝带、丝绵混纺带以及其他丝绸制品。②

广州的手工业素有"广货"的美誉，其中，丝织业又是行业翘楚。广州丝织品供奉于朝廷，又远销海外，以外销货居多。据资料记载，按销售地域，锦纶行可分为五行，即安南货行、新加坡行、孟买货行、纱绸庄行及福州货庄行，其中前三者又统称为洋行庄三行。孟买货要染色挑花，最为讲究。粤海关的档案显示，1878 年，在出口货物中，丝及丝制品占总值 1500 万海关两中的 850 万海关两。

四 "乔迁之喜"与"修旧如旧"

始建于清雍正元年（1723）的锦纶会馆，原位于荔湾区西来新街 21 号，占地面积 692 平方米，坐北朝南、深三进，为具有典型岭南风格的砖木结构祠式建筑。乾隆二十九年（1764）重建，嘉庆二年（1797）又重建，仍为一路二进三开间格局，占地面积 280 平方米。道光六年（1825）添第三进，加建东、西二厅。此时该馆规模为中间三开间三进深，东路为一开间一进深加倒座，西路二进加倒座。占地面积扩大到 850 平方米。至今共有 17 块石碑因嵌于内墙上，得到了很好的保护。该馆现仍为广州市唯一幸存、比较完整的行业会馆，见证了中国资本主义的萌芽。以其文物价值，2001 年始被评为市级文物保护单位。2001 年 4 月起，经过平移、整饬两大工程后，锦纶会馆获得"乔迁之喜"（图 5）。

锦纶会馆的支撑体系属青砖空斗墙木结构，曾先后经历过五次修缮，

---

① ［美］马士：《东印度公司对华贸易编年史》（第一、二卷），区宗华、林树惠译，章文钦校并注，中山大学出版社 1991 年版，第 271 页。
② 《广州史志丛书》编审委员会：《近代广州口岸经济社会概况》，暨南大学出版社 1995 年版，第 1159 页。

图5 乔迁之后的广州锦纶会馆

多次重建。新中国成立后50多年为"七十二家房客"居住，大门口的木栅栏年久腐朽烂掉，二进大厅加建楼房，三进的"书偏神楼"阁楼加高围栏做住房。大门中门的木门槛早已毁弃，一些瓦脊和檐下花板在"文革"中被拆毁。大门石额刻字因用水泥填封，幸免于难。大木结构基本完全，砖雕、木雕、瓦脊陶塑等多数保留了下来。1997年，锦纶会馆被广州市确定为第五批文物保护单位。2001年，广州修建南北主干道——康王路，锦纶会馆位于康王路上的长寿路与下九路之间。

几经讨论，决定连地基完整平移木构建筑文物。共花费300多万元，将该馆由南至北纵移80米，垫高1.805米后，再由东向西横移22米，并逆时针转1度，落脚于一个新建的停车场上。移动面积达668平方米，重2000吨，历时一个月的平移工程顺利完成（图6）。

有着300年历史的锦纶会馆，年久失修犹如一块"水豆腐"，内部结构松散，大部分石柱、墙体出现严重偏歪，有的甚至偏了36厘米。加固梁、柱、墙，落实建筑装饰构件等成了整治的前提，这一"纠偏"花了1年的时间。2003年6月开始正式修缮。主要修缮项目有：纠正倾斜山墙，端正梁架、立柱，吊升下沉柱子，加固墙体基础，修缮屋架屋面，重新铺装地面和重建东、西二路。另外，完善配套设施：建设前后广场、复建照壁，加建厕所等。

平移后的锦纶会馆呈南北走向，正门面向南方，东临康王路，位于华林寺的旁边。会馆由南往北依次是头门、一天井、中堂、二天井、后堂，

图6 不可移动"文物"的移动

新的主入口广场位于南面。平移后会馆被"原貌重塑",看起来相当赏心悦目。还添设了许多配套设施,如总面积1866平方米的大型地下停车场、宽阔的馆前广场、喷泉以及绿化带等。

作为"十三行"相关历史文化实物遗存的锦纶会馆,如今以一个旅游景点的形成展示在世人面前。她旧时的"使用功能"是没有了,但她毕竟以一定程度的真实性记载了那段历史和文化,这是任何新型建筑物无法做到的。有人提出建"十三行大厦"、"十三行广场",这种现代化的概念,是很难承载古色古香的历史文化韵味的。

今天的锦纶会馆,新的"使用功能"并不少。展览参观、历史研究、休闲游乐、聚集人气,建筑艺术欣赏等则是实现"三大效益"的好途径。

五 建筑特色与审美精神

万江红、涂上飙二人曾研究过会馆建筑对社会、经济的作用。同时于民政、宗教、民俗、人口、语言诸方面也都产生过积极的影响。另外,必须慎重地提到存在了500多年的会馆类建筑,对中国传统建筑文化艺术的贡献也是十分显著的。[1]

广州人建在外地的会馆也很多。湖广会馆往往在当地都是规模最大、影响最大的会馆之一。如北京的湖广会馆因殿堂、戏楼华贵,沈德符在《野花

---

[1] 万江红、涂上飙:《会馆的社会影响初探》,《武汉大学学极》(人文科学版)2001年第2期。

编》中盛赞"壮丽不减王公"。[①] 广州会馆原为浙江人文学家李渔的府邸,由34间房和15间游廊组成,结构精巧、环境幽雅。曾被李渔定名为"芥子园"。北江上游某地的广州会馆,其工艺不亚于广州西关陈家祠的建筑艺术和施工质量,因为施工者出入同一艺门。目前考察,广州城内濠畔街因靠近十三行贸易中心,内有浙、绍、金陵、山陕、徽州、湖广等地的会馆,相互争奇斗艳、风情万种。本省的潮州会馆、惠州会馆也特色醒目、影响非凡。

俄罗斯有句名言:当诗、歌曲、戏剧沉默的时候,建筑却还在说话呢。建筑是石头的史诗、凝固的音乐。建筑可如实地告诉我们许多历史知识和文化现象。优秀的建筑也是一本书,令人百读不厌。

会馆是一个地区、省、市行业的公共经济实力、艺术精华的集中展示。你可以不欣赏一般的店铺建筑,不留意一般的茶馆建筑,但是你不可不为各省各地的会馆建筑叫绝。会馆建筑常有精心构思的大门,进门就会看见富丽堂皇的戏楼,戏楼舞台上的天花工艺之巧,会令你惊讶,婀娜多姿的屋顶、生机攒动的飞檐翘角,定会让你精神振奋。

专业性会馆显然没有上述那些省、市地方综合性会馆那样繁复光彩、城府深澳,这正说明当时资本主义社会因素的微弱。但广州的锦纶会馆的复兴,已经给观众留下了许多历史信息。从会馆的内部空间组成看,我们可以了解到十三行时期的"海上丝绸之路"开辟的情况,以及投资生产、商场交易风险的严峻;可以了解到同乡同行祭祖敬贤的传统行规,崇"圣"、崇"仙"、崇文与崇武的拜祭文化活动。会馆是民俗文化集中表演的舞台,当时社会的饮食起居,语言艺术、戏剧艺术,这儿都有佐证。会馆所发挥的社会民政功能作用——救济、传艺、就业、授徒、施药、义埋(死者)、义学等——也是令人难忘的,强烈的慈善公益色彩,救助了无数客居异地的同乡同行。

锦纶会馆布局与广州西关的祠堂相比更加自由。传统祠堂建筑虽然也采用三进设计,但是旁边必有两条青龙巷和东、西厢房。锦纶会馆没有西青云巷,且分隔中路和东路的青云巷到第二进前墙终止,只延伸两进。会馆门前的照壁显然不够古雅并缺乏气势。中路门廊前沿之间有一个十多平方米的空间,资料中称作"前明堂",有的还可结合大门两侧的平台搭成完整的戏台,开展唱戏活动。这部分建筑使室内和室外空间形成巧妙拼

[①] 汤锦程:《北京的会馆》,中国轻工业出版社1994年版。

接，一方面可作为节日行业邀聘的戏班舞台，另一方面也是平时行人过往进出的门前"广场"。

作为后堂的第三进因为是后来添建，面积相对狭窄，通风采光受到一定影响。为此，设计者将这一部分的前檐抬高至离地面接近7米，致使第三进的前坡缩短，为此而加设了阶梯踏步，形成特殊的侧立面和纵剖面。

凝聚在锦纶会馆建筑上的技术构造特征，从多侧面为人们提供了审美观照的亮点。[①]

（一）鳌鱼护珠屋脊气势非凡

锦纶会馆修复前，只有第三进堂屋脊上的一条陶塑脊饰原样保存了下来。修复使用的有关原材料借鉴了广州市考古研究所的古建研究成果，学习了陈家祠脊饰中的核心部分，如顶端的"鳌鱼护珠"陶塑，塑造的是飞翔在云天的鳌鱼形象（图7）。鳌鱼的两根长须伸向晴空，显得气势非凡，使屋顶轮廓线更为优美。这种造型与民间流传的兽吻防火避灾的用意相一致，同时迎合了人们祈望子孙后代独占鳌头、高官显贵的心理。这最后一种想法可谓最深层的一种"国态"。

图7 "鳌鱼护珠"屋脊

[①] 成小珍等：《广州锦纶会馆将免费开放 修复后六大亮点抢先看》，《信息时报》2004年12月23日。

（二）镬耳山墙曲线动感十足

岭南建筑的镬耳山墙集木刻、砖雕、石雕、灰塑、陶塑、彩画于上下一体，驼峰似的山墙头，在蓝天白云的映衬下，给人们心旷神怡的动感（图8）。第三进山墙前垂脊特别短，反映出当年因用地不够时的巧妙处理。第一、第二进保留了清初和清中凹曲屋面的形制，第三进则体现了清末直坡屋顶的特征。虽然第三进镬耳山墙曾在民国时期降低了60厘米，但28厘米厚的双隅青砖墙仍高10米，视觉效果依然良好。该墙用密排杉木桩处理基础，也颇有特点。具有典型岭南祠堂镬耳山墙风格的锦纶会馆正是世界旅游业十分看好的游览目标。

图8　三雕二塑一彩画

（三）蚝壳窗风格独特采光好

生蚝壳磨平磨薄用来做采光窗？这可不是开玩笑。锦纶会馆中的2个采光窗就是花费了不少功夫、风格独特的"杰作"。当时刚好弄到一批上等的生蚝壳，修复单位邀请了多位民间艺人人工进行剪切、打磨、粘贴拼花，花了很大工夫才做成如今所见古雅的蚝壳采光窗。"蚝"是贝类海生物。原广州上下九路一带旧有蚝的埋积层。会馆复兴的两个采光窗位于中厅第三进的厅堂靠屋顶位置，面积不大，却精美异常。数个蚝壳拼凑成西关满洲窗样式，一般人根本看不出其是生蚝壳制成，但可感觉其透亮、清晰异常。

（四）旧式防盗门虽笨但安全

锦纶会馆内有3道通往外围的侧门，这3道门做成了旧式防盗门，非常巧妙。每道门由两部分组成，一是整块木门，二是5根长条木组成一道木栅栏。长条木设计成上圆、下方的样式，直径有近5厘米粗。使用时，将长木头一一嵌入门上的预定位置，再动动门框上方的一个小开关，长条木便被固定了。这样一来，外人进不了屋内，屋内人也不能随便走出屋外。据说其设计原理是为适合岭南人家夏季要开门纳凉，同时要防盗而出现的。5根木头一一搬动起来显得有些笨拙，但安全性能极好。

（五）化妆小阁楼精致有讲究

会馆刚一进门位置有两个面积五六平方米的小阁楼，称金银小楼，其中一个为原件，另一是复制品。别看小小阁楼，也有一段故事。据说锦纶会馆在作为旧广州纺织业的老板们聚会议事场所的同时，也经常举办大型活动，如每到唱戏时，天井处便成为临时观众席。大门位置小空地搭个小舞台。为的是方便艺人化妆、换衣服，会馆在大门位置搭建了小小阁楼，阁楼一侧还有个小门，便于人员出入（图9）；阁楼上还开着一个椭圆形的小窗。会馆内还有2个大阁楼，当年主要为住宿所用，阁楼的窗户装饰有精美的图案，十分讲究。但后来在战火中被毁坏，修复时，西侧的阁楼保留了被损毁的面貌，两相对比，尽显沧桑。

（六）铺地古青砖得来不容易

一般人进入会馆后，轻易不会留意脚下的古青砖，殊不知，锦纶会馆地面古青砖得来不易。会馆中有几百平方米的古青砖、麻石墙脚是陈家祠发动有关人员，从民居中四处搜寻来的，这也遵循了会馆整饬尽量用古、旧材料的原则。会馆内原雕刻成金钱形状的花岗岩天井排水口，亦有历史

图 9　阁楼入口设施

性背景根源。

（七）碑刻 20 方铭记历史身世

锦纶会馆内共发现有 20 方历史碑刻，这些碑刻还揭开了会馆的身世之谜，记录了会馆的始建、扩建、重建、供奉的祖师以及行业状况等。在这些碑刻中，雍正九年《锦纶祖师碑记》记述：当时在广州从事丝织业的有数百家，他们共同出资兴建了关帝庙作为丝织行家聚集地。后来丝织业日益发达，行内人越来越多，于是又在雍正元年（1723）集资在关帝庙左边兴建了锦纶会馆，用于供奉祖师张骞。传说两次出使西域并开辟了中国陆上通往中亚丝绸之路的张骞在得仙女秘传之"支机石"后，将丝织技术传给了后人。

六　历史纪念与现实功能

常言道："广州人讲实惠"。究其实，整个中国，大多数人都讲实惠。

但如果太讲实惠了，以致约束了某些创造精神。内向性、收敛性思维方式多，外向性、发散性思维方式少。在文化、历史领域，不愿作深刻长远投资、搞急功近利，只能是短期行动，不会有长久回报。

由此，联系到跟十三行有关的锦纶会馆，其保护利用的工作，应该说开了好头。抛却了短视行为，伴随着一场文物建筑连基础平移的"传奇"工程，花了并不太多的钱，却留来了一段物质文明史（图10）。

图10 体现民间行业会所的历史建筑形象

不可动文物要有四个条件：文物本身的文化、艺术、代表性及其所在的遗址和周边环境。如果建筑失去了原有遗址，其纪念性价值也将大打折扣。联合国教科文组织在捆绑评定锦纶会馆时，不承认为真真正正的文物价值个体，遗憾的是原本文物建筑平地移动后，失去了原有的地址，原有的周边环境，其文物价值也因此受到较大影响。

归纳其现实的功能价值存在五个方面：

（一）有一定的文物价值

"物以稀为贵"。这个感觉我们或可"平移"到"文物"建筑上来？锦纶会馆是广州丝织业的阖行会馆，是目前广州市内唯一幸存的清代行业会馆。其他的如钟表会馆，梨园会馆等已拆毁，锦纶行内的其他多个堂馆也已不存。因与十三行密切的关系，见证广州手工业及资本主义萌芽，作为对外贸易历史的实物证据，锦纶会馆无可争议地存在一定的文物价值（图11）。

图 11　锦纶会馆的主要厅堂布展情况

《重建锦纶会馆碑》还记载："斯固声明文物之地，亦造物精华之气所特泄也。尝于西来胜地购一堂宇，师事汉博望侯张子文。"可见古人钟情于此人杰地灵之处，近三百年来见证历史变迁而不倒。

（二）两分法说环境效益

大多数人看到的情况是：疏解了蜗居会馆中的低收入居民，同时也拯救文物会馆建筑，解放了这里的城市空间矛盾，康王路可以自由的伸展拓宽，逼仄的古典建筑同时也别开生面。更多的市民可以欣赏到这个石屎森林中较为开阔的风景，使人们多感受一片绿荫的清凉。这些好处可也是惠及你、我、他，但失去了历史原址意义，算不得真正的历史环境和氛围（图12）。如此开展文化体验游，很可能就是半真半假的了，不能当成原计原味的历史看待，留下了无法挽回的遗憾。

（三）有意整合旅游景点

锦纶会馆地处华林寺历史街区及中国禅宗初祖达摩西来初地（图13）。一条玉器购物步行街不仅一下子和缓了人们紧张快节奏的心绪，而且可将"寺""馆"巧妙地联系在一起。这是一个历史文化旅游景观资源极其丰富的街区。当年有名的十三行行商梁经国在此买地置业，建子孙世居

金融业制造业的行业会馆集萃 / 287

图 12 现锦纶会馆西部庭院

图 13 禅宗初祖西来初地

的"太史第"①"京兆第"②，番禺黄埔村梁氏家谱对此有详细记载。

如将宗教文化、会馆文化、商埠文化、玉石文化整合成系列游览景观一定会吸引众多外国人。旅游是展示历史文化经济性很强的事业，旅游目的地的居民大可受益。可惜以上多种项目整合的有机整体性不够，景观连贯性、相互诱导性差，难于构成较大规模的旅游区或景观观赏序列。只能寄希望于华林寺的全面修复。

（四）重点在于"传承"效应

故宫博物院院长单霁翔有针对性讲过："保护"并不是我们追求的目的，"利用"也不是我们终极的目的，传播文化、承续历史，"传承"才是我们的根本目的。要鼓励全社会的力量保护文物，③ 保护我们民族的文化遗产。乔迁落座到位，修缮完毕的锦纶会馆已作为展览办公之用。有关人士相续表示，除了发挥锦纶会馆本身文物的作用外，还将其打造成一个纺织业博物馆，重点展示四个方面的内容：广东纺织行业发展史，纺织业在广东对外贸易史上的地位和作用，西关会馆史，广绣精品展览（图14）。这些定位与会馆的建筑性质是一致的，表里如一、主题鲜明。

博物馆场馆形式也应鼓励多样化，破除某种神秘色彩，利用旧景点比建新馆强。为了挽救"广绣"等传统民间艺术遗产，为了让这种有形文物与活着的还有生命力的无形文物都作为一种历史遗产传承下来，有关方面可延请"广绣"的唯一嫡传后人，工艺美术大师陈少芬借此开馆授法，进行技术表演，并展示他在不同时期的创作作品，让更多的人们领略作为中国四大名绣之一的"广绣"艺术魅力，在新的世纪发挥新的作用。如广绣《鸿图大展》是陈少芬一家两代合作历时三年多的作品，另一幅《马到功成》曾获得全国美术优秀作品金奖，谁都想一睹巨图风采。遗憾的是：持续性展览少、互动性的活动也并不多。

---

① 《番禺黄埔梁氏家谱》（卷七）记载行商梁经国儿子"在广州会城西下九甫南乡十六世二品衔星藩公纶枢建子孙世居"，"一在下九甫北响十六世顺天府府矩亭公同新建子孙世居"以上是为"太史第"。

② 梁氏家谱又记载："在广州会城西下九甫南乡十七世江宁布政使擅浦公肇煌建子孙世居"，是为"京兆第"。

③ 刘冕：《文物局长解读首个文物保护利用改革文件 鼓励社会力量保护文物》，《北京日报》2018年10月9日。

图 14　室内布展状况

（五）办好古建筑博物馆

广州的博物馆应该得到一个大的发展。古迹原址原本就是文物展品，但本身同时又是博物馆；其设计和运作既要有历史再现的体验内容，又要有创新形式和拓展的空间意境。特色设计技巧和布展经验是古建筑展厅布展设计的重要环节，布置一套具展览功能的楼、堂、馆、所，让人印象深刻的古建室内环境，以及具有观赏价值的前庭、后院、巷道、长廊等室外半室外场景，就必须要有传统的陈设特点以及产品特点，并有机结合（图15）。

博物馆的陈列展览是知识和思想传播的载体，它既要符合展览传播的需要，又要以观众为中心，吸引观众参观。文物古迹建筑博物馆应结合自身的定位和资源，确定展览主题和特色，加强陈列展览的学术支撑，追求艺术与技术的统一，全方位地传播知识信息，实现学术性与趣味性的统一。[①]

锦纶会馆古建群各方面的直观性很重要，如何利用古建筑的造型空间、家具风格和流线特点，使整个展馆区完美的搭配、自然得体、人物和谐，须落实到每个细小环节作精细设计。古建筑内房光线很差，需要科学

---

① 单霁翔：《浅析博物馆陈列展览的学术性与趣味性》，《东南文化》2013 年第 3 期。

图 15　庭院空间的展览布置

地配备灯光。这是一种烘托气氛、增加层次感、于更大程度上提升展室展品重点、吸引观众，而必需的专业性手段，令受众在经过长时间的信息接收后对十三行专业品牌类型和风格等有一个深刻的印象。

有些破损了的文物古建筑，比如银行会馆，现在被一个学校使用，应该发挥使用单位的积极性，将其精心保护使用的同时，还应该使之变成一

图 16　银行会馆建筑构成要素

种"准博物馆""类陈列馆"(图16)。校长、教师应该自觉充当"馆长""管理员",让学生轮转充当"讲解员""宣传员",学习古建知识、学习会馆历史文化,以此让学生得到自我教育和能力锻炼、又以此教育群众,甚至对外开展旅游宣传活动,提升社区的文化品质。这样的好事何乐而不为?

对外商定期放风开放的海幢寺

位于海珠区南华中路和同福路之间的海幢寺，历史悠久，与十三行同步兴盛；早先规模宏大，为广州四大丛林之一，具有广阔的园林空间与水岸线，既是弘扬佛法之所，也是广州人游春胜地之一。

十三行时期，海幢寺与著名行商的伍家花园、陈家花园、潘家花园为邻，并对外商开放。外商每月定期三次可乘船到此游玩（图1）。海幢寺的风景园林无疑对各国游人会产生一定的影响。作为基督教、伊斯兰教或天主教教徒的外商、水手、传教士、外交家、艺术家都会在此思考不同宗教文化的特点，进行相互之间的交流。

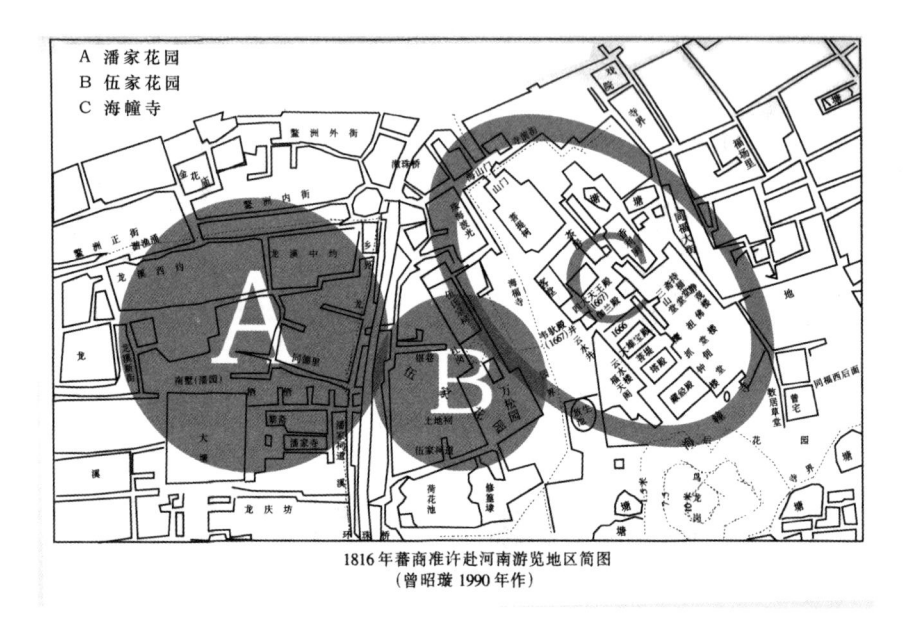

1816年蕃商准许赴河南游览地区简图
（曾昭璇1990年作）

图1　广州河南海幢寺区位

十三行巨贾伍秉鉴的伍家花园（旧址存今同福中路西端迤西）有一园林景石："猛虎回头"，于1951年移至海幢寺，是为珍贵的十三行历史文物。因建国后一些政策的影响，现在的海幢寺还屈身于"海幢公园"内。

回顾历史、针对现状，为了更好地开发利用十三行商埠文化资源，突出广州作为海上丝绸之路始发港的形象，同时为进一步落实党的宗教政策，有必要对海幢寺及其周边环境进行主题鲜明的城市设计和环境艺术设计。

一 海幢寺的兴衰史

海幢寺相传为南汉环城二十八寺之一的千秋寺所在地，始建于南汉时期（907—971），起先千秋寺只有一座佛堂和菩提堂，南汉开国君主即在这一带大兴土木，除适应佛教盛行而续建寺院外，于附近还建有梳妆楼、刘王殿及郊坛等。[①] 惜宋元以来废为民宅。

明代富商郭龙岳于原千秋寺处筑建宅院，占地极广。明朝末年，僧人光牟从郭家花园中募得一块地皮拟建寺院，仅以旧宅稍事修葺之后挂上"海幢"门匾，取"佛经海幢比丘潜心修习《般若波罗蜜多心经》成佛"之意。佛寺庙中立有经幢（刊刻经文的石柱），故寺名又取海滨佛寺之意（图2）。清朝巡抚刘某捐资为之正式建成山门。山门在今南华中路处，那时还是"海边"（图3）——珠江古称"珠海"。广州自古海上丝绸之路始发地，商人出海经商，前路难料，少不了拜佛祭神求平安。故海幢寺在商民心目中的分量自然不轻。

继光牟之后，又有池月、今无两位僧人先后营造佛殿及方丈经阁。清顺治十二年（1655）曹洞宗第三十三世空隐和尚（1599—1660）在寺驻锡。此后，其法嗣天然和尚（三十四传）、阿字和尚（三十五传）、古云和尚（三十六传）等名僧先后在此住持。清康熙五年（1666）平南王尚可喜与巡抚刘某又捐建，购置寺旁山地建成殿、堂、院、阁、舍、圃等23项工程。并使用了藩王超规格的绿琉璃瓦。当年建成的大雄宝殿宽七楹（29.8米），进深5楹（19.5米），檐高三寻（合二丈四尺多，约7.5

[①] 冯沛祖：《广州风物》，广东省地图出版社2000年版，第56—78页。

图 2　现海幢寺入口景观

图 3　古代海幢寺山门面江

米）。大雄宝殿右角兴建了地藏阁，并铸幽冥大铁钟。1667 年，又建成规模更加宏大的藏经阁、天王殿、韦陀殿、伽蓝殿等一系列殿堂及配套设施。天王殿居中，两侧分别为韦陀殿、伽蓝殿，后面砌成石台，上建藏经阁。新建的藏经阁比大雄宝殿更加雄伟，宽九楹（38.3 米），超出大殿三分之一，好不壮观。此后还相继建成丛观、四禅、镜空、松雪、悟闲、画禅等堂宇，地藏、诸天、闻清钟等楼阁，惜阴、就树等廊轩，幢隐卢、空缘禅等馆舍，并环以回廊。还有瘗鹿冢僧侣墓园，寺后有松园、宁福庄、瘗鹿亭、斋堂、大悲阁、药师佛母堂，"参差并盖，鼎足有三"。园囿尽处，寺之南端建有普同塔。规模之大，为广州寺庙之冠（图4）。

图4 海幢寺旧貌图（崔志国供稿）

清康熙十八年（1679），翰林王令撰《鼎建海幢寺碑记》有海幢八景，分别为：花田春晓、古寺参云、珠江破月、飞泉卓锡、海日吹霞、江城夜雨、石蹬丛兰、竹韵幽钟。鼎建碑为当时住持今无禅师立，1992年在南园酒家被重新发现，并运回海幢寺收藏。天然和尚住持期间，"门下弟子数千"，阿字和尚徒众也"不下千人"。乾隆三十一年（1766）增建毗卢阁。道光年间（1821—1850）南海人伍右肃施银重建韦陀、伽蓝二殿。光绪年间（1875—1908）有僧三四百人，寺僧捐献数百银两以充军饷，朝廷赠送"功资保障"匾额，遂筑碑楼高悬。

18世纪是海幢寺的鼎盛期，寺院规模超过现址三倍，前临珠江，后倚万松岭（今粟园至龙福西二巷），寺院东界到达今天的同福上街。清嘉庆十一年（1806）寺院特辟为夷人游览区，专门接待外国人参观，成为广州第一个专为洋人开辟的旅游景区。

民国初因修同福路而把寺院腰斩为南北两部分,正是《洋城竹枝词》叹道"五大丛林半劫灰"的悲惨情景。民国十七年(1921),市政府将海幢寺部分用地开辟为"河南公园"。民国二十二年即 1933 年 9 月 28 日改名"海幢公园"。1963 全部移交公园管理,宗教活动随之禁止,但佛像仍保留。1966 年所有佛像文物俱毁,殿堂成为茶座和娱乐场。舍利塔及部分房屋一直由区文化局占用。至 1976 年前被改名"立新公园"后复名至今。

1993 年以后,刚恢复的海幢寺只占园中西侧,因而失去佛教寺院应有的对称和平衡,也给寺院的管理造成很大的困难。经社会各界人士多年不懈努力,终于在 2006 年 7 月,经广州市海珠区人民政府批准将公园归为海幢寺管理使用,使历经百年沧桑的海幢寺恢复历史本来面目,迈进又一兴盛时期。①

二 海幢寺的美学观

类似西方教堂、清真寺往往成为一个城市、村镇或一个居民点的核心景观一样,中国寺庙也有上述这一功能。不同的是西方教堂一般都是居民区的中心,被民居层层包围,钟塔景观的集中性相当突出。而我国众多寺庙不处城市中心,与民居保持一定的距离。尽管有的佛塔高耸,只能形成自身建筑群的视觉构图中心,或山水形胜的点睛生花之笔。海幢寺的美学分析,得从自身环境艺术说起。

(一) 总体布局,"望之如在天际"

自南汉千秋寺始,至清代中期,海幢寺北门一直濒临珠江。"寺后丛林蓊蔚,为万松岭故址"(《番禺县续志稿》)。"三门乃面郭,溟涨(指海,指珠江)到阶湾。绿借秋前树,青归雨后山"。惜江边古寺风光只存清初诗人杭世骏如上《游海幢寺》诗中。

清初著名诗人王士禛曾著文赞海幢寺"极伟丽,北望白云、越秀;西望石门、灵峰、西樵诸山;东眺雷峰,即往波罗道也;南为花田,南汉

---

① 来源:广州市人民政府网站,www.gz.gov.cn,魅力广州,2016 年 7 月 26 日,市民宗局。

葬宫人处,素馨花产此"。当年广州河南一派的乡野风光,寺院西北方是潘家花园、陈家花园大型宅园,西边是伍家花园大型家祠住宅群。这些行商家园极其美丽豪华,与海幢寺互为邻里。在没有高楼大厦的绿色城区,完全可以想象其建筑群体与天地江野融合一气的景象。

乾隆年间(1736—1795)沈复在《浮生六记》中称:"海幢寺规模极大,山门内植榕树,大可十余抱。"这些几百年的榕树,有的幸存于园内,古树新枝,荫天蔽日,为观游者赞叹不已。寺中一株植于明代的鹰爪兰古藤今天还枝叶婆娑,蔚为壮观(图5)。

图5 海幢寺殿堂与活的植物均有悠久的历史

舍利塔距离珠江不远,"望之如天际"。谓海幢寺"丛林者",喻僧人之多,与比丘和合一处,有如众木相倚成林也。过去寺中有一联,描写了"佳气海天遥"的意境,抒发了"政声山斗在"的情怀。此联乃乾隆年间进士英和作(此人才华横溢,当时权倾朝野的宰相大贪官和珅,曾想招他为婿,被婉拒)。一般寺庙殿堂,多坐北向南。海幢寺位于广州河南,却坐南朝北,面对珠江。其中缘由不难猜想,大可从地形地貌出发,分析寺庙风水(靠山面水、前低后高)关系,以及朝向政权中心的形而上学思想即可理解了。①

（二）建筑文化，博大精深隆崇

经多年建设，海幢寺院建筑相当壮丽，"宏敞庄严，为岭南雄刹"（《羊城古钞》），其中如藏经阁面阔九间，高出大殿三分之一。"碧瓦朱甍（栋），侵霄烁汉，丛林创建之盛，至是盖无以加矣。"（《鼎建海幢寺碑记》）寺中香积厨，大斋灶直到晚清乃用蠔砖砌成。风格一体，才有寺庙屋宇巍峨之状，殿阁具有"隆崇凌云"的一统气势。

海幢寺与主题建筑相配置的是一些建筑艺术小品（图6），样式多、造型美深受人们喜爱。康熙十八年至三十五年（1679—1696）修建的塔殿其风格与整个寺庙及主体殿堂十分相谐调。平面近方形，面阔、进深各五间（21.9×21.77米），殿身4柱12架。四周围廊并有石阶，上有天花；重檐歇山式绿琉璃瓦顶。比较特殊的是正脊为檐口长五分之二。梁架斗拱、驼峰做工精细。坐斗有梅花形、八角形雕饰。柱子有园栌斗、柱櫍。

图6 海幢寺建筑艺术小品荟萃

---

① 深南铁、曾志：《广州旅游百科》，广东教育出版社1998年版，第96—98页。

塔殿正中七层舍利塔，为广州仅见的两座之一（另一座幸存今华林寺）。塔高二丈（实8.4米）作古印度阿育王塔式。塔分上下两截，上园下方，象征天圆地方。下截正方形塔座，面宽五尺，四面各有佛像。每角作翼状翘起，上刻人物图像，上截为九级佛图，各级均为莲花座。整座石塔"质理莹坚，雕镂精妙"，多有名流题咏。

海幢寺天王殿面宽7间（29.8米）进深5间（19.5米），殿身4柱12架，周围回廊，梁上置平綦，重檐绿琉璃瓦歇山顶，高12米。屋面呈较平缓曲线，下檐有两跳插拱。月梁间多施用驼峰斗拱承托于梭形柱，柱头有园栌斗，柱脚有櫍。承明代建筑风格，给人古朴宏大之感。后来在道光三年（1823）、同治五年（1866）重修，至今风格仍保持不变。殿内还有十八罗汉佛像让济公调走了两尊的故事。事情的真实性并不重要，以此反映寺院建筑高超的艺术性应该说是十分有趣的。

（三）寺庙园林，幽深广阔绝妙

僧人们在修葺殿宇的同时，广植林木营造出城市森林。寺南松岭，林木蓊郁，风过处松涛滚滚。寺内木棉高耸，红花灿若朝霞。所谓"映阶圭竹翠，耀眼木棉红"（清·查慎行《海幢寺》）。又有菩提、榕、松等古木苍翠一片，占地广阔清幽静穆，浓荫匝地，"不独甲于粤东，抑且雄视宇内"（《鼎建海幢寺碑记》）。类似"羊城八景"、"潇湘八景"等集称文化现象，海幢寺也有"一寺八景"集称景观，实属难能可贵。寺院园林范围最大时，北至珠江之滨，东达前进大街，南沿万松岭、马龙岗、南武中学，西侧与海幅寺为邻；面积数十余公顷。三四倍于今光孝寺，亭台楼阁隐现其中。今寺周有十多条街、巷、路皆因海幢寺而称名，或原本就是寺内园林用地。

当时寺内还有驯鹤、野雀、合欢等佛门喜好生物。其中一时并为佛门四宝，每一宝都附有感人至深的民间传说故事，和劳动人民善良友好的愿望，且不仅仅是佛教的"轮回观""因果报应"等宗教文化思想。"灵兽非生客，驯鹿亦旧友"（清·杭州骏传）。"兰开鹰爪绿，丹结马樱红"（清·程可则诗）"未有海幢，先有鹰爪"，300多年的生长史本身就给人一种历史美感。有400多年树龄的"龙根"斜叶榕气根可吊大钟。

据抗战后《广州龙观》记载，那时还有70多僧尼。住持僧名素仁大师，是一位岭南盆景大师。其作品独树一帜，有"画意树""素仁风格"

之称,乃寺中一景。天下名山多有寺庙,寺庙亦多维护名山。中国的寺庙向来保护生态环境功德无量。"天、地、生"宇宙大系统的和谐与社会思想基础相关。

(四) 广州少林,诗僧文士雅集

海幢寺为什么修得那么好?是因为有大批修养高深的文化僧人在此工作。这是值得书上一笔的人文景观资源。

主持兴建殿堂十多年的今无禅师在扩建古寺之时还手疏《楞严经》。他是一位富有民族气节的著名诗僧,现有《光宣台集》存世。今无的受戒法师天然禅师,乃曹洞宗三十四代法嗣,明末举人,精通搏击,文武双全。永历帝臣俗名金堡,又名归的今释禅师,乃明崇祯时进士,素传"澹归钵""澹归碗"的趣话。其陵位于丹霞半山,已被修葺为一景。另有番禺名士王邦畿诗僧,法名今吼,有诗在世。天下文士雅集海幢寺,形成一代海幢诗风、广东一方文采。曹洞宗三十五代嗣阿字和尚及三十六代古方和尚都在此有所贡献。故海幢寺素有"广东少林寺"之誉。1950年代初期,乾慧、素仁二僧还收集了历代诗僧的"悟录"、"诗集"等多种木刻板片。

三 海幢寺与十三行

正由于海幢寺规模大、风景美,远离城池府衙,故清政府特地将该寺向各国外商开放。据梁廷枏《粤海关志》记载:清嘉庆二十一年(1816)七月,两广总督蒋攸铦对七年前始开放的海幢寺还在作进一步的规范,批示准允英吉利人要求,提供一处阔野地方供其行走闲散,以免生病。起初规定洋人于每月初三、十八两天先来报明,然后派人带他们去海幢寺、陈家花园内任由闲游,以示体恤。但在日落之前必须返回住地,不准在园内过夜。后来陈家花园已毁,则决定准允他们每月初八、十八、二十八,三日前往海幢寺、花地闲游。但每次不准超过十人,通事(翻译)向各炮台报明,带同前往,宜日落前回馆。

中国古代官府对民众防范严厉。十三行期间更防止西洋人与社会民众接触,此话不提。海幢寺为外国人开放的确证明寺中很有玩味。同时可知位于溪峡(同福中路溪峡街一带)的行商"陈家花园"已废。正是"风光匝地行云黯，野雀巢松暮雨哀。闻道废兴频易主，也曾流涕孟尝来"（南海谢兰生过陈氏废园诗）。

美国人威廉·亨特1829年曾在广州美商旗昌洋行工作。他的《旧中国杂记》（*Bits of old China*）有一章专讲海幢寺：

> 到商馆对岸河南的大庙一游，总是很有意思的。这座庙宇是华南各省最大最漂亮的寺庙之一。每到晚上，和尚们，约有二万到五万人，聚集在三间一排的大殿上诵经。诵完经后，全体绕场行走，一边唱着经谶，点着香，打着钟，最后在表示过去、现在、未来的三尊巨大描金佛像的中间那一尊前面引跪拜礼……用英文来说，这座庙的名字叫"海的帐幔"，它拥有一个内容充实的图书馆和一个印刷作坊。在那里，教义被刻在木板上，木板不断地印出书来，用来赠阅或出售。
>
> 一系列大而漂亮的殿堂或独立的庙宇，都建造在石砌的平台上。殿前宽阔的花岗岩石阶，周围是低矮的石头护栏，当花岗岩的石柱分开，石柱撑持着上面的屋顶。建筑物的各种色彩，挂在里里外外柱子上的金字条幅，构成一种欢快的美妙气氛；特别对外国参观者是这样。僧人的住处与大殿分开，并排地列于东西两侧，长度与寺相等。住持的屋子也和别人的一样，朴素而舒适，有一间会客室陈设着好家具；另一间相邻的座子里有一个供着佛像的神坛，佛像前有永远点着的线香，还像通常一样，有一盏长明灯……

亨特对寺庙观察描写的非常细致。除了图书馆、印刷作坊，还记有花岗石通道，美丽的树木，养大的肥猪，以及火化场与石塔式的陵墓等这些在中国文人的记述中几乎都找不到的，亨特却写得非常生动真实：

> 在各座建筑物宽阔的花岗岩石通道旁，以前有许多高大美丽的树木，在洪秀全那场无情的叛乱中全被毁掉了。在花岗石通道右侧的房屋当中，有一座里养着这个寺庙的一大奇观——大约十二头极其肥大的猪，肥得几乎都走不动了……寺僧们也都"膘肥体壮"……
>
> 寺庙附属的花园非常广阔。花园里一个僻远的角落，有一座带屋顶的小建筑物，僧人死后遗体在这里火化。它的近旁还有一座金字塔

形顶盖的花岗石陵墓，他们的骨灰就存放在里边。

1838年10月，法国画家波塞尔游海幢寺，作了一幅没色石板画。画的左边是半个大殿，殿前是一株古榕，树下游人如织。1996年1月出版的《广州历史文化图册》刊载了这张百年前的古画。作者在日记中写道："庙内万籁俱静，气氛肃穆，供我顿然有出尘之想。"

除以上故事，还有很多关于海幢寺与十三行有关的活动记载。特别是当年的一些摄影照片，还真实地记载了"老外"某些不文明的行为。

通过多次的大劫难，海幢寺中的建筑及其他文物所剩无多。寺中原粤东巨富潘家的石狮子，匠工精细、神态自然、栩栩如生，实属文物，所幸尚存。寺中还有一物，相传是行商赠送给寺院的，即遐迩闻名的"猛虎回头石"（图7）。该石现在立于古藤名兰——鹰爪兰东侧不远的一个圆形

图7 "猛虎回头"石

景池中央。这是一座呈青灰色的七尺湖石，间有白色斑驳，头大脚细，形状枭雄，嶙峋疏透。从某一角度看，如猛虎回头。那稍稍陷进去的地方，像血盆大口；上面两个凹孔，似老虎双目；头部骨棱分明，似老虎之背。此虎似乎在悠然前行，突闻背后有响动，呈猛然翻身回头状。"云头雨脚，猛虎回头"，却为石中妙品。此石远在宋代已存，上有宋代著名书画家米芾题名，乃万世所珍。

全盛时期因伍氏园中满植青松，故又称"万松园"，购置该石曾为十三行富商伍崇曜花园之物。伍家花园故址就在海幢寺一带。太湖石重达三千余斤。抗战期间日军欲窃运日本，后又为人盗卖，1950年方归海幢公园。

四 海幢寺的尴尬状

从某种角度上可说"深山藏古寺"，到山林修行是"偌得起，躲得起"的天籁表现。难怪"儒在钟鼎，佛在山林"。因为历史上"佛"极易遭官、商、军的损害。特别是佛门的建筑及环境受到损失，"佛教"事业肯定不盛，其僧人只能另谋他处，更谈不上实现寺庙的其他功能了。

今日海幢寺只是旧日海幢寺的一部分，位于同福中路与南华中路之间，南北长，东西窄，已不复旧观，且所剩部分与海幢寺公园共用，导致风格上出现较大的不协调。寺院南邻南武小学，游园活动常受小学生打闹呼叫干扰。旧日珠江江面已远去200多米。被隔、占、拆、挤后，海幢寺如今处在一个很尴尬的停滞阶段。

（一）历史动乱对寺院的长期破坏

自清末至民国，战争频繁，文物古迹屡遭破坏，海幢寺除天王殿、塔殿外，其余多被拆毁。开辟同福路时把寺园腰斩为南北两部分，这是一种错误决策的破坏行为。受蒙蔽的思想行为造成了持久的从制度层面到物质层面上的异化。

（二）对海幢寺保护缺位

1933年9月8日江南公园改为海幢寺公园，"园寺一体"的"公理模式"沿用至今已有72年。其间，大雄宝殿中，原有一丈高的大佛三尊，天王殿有二丈高的四大金刚和十六座尊者塑像，现已全部不存，天王殿屋宇也被拆除。寺中昔日有两口"幽魂钟"，今存其一。大雄宝殿后旧有塔殿，殿中有一座高丈许的七星岩石白塔，四角飞起，颇有灵气，惜已被毁弃。如今园中寺庙建筑仅存大雄宝殿和塔殿。

文物与园林结合，文物可以得到较好的生存环境和保护效果；园林因有文物的存在而提高自身的文化格调和景观内涵。这是两全其美的好事。而此处"园寺一体"数十年，结果却并非如此。

海幢寺公园保留了一个文物大殿及若干属于文物的园林小品和古树名木，特别是1947年修复了被日军毁坏的塔殿。

然而公园的管理还有许多没有足够到位的地方致使文物毁坏一件少一件。尤其在宗教意境气氛的打造上，还有待提高意识、积极作为。

（三）文化发展思路上的差异性相矛盾的尴尬

海幢寺的基本特色即本色应该是以宗教文化特色为主色。公园内的古典建筑是佛教文化的载体。公园内的游园活动是动态的器械性的娱乐活动，这与寺庙内的佛教佛事活动相冲突。一方面追求宁静致远；另一方面旨在"尽情放纵"。一方面追求"六根清净"的佛门清修之地；一方面则是嬉戏玩耍的游乐场所。一方面是呐喃的佛咒清音；一方面是机动轰鸣迪士蹦蹋之声。一方面是清康熙五年（1666）始建的悠久历史文物建筑，追求古色古香，原汁原味的美；一方面喜爱现代轻钢结构，水泥瓷砖轻快时髦简捷之美。一方面希望不断修复文物，请回几尊菩萨、罗汉光耀门楣；一方面希望投资购买具有电子机械设备的现代玩具。

当世给与宗教产生碰撞，其间产生的不协调，势必需要酝酿出新的解决方案，产生新的发展观。

五　海幢寺的发展观

海幢寺是随着十三行时期的结束，而走向衰落的。1863年伍崇曜逝世后伍家花园逐渐收缩，今南华中路、同福中路的花园遗址环境变坏。1908年潘正炜的潘家花园遗址仅有一口方塘和漱珠桥、环珠桥的地名。1881年自竖立《禁妇人入寺烧香示》碑牌，加上时局动荡，寺中香火日渐式微。光绪二十七年（1901）××公学社入寺，1904年办××公学，

1904年寺内组织粤剧团体天演公司，这时候的古寺早已呈破败之像。20世纪初建同福大街，1926年修葺同福中路寺庙，失地被分割。海幢寺院文物屡遭破坏，寺庙建筑大部被毁，已是"寺将不寺"了。从此时起，寺与公园一直二合为一。今后怎样发展，值得研究和关注。

（一）合情合理的定位

记得广州日报有篇文章报道：一派人主张恢复海幢寺作为文物保护单位，尽力发挥在宗教文化、旅游文化方向的作用，并继续实现寺庙在营造生态环境、居民休闲晨运场所等方面的功能。此谓"寺院说"。

另一派意见则坚持"公园说"。该说论据离不开维护"公共""公家"之类云云。最后结果不了了之，依然重复昨天的故事。

关键问题是：目前尚没解决好发展的定位问题。

定位问题不解决，目标不清楚，性质不清楚，产权不清晰，可持续发展的方针策略则无从制定，有力无处下手。

许多政协委员建议尊重海幢寺的历史，把海幢寺公园交还海幢寺管理使用，全面落实党的宗教政策，实行"寺院合一"的管理模式。当前规划部门只做了"南华西街—海幢寺历史文化保护区保护规划"的编制工作。海幢公园收归寺院管理一事，建议由当地政府管理部门协商。

在这种情况下，应当打破部门间隔，进行统筹规划。

按规定，城市每平方千米内应有一块生态活动绿地，无论叫海幢寺（寺观园林）或者海幢公园效果都是一样。总体地块面积是个常数。除此以外，应当从全社会角度考虑，进行全面比较论证，恰当定位。

（1）一块公园的牌子，一个公园的班子

保持现状，公园与寺庙共处，重心放在公园上，这对寺庙来说是不理想的。几十年的发展状况证明，这是不利于宗教文化事业直面社会发展的。

（2）一块公园牌子，两个班子

公园、寺院虽有相应的自主独立性，但等于宗教文化单位上面另加一个，上下级间纯行政的架构的专业不同，势必难以做到协调一致。这种"代管"现象只能是暂时的。

（3）两块牌子两个班子

这等于将原本完整的寺庙及其园林再行一分为二加以分割，寺院土地再行被分割,更加不利于保护。

笔者认为,还是恢复宗教历史文化保护单位好,寺院归宗教管理部门。海幢寺可配合海珠区政府或市政府另外开辟一个公园,安排现有公园职工就业,并给予补偿。这样我们的城市公园才算真正得到了发展,解决了业务饱和度、编制数、公园遗址协调发展之间存在的一些矛盾。

广州市区相比过去的古城扩大了好多倍。我们的城市公园也应该扩大好多倍,才是合理的。让全市的公园职工分赴更多更大的公园去开拓自己的事业,这也是整个山水生态城市——广州的大事业。

(二)认认真真地定性

海幢寺是一座具有千年根基,300多年兴衰历史的文化型宗教活动单位。她如今应该是广州名城的一个历史文化保护区,是一个具有相当规模的文物保护单位,具有岭南文化特色的旅游风景区,一个难得保留至今的城市森林特质的寺观园林。而且她还是一个与当年十三行对外贸易"门缝开放"密切相关的历史文化实物见证。

东南大学郑光复教授曾阐述过寺观建筑的功能意义。寺观建筑即对中国社会发挥了多方面的进步作用,正是寺观建筑所在地,能较好地保护一派山林、一方水土。可以说寺观取得了环境保护机关的作用。宗教的其他活动暂且不论,它的世界观、宇宙观与所联系的哲学思想理论的传播是寺观建筑发挥其学校思想教育作用的结果。寺观中的藏经楼,藏有许多经典的诗、书、画、经等文献,这是人类思想的结晶,寺观成了当地藏书颇丰的图书馆。寺观里培养佛(道)教音乐人才,寺观里可以连续观赏其壁画艺术。所以,她又是起到古代音乐厅、美术展览馆的作用,有的真像室内室外雕塑博物馆。许多宫廷无法保全的艺术藏品,寺庙却可以让人类艺术越千年,一个一个朝代的保存下来。在旅游业不发达的古代,烧香朝拜成为最好的旅游机会,寺观成了旅游区。在疗养院不多的古代,某些达官贵人,文士墨客往往寄读寺观,或者避难、逃婚、或著书立说、陶冶情操,或遭惩罚至此。在市场经济发达的社会,定期一次的庙会,则是商品服务交换的好时机。各种文娱艺术表演,让庙会市场又形成了剧场、杂技场。凡是大型活动,尽管挂着宗教名义,实际上是社会活动必要的一部分。寺观提供了场地、时空、机会、主题。男男女女借机相约柳林黄昏,幽会花间月下,寺观园林环境起到了公园的作用。野游郊游、接触自然、融洽社会、相亲访友、谈情说爱，哪一点不是人类社会的实际需要，哪一点不是为满足人们生活质量提高的需求？当今社会已正式开办了心理医疗咨询诊所。寺观僧尼道士等辈所从事的开导人的"抽签、算命"工作，扬弃迷信的勾当，大部分都是一种心理咨询、心理安慰治疗服务活动，寺院成为心理医院或慈善救助中心。此外寺观还培养了众多高层次哲学家、化学家、思想家、艺术家、翻译家、高僧、画师。寺院成了学院。那里可成为习拳习武的武术院；那里还有动物保护宣传人员，生态环境保护教育者。寺观文化活动的作用主流是积极的，在今天建设文明城市，建设和谐社会、法制社会的过程中，寺观还可继续发挥积极作用。[1]

时代在变。今天的海幢寺最直接、最显著、最客观的功能是改善城市环境，展览历史文物，开展旅游活动，其他功能则可伴随而生。

海幢寺是广州历史文化名城的组成部分，宣传海幢寺等于宣传广州自南汉以来的历史文化。尤其是18世纪以来；十三行发达的100年间，传统的佛寺配合国际商贸活动发挥了对外窗口的作用。

当今的宗教圣地开"庙会"，做"道场"。这是一种很有吸引力的旅游观光娱乐活动形式和场所。我国人民长期积淀下来的善良的健康的美学意识形态，我国人民现实的生活方式与价值取向，我国在国际国内的立场政策都可以借助"宗教"的场所、氛围、仪式、语言、音乐、环境等得到宣传张扬、贯彻与落实。

中国的宗教界要发展，要实现适应新时代的创新。佛教事业也要提高、也要发展。传统文化要组织佛学家、宗教艺术家、高僧、学者进行整理研究，弘扬光大；新时代的"大千世界"还要与时俱进，发展佛学新理论、新教义，制定行为规范，为新时代的山水生态城市建设，形成人与自然共生共荣的关系。经济社会的和谐发展观，主张历史文化保护学说，形成请正廉明的政风，促进福利社会与慈善事业发展，促进有关婚姻、家庭、名利等心理学……做出贡献。简言之，就是协助解决社会应该解决的问题，协助社会和政府解决较为困难问题。西方社会对人文发展非常重视，对宗教事业的投入也很多。许多世界一流大学内也有多间教堂，许多国家的皇宫或总统府附近都有风格独特的美丽大教堂、小教堂。在德国凡是有女人的地方（其实有男人就有女人，有女人就有男人，此处说法无

---

[1] 杨宏烈：《现代宗教建筑的形制流变》，《新建筑》1998年第6期。

非说明事件的普及、普遍化情况）就有教堂的尖顶，就有村镇，这就带来了许多人文气息。

如何将宗教场所的人文美融入到新时代的城市规划与建设中，如何将传统性与现代性、宗教性与世俗性相互融洽、和谐统一，是当今城市文化建设的重要课题。

（三）实实在在的定量

定量，就是确定各种实物属性的规模、大小、高宽、深度、多少等数量关系。"量"同"质"、同"性"以及所处地位都是有关系的。

建筑进化的起源来自于对环境的适应。环境的恶化导致建筑的衰败。当代建筑是在古代环境中生成的结果，它们也是进化的产物。时至21世纪，城市大环境越发不有利于古建筑保护，特别须营造相应的小环境。与其说是为了古建筑，不如说是为了人。因为古建筑还是为今天的人服务的。为避免文物古建筑的过早衰败，须划定一定的保护范围，给文物建筑用作持续生存以"适应的环境"，同时也满足旅游观赏活动的用地要求。

海幢寺固有的范围很大。最大时北至珠江之滨，东及今前进大街，南沿万松岭（乌龙岗）红十字会医院（1904年）和南武中学一带，西与海福寺为邻，如此算来面积计达十余万平方米。今光孝寺只是旧海幢寺的三分之一到四分之一。现在海幢寺东侧的福场路，路东的福场东、一、二、三、四、五巷，路西的福场西、一、二、三、四、五巷均花岗岩石板路面，民居住宅，举目尽是楼房一片。这一片便是清代福场园的故址所在。福场园也仅仅是海幢寺的一部分。当前剩余寺庙的地块，已不宜于再继续被切割移作他用。

我们当前的规划并不是要求完全复旧，恢复到清代中期十三行时期的盛况，而是统筹考虑既改善海幢寺的当前景况，又改善周边居民的生存居住质量，使我们的城市具有更浓烈的历史文化气氛和更多可观可游的景点景区，让人们看得见文化都市的文化要素和历史名城的悠久历史。

六　海幢寺的整饬篇

针对海幢寺现状，政协、人大代表、专家学者等群体以旁观者的思绪提出问题，以非功利性的态度倡导改善当前的环境，有的甚至以杜鹃啼血的精神呼吁并献计献策,目的是为了整个社会的文化进步与和谐发展。他们提供的方案可以作为行政部门在规划执行时的重要参考。当前对海幢寺的整饰意见概括起来有如下几个方面。

(一) 制订合乎社会要求的管理模式

当前海幢寺与海幢公园之间的管理模式还没有完全顺。两者在管理的理念、规划、模式上存在较大的差异。海幢寺屈身于海幢公园,不得不与园内的游乐设施、酒家为伴,风格止反差巨大。1993年,海幢寺以寺的名义重新开展佛事活动以来,海幢公园内的场地一分为二,一半归海幢寺,一半属公园,但入寺必须先入公园门。公园为了增加收入,每逢初一、十五会抬高门票价,并把公园场地(其实原本就是寺庙用地)出租给小商贩,海幢寺佛旦日营业到深夜,第二天早上经常可见遍地残羹剩菜,是对佛门的清净形象的损害。

(二) 制定合乎社会发展的规划方案

寺庙因多年来周边环境、生活配套相当完备。该路段被南武中学,南武小学,同福中、小学等多所名校包围,吸引了不少海珠区其他地方的买家在此置业。房地产商对这一地段也非常感兴趣。自公园开设了游乐场后,原居民与寺庙的小区关系被打破,休闲朝觐用地成为噪音场所。人们等待这一情况朝好的方向的变化。

海幢寺按原寺庙规划发展好(图8)。一是尊重历史,延续城市文脉;二是落实宗教政策,保存和归还寺院财产;三是现状保持了具有岭南特色的古庙园林艺术风格特色;四是佛寺文物还需寺庙及其古典寺观园林作有利于保护的生态环境与文态环境;五是海珠区此地一带缺乏宗教活动场所、及宗教历史建筑风光。海幢寺能够替代公园的功能;反之海幢寺的功能海幢公园却不能替代。六是海内华人纷纷要求恢复开发寺观文化、参与投资与国际往来。简述六大原因:教缘史迹、开放政策、形势现状、文物环境、稀缺性与替代理论,最后按寺庙文保单位进行保护规划,则为正确结论。

完善海幢寺的主轴,在主轴线两侧安排复建寺庙配殿,小品、院落、庭荫树木、山门、庙道等设施。主要宗教活动、文物展览将沿轴线展开。其他空间地块将按寺庙园林的历史风貌进行恢复。充分尊重考证落实的地基基础位置兼顾整体上的游园需要、组景需要,修复某些有个性特色、有现存档案

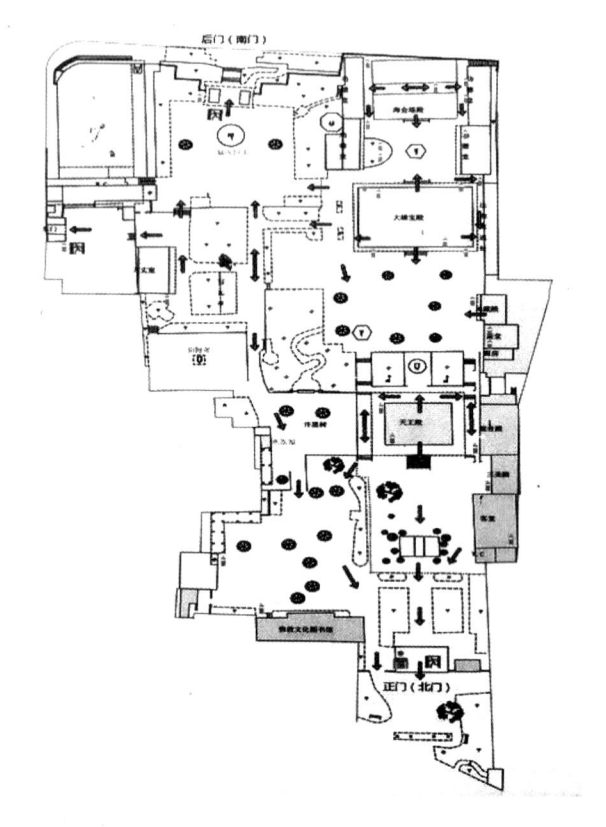

图8　海幢寺中轴线现状

资料的殿堂或园林建筑，古为今用。如古庙牌坊、钟楼、鼓楼、山门等是可积极加以修复的对象，特别是寺院应该认真推敲设计。山门一项，当年就是源于寺门濒海，而得"海幢"之名，故新建山门前可立两支经幢以壮气势。周边的服务设施有必要加以整顿，名城保护规划结合市政建设，设计庙外商业步行街，构筑有地方风格的旅游景观，扩大就业渠道，搞活经济。①

（三）整改寺院内空间景观相冲突的建（构）筑物群

海幢寺应讲究建筑艺术的内容和形象的统一。前者是指建筑在精神上的思想性，后者是指其思想内容借以呈现出的意蕴和特性的形状、建筑的艺术形象。如今所见的大雄宝殿是于1666年始建的基础上修复而成的。

---

① 刘静姝：《历史文化街区保护和利用中的功能置换——以成都宽窄巷子的商业开发为例》，《重庆建筑》2014年，第2页。

其建筑风格依然保持了青砖、绿瓦、朱漆、木结构特点，基本上继承了原殿的艺术风貌。后来重建的天王殿是参照大雄宝殿施工的，也是一色青砖、绿瓦、朱漆、木结构。虽二者建造年代相差很远，但能和谐地共处于中轴线上，塔殿的复兴也可以说比较成功的。[①]

可是，近期在地藏殿、钟楼、鼓楼、斋堂、观音殿、六祖殿、藏经阁、客堂基础上兴建的一些新建筑，要么违犯了寺庙建筑的一般布局规格，要么没有遵循美学对称的构图法则；要么就是在形体、体量、色彩、质感上与古建筑产生严重冲突，这批新建筑虽以琉璃瓦为顶，但屋顶不与传统古典型制相符，外墙贴满绿色锦砖，且弃用木结构形象体系，与大雄宝殿、天王殿构成巨大反差和空间上、体量上、氛围上、质感色彩上的严重冲突，令人游之不畅、观之不雅、用之不快、行之不顺、居之不安，人们到此所追求的文化精神早已魂不附体。不花大力气加以改进，将会继续污染人们的审美精神与视觉环境，最后也导致经济效益降低。

世界上最好的五官拼凑起来绝对不是一张美丽的脸。尽管每个个体分别都是优秀的，但缺乏协调，整体则是不和谐的。长期以来，海幢寺内的整体环境美没有能够被很好地保持。若拆掉重建，会造成社会资源巨大浪费，不拆，当前的状况也确实不尽人意。寻找折中办法，只有改造补救。贴瓷砖墙可模拟"青砖实砌墙体"，必要时可将部分门窗按佛寺拱形洞口处理，加勒脚，收缩檐口，平屋顶加有举架屋顶，瓦材同主体建筑。屋身开间、进深不符要求的要加以裁截分段，使之传递尽量多的历史文化信息。

（四）营造富有佛教文化韵味的洋人商业街

"无市则民乏。"（《管子》）人们可以发现，几乎每一个有人气的宗教文化旅游景区，都有相当规模的商业旅游服务中心（RBD），有的还形成了一个城镇。利用海幢寺四周街巷纵横的优势，营建佛教文化商业街，洋人街是很有意义的事（图9）。天天庙会、日日开街，可以构成海幢寺的时代特色。但首先要保证寺庙佛事活动区空间环境的单纯与安静，"静"是佛学一大要旨。佛事场所及环境不应再为喧闹的游乐场和经营吃喝的酒棚、大排档；而应是供人思考憩息的山水园林空间。寺院的"静"

---

① 张家骥：《中国建筑论》，山西人民出版社2003年版，第578页。

是她固有的一种美。去却喧闹的尘嚣，营造一种幽静的世界，给闹市中紧张劳作的居民、游客享受一种难得的稀有的悠闲与宁静，平衡身心上的不适，思考人生的哲理，获取精神上的净化与升华。

图9　寺旁骑楼一条街可恢复古街配套服务活动

相对"幽静"，"热闹"也是人们的一种需要。问题是要分别不同时间、空间地规划布置。将寺院所有有碍瞻赏、静穆的商业点、饮食摊、餐厅统一安排到商业服务步行街去，不但扩大了自己的经营影响，争取到更多的香客、教徒、教友，来此开展广泛的文化、艺术交流，而且商业街则因为游客服务，而拥有营业时间更长的市场，以此就业的人员也会越来越多。佛文化商业街本身也应该是一处有魅力的文化景点（景区）。商铺的店面设计必须强调一种古典格调，街道的出入口可设立有特色的牌坊标志，经商人员既是在经商，也是在展示一种值得骄傲的情趣。可以生产一批与佛教文化相关的旅游商品：除了现有的书籍、字画、音碟、玉佛雕刻外，还可特意取材海幢寺镇寺之宝来制作纪念品。如刻有书画名家米元璋题名的"猛虎回头"石盆景；鹰爪兰、百茶花、龙须根等塑料盆景；三须观音、十六罗汉、天然和尚、星岩宝塔等石雕工艺品。佛教建筑模型玩具，佛教打击乐器"幽冥钟"；日常器皿"澹归碗"等，可做到实用性与纪念性、艺术性高度统一。《海幢诗僧作品集》可作为一部名寺名著出版发行。这样的经营方式，并非培养真正的佛教信徒，绝对禁欲禁荤、受戒削发的尼姑和尚，而是让世上各地游客在此得到一种感受、体验，从哲学核心思想上，多元文化的宇宙观上，感悟人类的进步和谐。即使各地的游客到此出于猎奇、寻宝、取乐、凑热闹的目的，参与民间艺术欣赏、游街、游园活动，也是极有现实意义的丰富人生。

佛教文化本身也是多元化的。最后禅宗南派赢得更广大的民众，就是因为主张大众化、市俗化、简单化，少陈规陋习、少烦琐戒律而包容怀柔、有助于民。禅宗一派的管理作风与思想教育方法值得我们在城市规划设计中借鉴。让宗教文化为社会的进步继续做贡献。

当年十三行时期，外国洋人逛海幢寺，他们从中得到无穷的乐处，但仅仅是游园、休憩、健身等方面的活动。现在让海幢寺恢复原来的使用功能后，肯定还会有"老外"来寻旧思古。我们届时献给他们一条"洋人街"，他们肯定会在购物、娱乐、采风、猎奇之中感到十分高兴。①

（五）加强海幢寺整体环境的绿化建设

清康熙年间，海幢寺为广州佛教"五大丛林"之一。"丛林"一词除了引申寺院大、和尚多外，本意即"树林子"。海幢寺素来树木参天，浓荫覆地，环境幽深，景色宜人。"海幢春色"为昔日脍炙人口的羊城八景之一。寺中许多植物也是有名的文物珍宝。

至今，寺内因作公园游乐活动场地之用，树木砍伐不少，地面硬质化现象严重，树木花灌草生长条件变坏，生态环境质量变差。对此有必要采取有效措施，提高绿化覆盖率，增加绿荫、绿量、绿色。寺院树木绿化一定程度替代了周边居住小区的中心绿地，应尽量保护这种生态效益。原公园活动器材、游乐设施可作小区设施之用。但不宜继续留置在海幢寺院内或不恰当的空间位置。再说，这些运动器材设施长期暴露在强烈日光之下，常遭暴雨台风袭击，易老化损伤，真正发挥体育活动的功用并不显著，反而破坏了游览区的宁静和景观氛围，妨碍了更多居民的正常生活和休息。

局部修饰方案可能牵涉原公园管理人员的目前利益，从大局着眼，却可以为之带来更远的事业前景。可行有效的做法有：一是在寺院与住宅之间种植高针叶形树木，进行功能分隔，减少相互干扰，且可提高生态环境

---

① 杨宏烈：《广州十三行历史街区文商旅发展研究》，中国建筑工业出版社2019年版。

效益，隔声、隔噪、隔尘。二是儿童娱乐设施安放到附近的中学、小学、幼儿园或居民小区中心绿地中去，使其发挥更大更直接的作用。提高非盈利性的社会效益，减少盈利性的经营行为。三是海幢寺对附近居民特别是老年人、残疾人发放优待证，为他们的晨运、晚游提供便利服务。四是在全寺范围补植与佛教文化典故相关的花灌树草，按传统岭南古典园林风格与技法大量进行植物造景，丰富、美化、陪衬文物景观，让广州，甚至南粤的寺观园林艺术更上一个档次。

海舶锚地琶洲古塔的景观鉴赏

参与十三行时期国际商贸活动的外洋商船一般多停泊在黄埔古港。古港地标、作为历史见证的琶洲塔已在腥风咸雨中耸立了400多年。当年江心洲的繁华景象因地理沧桑变迁，已远去海（江）岸200多米；因人造时势变化，消失近一个世纪之后的通商港埠，于20世纪末迎来更加辉煌的一页。新的世贸中心——中国（广州）对外商品进出口交易会已落户到了这里。当年"中流砥柱"的琶洲塔早该重振英态，迎接"一带一路"的新时代。这儿总是春潮涌动，一片欣欣向荣。蓬勃崛起在万亩绿洲之中，国际一流的"中国第一展"——具有60多年历史的广交会新会馆，希望琶洲岛拿出更好的城市旅游景观，迎接五洲四海的巨商大贾、新朋旧友。

一　琶洲古塔与十三行的不解之缘

琶洲，在明清时期，是远离省城东南方珠江上的一个江心洲渚，"江中有洲，洲上有冈"（清《番禺县志》）。"上有三阜，形似琵琶"（《大明一统志》），故称琵琶洲简称琶洲。这里附近因有风平浪静的天然避风港，故此时常停泊不少外洋驶来的船只（图1）。

明朝神宗万历年间，在琶洲的小山冈上兴建了一座高耸入云的楼阁式塔。当年若是乘船从珠江口进入广州，必定会看见这座犹如中流砥柱的琶洲塔。于是，景观壮丽的"琶洲砥柱"，就成为明代著名"羊城八景"之一。既是引航标志，又是停泊海港。[1]

---

[1] 周霞：《广州城市形态演进》，中国建筑工业出版社2005年版，第50页。

图1 琶洲古塔周边水域乃大批洋船锚地

据明末清初的学者屈翁山《广东新语》所载，当时琶洲附近的水面常有金色的海鳌出现。海鳌一现，亮光一片。因为出现这些异象，故此琶洲上的塔便又被称为海鳌塔。明万历三十五年（1607）夏六月吉旦所立《琶洲鼎海鳌塔记》碑（高1.71米，宽0.87米），清楚地记载了建塔人员、起因、经过及起止年月日。另有记载，海鳌塔始建于明朝神宗万历二十五年（1597），用了三年时间全部落成。不久后于塔之北建有"海鳌寺"。[①]

这座楼阁式塔塔身呈八角形，外观9级，内分17层，高50余米，塔基直径12.7米，壁厚3.97米，辟3门。自第二层起，每层门洞相对错开，其他各面设有佛龛。从人们习惯性欣赏角度拍摄的琶洲代表性照片或绘画作品，可以看出琶洲塔与面江北侧的三进两天井院落形成一个建筑群，高塔位于这组院落之后，而利用围墙再组合成一个面积稍大而不规则的塔院，一条轴线贯穿南北，共同构成一座岗顶上的寺庙——北帝宫（庙）。在四周山林的围合下，构成高塔耸立、寺庙掩藏的景观效果（图2）。

琶洲塔之塔身各级腰檐上有叠涩牙挑出平座。八角攒尖顶上铺素瓦，顶端八角刹座上盖铁制覆盆，铸有"道光重修"字样。塔身以灰浆刷成白色，各级平座有木护栏。塔身每一面墙的基座分别刻有八卦符号；并有

---

① 冯沛祖：《广州风物》，广东省地图出版社2000年版，第439—447页。

图 2　寺门北向的北帝宫（庙）与"羊城八景"之一"琶洲砥柱"

8 个 0.5 米高石雕的托塔力士作为承托塔基的寓意象征。这些托塔力士的相貌与服饰全是外国人的形象，由此可以证明明末的中外文化交流已非常频繁密切（图 3）。琶洲有寺庙也有江心锁钥炮台，同时说明：政府对洋人、对民众的防范举措历来也是不放松的。

八百年前琶洲"水上浮现"的景象以及商船出没的艰辛，我们可从南宋人方信孺著的《南海百咏》中感悟到：

> 仿佛琵琶海上洲，年年常与水沉浮。
> 客船昨夜西风起，应有江头商妇愁。

十三行商伍秉鉴一家十分讲究风水。伍崇曜也曾为保障地方科名，与潘仕成捐修赤岗、琶洲两塔。琶洲塔是座"风水塔"，一来起航标灯导航作用；二来"以壮形胜""以培通省气脉"，具"镇邪避灾"的精神功能。中国古代城市早有人工适当弥补风水环境不足的做法。广州出海口相当于水口山的位置先后建起三座八角九层楼阁式塔，即莲花塔（始建于

图3 用外国番人作"托塔力士"偶像

明万历四十年即1612)、琶洲塔（建成于明代万历二十八年即1600)、赤岗塔（建成于明天启年间）。不仅方便来往商船以此"海航表望"，而且有锁住水口、壮大形胜之用。正如前清诗人罗天尺的《珠江竹枝词》咏道："琶洲塔口月初低，雁翅城头又夕晖。"琶洲为江心锁钥（炮台），具有战争守备上的功用。正所谓"白云越秀翠城邑，三塔三石锁珠江"。1841年（清道光二十一年）3月1日，英军曾攻占琶洲炮台。可见琶洲为广州"三关之首"，州城门户。

清代后期因洲渚积沙逐渐增多，水面逐渐减少，直至与南岸的陆地连成一片。方使"琶洲砥柱"变成"田园山岗"，珠江分流将其划分为一个更大的"琶洲岛"（图4）。

明末清初顾祖禹所撰《读史方舆纪要》："闽浙舟楫入广者多泊于此"。此证琶洲于宋、元、明三代一直是广州的外港。十三行时期，琶洲一带是广州对外贸易的重要港口。清政府于康熙二十四年（1685）在其附近的黄埔村设立粤海关挂号口，这一带的海域就成了海舶停泊的专用港口。曾几何时，短时期内有6个国家86艘商船汇束碇泊，盛况空前。琶洲塔也就成了外国海员、商人、领事、大使经常目睹的风景名胜地。曾供职于旗昌洋行的美国人亨特（William C. Hunter）是个"中国通"。他在《旧中国杂记》（1885年法国初版）中讲述了他对广州三塔的认识："同样是在耶稣会教士的著作中，我们知道这些塔是为神的灵魂而建的。人们

| 从长洲柯拜船坞遥望（右上角）琶洲塔 | 从水乡河涌对景、夹景观照琶洲塔 |
| 黄埔古港外销画上所描绘的琶洲塔 | 《粤海关志》上记载的琶洲古塔 |

图 4　二十世纪初的琶洲风光（历史图片）
（http：//image.baidu.com/search/index? word=广州琶洲塔）

设想这些神要在某些地点的上空翱翔，在这些地方建塔是一种和解的表示，期望他们务必保佑这些地方的人民可能从事所有的活动，尤其是指他们在田地上的劳作，同时保佑他们不受疫病瘴气之灾。所有这些如果用洋经滨英语讲起来就是一句话：'是菩萨的事情'。"不知这个"番鬼"从哪儿听来的故事？说来有趣，不无道理。

数百年来，无论是国民、还是洋人对琶洲塔的景观照应是非常感兴趣的。客观现实环境也如此：不任从哪个角度、不任在哪个活动环节，方圆数十里，人们总喜欢观赏琶洲塔、画琶洲塔、拍照琶洲塔，总以琶洲塔为定位坐标、为视角焦点、为构图中心、为取景重点和美学敏感物（图5）。这与自然是美的源泉、人文美带来心理的快乐、环境调节有助于生活愉悦分不开。琶洲塔"纸币最早见于由美国钞票公司印制的，民国七年版的广东省银行兑换券一元海秋券[①]（图6）。

---

① Aguang 陳耀光的博客 http：//blog.sina.com.cn/2gzd。广东省银行兑换券一元海秋券。

图5 琶洲塔在中外贸易历史上的影响

图6 美国钞票公司一元秋券上的琶洲塔

这里还有一个有趣的文化现象。古希腊雅典卫城伊瑞克提翁庙南立面女郎雕像柱，设计技巧十分卓越，据传反映的是一个民族对另一个民族的征服和统治。女郎柱是承力构件，琶洲塔角部的托塔力士主要起装饰构件

作用。反映的是"帮助、扶持、幽默"情趣。两者时间差较大，如此比较虽显牵强，但当时各自的历史背景、人文思想基础的确如此

琶洲塔又称"番塔"，这与番舶在此停泊有关。海上丝绸之路各国商船往来，这里成了众多船舶停泊避风、商品交流、补充给养，赴黄埔村修整船帆的地方。广州人把自己对"洋人"的了解和看法雕刻在琶洲塔上；来华经商的外国人也把自己对中国的理解也嫁接到琶洲塔上。琶洲塔成了中西文化交流的中介，与十三行结有不解之缘。琵琶洲一时热闹。难怪清初诗人梁佩兰有诗写道：

琵琶洲头洲水清，琵琶洲尾洲水平。
一声欸乃一声桨，共唱渔歌对月明。

二 琶洲塔曾经的观感及其景观预测

过去的琶洲塔与古村落上下遥相呼应，周围是民居、泥路、河涌、田畈以及万亩亚热带果林，大环境是宜人的。现在不远处为时髦的广州国际会议展览中心，从琶洲地铁出口出来，一眼就能看到了琶洲塔雄伟挺拔的身影。但是当我们要走进公园的时候，却发现步行到达还有一段很不直接方便的道路或距离，而且路上没有任何的标示，游园的人只有经过"一番波折"之苦才能靠近琶洲塔公园之界。

其实东西方向过境的道路就在琶洲塔的脚下，而且很靠近塔身，但还要半绕着塔基山脚转个弯变个向。振动、噪声、废气对古迹景观肯定有影响，只是没有科研单位做数据定量评价分析。

当前的第一印象就是高压走廊中的古塔与电网纠缠不清（图7），仿佛一个什么网中之物。面对天罗地网般的琶洲塔景，浮上心头的是一桩过去的惆怅。也只有在这天罗地网般的笼罩下，因不宜房地产开发，才幸运地保留了一条南北向的绿化长廊，即整个公园可为放眼观赏古塔的景观廊道。

好多年前笔者曾到过这里，只见琶洲塔塔基石刻托塔力士，刻工古朴，为明代石雕佳作。但也许是重新修葺过，塔身似乎没有了原来古色古香的气味，而充斥着现代泥水工程的气味。

图 7　"天罗地网"中的琶洲塔

　　整体琶洲塔院的确焕然一新，但是走近细部一看，很多地方的工艺十分粗糙，似乎并没用多少"匠心"。

　　登塔瞭望的最佳景物是在塔顶俯视 10 度范围内。那年登上琶洲塔，四周的景物一目了然，会展中心、琶洲大桥、黄埔古村落等等尽收眼底。可以说整个附近的原生景物都看得很清楚。因为琶洲塔自身所处岗地，[①]加上塔高 50 多米，可以居高临下俯视群物。正好可逆向证明 19 世纪中期中外船舶能从各方看到琶洲塔一样。但我们情不自禁同时感受到，作为一组重要的旅游资源应积极地维护性开发、利用，不然极其可贵的景观资源，很快就又被房地产商圈去。届时，界桩一下地，为时就晚矣。规划和造园方案应当尽早提出并向外界分布，以"抢占先机"。

　　当年靠近琶洲塔，既没见精致的标示物提醒，也不见足够的宣传，琶洲塔似乎只是一个孤独的普通建筑矗立在小山冈上，周围被树木包围。工作人员只是懒洋洋地在塔内聊天，对于游客的到来似乎一点也不在乎。而且 17 年前上塔的费用居然 10 元/人，比起一些大型古典园林收费更为昂贵，实在是令人感到不可思议。事实证明，收费高的景点，并不意味着管理服务上乘，也并不意味着管理者能有效地积极保护景区景物的历史文化遗产。

　　作为旧时的"羊城八景"之一，琶洲塔现在完全没有一点应该具有

---

① 元修：《宋史》"至广州之琵琶山"，高数十米。（清）《番禺县志》说它"高十余丈"，崛起江中如一座小山丘。

的大气。陷身于塔所在的院子里，给人一种古塔不逢时，"有志难抒"的感受。海鳌塔1963年公布为广州市级文物保护单位、1989年提升为省级文物保护单位。然而，如今却被置身一片钢铁水泥森林之中。

当年在现场，我们发现琶洲塔附近未来的写字楼，酒店，商业金融中心等大型公共设施的建设正在紧锣密鼓地进行当中，所以淤泥、建筑废料等垃圾随处可见，而并没有很好的规范管理这类行为。过去许多优美惬意的地形地貌、奇古有趣的文物环境，或者说是文物保护控制范围的附加设施小品地带常被无情地破坏了。文物先天固有的地基、地质、水文、通风、采光、日照、绿荫、防洪、防潮、防腐、隔震等理应被妥善保护。

一个被人民大众寄予厚望的历史地段，一个具有悠久历史内涵的文物场所，应当严加重视、优化设计，蕴涵更多人文景观满足世人需求，方乃名域之幸。

图 8　周边超高楼群带来古塔景观恶化

当前看来，有些结局已经难以改变。风格不古的现代高楼紧密挟制着公园的东西两侧，古代宝塔再不会有合适的传统风貌天际线背景（图8）；不是登塔望远看历史文化景观，而是从超高层建筑上俯瞰的"小不点儿"

图 9　古代高耸建筑反被俯瞰在脚下

(图9)；与古塔配置组景的元素再不会是有机一体化的传统岭南建筑、布置形式及其艺术空间模式；能让人触摸的历史文化难于寻觅，能让人抒发的思古之幽情也不会太多，且因单调元素的排列还将留下大量消极空间。

诚然，如果从广州海丝文化更大的视域按习惯思考，或可再设问：将来的琶洲古街是个什么样子？琶洲塔与黄埔古港建立怎样的旅游关系？如何统筹规划凤埔古村、古码头与琶洲古塔的视觉线路和游览线路？如何再现海上丝绸之路主埠城市的风采？如何将古代行商贸易与今天的开放改革史相对照、相比较地展示研究？未来还有许多工作等着我们去做。

三　琶洲塔公园旅游景观的构思断想

现在的琶洲公园是个长期不开放的所在。车流奔腾，一晃而过。人们看不到公园内的情况作为商贸会展特定区域，东西两个城市大板块都以最高层的现代建筑靠近琶洲古塔公园，仿佛两堵万仞摩天高墙将琶洲塔及其公园夹在其中。南北虽有视觉通道，但针对东西向的古塔景观的背景设计、视廊设计、夹景设计、借景设计、风格形象色彩呼应设计等，或曰动态景观城市设计，又该是怎样考虑？

琶洲地区是广州未来发展的一个重点，广交会展中心、酒店、物流中心等可以为琶洲带来大量人流和资金，因此应该加强琶洲古街、黄埔古村、古港等周围环境的优化布置，打造有历史文化内涵、具有永久生命力的旅游"月亮"（产品），吸引各地游客来参观游览。面对每年来此举办会展的各国参展商、开发商、采购员、订货商、媒体部门、广告宣传队、表演造势作秀人员、高官大贾，及其陪同人员等大好客源市场（图10），琶洲公园的旅游项目应该有特定的艺术高度。

图10　展览面积世界第二的中国第一展"广交会"

琶洲的旅游"月亮"文化主题是什么呢？不是"迪斯尼"，不是"狮虎豹"，不是人造瀑布，不是广场的烈日或骄阳；是地方文化、是民族文化、是古村落、古码头、传统古街巷，是岭南的果林与榕荫所蕴含的海上丝路文化。公园如何定位、如何立意？羡慕别人，不如羡慕自己。自己有的，正是别人没有的。拿出自己的东西，比仿造他人的东西更加自豪。要学会欣赏自己，重要的是从内部改革开始，挖掘自己的历史文化、保护文物景观、开发十三行文化主题旅游、开展海上丝绸之路文化旅游。

琶洲塔有着悠久的历史，"羊城八景"之一的"琶洲砥柱"，曾经是何等壮丽！地处琶洲高处，塔高50多米，登高远望，江海风帆景色尽收眼底，甚至可以遥望广州，诗云："欲穷千里目，更上一层楼"。登上琶洲塔即可体验这种感觉．在塔身周围的石碑石刻、古宫古庙都是具有历史价值的文物，自身的旅游价值可以进行许多开发。比如，开发历史气息凝重的古寺园林，开发碑刻雕塑艺术景观及其旅游纪念品，开发古街古巷风味小吃街，开发古民居博物馆业，开发古祠堂民间文化活动，开发岭南水乡环岛漫游、岭南佳果种植体验游、开发十三行遗址系列游，等等。具体方案建议如下：

其实不然，先让几个事实说话。

（一）从宏观、中观、微观层面借景文物古塔

盛唐时期的长安曲江池、慈恩寺、大雁塔、乐游原、青龙门寺、杏园等名胜相互连属，文化荟萃，乃大型文化风景区域。千年沧桑，风光不再。今世的城市规划建设却能很好地考虑大唐时期的历史文化脉络，结合今天的现实功能需要，选择明智的开发模式，制定出设计方案，建成了令国人、洋人、人见人爱的集旅游服务、休闲、游赏为一体的唐风旅游区。

中国现代建筑大师级人物张锦秋女士，对表现唐风古塔、佛教文化、唐文化建筑艺术达到了炉火纯青的地步（图11）。环绕大雁塔的城市规划，先后布置了慈恩寺玄奘纪念院、雁塔广场、大唐不夜城、长安芙蓉园四组仿唐建筑群。多年的实施使西安的旅游业获得稳步的发展，产生了极好的经济社会效益。①

图11　西安围绕突出大雁塔做足了大唐文化的文章

---

① 张锦秋：《唐韵盛事　曲水长青——长安芙蓉园规划设计》，《中国文物学会传统建筑园林委员会第十五届学术研讨会会议文件》，2004年6月，第66页。

长安芙蓉园在大雁塔以东，占地 66.5 公顷，其中水面 19.77 公顷，建筑面积约 5 万平方米，以唐文化为内涵，以古典皇家园林格局为载体，因借曲江山水，演绎盛唐名园，成就了服务于当代的大型主体公园。"现代化"与保护历史文化本来就不矛盾。从古籍、唐诗、国画、实物中进行严密考证后，慎重立项。"长安芙蓉园"取盛唐曲江"芙蓉园"之名，其规划区位并不在历史原址，而是曲江池北所在，既保持了唐大雁塔东南的方位和距离，以及与历史记载的一致性，又避免了保护遗址、恢复故旧等一系列文保中的问题。做到了历史风貌、现代地形地势和现代旅游活动三者有机结合。

再说，对大雁塔保护与协调的"三唐工程"简直成了 20 世纪历史地段保护开发的精品绝作。"雁塔高耸，三唐奔驱。"耸，巍然不屈也；奔，动也；驱，向也。在毫发无损大雁塔文物保护区的情况下，此"八字"绝妙地概括了三唐工程与古雁塔的构景关系。何为"三唐"？即唐华宾馆、唐歌舞餐厅、唐代艺术博物馆——这可都是为现代人、为外国人现代"功能"的建设项目。但它们却给了国内外人们无限美的唐风唐韵景观、美的空间、美的环境，它们不但没有损害古塔一根毫毛，而且为古塔作了扩大范围的铺垫，视觉协调的拓展，园林空间的陪衬。三唐工程不仅没有挤压、冲突、蔑视、污染大雁古塔，反而将古塔的风光、景观做得越来越大、越来越多、越来越好。它们的"名"也因借古塔越来越值钱。从室外到室内，从公共空间到私密空间，处处都可以借景雁塔，看与被看、与之对话、陶冶情操（图12）。

广州琶洲塔、六榕寺塔、赤岗塔的开发完全可以参造西安大雁塔的良好做法，由政府投资，修复古迹、开拓景点。

（二）做好琶洲—珠江—大湾区的旅游规划

2005 年 7 月颁布的广州市分区规划：海珠区空间结构为"一区两片"，东片为会展商贸、信息及相关产业、生态组团，西片为居住与商业组团（老城区）。琶洲会展商务区，是"四个中心"之一，地块主要在琶洲岛，主导功能会展及其相关产业，基于知识经济的信息产业和高科技产业。在后续的规划里，应当突出这里的历史文化旅游功能。

其实琶洲岛的旅游优势更应该看好。这里有十三行时期的古黄埔港、古黄埔村、琶洲塔、商舶港湾。这儿距离长洲岛不远，将来一桥相牵会串

图12　唐华宾馆卧室也可借景雁塔与之呼应

联更多清代十三行时期的海上贸易文化遗址、遗存特色景点，构成一个主题鲜明统一的游览区，新建的琶洲会展中心，应该理解为是十三行海外贸易历史脉络的延伸。自然地理的变迁，使历史转了一个弯，给当年"一口通商"的黄埔税口、琶洲外港重新带来对外贸易大发展的新形势。借历史地理的"巧"安排，把十三行商埠文化、海上丝路文化交流，从十三行遗址交易会—"广交会"—琶洲会展—"一带一路"大发展联系起来，整合成一个"大湾区"历史文化主题，开展旅游观光，定使会展活动锦上添花。让黄埔古村落、古会馆、酱园码头、琶洲"古番塔"（海鳌塔）再次迎接来自五洲四海的客商，再次为发展中外文化交流作贡献。

该区客观条件是优越兼容的。两座跨江大桥、五条南北干道、两条东西干道已运作，地铁四号线在此南北贯通、三号线在此东西贯通，交通条件是高档次的。我们要有创意地借鉴国外经验。国外用24%的占地解决交通问题，我们能否既节省土地，又能更好地解决交通问题呢？要讲先进性就应如此表现出来以更小的比例，更好地解决问题。以果树保护为"绿心"、江涌水系和绿带相连的生态环境"绿心蓝脉"的景点组成一个网络系统，依托广州东南水乡风光的底蕴，景域将更为深远，将带给游人无限的惬意。如有可能更应在意识感觉走廊上标明琶洲塔与黄埔古村、长洲岛、赤岗塔的位置联系。会展的服务设施同时也可用于旅游服务，息展期间恰好可填上旅游时空的断缺。文物景观、历史景观、自然生态景观与现代建筑景观构成意味深长的对比和互补，恰恰也是"老外"最感兴趣的东西。如果学习西安"大雁塔"旅游景区项目的规划设计手法，琶洲何愁不成为广州旅游业的"大月亮"？我们各方面都很富有，应当以更加总体、全面、长远的眼光擎画蓝图，一绘到底。

（三）围绕古塔复兴—补建—创造新老景点景区

琶洲塔自古并不是孤立的，它的周围还存在一些配套的纪念性、宗教性建筑群。

清嘉庆十九年（1814）和道光二十四年（1844）琶洲塔曾经重修。当时塔北建有北帝宫（或称北帝庙）。北帝亦称黑帝、上帝、真武帝，乃位居北极而司令南溟、专管水源之神。建宫于此祭祀，用意希望"镇"海，保佑商船出海平安。塔的西北不远，有海鳌寺。据清金烈编撰的《广州府志》载：该寺建于明万历年间，用以祭祀那只传说中的大海龟。传说是美丽的，表达了劳动人民的一种虔诚的愿望。传说也是古今造园的极佳素材（图13）。据《羊城古钞》："葺寺三座于（塔）前，中为知府戴曜先祠，见量香灯田八十三亩零。"显然这是对供养人的纪念。

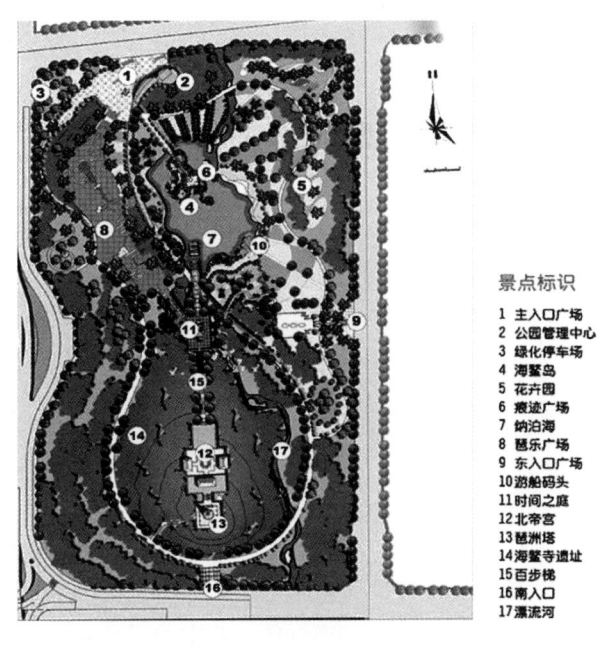

图13　这个方案有历史文化保护意识好

将上述塔脚下的小寺庙进行修复维护,并加强园林化工程建设,可使人遥想当年洲渚树丛处处、绿荫浓浓、葱茏郁勃、枝条低垂、海阔天空、舟帆片片的意境。高塔寺院古树丰碑则是最令人触景生情的地方。如果要做雕塑式的标志,立个海鳌,可有"金鳌浮动,光如日月"(屈大钧《广东新语·坟语》)的效果。现代人也需要这种记忆。"太现实"了也不是高质量生活的表现。按尊重历史文化的原则,琶洲附近新规划的高楼广厦能设计成谦虚的、陪衬古塔的传统院落、古典风格建筑群将别有风味。让旅客住进这样的宾舍,让琶洲宾馆如同西安唐华宾馆,让琶洲粤曲粤舞厅如同西安唐华乐舞厅,琶洲海丝博物馆类似唐代艺术博物馆,"蕃塔高耸,三琶奔驱",处处是塔的对景、框景、借景、夹景……该多有趣?到此参加一次"广交会",留下最深刻印象的不一定是那些商品样式,说不定就是这种"琶洲塔口月初低,雁翅城头又夕晖"(清罗天尺《珠江竹枝词》)的旅居经历了。

(四)整合琵琶洲——珠江成会展业的水上大公园

近年来,海珠区的绿地公园规划建设较有成就,以河涌为开发轴线,形成"植物生态公园",大兴民居风情游览区思路先进。琶洲塔及其周边珠江水面可以如此规划形成完善的旅游风景区,点、线、面的水体相结合成一体,未来发展潜力无限。

就考察所见,琶洲大桥以东的珠江水上常常有停泊众多船只的现实景观,大有类似当年风帆时代珠江满河船只的盛况。这正好供人体验"琵琶洲头洲水清,琵琶洲尾洲水平;一声欸乃一声桨,共唱渔歌对月明"的历史风情。琶洲塔附近的绿化比较好,周围万亩果园绿树成荫。在此基础上,引入珠江水文化——海丝文化、黄埔古港文化[①]、游艇休憩文化,开发水上休憩娱乐、曲艺民乐、说书讲古、粤剧堂会、啤酒咖啡等晚会,体验百年前"海商夜泊"琶洲岛、琶洲街,旅居异国观光遨游的雅兴,同时丰富补充广交会展期间的业余文化生活,将是很惬意的事[②]。另有琶洲公园的设计方案却丢失了许多历史文化信息。

---

① 袁峰:《黄埔海关考》,中央编译出版社 2016 年版,第 10、117 页。
② 杨宏烈、肖佑兴:《广州黄埔古村游憩商业设施的开发构想》,《中国名城》2015 年第 12 期。

禅宗西来初地华林寺遗存再兴

从广州十三行商馆遗址出发，沿着康王南路一直往北走，靠近上下九步行街的康王路以西，就到了华林寺历史街区，穿过小街或巷道，就能找到原广州佛教四大丛林之一的华林寺。如今人们依然十分敬仰禅宗初祖达摩，除称达摩登岸之处为西来初地，称其初建草庵为西来庵之外，还留下西来正街、西来后街、西来西、西来东、西来新等一系列街巷地名，并由此而使得华林寺成为西关历史街区一个经常对外开放的宗教旅游目的地。十三行时期的历史盛况与目前寺院建筑规模相较大很多，现状旅游环境却一般。通过历史街区的保护整饬规划，整合周边历史文化项目如锦纶会馆、达摩五眼井、"西来初地"纪念碑、玉器专业街等，可构成一个海洋文化特色极其鲜明，商业氛围特别厚重的带"国际性"的旅游亮点。

一 华林寺历史街区与十三行

东土禅宗传妙法，西城宝甸辟华林。十三行与华林寺有着必然的联系。华林寺是外商来穗经常游览的胜地。200年前不可避免地在国际上造成相当的影响，无论是在崇信佛教的南亚各国客户，崇信伊斯兰教的西亚商贾，还是崇信基督教的西欧、北美的洋商，都会有各自的看点。满人杏岑果尔敏于同治八年（1869）出任军官，有《广州土俗竹枝词》一首："十三行散减风光，此日风光在半塘。更有华林禅寺好，山门底下看烧香。"可遥想十三行时期，此处游览活动特盛。[1] 华林寺在佛界及中外文化交流史上具有崇高的地位。历史画卷《俄储游寺》描绘了当年华林寺

---

[1] 广州市荔湾区地方志编纂委员会：《广州市荔湾区志》，广东人民出版社1998年版，第113页。

向外宾开放的盛况（图1）：

> 是年二月下浣，俄皇太子游乃至粤，我中国既待以至优、极沃之礼；而俄皇太子亦更胄襟潇洒、兴会淋漓，帽影鞭丝，恣情游览，还诣该寺睹佛像之庄严、仰规模之宏敞，而知中国佛教之所盛也。

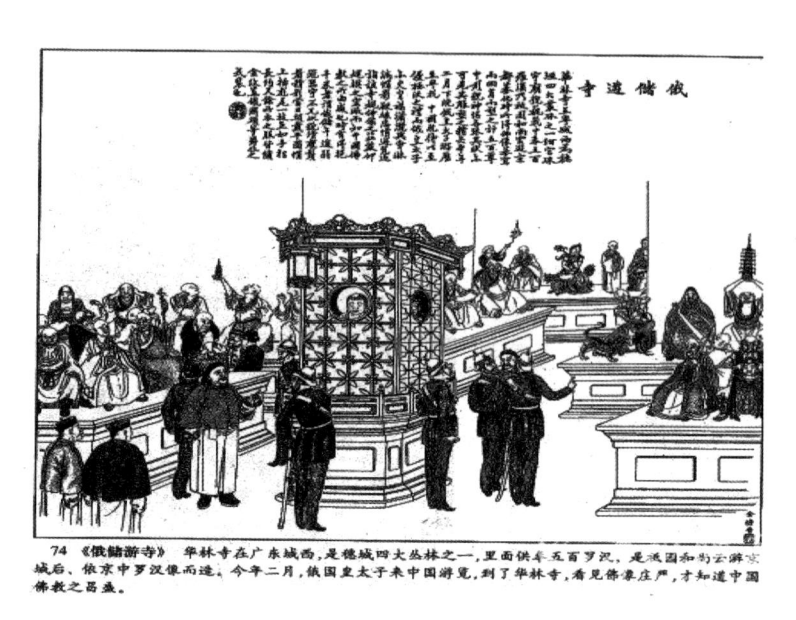

图1 俄皇储游华林寺十八罗汉堂

20世纪60年代初，常有外国商人的后代到访华林寺，并要求找寻当年的对联文字。因为他们的先辈就是当年十三行时期的来华商人。十三行时期的"一口通商"活动，给他（她）们留下了深刻的印象，他（她）们带着眷眷的、新的"使命"来访中国，自然就迫切希望看到当年的游览景观遗存。[①]

华林寺历史街区地处广州老城厢西部，历史上是外来人口聚居的西关地区。早期西关土地空旷，地势平坦，河道河涌网布，水上交通十分便利。唐代以来阿拉伯人较多，宋代集居于此的可为农民和手工业者，明代因"朝贡贸易"，西关设有"市舶司"管理的"怀远驿"；被接待的外国"使者"，很大成分为派遣来华经商的商人。因他们在西关停留，而带来

[①] 广州市荔湾区地方志编纂委员会：《广州市荔湾区志》，广东人民出版社1998年版。

一个时段商业贸易的热闹和繁荣。使之"西郊荒疏之地"演变为商业相对发达的地区，致使广州西部关厢地带，开街建房越来越多。

清中期后，广州作为对外通商口岸，十三行、粤海关的出现，较大地刺激了西关商业与城市建设的发展。丝织绸布加工业、外销画作坊、瓷器工场、茶叶等交流市场的出现，四方商贾云集，遂使西关人口不断增长，街区不断扩大，珠江河岸不断南移，城市沿江景观成了迥异于传统城区的一道风景。

《番禺黄埔梁氏家谱》卷七载天宝行行商梁经国的儿子"在广州城西下九甫南乡十六世二品衔星藩公纶枢建子孙世居"——此乃宅第之一。又载"在下九甫北乡十六世顺天府府尹矩亭公同新建子孙世居"——此乃第宅之二。对应今天的地址就在康王路口至西来正街的下九路北侧及南侧的下九路66号关雅里一带，有梁氏"太宅第"。另外，"在广州会城西下九甫南乡十七世江宁布政使禮浦公肇煌建子孙世居"为"京兆第"。行商看中下九路这块地方，说明该地与十三行联系紧密。从《广州西关下九甫文澜书院碑记》可知，天宝行于嘉庆十六年（1811）七月十二日，与其他两位行商捐资建筑公产房一所、下九甫南向住屋一所，平排九间，各深6进，估计银两8000两；又花房书厅一所，平排4间，估计银两3820两；……由是得到社会人士称赞，"经国德孚遐迩"，街区兴矣。

二 华林寺历史街区的文物地位

南朝梁武帝普通八年（527），印度西天禅宗第二十八代祖高僧达摩从南天竺航海到广州。当时华林寺一带是珠江河岸，达摩登岸后建"西来庵"，成为达摩在中国传播佛教最早的地方。人们为怀念达摩，称他登岸的地方为"西来初地"（图2）。

清顺治十一年（1654），西来庵有住持宗符禅房、僧舍寮室，并拓展庭院，环植树木，引进流水，使园内建筑错落有致，环境更加幽雅，面积有3万多平方米。1655年改称西来庵为华林寺为当时广州佛教四大丛林之一。康熙二十五年（1686），主持祉园法师从杭州静慧寺带回罗汉像图样，建起罗汉堂。罗汉堂呈"田"字形布局，置五百罗汉像与真人大小相当（图3）。造型别具一格，面容表情喜怒不一，姿态、神态各异。特

图2　西来初地牌坊与华林寺大院

别是康熙皇帝和意大利旅行家马可·波罗也成为五百罗汉之一，其中的文化背景和因由值得探讨。有一尊叫"成就佛"的特大罗汉，皇冠龙袍穿戴，大有君临南面之势，据说取"康熙帝为原形。外国人形象十分突出的则是马可·波罗。他来过广州，并有文化交往。华林寺原藏有阿育王纪念铜塔。阿育（ASOKA）生于公元前303—232年，又译阿输珈，意译无忧，是古代印度摩羯陀王国孔雀王朝的第三代国王。他在残酷的征战之后，皈依佛教，派遣众多僧侣四方弘扬佛法，因而被后世尊为护法大王。铸造于清十三行初期的华林寺阿育王塔高4米，重750公斤，用黄铜精制而成，塔的四面环铸主体佛像，塔脚铸有西型浮雕。

图 3　罗汉堂入口

华林寺佛舍利塔，建于康熙辛巳年（1701年8月），全用肇庆星岩白石结砌，高7米，六面七级（图4）。内藏稀世奇珍、释迦佛真身舍利子。深藏塔底的佛舍利子套盒盖面刻有："大清康熙辛巳孟秋华林寺住持沙门元海敬合，溜素捐资建白石浮图，奉安释迦如来真身舍利二十二颗，白字系金轮峰分出。余十莲花环贮，其来处栖贤居多，然莹结相类，知俱如来舍利无疑。后世倘启函，当尊重，幸毋亵慢，慎之。"[1]

佛舍利银套盒是一件相当精美的文物，上盖和盒身均镂刻着精致的莲花和圆点纹，内盛一支盘绕的银质莲花，花托为藕节形，上有复瓣莲花11朵。正中一朵较大金黄色，周围10朵银白色。每朵莲花中间均有莲房，莲房有盖子盖着，22颗佛舍利就珍藏其中。舍利子细如芝麻，白色16粒、红色4粒、黑色2粒，珍稀异常。据盖盒铭文考证，它是释迦佛真身舍利子，有印度僧耶舍从印度携来。人们常说距离西天如来十万八千里，当来到华林寺，会感到西天并不遥远，仿佛神圣的如来佛祖就在你

---

[1] 冯沛祖：《广州风物》，广东省地图出版社2000年版。

图 4　华林寺佛舍利塔

身边。

三　华林寺历史街区的范围划定

华林寺所在的荔湾区现有全国重点文物保护单位 2 处、省级保护单位 1 处、市级文物保护单位 6 处。其中清代大型民间书院陈氏宗祠，欧派建筑群沙面租界，著名宗教建筑华林寺，西关大屋民居群等文物古迹旅游景点，享誉国内外，可创世界吉尼斯纪录的最长骑楼商业街之一也在这里。华林寺历史街区现有三条市级马路，87 条内街巷。历史上古迹还有关岳武庙、日井泉、文澜书院等。

华林寺历史街区范围的划定是"一项政策性较强的工作"。一旦划定，应有法律效力，政府在财政、经济和政策上应予以支持、援助。华林寺能否恢复到初始状况，不可乐观。当前该寺内部环境虽有改进，修复了祖师殿（图5），但总难给人以历史应有的面貌（图6）；究其实，原貌规模更大。

图5　祖师殿（左为北面，右为南面）①

图6　华林寺目前可能恢复的部分

国际经验告诉我们，历史街区保护的好，其中名寺古刹及其园林化的环境就有可能保护得好。② 否则，就有可能被彻底拆毁，给人留下无限遗憾。范围的划定应考虑历史渊源、现状条件，以及有利于保护与发展的原则，考虑到管理、政策及行政工作的简洁、有效。华林寺历史街区的范围

---

① http://image.baidu.com/search/index? word=广州%20%20%20华林寺，2019年1月9日。

② 钟俊鸣、曾宝权：《走进西关》，广东人民出版社2001年版。

可这样确定：东起康王路，西至华贵路、宝华路，南到兴贤坊、文昌南路、下九路，北抵耀华二约、荷西通津，总面积25公顷（图7）。

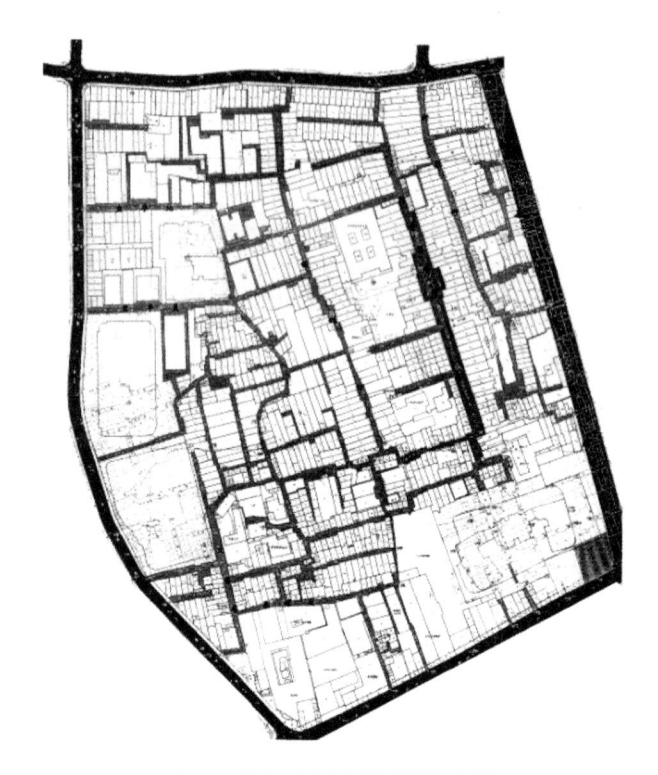

图7　华林寺历史街区保护范围

上述范围是保存有一定规模的历史建（构）筑物的生活地区，具有许多保存有历史信息的真实物质实体；具有较完整统一的历史风貌，并能反映清末民初这一历史时期中国南方商业都会的地方特色；在视线所及的范围内，城市景观风貌没有严重的视觉干扰；在这一历史街区内，尚保存有浓郁的西关文化风格和真实生活的片断组成。这里的街巷院落都是日益稀缺的历史文化遗产及其本真的文化形态存在方式，不应该被简单地认为是"乱"，恰恰这是城市生命的活力所在。

四　华林寺历史街区分级保护

华林寺历史街区几乎全部被建筑物覆盖。实事求是地确定保护范围和保护层次很有必要。以文物保护为重点的是核心保护区,以作为核心保护区"背景"的是环境风貌区,为历史街区风貌整体协调所控制的是建设控制区,这是三个不同保护方略的地块。

(一)核心保护区规划原则

该区是历史街区历史文化价值的核心体现区域,应确保视觉景观的连续性,以形成较完整的历史风貌(图8)。一般情况下,该区为重要文物古迹、传统建筑物以及连接这些建筑物的构筑物所共同组成的区域,或者主要历史街道特定景观范围内的区域。核心保护区内以文物为中心,按保护半径的大小,又可分为三级保护区。[①]

图8 华林寺历史街区应有控高规条

(1)文物一级保护区

文物保护单位(含特定文保单位)本身和组成部分的四至界线以内地区为一级保护区。华林寺、锦纶会馆、鸿昌大街22号,敬善里住宅、五眼古井,广州酒家等均应按此规定设定保护范围,一般距离文保单位边界50米开外。

要求不得随意改变现状,不得施行日常维护外的任何修建改建、新建

---

① 广州市城市规划自动化中心规划设计所、上海同济城市规划设计研究院:《广州市华林寺历史街区保护规划》(终审修订本)(A),2002年3月。

及其他任何有损环境、观瞻的项目。在必要的情况下，对其外貌内部结构体系、功能布局、内部装修、损坏部分的整修应严格依据原址原样进行，并严格遵守《文物法》和其他有关法令、法规所要求的程序进行，并保证满足消防要求。

（2）文物二级保护区

为保护文物的完整、防噪、防火等安全要求，所以必须控制的周围地段，一般为一级保护范围外50米加划一道保护范围，即为二级保护范围，要求此范围内的建筑物、街巷及环境基本不受破坏，如需改动必须严格按照保护规划执行，并经过有关部门审定批准。一般要求是：其一，对该区寺庙庵堂、祠堂、府第、私家园林、古井、古桥等低矮的建构筑物应控制为防火绿化带，或居民形式的平房。其二，对保留的传统民居建筑应加强维修；无须保护的建筑应逐步拆除，新建建筑应采取黑、白、灰及西关民居特有的色彩、装饰、体量、形式风格。注意与保护对象相适宜，高度二层。

图9 严格遵守法则 保护各种文物

（3）文物三级保护区

二级保护区之外约100米再划一道界线构成三级保护区，视地形地貌、现状建筑、街道布局而定。要求在此范围内的建筑和设施在内涵、形式、体量、高度上要与保护对象协调，以取得合理的空间与景观过渡，使历史风貌不要遭受损害，如名汇大厦那样的做法未来不应再有。该范围内各种修建性活动应在规划、文物管理部门指导并同意下进行，建筑形式宜采用坡屋顶，体量宜小不宜大，色彩以黑、白、灰为主色调，建筑功能应以居住与公建为主。对任何不符合上述要求的新旧建筑远期必须搬迁和拆除，近期拆除有困难的应改造其外观和色彩，以达到环境的统一，远期搬迁和拆除。耀华大街西关民居区、鸿昌大街毓桂坊西关民居区是代表性的传统民居区，应参考上述规则执行。

(二) 风貌协调区规划原则

风貌协调区作为核心保护区的"背景"，二者是一体的。而且所谓"背景"不仅仅是图底视觉上的"背景"，而且广义上包含了自然环境"背景"和历史文化"背景"。具体划界原则应考虑地貌、植被等自然环境的整体性，主要景观视点向四周眺望时景观的完整性，结合道路、河流等明显的地理标志，兼顾行政管理界限。华林寺历史街区的风貌协调区的划定，主要出发点是保护和协调文物古迹，及历史街区主要风貌地段的完好性。

在核心保护区外围约 30 米范围，各种修建性活动，应取得规划、文保单位同意。其建筑内容，应取得与保护对象间的空间景观过渡，体量不能大，色调不能太亮，风格不能违和。对任何不符合要求的新旧建筑，须采取相关措施处理。

(三) 建设控制区的规划原则

为华林寺历史街区的整体协调所控制的区域为建设控制区。此范围内新建改建必须服从"体量小、色调雅、高度适宜、密度小、地方风格、多留绿地"的原则。建筑鼓励采用民族形式变化。

五 华林寺历史街区的景观规划

宗教建筑及其周边地带自古就是具有旅游景点或风景区特质，其风景景观是信众、游人最为深刻的审美对象。华林寺历史街区的保护规划，无可辩驳地应把塑造历史街区宗教文化旅游景观、商埠文化历史景观，及其相配套的旅游服务设施景观，城市旅游空间的传统格局，以及街头附加艺术小品景观，予以足够的重视。可以这样说，整个规划工作的深层次目标是保护和传承城市历史文化；最基本的目标是改善当地居住社区生活环境条件；中间目标层次是吸引各级旅游市场的旅游者。如下几点规划构思极具针对性（图10）。

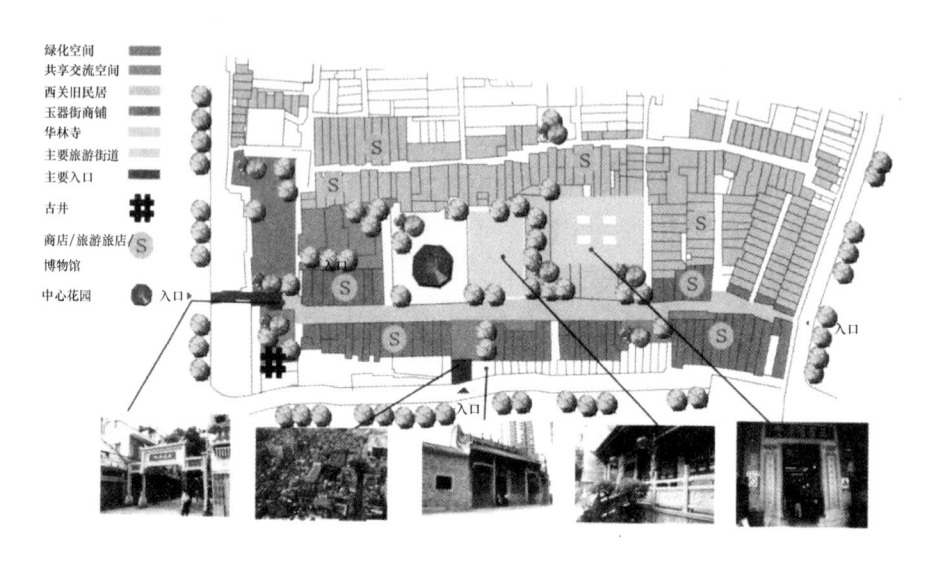

图10　历史街区与文物古迹是极其协调的关系

（一）有传统特色的历史性街道的保护

保护并强化以自然空间环境和城市人工环境为背景的历史街区外部空间形象，构筑历史街区的开放空间系统。让有特色的街道空间特色更加鲜明。这些空间多为特色商品专业性街道，如玉器街、酸枝家什一条街等，或两侧建筑具有共同风格和结构构造，如骑楼街、西关大屋街（巷）、洋楼住宅区等。

保护及整理下九路、玉器街、长寿西路、文昌北路、文昌南路及两侧商业店铺与传统居住建筑群，使之大小、体量、风格基本一致，而细部构图手法百花齐放。历史街区本来如此，良好的景观视觉效果可为旅游观光与购物活动营造和谐轻松的环境氛围。

（二）以城市干道为界的历史风貌的保护

对康王路这种新辟城市大道，两侧改造开发的地块也应进行建筑高度与立面形式的控制，使之保持广州传统商铺特色，使之符合传统街巷的尺度与风貌。这样华林寺历史街区就不会是落在深井里的青蛙，被现代高楼临空悬压"森然欲搏人"，让康王路开阔的空间释放历史街区的灵气。

（三）历史地段的华林寺宗教景观的保护

规划恢复华林寺的传统宗教建筑群，进一步落实宗教政策，形成像模像样的宗教文化活动旅游空间。按寺庙布置规格，华林寺大雄宝殿之前尚有若干建筑物，如山门、楼阁、寮室等，理应向南收复失地，复兴庙堂。此为本街区历史最悠久的文化项目所在。

顺治十二年（1655），西来庵进行了大规模扩建，当年寺院东起今胜利街，西邻今毓桂坊，南临今上下九，北至今长寿路一带。占地约3公顷，是名副其实的"华林"。依后秦著名佛经翻译家鸠摩罗什《弥勒下生成佛经》说："尔时弥勒佛于华林园，其园纵广一百由旬。"今华林寺前、华林寺新街、华林北横、华林南横等街巷皆因华林禅寺而得名。[1]

据考，华林寺的正门原朝北，位于长寿路。今只能向南发展，拆迁不少屋宇，才能争取到起码的宗教寺院用地。复建大雄宝殿、三宝殿、山门等。然后于近在咫尺的五眼井（达摩井），"西来初地"古海岸石碑以及西来结卢庵等三处遗址遗存，宜采用园林手法融为一片，便于保护与参观。

华林寺核心保护区大多为1—2层民居，少数3层，二层檐高5—6米，维持传统民居之平缓、朴实的面貌。街巷地面麻石铺砌，坡屋顶的脊饰艺术均是构造浓郁地方文化特色景观的上好材料与普遍手法。当华林寺等文物古迹周边的小街小巷成为地方传统民居景观范本，成为集中反映明、清、民国时代民俗风貌时，文物古迹将增添无穷的时空艺术魅力，供人们观赏。

---

[1] 罗雨林：《荔湾明珠》，中国文联出版社1998年版。

（四）地方传统民居建筑艺术景观的保护

华林前居住区、毓桂坊、鸿昌大街等为单纯传统民居集中区，以居住为主，没有其他大型公共商业服务设施，这些街区内部比较安静、流动人口较少。从前住户与现在住户因职业、身份、习俗、生存价值与室内设备不同，会表现出不一样的社会生活景象，但同样有文化情趣。尤其是传统民居物质性的建筑景观、街巷景观无声地向我们展示西关人家的市井风情。

西关自清代以来就是富绅商户聚居的黄金旺地，富甲天下的十三行行商"潘仕成、潘长耀，广利行卢氏家族、怡和行伍氏家族、义成行的叶氏家族等都在西关置有物业。这里的人不仅财运亨通，而且科举兴旺。无论中式、中西合璧式，甚至西式民居，都应原汁原味地保护下来，使这些藏匿在现代烦嚣与浮华中的古民居，把人们的记忆带到古雅的境界，阅读这些立体的活着的史书，沉思历史、沉思未来。寻常巷陌的古典民居，变为开放的城市旅游景观之间不存在万里长城。

合理组织多层次空间网络，则能有效地解决居住、交往、游赏条件。主要道路→巷道→内部小广场→私家院落，另加外部公交、内部步行化可使当代城市中的物质空间矛盾与社会空间矛盾得到较好地解决。

六 华林寺历史街区的道路规划

华林寺历史街区的保护规划是多方面的。道路系统规划，不仅是本身的景观而且还是其他景观的直接控制要素。因此这是一个十分重要的问题。

本街区的道路交通现状：道路交通用地5万平方米，占总用地21.1%，路网密度为3千米/平方千米（机动车道路）。南北向城市主干道5条；东南向城市道路有2条；规划区内服务性道路：街巷有6条，支巷5条。巷是许多居民日常生活的主要空间场所。

华林寺历史街区外围交通不应打破区内的宁静气氛，以此为前提，力求保证其交通可达性，从而提高古城区内居民的生活质量和满足发展旅游业的需要。历史街巷的原有尺度、比例、特征及步行化方式是物质形态的历史文化内涵的载体，应严格加以保护、控制，不应让汽车、摩托车闯入破坏。

我们不主张在历史街区开辟过多城市交通大道。新辟城市交通大道对历史街区的干扰破坏很大：一是要拆毁很多历史建筑，尤其是优秀的历史建筑；二是要肢解历史街区的完整性；三是造成汽车污染对历史文物的损坏；四是造成历史街区周边环境的异化，使文物建筑历史地段成了孤岛；五是造成历史风貌景观的割裂和损失；六是丧失了历史地段固有的时空尺度感。

按规划，华林寺历史街区的城市交通可分为主要对外联系道路、内部主要联系通道、及进入本区主要通道三种。

康王路、文昌北路、文昌南路、宝华路是南北向主要对外联系道路。长寿西路、华贵路、上下九可谓东西向主要对外联系道路。

西来横街、鸿昌大街可谓东西向区内主要联系通道，联系通道也是进入本区的主要通路。

耀华西街、毓桂坊、华林寺前街为南北向区内主要联系通道，也是进入本区的主要通路。

规划确定的传统民居区及旅游景点内，除消防车、清洁车以外，不许任何机动车辆进入。停车场主要靠近公共旅游设施，地下停车场宜想法相互连通，借以解决康王路交通流与商业人流交叉干扰的问题。地铁出入口附近将出现大体量的商业办公建筑，如何保证不影响传统街巷的环境氛围值得研究。

骑楼贵在连续性，步行街旅游也贵在连续性。希望其特色不要被交通设施破坏。如广州酒家位于文昌南路与下九路交汇处，因主楼另类的向西南而与骑楼街格格不入造成骑楼街不连续的现象。能否在入口处做点骑楼的文章，同时也改善自身因"西南"曝晒，物理气候不佳的窘境。

南海神庙:海上贸易的保护神

广州南海神庙与我国数千年的海上对外贸易、中外文化交流发展史密切相关,至今仍有浓厚的、广泛的民俗文化基础。为持续开展"海上丝绸之路"国际活动,建设广州国际大港,将南海神庙文物保护单位与周边环境整合成一个大型的文化旅游景区十分必要。探讨其规划要点,望求国人共识。

近年来,广州南海神庙迎来了"建设21世纪海上丝绸之路"、[①]申报世界文化遗产的契机,迎来了广州建设商埠文化世界名城的战略工程,迎来了建设美丽城乡、生态文明的好机会,正可还其千年古庙完美的历史形象,拓展周边相关服务配套空间,挽回失却了的外部组成项目的文物价值,整合社区祭祀文化各种城乡要素,共同建构大规模的风景园林旅游区——广州旅游"大月亮",适宜开展纪念性的"祭海"活动,展示生动的民俗文化动态景观,争取让游人较好地体验"海上丝路文化"博大精深的历史及其所蕴含的伟大驱动力,融于国际世界贸易活动。机会难得。

一 南海神庙在世界"海丝文化"中的价值观

广州南海神庙——我国"海上丝绸之路"始发地、航船出洋扬帆起锚的码头、海上交通贸易的重要遗址,具有丰富的历史文化内涵和高度的民俗旅游开发价值。1962年7月被公布为省级文物保护单位。广州市文

---

① 时隔200多年曾三次远洋航行抵达十三行外港——广州黄埔港的瑞典国"哥德堡号"仿古商船,于2006年"重走海上丝绸之路"再度造访广州,计划在南海神庙景区举行大规模的传统"祭海仪式",重现当年繁华景象。借此盛事,将南海神庙开辟为一处"像模像样"、具有海洋文化特色的旅游风景区"大月亮",实为难得的契机,可惜坐失(周祚"哥德堡号"将举行祭海仪式,见《广州日报》2005年2月25日A4版要闻)。

物管理委员会从 1986 年起开始对这座年久失修的古庙进行大规模维修，历经五载，基本恢复了主要建筑。但神庙外围环境较差，难以形成一个具有文物信价高的旅游景点。

古之帝王十分重视封祀五岳、五镇、四渎、四海神祇。南海神庙为我国古代四海神庙中规模最大的国家级祀典海神的神庙。这意味着"海岳之神，惟南海为最贵"（元·刘光远《祀南海神记》）。历代海上贸易，船来舶往，促进了东西文化、技术的交流互学，促进了社会的文明进步。为了应对险恶多变的海洋环境诉诸平安美好的愿望，需有一个与之对话的对象——于是人格化的南海神就在出海贸易的人们心目中产生了。对神免不了要举办一些祭祀活动。进行祭祀活动需要严肃的场地和壮丽重威的礼仪建筑——于是南海神庙就在先民的手中创建出来了。只要宇宙中还有没被人们完全认识的东西，人类这样的活动永远都有积极的意义。"南海之神"是海上丝绸之路上的保护神！

据《南海庙志》和《波罗外记》记载。神庙始建于隋开皇十四年（594），至今已有一千四百年的历史。现有建筑占地 3 万平方米，规模宏大，从中轴线计起由南向北建筑有："海不扬波"高大石牌坊、石华表、石狮子、头门、仪门和东西复廊、礼亭、大殿、昭灵宫、八字墙等。历代碑亭有：韩愈碑亭、开宝碑、洪武碑亭、"万里波澄"碑亭等。庙西一个小岗上有"浴日亭"，此乃宋元时期羊城八景之一的"扶胥浴日"故址。千年不衰的海神文化比妈祖文化层次更高，体现了更丰富的历史价值。

由于南海海产丰富与海上贸易之重要，历代皇帝除了赐给南海神庙物品外，还屡次给南海神加封封号。神庙建筑"循公侯之礼明宫之制"，设有重门、环堵、斋庐、前殿、后殿、后庭、侠庆等，属王制。自唐天宝十载（751）每年有朝廷大吏备礼册祭，为南海神庙树碑立传，为人格化的南海神加封封号。唐玄宗封"南海神"为"广利王"，神庙建筑属王制。南汉时受封为昭明帝，庙称"聪正宫，其衣饰以龙凤"（李焘《续资治通鉴长编》）。定康二年赐封"加洪圣"，庙称"洪圣庙"。皇祐五年（1053）敕封"昭顺"，绍兴七年（1137）又加封"威显"。元至元二年（1336），诏尊"广利灵浮王"。明洪武三年始封"南海之神"，行春秋两祭；明永乐七年（1409）封"宇海伯"。清雍正年间封"昭明龙王之神"。步步升级，最后成为"南海广利洪圣昭顺威显灵孚王"。① 南海神的"受封"可谓与孔子、关羽一样幸运。

唐代著名的地理学家贾耽记述过当时世上最长的"广州通海夷道"，全长1.4万千米。商船从广州起航，经南洋诸国到达阿拉伯帝国的首都，② 使"外国之货日至，珠、香、象、犀、玳瑁奇物溢于中国不可胜用"（韩愈《昌黎先生文集》）。据鉴真和尚所见，珠"江中有婆罗门、波斯、昆仑等舶，不计其数；并载香药、珍宝，积载如山。……狮子国、大石国、骨唐国、白蛮、赤蛮等来往居住，种类极多"（日本真人元开《唐大和尚东征》）。南汉时期，政府当局积极参与海上贸易，"不但恢复了与南海国家的跨国交流，而且继续使用唐代政府管理舶来品交易的系统"[杜希德（Denis Twitchett）等《沉船遗宝》]。

北宋在广州设立市舶司，管理对外贸易，专切招邀蕃商，大力维修南海神庙。元代祭拜神庙殷勤，到广州经商国家达147个，岁时杂产之富，充溢耳目。明代，南海神庙继续发挥着"保佑"海航贸易的作用。广东设市舶提举司，"怀柔远人"；"蕃夷市易，皆趋广州"；"香珠犀象如山，日费数千万金，饮食之盛，歌舞之多，过于秦淮数倍"（仇池石《羊城古钞》）。清代，商人实乃修建南海神庙的主要力量和信众。广州"一口通商"设海关，成为"金山珠海、天子南库"。进出口商品远非从前土特产，已属近代的工业品，预示着一个新时代的来临（图1）。

在今天国际化语境下，开展"海丝文化旅游"，突出的是海洋文化景观，可举行大规模的传统"祭海仪式"，重现当年繁华景象③。借此盛事契机，如能规划将南海神庙开辟为一处有一定规模、具有海洋文化特色的旅游风景区"大月亮"，实为幸事，正体现了广州世界名城的本质特征。广州南海神庙是我国四所海神庙中唯一能够完整保存下来的官方庙宇，也是"海上丝绸之路"航船扬帆起锚的港口码头，中国参与世界商品贸易的实物见证，具有丰富的海丝文化、商埠文化积淀和较高的旅游开发利用价值。

---

① 黄淼章、闫晓青等：《南海神庙与菠萝诞》暨南大学出版社2011年版，第6—17页。
② 王月华：《中华文明由此起航激荡世界》，见《广州日报》2014年2月28日A7版要闻"海上丝绸之路，九市携手申遗"。
③ 《波罗外纪》卷八《诗歌》。

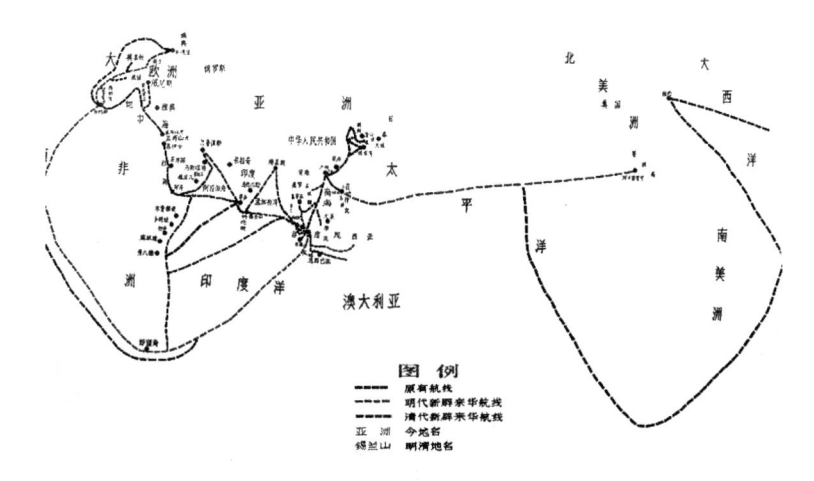

图1 广州：海上丝绸之路始发地

（一）世贸商品寓意的美学景观价值

南海神庙是我国现存最大最完整的海神庙，历代统治者从事神道设教的重要场所。南海神庙所在的扶胥镇是当年中外人士杂居的码头贸易区，各类洋货"委委藉藉，不可纪极，……充天府而耀五都，莫不言南海"。[①] 通过海上丝绸之路贸易的商品，见证了我国由单一的大陆文化到与海洋文化交融的历史，对我国社会结构形态的发展产生了相当的影响，对我国未来的发展也给予了内驱动力。当时南海神庙所在的扶胥镇，一年的税收比新会、清远、东莞等县之和还高。

（二）"蕃鬼"被神化的传奇景观价值

相传古波罗国来华贡使、友善外商或传道人士达奚，受古印度摩揭陀国王之命来中国朝贡。船泊南海神庙下，他进庙谒拜海神，并把带来的波罗树（又称菠萝蜜，即菩提树）种于庙前，事毕，刚好"风帆并举，舶众忘而置之"。他望海悲泣，久之化为神。这个留在南海神庙"立化"成神的传奇故事，使南海神庙有了"菠萝庙"的雅称，"波罗诞""波罗江"亦故名。这个叫"达奚"被中国人封"司空"的老外在中国的礼遇，

---

① 冯沛祖：《广州风物》，广东省地图出版社出版2000年版，第265页。

正好表达了中外民众来往交流的美好效益和前途。① 这样一道神话般的景观正是神庙的"神奇"所在（图2）。

图2　海外友好使者"达奚"

（三）富集的异域花木文化景观价值

西洋人带来了海外工艺品及活生生的植物在中土落地生根，如菠萝树、红豆树等珍贵名木的成活，类似中国的茶树也成功传到了西域，还有木棉树等古树名木，显示了异质文化的传播能够丰富本土文化并提升其生命力。人民群众是欢迎文化交往的。

（四）东方大港的历史地理景观价值

南海神庙起初设置于广州城西，隋以后由于珠江河湾（俗称"小海"）淤塞，清代珠江涨沙变狭，海湾北部淤积成陆，海岸线南移远离神庙，大海船难以进入广州，加之朝廷"规定"西入之番船只得停泊于黄木湾或狮子洋（"大海"），故作为出海远航祭神场所的南海神庙东移至现址。神庙从城西到城东，大港从琶洲到长洲的地理变迁，在某种情况下勾画出了广州海上丝路的衍进史。

现神庙西侧章丘上的浴日亭，是古代眺望江海日出的绝佳之处。今庙

---

① 徐南铁、曾志：《广州旅游百科》，广东教育出版社1999年版，第480—481页。

头村宋代称为"扶胥镇"。宋元之时南海神庙规模宏大，乃闻名遐迩的游览名胜。"扶胥浴日"渊源于此。元、明、清三代，这儿都是广州人、外藩人陶冶性情的好去处。游人慕名而来，不绝于途。许多文人墨客于此留下了大量壮物畅怀的诗篇。"扶胥浴日"曾被列为"羊城八景"之一。宋代杨万里诗句："大海更在小海东，西庙不如东庙雄。""南来若不到东庙，西京未睹建章宫。"

（五）鲜活的民俗文化动态景观价值

有关南海神庙的民间故事和民俗活动十分丰富。如"波罗诞"、水宫庆会、求雨巡游、赛龙舟、龙舟说唱、鸡公揽、飘色，① 除了舞狮、舞龙，还有舞牛、舞马舞鲤鱼等活动成为流行于广州地区的信仰风俗。尤其是"波罗诞"会期（每年农历的二月十一至十三日），自宋代以来就是当地民间的盛大节日，② 方圆数十里，包括水上的、陆上的周边地区都热闹非凡。当地民众四方云集，争相到庙里进行礼拜、祈求平安，盛时有十多万人。路上行人如蚁，庙中人声鼎沸，紫烟缭绕，爆竹轰鸣。80年代的庙会早已超过10万人次。21世纪的庙会，更是规模空前。港口位置虽变迁，但民俗风情代代不衰，许多文人墨客于此还留下了大量壮物畅怀的诗篇。这充分说明海丝文化旅游具有可持续发展的原动力。

（六）富集人文艺术的建筑文化价值

从文物维修部门了解到：神庙头门为一门"四塾"，有华表、石象生各一对，难能可贵地还保留了周代的建筑制度。其复廊留有春秋战国的形制，保存着唐代廊院式布局，实乃国内之绝版。可以说南海神庙是中国古代建筑的活化石，是考证中国建筑制度演变难得的实物资料。神庙素有南方碑林之称。庙内现存历代碑碣45方。著名的有唐韩愈碑、宋开宝碑、明洪武碑等，浴日亭还有宋苏轼诗碑，均为考证文字、书法、文学的宝贵石刻文献资料。庙内有我国现存三大铜鼓之一的东汉大铜鼓、直径1.38米，明代玉刻南海神印、明代铁钟等。

---

① 鸡公揽，将大型鸡公模型扎在身上，招摇过市、鼓吹叫卖的喜庆活动。飘色，由儿童扮演历史人物、戏剧形象，做出舞台表演的身段，"飘"在支架上，被扛着在赛会上游行的活动。

② 《波罗外纪》卷八《诗歌》。

二　南海神庙旅游景区保护拓展的规划新思路

民国时期神庙建筑部分破败。新中国成立后于庙内设立广州海运学校（1966 年），在庙址范围内加建了多栋厂房、办公楼和宿舍。原有古建筑没有得到有效保护，遭到了不同程度的破坏。如仪门复廊、两庑、头门被改建成宿舍、仓库，后殿改建为厨房，主要建筑大殿被拆毁并新建餐厅。"文化大革命"中神庙古建及碑碣等文物进一步遭到破坏。省有关部门于 1984 年决定修复南海神庙，在著名古建筑学家龙庆忠教授的指导下，由华南理工大学建筑学系进行了修复规划与设计，1986 年后，基本恢复了中轴线上的主要建筑，使破败的南海神庙又焕发出名胜的光彩。

尽管位于广州市东南水乡风光旅游线上，由于缺乏旅游景观整体规划，交通条件、旅游设施均不完善，南海神庙依然"蜗居"在杂乱的民居食铺之中。长期以来，神庙围墙之外的领有空间、意境空间、游赏空间、背景空间、衬托空间、消防空间的划定与保护存在空缺。文化艺术性的公共建筑，彰显其文化生命力和发挥固有的民俗功能，应该圈定一个有利于维护、使用、观赏的更大文化圈——城市生态紫线空间，包括神庙周边的背景山林、水体、山门、香道、码头、庙会市场、借景视线通道等昔有的和拓展的风景园林空间或曰"风水"大环境。

有些文物，甚或某些建筑类文物，的确需要"冷冻保藏"，在一定时期、一定情况下不与观众见面。倘若陈列展示，则属于文物的"博物馆保护"模式，只需提供参观游览的路线及陈列空间。作为大多数不可动文物建筑应该还有一种"就地运用型"的保护模式，除了保护建筑物的躯壳，还要保护好建筑物前后、左右、上空、地下酝酿历史文化的氛围，满足固有的经济、社会、文化活动所需的环境，即正常使用时人们的行为方式所需的各种空间。建筑物加内、外环境空间，才能全面地体现出它应有的、完整的文化价值、美学价值、实用价值。目前，南海神庙正需要进行文物建筑外部空间环境的保护拓展规划，尽量挽回失却了的外围土地资源及其非物质性文化遗产的空间载体，争取让游人不仅能较好地观赏、研究文物建筑的静态景观，而且还能适当开展一些宗教或准宗教礼仪性的"祭海"活动，展示生动的民俗文化的动态景观，让南海神庙成为广州一个具有影响力的世界文化遗产旅游项目。本文主张采取"拓展神庙景观格局的保护规划发展新思路"，且坚持如下基本要点。

一是维护文物古迹（群）兴盛时期最为理想的原真状态与固有的风貌景观环境，尽量减少当代建造活动对文物古迹的干扰影响。可用原有的形制、材料、工艺，于原址作恢复设计，[1] 并按类似功能使用。1986年龙庆忠先生所从事的南海神庙修复保护工作属于此种性质。

二是为了将神庙"做大做强"，在尊重古人的基础上，可以延长古迹建筑群的中轴线或次轴线，加建添建有关类似功能、风格和适当体量的建筑物、标表门坊小品、园林雕塑等要素。这样例子很多。古代的有曲阜孔庙、孔林历代常有添建而拓展纪念性空间；近代的有中山纪念堂与市政协、市政府大楼的轴线延续；现代的有北京中轴线北向延拓的故事。这些都为渐进式开发设计手法。

三是文物古迹周边的某些城市要素、村落寺观要素、地形地貌要素、生物活动要素等，均与神庙文物古迹存在结构功能上的联系。在保护拓展规划过程中，应综合统筹、相得益彰、共生共荣。跟南海神庙休戚与共的庙头村就是当年为海帆出海提供神庙祭祀服务活动的基地。村、佛寺、道观、码头、市肆、有机组合才是一个完整的社区居民点。

四是文物古迹的周边出现不协调的大型工业建筑设施，是后期城市规划失误的结果。今天的规划建设不可一错又错。工厂停用后，作为工业文明见证的工业遗产也应保护下来[2]，用于博物展览、文娱表演亦无不可——化消极因素为积极因素，也是尊重历史的科学行为。

五是"大拆大建"不是事物发展的科学规律。按自身文化所蕴含的历史要素拓展新建、复修重建、整治改建才是。勿忽主观塞进与神庙文化完全不相干的项目，也不要为了博物馆而建博物馆。因为神庙、佛寺、道观，本身就有博物馆功能。

三 南海神庙旅游景区规划中值得思考的问题

广州市黄埔区最新一轮"南海神庙周边地区旅游景观环境整治规划"

---

[1] 李德华：《城市规划原理》，中国建筑工业出版社2001年第3版，第534页。
[2] 杨宏烈：《广州工业遗产的保护与利用》，《中国文物报》，《保护科学》2010年10月8日第6版头条。

占地面积约 38 公顷，要打造成 5A 级的旅游景区。神庙用地由 3 万平方米作有限扩大，由此推进珠江游的深度开发（图 3）。本文对跟景区有关的内容加以释读，提出一点建议。

图 3　某近期规划图

（一）南北——拓展南海神庙主体中轴线的前后景观建筑

20 世纪修复后的南海神庙，文物古建格局基本完整。经过多年严格控制，东南部民宅的拆迁，消除了对神庙压迫的趋势，并保留了大片的绿地，为今后的处理奠定了基础。唐代沿中轴线设有重门、环堵、斋庐、前殿、后殿、后庭、侠庆等设施。神庙原有斋坊、庖厨、宿馆、禅坛等建筑 125 间。明清两朝增建的碑亭、观音殿、龙王殿、华表等设施，以及当年东、西两侧地带还配有的佛寺和道观[1]，但是后来没能保留下来。

神庙现有建筑占地 3 万平方米，规模不是很宏大，从中轴线计起由南向北有："海不扬波"石牌坊（图 4）、石华表、石狮子、头门、仪门和东西复廊、礼亭、大殿（图 5）、昭灵宫、八字墙等，历代碑亭有韩愈碑

---

[1] 邓其生：《从南海神庙营建谈广州海外交流与旅游开发》，《南方建筑》2004 年第 4 期。

亭、开宝碑、洪武碑亭、"万里波澄"碑亭等,① 古色古香、风姿卓绝。南海神庙拟进一步扩大规模,可延伸南北中轴线,布置与神庙有关的纪念性建筑物[如藏宝(经)阁、陈列室、海丝名人馆、望海楼等],形成景观序列的又一个高潮或尾声,"起承转合"有节奏。如是改变了从城市干道遥望神庙,因古典建筑物呈平远状、相对低矮、色彩平淡,给人神庙匍匐不在的感觉。新扩建建筑应为"中而古"的现代风格,规划排列能增强南海神庙的院落延续感,内部功能则可按需处理。

图4 神庙"海不扬波"入口牌

图5 南海神庙中的正殿

---

① 冯沛祖:《广州风物》,广东省地图出版社出版2000年版,第274页。

庙北枢纽控制区的范围：通过拆除违章建筑，神庙北侧控制保留了大片绿地，构成庙北枢纽控制区。其范围：广深公路以南，东至庙头村沿路建筑，西至庙头市场以东，南边至南海神庙北墙。如果面积受限，还可跨越公路发展。用现代话讲：这里可设置如下项目。

（1）庙北广场——中轴线上的开敞空间

庙北广场是北广场区的核心。它处于文物建筑与广深公路联系、过度的重要位置。它不仅可以发挥标识作用（向过往人群提示南海神庙的位置），而更重要的是要对交通流线起组织作用。北广场作为神庙游览区旅游路线的终端，将有效地梳理庙头市场、南海神庙、博物馆和停车场的人流，同时也可作为周围市民共享的休憩空间。北广场的位置可以设在神庙的中轴线上，而规划地块的西北端将现在的西边道路入口、购物广场，神庙西边公园北部出入口进行有效整合。这是最有效益、最经济、最方便使用的方案。

（2）休闲林园——多功能缓冲空间

北广场东侧可结合现状的高差设计为以绿化休闲空间为主的休闲林园，改善神庙北侧的环境气氛和背山面水的空间意象，同时也满足周边居民的休憩娱乐活动需要。东侧需设计临时停车场，结合良好的绿化以形成景观停车场。在"波罗诞"期间可以缓解停车压力，而平时车辆少时，则可以成为广场上的一个重要的景观要素，主要供人休憩游玩。

（3）海上丝路博物馆——神庙后的续景建筑

为加强南海神庙旅游区的历史文化氛围，增大神庙古建筑群的规模和旅游吸引力，可在神庙以北中轴线上布设一座传统风格的博物馆楼。博物馆的选址虽在重要的神庙中轴线上，但应采取"服从神庙大局""甘当配角"的策略。博物馆应考虑与神庙的呼应、有序、协调的关系；其质感、色彩、体量、造型完全服从神庙组景的要求，使之构成神庙序列空间的一个建筑抵景，遮挡轴线正前方现代风格的高层建筑，延续并拓展南海神庙的院落空间，使之成为建筑序列的一个景观高潮或尾声。如果博物馆使用面积不够，可采取"配楼"的方式进行补充，利用园林连廊将主配楼群联系成一个有机整体。

另外，广深公路及其北侧的现代建筑景观，不利于历史文化气氛的保持。于神庙后殿北望，视域景观迥然相异。神庙所产生的场所精神，到此被打断，恐有损游兴。为此可将此段公路用拱壳覆盖，上面艺术性地堆成园林沙山成背景山或靠"山",周边大量种植木棉、榕树、菠萝蜜、凤凰树、相思、白玉兰等乔灌植物,形成整个神庙的风水林,效果显著地隔绝城市干道和异类建筑风格的影响。这比将广汕公路高架或穿越地道来更加经济实惠(图6)。

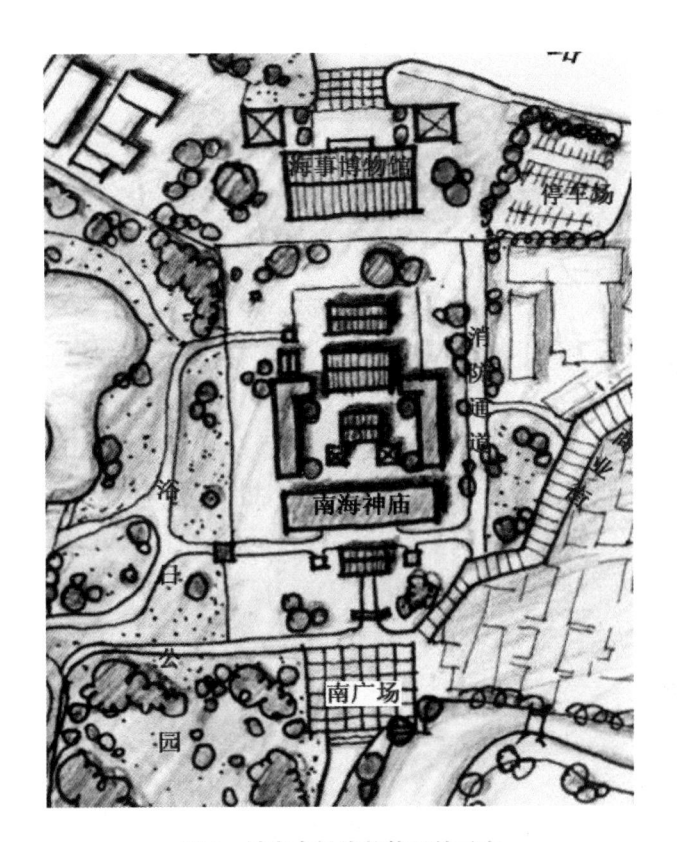

图6 神庙中轴线整体延伸示意

(二)南部——神庙前山门引导、情绪酝酿与漫步空间

这里也是一个游客容量很大的寺庙园林休憩区,虽地处神庙大门之前,因现今来客方向的改变,亦可很好地起到"后花园"的作用。该区主要包括南部广场、入口大门、多重牌坊、庙道、向南进入珠江水口的河道及其周边园林绿地休闲设施等。

(1)庙南香道

现有庙前路紧贴神庙保护区围墙,给人们的心理感受欠佳。拟新设计一条与庙墙保持一定距离的庙道,以营造具有时空序列悠远气氛的前导空间，酝酿游览情绪。庙道在树丛蕉林中接驳南广场，获得"先抑后扬"的效果。被替代的道路可保留作为辅助性回车道、或停车场用。

（2）南部广场

神庙正门广场已适当扩大，保留原有树木并利用改造后的河涌水体，创造出了符合南海神庙特征的前广场空间。现状广场东边三角地较为高大的农民住房建议搬迁，以减轻对主入口的干扰，保证南广场空间的完整性。南广场的主要功能是集散游客、观景和休憩，在庙会期间可举行大型的民间庆典活动。广场风格要与神庙牌坊、建筑协调。广场南向河涌对岸结合原有健身广场，将其建设成为村民老幼休息活动的场所。

（3）芭蕉林海

由于神庙南边现为黄埔电厂，景观效果、空气质量较差，噪声强度大，不适合安排公共活动场所或旅游设施。庙南宽阔的人工湖面，让电厂的厂房和烟囱暴露。即使在靠近电厂处堆起一座小山，遮挡效果也不会尽然。短期内从根本上实现环境大整治的可能性较小。

经过实地考察和分析，由蕉林和水塘组成的生态环境已经成形，近距离的一道天然绿色屏障能减少电厂对文物建筑过多的不利影响。现有的这道屏障应当加以保留和维持，让南面保持原有的自然隔离绿带。香蕉树耐污染能力较强，可有效地降低电厂对文物建筑的不利影响。此外，在古建筑外墙外缘种植高大的乔木，也较易于获得良好的遮蔽电厂烟囱的视线干扰效果。

（三）西南——恢复拓展神庙"扶胥浴日"古羊城八景之一

庙西小岗上有"浴日亭"，乃宋元时期羊城八景之一的"扶胥浴日"故址，原本为神庙的重要组成——"祠庙园林"（图7）。现绿化以本土山林为主，辅以盆栽花卉及观赏性灌木补色，坡下的林木水体可接上出珠江码头的河道。惜浴日亭与神庙建筑群之间缺乏有机联系，主因是毁弃了以往由景墙曲廊山水绿化等景观要素与神庙主体构成的院落式园林空间的有机结构环境。庙西部必须拿出足够的土地来营造神庙附属园林，坚持以岭南地方特色为主，兼容西亚、南洋、西欧园林的景观艺术小品（借鉴来自海外各国的信物塑造小景）值得大胆尝试。神庙园林作室内活动的补充、调节，供观众回味、思考的场所，同时起到消防疏散的作用，对提高神庙的环境质量、游客容量，延长游览时间大有好处。让园林更好地保护文物古迹，让文物古迹丰富园林的精神内涵。这是一对相得益彰的完美搭配。

图 7　南海浴日亭景观（左画）及其山下的众石像生

神庙南区西北部可围绕浴日亭及所在山冈构建一座"寺观园林"——浴日公园，可借机恢复局部景观，用以扩大神庙的游赏空间，并有利于疏散人流，引导到休闲公园或海事博物馆方向，实现人流的一个半回环。寺观园林大可以海上丝路传来的菠萝树、菩提树以及风铃木、榕树等植物造景，可充分发挥其成荫效果。辅以盆栽花卉及观赏性灌木补色，以衬托文物古迹的历史环境。高大乔木可选用百千层、樟树、榕树等树种。公园雕塑可选"海神""波罗鸡""番鬼达奚望波罗""苏东坡""韩愈"等历史题材。水体接上出珠江码头的河道。

（四）东侧——恢复神庙东侧佛寺、西侧道观的古建筑群景观

原神庙管理者、文史研究员李典松先生曾介绍：南海神庙东侧曾有一座禅宗寺院——海光寺，西侧曾有一组道观建筑（群）——凝贞观。寺、观、庙三者的关系肯定是一个和谐合作互补的系统，甚至出现"你中有我、我中有你"的局面。大凡风景名胜区都有"多教共存"的现象。南海神庙中也有佛、道的思想内容和信仰偶像，共同铸就了中国文化的特质。这些都应该是尽量恢复重建、演绎拓展的内容。

尽管南海神庙单体建筑具有较高的历史文化价值，但在波罗诞日还构不成一个完善的风景游览区，故对外宣传底气不足，知名度不高。如此，在重点保护神庙文物古迹，严格控制神庙周围建设项目的前提下，重建东侧南海寺院、西侧南海道观，拓展神庙的社会环境空间，陪衬烘托海丝文化旅游主题，是可取的。它们共同组织完善而连续的游览线路网，水上"香客"、陆上"信众"，均可通票游赏，实现日常经营的可持续发展。

（五）西侧——新建神庙大型碑林，让古今碑刻艺术荟萃

我国碑刻艺术源远流长、内涵博大精深。一千多年来的文化积淀，南海神庙汇集了历代名人雅士、达官贵人的碑刻大几十方。据《波罗外记》载：庙内有唐碑一、宋碑十一、元碑十、明碑二十六、清碑二十一，还有苏轼、陈白沙、袁行简等历代名人的诗歌石刻十六方。"文革"后尚存四十五块。不便于原址保护的碑刻和新增碑刻可重新构筑一处园中之园——"南海碑林"藏之、展之。中国的碑刻文化艺术纪念"南海神"、保护"海上丝路"商贸平安的主题型的碑林，可谓唯一性，不能不引起世人的高度关注。

西部外围配套协调区还可安排如下项目：

（1）庙头市场

规划保留位于庙西干道西北段的庙头市场，但应进行必要的改造。可引入商业餐饮功能，立面重新进行改造和修饰，与神庙及诗修复的寺观相呼应，营造步行商业街的商业文化气氛。庙头市场前开敞空间很重要，是暗示乘公交车而来的游人绕道南区进庙的集结地，起到入口广场的作用，须改善、提高景观环境质量。

（2）景观商廊

广深公路上的公共汽车站为步行游览"客源"站，庙西干道为主要人流"进香道"。庙西干道南段可布置一排有韵律有变化商亭廊道，既作庙会期间的民间纪念工艺品、地方小吃饮用品、宣传展览艺术品等小型商品买卖街之用，又可界定神庙旅游区，作为神庙游览路线暗示索引。干道以西为生态景观林地或配套景观建筑备用地。

（3）公园西门

此园林位于西部道路以东，原本位于浴日公园的北部，可按园林管理模式，在西部道路以东适当位置，向西开设一个园门，方便限疏散、时机动使用。

（六）庙中——可为异国番客变中国"神圣"而立庙纪念

南海神庙还有一个别名，叫"菠萝庙"。相传唐代古摩揭陀国（今印度)的朝贡使达奚司空来华,于"贞观二十一年始遣使自通天子,献菠萝树,树类白杨"(《新唐书·摩揭陀国传》)。后来达奚司空误了返程的海船,留在了南海神庙,被封助利侯,死后厚葬,立像为祀。因波罗国人种下菠萝树,神庙则又称"菠萝庙"。现庙内有"番鬼望波罗"塑像歌颂这一异邦番客为"神圣"的故事,无不说明国人的包容宽宏,对海外贸易、文化交流来往平安的重视。既如此,我们可以将此纪念设施"做大做强",单独设立庙宇,以促进国际和平往来,以求扩大南海神庙景区的规模和声誉,增加景区的文化景点。

(七)东南——"庙—村"一体化的商旅结构不宜颠覆瓦解

"赶庙会"可能是千百年来中国老百姓的一桩乐事、趣事。寺庙给中国百姓提供了宗教活动场所,还给老百姓提供了庙会旅游的机会。宫观庙宇历来就是中国平民变相的旅游区、博物馆、艺术馆、娱乐场、度假村、买卖街、集市场、情人节之恋爱角、心理咨询中心、隐居地、戏剧舞台、杂耍场等等世俗的、高雅的、人性的、商业文娱的活动场所。任何一个寺庙,哪怕"深山藏古寺",都会有一定规模的集市、村市、墟市,甚至地摊与之相匹配,相辅相成地开展庙会活动。此地庙—村有机一体化的功能结构不宜颠覆瓦解,力求和谐共处。

南海神庙虽为官办庙宇,但实质上使用者大多是民间人士。新的规划应当将与神庙共生共存的古村落尽可能加以保留,神庙大风景区内的有机组成部分,一道互搭互衬的风景。古村落的景观文化深厚、真实生动、生活气息浓郁,能自发地长期地生存发展往往比一些短期的需要花大价钱进行宣传的"文化节"项目,更具有持久力,更易于涵养口碑、吸引大众。

旭日街位于庙头村内,空间格局曲折多变、肌理连续,有利于形成商业界面和商业气氛(图8a、b)。建议采用一系列有效的政策措施引导旭日街恢复古镇商业步行街,以经营旅游商品为主,作为一个与寺共生景点景区而纳入整个神庙旅游区。街道改造工作可抽疏一些低档建筑,着重整治建筑立面、街道路面,用规范性的地方传统建筑细部图则指导修饰即可。

庙头村紧邻南海神庙东侧围墙。围墙与旭日村之间可留出一条通道。其作用有:①使整个神庙游览形成网络回环;②作消防疏散通道;③有利于建成一条绿化隔离带;③作神庙雄姿风采由东向西的观赏带;⑤给人留

图 8a　庙头村步行内街改造意象

图 8b　庙头村旭日街的整饰规划

有神庙两侧原有历史建筑群的想象余地。

（八）远方电厂——工业遗产演绎特色博物馆景观

周边的建筑景观只有与神庙遥相呼应和协调，才能拓展特有的历史环境氛围①。因神庙周围有大型发电厂、造船厂、油库等工业设施。神庙中轴线上的外向视线被干扰，烟囱高大的体量与传统古建筑院落不相协调。黄埔热电厂是一个中等规模的发电厂。由于黄埔电厂位于神庙正南边，处在神庙面对珠江（海洋）的方向，使人们在眺望联想江景时缺乏一个好的景观效果。好在庙南的人工湖提供了开阔的视野，但电厂的厂房和烟囱亦多有冲突。

神庙东南有三条河涌交汇，水岸多为蕉林绿化，水质尚可，但景观艺术性差，起不到休憩、观赏的功能。于神庙近距离设置一道道绿色屏障可以减少电厂对文物建筑过多的影响。②

令人们高兴的是：电厂拟作关闭东迁处理。届时，庞大的工业厂房和高高的烟囱是拆还是不拆？本文主张保留这一工业文明的遗产。发电厂房可以用来改建成"海事博物馆"，外观风貌可以改造成与南海神庙相协调的效果。大面积的外墙可变成灰色调，平直的屋顶可变成曲线型或折线型，通过墙面的划分或壁画的绘制，大可显现岭南建筑艺术构成的神韵。高大、深邃、结实、耐冲击力的厂房内部空间，别说是办展览馆，就是表演杂技、舞龙舞狮、开博览会亦无不可。高高的烟囱可改造成景观标志型构筑物，如美国某"棕地"的一个烟囱型工业生产构件，通过保护最后成为社区公园的标表物，既朴实又美观，深受当地市民的认可（图9）。上海世博会场地的工业烟囱，也并没有一拆了之，形象地加工成一支巨大的温度计，颇为壮观。只要有兴趣，还可变成登临的跳伞塔或观光塔。广州南海神庙处的烟囱可变成功德柱（杆）、海神塔、凯旋柱、类方尖碑、礼拜光塔、海航灯塔、庙史艺术雕塑柱等等，甚或变成巨大的垂直型电子视屏柱，不断地变化文字或图案，日日夜夜传递最新最美的消息和风景，何乐而不为？这样的保护创新一定会为神庙添光增彩并可标志一个更大的旅游景区空间。

电厂以南可安排珠江游览码头区——亲水区：充分利用南部现有河道

---

① 李道增：《环境行为学概论》，清华大学出版社1999年版，第37页。
② 杨宏烈、李力：《广州南海神庙旅游景观规划构想》，《华中建筑》2006年第9期。

图9 工业遗产可转化成神庙配套设施景观（右为美国案例）

的交通和景观优势，将南海神庙与珠江水上游路联系起来。因水路通达，可进一步提升南海神庙的旅游价值。珠江水口临时性渡船码头（庙头码头）现状用地狭窄，希望与黄埔电厂和波罗庙船厂共同改建"珠江水上游"登岸码头。使一般的小型游艇可以沿河（水上庙道——水上礼仪大道）进入，在神庙南部的小型码头（类园林建筑石舫）登陆进庙。水道两岸以种植蕉林等亚热带植物为主，以体现南国水乡风情。

（九）舍弃——喧宾夺主的海事博物馆：值得商榷的问题

为收藏处理海洋文化的遗存遗物，加强对南海神庙历史文化研究，可作为景观要素建设适当规模的博物馆，是合乎规律、合乎事理的。但须知：千百年来，南海神庙既是一个祭祀的场所，其本身更是一个海丝文化博物馆。我们要加强的是继续做好神庙兼顾博物馆的工作。不要一谈到"保护"，动辄就是建设博物馆大楼。新建博物馆的选址或营造应采取"服从大局"的策略，当好配角，而不是"以我为统帅"，以其强大的建筑体量，强烈的对比架势出现在充满生态传统风貌特色的旅游景区（图10）。这种方案在效果图上看起来颇为美观，实际体验却是不佳的。博物馆的造型应考虑与神庙的呼应陪衬、序列协调、质感色彩一致等关系，并作为南海神庙院落景观空间的拓展，使之成为一个亲切近人的景点，融入园林化的风景区。拟或利用保护下来的热电厂厂房改造成博物馆也很好。

图10　始于隋的南海神庙不应成为"摩登"建筑的附属品

该博物馆还要避免与全市性的场馆类同。须知：保护文物古迹及其原生态环境，保护已发掘的明清古海泊码头（1780平方米）、保护古代海岸江河格局，保护神庙内的历史建筑、石刻木雕，保护古树名木，让整个风景旅游区成为令人身临其境的博物馆才是"根本"抢救（文物）第一，保护（历史文化）为主，加强管理，合理利用——这才应该是正确方针。

广州花棣和行商花园惊艳英伦

广州地名有：花地、花棣、芳村、花城、花都等与"花"相关的雅称，长期以来受到人们的青睐。它们把花色、花香、花卉园林之美，把植物博物学中的物种与绿色生命传递到世界东西方，其中还与广州十三行对外贸易、文化交流结有不解之缘。在十三行的历史文化遗址地名大系表中，它们占有重要的地位。

一 芳村：河涌祠寺园林烟雨楼台近花海

广州芳村，一个美丽的名字，位于白鹅潭畔，三面临江，与广州老城、河南鼎足而立，刚好呈现三角形对景构图。芳村花地多，近海、多花、多水、多烟雨。① 秦、汉时代，芳村尚未成陆，只有一些小沙洲，浮于海面；晋代开始有人聚居；唐代是一个码头，叫大通港；到了北宋年间，芳村的大通镇已是广州八大名镇之一了，并成为宋代和元代羊城八景中的"大通烟雨"一景。

芳村河涌纵横，交织着上百条大小河涌，包括花地河、大沙河、大冲口涌、五眼桥涌、葵蓬涌、东塱涌、塞坝涌、茶滘涌、二尾涌、下市涌、水口涌、策溪等。仅东漖镇内，就有58条小河涌，可谓五步一小桥，十步一码头，出门坐船，以楫代车。花地以前有"九桥头"之称。

现在芳村的很多地名，一听就知道与河涌有关，如涌沿街、涌边后街、涌岸街、涌尾坊街、通津街、步头街、凤溪、滘口、汾水、桃湾，等等。芳村最大的河流就是花地河，北接珠江西航道，南连平洲水道，中段

---

① 叶曙明：《芳村：近海多水多花多烟雨》，《历史现场》2017年5月19日。

西部与广佛河相通,全长8.4千米,其他众多的小河涌,大抵都是它的支流(图1)。

图1 芳村花埭的水乡风光①

南汉时刘𬩽在广州建二十八寺,坐落在花地河口的大通寺是南七寺之一。清康熙六年(1667)重建大通寺,更名为"烟雨寺",寺门石额镌有"大通烟雨"。平日里虽香火不甚兴盛,但每年农历七月十四日的盂兰节,周围都非常热闹。民间将超度亡灵的节日演变成了喜庆节日。四乡的村民撑着小船,摇着舢板,纷纷来到大通寺附近的河涌上,撒水饭,烧金银纸,请来道士、和尚、师姑,诵经礼忏,荐祖施幽;又是演大戏,又是放灯船,又烧鞭炮烟火,欢天喜地闹上几天。清代诗人张锦芳《宿大通寺》诗云:

略彴微通屐,溪塍浩绕门。
向来携酒客,多自卖花村。
扑地棕梧影,沾衣烟雨痕。
秋蝉强相聒,轧轧自朝昏。

---

① 李国荣、林伟森主编:《清代广州十三行纪略》,广东人民出版社2006年版,第94页。

大通寺现已化为住宅小区，但附近尚有寺岸街，为这座消失了的寺院，保存了最后的一点痕迹。据当地居民说，上市路原来是一条河涌，清代大诗人张维屏的故居听松园，就在上市涌旁边。他的童年在清水濠畔度过，晚年在上市涌边度过，一生总也离不开河涌。他爱水、爱松，爱到骨髓深处了。他有诗咏听松园：

> 水松排列护江村，
> 风起涛生籁自喧。
> 也与山松同一听，
> 此园宜唤听松园。

他那些美妙的文字，让人在阅读时，已仿佛置身于听松园的清凉世界之中："园内外有松且百岁之松……园内外有水且四面皆水……楼高见山，池活通海，帆移树杪，天在镜中。江村烟屋，稻畴菜畦，绮交绣错，四望莫能穷其际焉。"[①] 他园中楹联自题：

> 为词客，为宰官，为老渔，卅载风尘，阅几多人海波涛，才得小园成退步；
> 爱诗书，爱花木，爱丝竹，四围溪水，喜就近佛门烟雨，且营闲地养余年。

他的一生虽然风轻云淡，但他对人生、对历史的感悟，却比许多同时代的人都要深刻。从他的《国朝诗人征略》等著作中，可以看得出来。

沿着上市涌（松基涌），可到新隆沙东的小蓬仙馆，这是康有为家族的产业。康家在花地的产业，有康园与康地，前者就是小蓬仙馆，而后者即康家购下的土地。由于芳村水网发达，土地肥沃，向以种植花卉闻名，清代文人沈复在《浮生六记》中记述："对渡名花地，花木甚繁，广州卖花处也。余以为无花不识，至此仅十之六七。询其名，有《群芳谱》所未载者。"花地的观音庙前，一向有卖花的天光圩，位置在今天的大策直

[①] （清）张维屏：《听松园诗序》，参见吴振华《闲雅小品丛书·书卷似故人——序跋小品赏读》，中州古籍出版社 2012 年版。

街与联桂北街之间,紧挨着河涌。每天半夜,花农们便撑着一只一只的花艇,满载着一船一船的鲜花,沿着四通八达的河涌,聚拢到观音庙前摆卖,天亮后又各自撑着小艇散去,隐没在淡淡的晨雾之中。那真是名副其实的"暗香"弥天。张维屏有诗咏花地:

花地接花津,四时皆似春。一年三百六,日日卖花人。
近海多烟水,离城少市尘。东园数亩地,聊且寄闲身。

清代十三行垄断外贸时期,芳村花地也成了西方各国来华从事外贸事业的"洋人"定期游赏的地方。清王朝为管制外商的日常行为,不让这些浮海而来的商人、水手、大班、二班、船长、领事等自由活动,只能由指定的行商、通事定期(每月逢8,即8号、18号、28号)监督他们"早出晚归"地到指定的公共绿地、寺庙或私家园林去享受"放风似的"游览。当时芳村花地就是游览地之一,不料这里丰富的植物资源,引起了18世纪英国园林生物博物学家们的极大兴趣,使之成为中西园林文化技术交流的场所。

二 花地:18世纪的欧洲博客既羡慕又惊奇

中国花卉牢牢地抓住了英国人的想象力。卷轴、外销画、折扇、瓷器、粤绣以及其他工艺品上茂盛的菊花、茶花和牡丹的图画,激起了他们的好奇心和狂热态度。牡丹就曾经是英国人最渴望的花木之一。18世纪晚期和19世纪早期,在华英国博物学研究者——或为当年"博客"的科学活动,是非常依赖于中西之间的商贸关系的,广州"花棣的精彩使他们既羡慕又惊奇,中国行商花园中的奇花异草曾让他们当猎物搜寻。"[1]

(一) 神秘帝国神秘花园

对18世纪欧洲博物学家而言,中国占据了一席特殊的位置,而不仅仅是一个想象中住着很多身材矮小、喜欢喝茶的人种的辽阔国度。耶稣会

---

[1] [美]范发迪(Fa-ti Fan)、袁剑:《知识帝国:清代在华的英国博物学家》,中国人民大学出版社2011年版,https://www.guancha.cn/FanFaDi/2018_03_27_451640_2.shtml。

教士曾赞美这个神秘帝国的文化成就和地大物博。卫匡国、基歇尔、李明和杜赫德都在自己的巨著中描述过中国的繁华城市和奇花异树。早在1800年之前，欧洲学者就已经在争论大黄、蛇石、麝香和其他据说是源自中国的奇特药材。

通过对华贸易进入欧洲的中国商品数量极多。16世纪以来，成百万件的瓷器，当然还有大量家具、茶叶、丝绸、绘画和雕刻，经由海路来到欧洲。这些日用品和装饰物，向西方推介了许许多多中国亚热带地区的植物品种，对欧洲人的审美喜好产生了一定影响。据规划部门介绍，芳村一带常用庭院植物有如下几十种：乔木类有榕树、大叶榕、木棉、南洋杉、樟树、阴香、凤凰木、白兰花、木麻黄、桉树、紫薇、肢肠树、假槟榔、南洋楹、石栗、罗汉松等。灌木类有桂花、茶花、含笑、黄蝉、大红花等20多种。草本花卉有长春花、金粟兰、兰花、龙吐珠、五色椒、百日红、夜合、秋海棠、仙人掌等。藤本植物有爆仗花、绿萝、使君子、爬墙虎、夜来香等。①

家具、壁纸、建筑上都常展现出中国风，这种风格后来与洛可可风格融合在了一起。同时，欧洲不少工厂也在试图复制那些洁白、细薄、精巧的中国瓷器。洋人对中国风格的迷恋也影响到欧洲园艺美学。比起中国园艺，中国花卉更是牢牢地抓住了英国人的想象力。东印度公司的商船从著名的广州苗圃花棣（或作"花地"）带回的新品种，使得英国花园更加多彩多姿。但这更是养大了英国人的胃口，他们想要得到更多的中国花卉，而且还企图获取中国园艺盛传的秘密。正因如此，海外贸易商品激发了英国人对中国动、植物的兴趣，而英国人对中国博物的研究就这样从园艺和园林植物开始了。

（二）贸易者兼博物学家

18世纪末，耶稣会教士已经在中国收集了大量的植物和种子，将其运往法国，尝试进行移植。相较之下，英国人那时尽管在对华贸易方面占有优势，但在对中国的博物学研究方面却尴尬地远落于法国人之后。其中的一部分原因在于，英国人无法像耶稣会教士那样深入中国内地，他们能看到的只有一两个港口，主要是厦门和广州（图2）。

---

① https://baike.baidu.com/item/海珠区。

图 2　广州十三行与江面景观①

英国远洋船长因为职务之便，常常能从广州带些植物回国，所以他们在英国人获取中国植物的过程中扮演了重要角色。当时，一株讨人喜欢的新奇花木要价一两百英镑是常事，但金钱收益却不是他们的主要考量，因为植物在航海途中的死亡率极高，少数幸存者充其量只能让这些船长得到少许利润。让他们热衷于此的主要原因，是要当第一个把一种奇花异草引进英国的人。那份荣耀让他们充满期待。通常园艺杂志介绍和描述一种新植物时，总会感激地提到把这植物带进英国的船长的名字。此外，新品种的花草也是馈赠贵人很受欢迎的礼物。

东印度公司广州洋行的成员则比远洋船长更得天独厚，借自己在广州长居的机会，在对中国的博物学研究中扮演重要角色。远洋船长和访客都可以造访广州的苗圃，择选植物并要求将其包装妥当以便运回英国。然而，即使那些植物真能在前往英国的长途航行中存活下来，这种偶然随机的采集方式也不可能满足严肃的园艺学和博物学研究之需。正式的研究往往需要有系统、全面和持续的投入，而这只有长驻广州的人员才能做到。

（三）园艺师兼当采集员

商人兼博物学研究者常久居中国。他们中许多人在广州、澳门旅居了

---

① 英国画师威廉丹·尼尔 1805—1810 年的绘画作品。

数十年，有些人甚至客死他乡。约翰·利文斯通在中国住了26年，大概只回国探亲了两回，1829年死于回英途中。托马斯·比尔出国时还是个少年，后来一直在商界打拼，他在澳门拥有一座漂亮的花园和鸟园。他在中国度过了半个世纪的光景，其间从未回过英国。连小斯当东，虽然不太喜欢自己在中国的生活，也还是坚持了18年的职业生涯，其间只回过英国两次，其中一次还是为他父亲奔丧。里夫斯在广州洋行工作了20多年，只回国休过两次假。这些人在广州和澳门几年至几十年的经历，有助于他们在当地建立采集标本与科学资料的网络。他们不但精明干练，且具有地利、人脉、门路和各种当地支援，这些都是博物研究的最好条件。

相比之下，那些个人和科学机构派遣的采集员则大多是匆匆过客。他们到中国的任务就是采集具有园艺价值的植物。和那些把博物学和园艺学当一种嗜好的博物学研究者不同，他们是被挑选出来专门采集标本的园艺师。园艺是他们的本行，采集标本是他们在中国的专职工作。在18世纪末和19世纪初的时候，中国只是英国派遣植物采集员前往的国家之一。

在广州，还有园艺师兼采集员和商人兼博物学家收集新品种植物、各类珍奇，及其他科学资料，然后将其送回英国去。这些人由于背景不同，动机也不尽相同；有人纯粹是嗜好，有人以此为业。但是总的来说，他们的标本和科学资料的来源则相同：他们的田野工作场地是当地的花园和市场。

（四）花埭就是花卉市场

由于洋人活动的范围受到限制，博物学研究者的"远征"很少超过广州城外一带的花园、苗圃、鱼市、药铺和古玩店。博物学研究者最重要的田野工作场地其实就是位于洋行区上游约三英里的花埭。

明朝时，中国中上层社会广泛流行一种莳花弄草、热衷园艺的文化。花迷们培育新种、雕琢盆栽、著书立论、评品花卉、建造园林。苗圃也在主要城市的近郊大量涌现。花埭只是广州几个花市之一，但其他花市都位于洋人活动区之外。根据散文家张岱（1597—1679）记载，在山东兖州，当地人成亩成亩地种植各式各样的牡丹，就像种庄稼一样。与此类似，广州以西几英里有一个小村，叫花田，种的则全都是茉莉花。一部分茉莉用来熏制茶叶，大量茉莉花和其他鲜花则直接出售。像花埭这样的地方，广州地区还有几个，但花埭的特别之处在于，那儿有很多苗圃，栽培花卉的品种也很多（图3）。

图3 花棣培养市场花卉的苗圃①

花棣的精彩内容使18世纪的欧洲游客既羡慕又惊奇，于是来广州的洋人"照例"要到那儿一逛。花棣的苗圃不仅出售剪枝花卉，也出租盆花供节日庆典时使用，同时还贩卖各种各样的种子和活株植物。菊花、兰花、牡丹、盆栽灌木、山茶、玫瑰、杜鹃、柑橘及其他果树和许许多多其他观赏植物竞相争妍，恭候买主。这些花木有些是热带植物，也有些是中国本土花木的南方品种。18世纪晚期，《浮生六记》的作者沈复曾从苏州到广州做生意。沈复是个爱花之人，但他到了花棣，却吃惊地发现那里的花木十之三四他都未曾见过。

春节期间，广州花市更是兴旺。一名英国园艺师采集员曾叹道："中国对花卉的狂热更甚于欧洲"，"当地人为了喜欢的植物的优秀品种，花上100银元也不在乎"，比如墨兰，"而其实墨兰根本算不得什么稀罕植物"。苗圃每年甚至从大老远的长江流域运来刚刚发芽的牡丹和其他温带

---

① 《书摘｜晚清来华的西方探险家为何嗜好"采花"？》http://news.163.com/18/0326/09/DDQJRT92000187UE.html。

花卉，因为这些植物在位于热带的广州较难生长。

西方游客和常驻广州的洋人喜欢造访花棣，一方面是可以透透气，看看风景，另一方面是为了那些美丽的植物。广州政府为了显示对外国人的宽厚，特别准许他们游历花棣的请求，后来还扩大到允许他们到花棣去庆祝春节。洋人于是兴高采烈地在花棣野餐，歌声美酒相伴，让许多旁观的中国人感到很有意思。花棣的苗圃主人对接待外国顾客一点也不陌生。有些苗圃主人，如18世纪晚期的OldSamay和19世纪20年—30年代的Aching，还定期为洋行提供花木。花棣本来是一个当地花市，后来因为洋顾客越来越多，苗圃也做了调整。例如，Aching曾打出一块广告招牌，上面用英文写着："Aching出售各种果树、开花植物和种子。"在花棣，洋人买了很多"种子，整整齐齐地包在抢眼的黄纸中"。詹姆斯·梅因是一名训练有素的园艺师，他查看那些种子，觉得它们定价太贵。也许他是对的，但那也正说明了西方顾客对中国植物有多么渴求。当时完全是卖方市场。来广州的英国人还买了大量的活株植物，试图将其运回英国，但由于航程中照料过于困难，很多植物半路就枯死了。

里夫斯的评语恐怕未必十分公允。他希望花棣苗圃为英国顾客做得更多，为他们搜寻、培育之前从未"被带到过英国去"的新奇观赏植物。但是，那些苗圃恐怕不是单靠满足洋人顾客的需求就能够存活的，而且英国人觉得漂亮的花木也未必符合中国顾客的品位。反过来，中国文人士绅对梅、菊、兰和其他富有文化象征意义的植物的偏爱，洋人也难以体会。

在广州，洋人经常在当地市场找寻新奇的动植物。博物学研究者、普通商人与海员以及中国人参与动植物买卖的原因各有不同，但是中国的海外贸易机制成了他们活动的共同基础。这个机制是当时国际商贸活动的重要组成部分，通过它流通的商品包括丝绸、茶叶、瓷器、工艺品等。除了遍搜当地市场，博物学研究者还通过拓展既有的各种商贸、社会关系，以及其他类似的与中国人进行交换的模式来求取动、植物。事实上，园艺和博物学也构成了广州国际贸易中礼物关系的一部分。在广州的英国博物学研究者并不只得益于当地工匠、店主和园丁的知识与技术。中国的行商，这种社会地位更高且与在华西洋商人平起平坐的富商豪贾，也帮了博物学研究者很多忙。

三　宅园：行商园林中花卉植物的科学考查

清廷特准在广州成立共约 20 家行商，亦即与洋人做生意的商行。这些所谓的十三洋行是家族事业，往往子承父业。尽管行商不好当，各阶官员常常给他们找麻烦，经商风险也大，很多商行都以破产告终，但却有几位行商经营得有声有色。

有些行商，如潘有度和伍秉鉴，作为一代巨富即使是那些每天经手成船成船贵重货物的西洋商人也被他们的财富折服。他们那些位于河南岛上，与广州洋行隔河相望的别墅和花园，令西方访客钦羡有加。与其相似，陈源泉（秋官）和潘长耀的花园也毫不逊色。这几座花园以及其他商人的花园，都属中式园林。[①] 园林宅第是有钱人普遍性的居住财产。据考证，是十三行商人在花地的住宅园林就不少。

中式花园通常由许多庭院组成，各个庭院之间以厢房、门亭、围墙相隔。屋舍之间铺有狭窄、曲折的小径。露台上、小径旁、亭阁边陈列着成百成千的花卉树木，包括许多中国人最欣赏的菊花、山茶和盆栽矮树。莲塘里耸立着假山或嶙峋的岩石，水里养着鱼儿、睡莲和乌龟，小桥流水罗布期间。鹿、鹤、孔雀和鸳鸯又为这如诗如画的景色平添了美意与生气。

中国的士绅和欧洲的一样，也发展了一种花卉园林的文化，这种风气在社会上散播甚广。清代时，有些行商庭园因其品位而享有盛名。像在欧洲一样，这样的排场既表现了主人的财富，也彰显出主人的文化品位与身份（图4）。

在当时，外国人如能到中国商人的园林府第中参观，被认为是莫大的荣幸。

广州的洋人经常光临行商在河南岛上的庭园，有些是正式拜访，有些是借日常散步的理由而来。这些来访者"无论何时都会被当差的仆人很有礼貌地请进园中"。那些庭园中种有一般商业苗圃中少有的奇花异木，比如特别优良的牡丹品种。牡丹是英国人最渴望的花木之一，除了花朵鲜艳夺目外，也因为牡丹本来生长在温带地区，因而他们认为这种花在英国也能够生长得很好。但也正由于牡丹的这种特性，广州很少有优质的牡丹。

[①] 罗雨林：《荔湾明珠》，中国文联出版社1996年版，第63页。

图 4　佚名商人私家园林一角[1]

在 18 世纪末期，邓肯兄弟由于受约瑟夫·班克斯之托，一直热切地搜寻各种牡丹。他们不仅受惠于中国行商，甚至从洋人普遍不喜欢的海关监督（Hoppo）那里也得到过牡丹。其他植物爱好者也在中国行商的花园中搜寻猎物。詹姆斯·梅因就曾通过东印度公司的人介绍得以造访文官（蔡世文）和石鲸官二世（石中和）的花园。在华人行商之中，威廉·克尔主要受益于潘有度。事实上潘有度还通过广州分行与约翰·班克斯交换过信件与礼物。他也向班克斯赠送过珍稀植物，包括一株树龄极老的盆栽矮树和许多品质优秀的牡丹。1812 年，里夫斯到广州上任，在短短几个月内就已经在潘有为的家中吃过两三次饭，并在主人花园里的两三千盆上好菊花中寻宝。1821 年，约翰·波茨在到达广州的第二天就被里夫斯带去潘有为的花园，又造访了一些其他中国行商的花园。

四　园艺：花卉植物文化交流双向互促活动

托马斯·比尔曾把好几种玉兰分赠给广州的中国商人。那些前往中国采集植物的人，包括远洋船长和植物采集员，从英国出发的时候一般也都

---

[1]　[英] 托马斯·阿罗姆（Thomas Allom），李天纲绘画：《大清帝国城市印象》，上海古籍出版社 2002 年版，第 225 页。

随船带着一些植物,以便用来交换中国品种。由于受到启蒙时期科学公益思想的影响,班克斯曾建议克拉克·埃布尔去中国时带上一些柠檬树,因为他听说"中国的庭院里没有柠檬"。从欧洲被带到中国的植物,多半起初是栽种在当地洋人的花园中,但如果有中国人因其美丽、新奇或实际用途而喜欢这些品种,它们肯定就有机会移植在中国庭园生长、绽放(图5)。

图5 拟、伍氏行商住宅园林(外销画)

然而,随着幸存的种子和活株植物越积越多,花棣的英国顾客与中国苗圃的关系也慢慢发生了改变。到了19世纪30年代,造访花棣的英国人已经常常表示失望,声称在那里几乎看不到什么新东西。而且,这段时期英国园艺的迅速发展和大英帝国的扩张,使得英国人可以获得来自世界各地的观赏植物。英国的花卉爱好者已经越来越难于取悦了。里夫斯对花棣的了解不逊于任何其他洋人,他感叹自己在19世纪20年代末目睹了花棣的衰落。他批评花棣的苗圃不设法采集和培育野生植物,"他们有那么多漂亮的野生植物",却不知利用。"(花棣的)花圃衰落得太快了。"[①]

此事表明:当中国只靠花农自发经营花卉,而缺乏科学试验环节创新

---

① [美]范发迪(Fa-tiFan):《知识帝国:清代在华的英国博物学家》,袁剑译,中国人民大学出版社2011年版(本文获授权转载自微信公众号"人大出版社学术守望者"),https://www.guancha.cn/FanFaDi/2018_03_27_451640_2.shtml。

品种，必然导致产业衰退。从深层次思考：从博物学的视角剖析近代中国与西方世界的交流与碰撞，应特别关注文化知识传统和科学进步的问题。十三行时期一口通商的背景可看到近代中国在知识领域所经历的挫折与落后，以此也为人们开辟了研究中国近代知识转型的新路径。

中国第一个外资企业柯拜船坞

在中国历代工业遗产名录表上,广州黄埔区长洲岛上的"柯拜船坞"乃中国第一家外资企业,第一代产业工人诞生地。作为社会转型拐点期的中国第一个石质船坞,已经历了170多年的风雨侵蚀。柯拜船坞诞生于大清帝国的国门被打开的那段如晦的岁月,她多舛的命运也见证了五千年的农耕帝制文化与商业资本体制文化之间曲折复杂的交汇与碰撞,同时本身也成了这段历史的一个生动案例、外延广阔的符号注脚。柯拜,作为一个成熟的企业家,作为一种文化的交流者,是为转型期的实现者与牺牲品角色,与那些"第一代产业工人"无疑都值得纪念。[1] 如今,这里仍然是一个造船企业——黄埔船厂的所在地,作为一个具有国家级文物价值的工业遗产,正受到史学界、规划界、旅游界以及军事界、政治界的人们广泛的关注。如何将其展示给当今世界,亟待我们思考。

一 广州海港码头船坞与国际海航船舶修造

英国人沃斯汀·柯特斯在他的《黄埔——船上岸》一书中曾详细记载了柯拜船坞的沿革历史。自从中英双方建立起正式的贸易关系后,以1699年踏浪西来的东印度公司商船"麦克斯菲尔德"号为开端,中方便开始在澳门正南端的氹仔岛上丈量船只,收取吨税。氹仔岛的西边有一个水深而岸窄的锚地(图1)([美]安东尼·哈迪藏),其岸上设有中方的

---

[1] 杨幸何:《国门口两种文化制度的碰撞——广州柯拜船坞的沧桑与历史地位的分析》,《岭南文史》2011年第2期。

税局，并且和澳门的内港一样拥有各类倾船、扫船及修船的设施。① 这便是当时的船舶修造业。

图 1　澳门南湾来往黄埔的港口

乾隆九年（1744），澳门同知印光任在首次颁布管理澳门番舶及番夷章程中讲道："夷人采买铁木石各料，在澳修船，令该夷目将船身丈尺数目、船匠姓名开列，呈报海防衙门，即唤该船匠估计实需铁斤数目，取其甘结，然后给与牌票印照，并报粤海关衙门给发照票，在省买运回澳。"② 居住在澳门的福建人是南中国最好的修船造船能手。他们很善于修理欧洲船只，这就使得欧洲船只由中国人来照看管理成了一个传统，而相比之下当时亚洲其他地区还是由欧洲船匠来负责的。③

随着广州十三行"独口贸易"地位的确立以及粤海关报关引水、检丈、纳税等法规的逐步健全，外国商船来广州贸易需停泊在黄埔港，再履办出入口有关手续。④ 于是，黄埔古港（村）开始变得异常热闹起来。对于外国人（"番鬼"）来说，黄埔"满地是南京茶和茶箱，又充斥着肉桂、

---

① Austin Coates, *Whampoa Ships on the Shore*, Hongkong: Whampoa Dock Company Limited, c1980, p. 7.

② 马建和：《近代黄埔的外资船舶修造业》，《岭南文史》1988 年 1 期。

③ Austin Coates, *Whampoa Ships on the Shore*, Hongkong: Whampoa Dock Company Limited, c1980, p. 7.

④ 参看程浩编著《广州港史》第一章，海洋出版社 1985 年版，第 84 页。

大黄和樟脑"。这里"最美的地方,到处是花园"。"可怜的'番鬼'全都舍不得离开!"① 美国人伍德在他的诗《你熟悉这片土地吗?》中曾绘声绘色地描写了黄埔古村在鸦片战争前对外贸易的盛况。西方的"长袍""棉花""麻醉品"是中国丝绸、茶叶、瓷器的交换货物。外国人发现"黄埔"是一连串的岛屿组成,租得的地方称"丹麦人岛""法国人岛",均坐落在通向广州的主要水道上。当时,停泊在黄埔港湾的外国商船经常有100多艘,绵延达3里②(图2)([美]皮博迪艾赛克斯博物馆藏)。1757年以后,广东澳门的南湾与内港黄埔,可看到湾中停满了大小夷船,对外贸易业务除澳门有少部分外,绝大部分都集中在黄埔进行。鸦片战争以前,广州黄埔港对西方的贸易,在某种程度上讲,可以说是代表了大清国对西方的贸易。③

图 2 黄埔古港的洋船锚地

大量的船舶来到黄埔也使得船舶修理的中心由澳门移到了这里。这里有淡水补给,又有船舶修造业务,而且清政府只允许外国商船停泊黄埔。由于清政府坚持不让修理船舶的船坞建在大陆上而只准建在岛上,如是黄埔热闹一时。又因此黄埔的这些船坞主要是一些古老的泥坞,都建在靠近

---

① 吴家诗主编:《到黄埔去》,新世纪出版社2004年版,第99页。
② 汪敬虞:《十九世纪西方资本主义对中国的经济侵略》,《黄埔港史》第四章,人民交通出版社1989年版,第79页。
③ 程浩编著:《广州港史》(近代部分),海洋出版社1985年版,第38页。

江边的岛岸上。每个泥坞可以承接一只18世纪的巨舰。东印度（公司）人的船可谓是当时世界上最大的，而停泊在黄埔的这些大船比世界其他任何港口都多。但这些泥坞的设施非常落后。不像英国的船坞主要是由绞盘将船舶拖入船坞，黄埔的这些泥坞却不管船有多大，一律靠人力拉。然而这却依然是东亚地区最好的船坞，因此受到了那些涉足远东贸易的诸国海军，如英国皇家海军、西班牙海军、葡萄牙海军和法国海军，以及这些国家的商人们的频频光顾。①

当时这些泥坞都被声称归其当地所属村庄的长者们共同所有。船坞的劳工，无论是否有技术都得由该村村民或其他有血缘关系或友好关系的人担任。实际上每个在船坞中干活的人互相间都是亲戚。至于村庄中有劳动力的妇女们则负责寻找一种专供烤刮船底用的特殊草料。这种草料往往和别的杂草混长在一起，比较难找。因此每个妇女都对她们割获草料的地点守口如瓶。和黄埔泥坞一样，草料收集也是一个有庞大组织的工作，它涵盖了至少四个辖区，许多船只穿梭其间为各个船坞运送草料。因此船坞业可说是一种特殊垄断性的、以亲缘与家庭为基础的集体行业。有趣的是，许多东印度公司人都喜欢用中国的船匠。其中1787年有一个的案例；最早来华的皮毛商人之一的约翰·弥瑞斯，他居然将一些中国船匠带到了温哥华，在那里用当地的木料建造了一艘纵帆式帆船。② 黄埔的这种状况一直保持了一百多年，直到1840年中英鸦片战争的爆发。

二　紫洞艇上的洋坞主与制度冲突的牺牲品

在鸦片战争这场拉开天朝崩溃的序幕中，中华帝国的军队一败再败。被迫求和，签订了打开国门的《南京条约》。鸦片战争的失败无疑对广州的震动最大，因为比起中国其他地区来，广州和外国人的接触无疑是最多的。在五个条约口岸中，唯独广州是不愿为外国人敞开入城大门的。对此广东巡抚的解释是民众对夷人的敌意很深，一旦夷人入城，他很难保证他们的安全——他并没有夸大其词。从1842年8月《南京条约》签订，到

---

① Austin Coates, *Whampoa Ships on the Shore*, Hongkong: Whampoa Dock Company Limited, c1980, p.6.

② Ibid..

1857年12月英法联军攻占广州,在这历时15年中,广州绅民反对外人进入广州城的斗争从来就没有停止过。1843年,1845年,1848年,英方三次提出进城,但都受到了抵制,始终被拒之门外。

特别是在1849年的反入城斗争中"有10万乡勇准备献出生命以阻止夷人入城"。[①] 当中英方代表在江中的夷船上谈判时,"省河两岸义勇呼声震天,酋大惧"。[②] 而在广州城内,"当勇之夜出也,四城灯烛照耀,殆同白日枪硠声闻十里,首尾凡十旬……火点如乱星,诸夷结舌不能语",[③] "乃以罢兵修好,自此不言入城事"。[④] 而且外国人依然和以往一样被限制在珠江沿岸的旧商馆里。尽管在广州的外国人数目多了三倍以上,却仍被限制在一块大约只有二十一英亩的区域内。[⑤] 然而相对而言,黄埔地区的中国人仇洋的情绪稍微轻些。这是由于外国人在黄埔的存在事关当地许多人的生计。一旦外国人不来了,他们便失去了赖以为生的工作,特别是对于这些主要客户是洋船的黄埔船坞工人。

尽管民众与洋人的矛盾尖锐,但是广州与外国间的贸易依然在发展着。由于广州比起其他口岸来早已建立了相当好的贸易基础,具备一定的机构和较为齐备的设施,还训练了一批依附洋人的代理人。因此,通商一恢复,洋人便纷纷回到广州,外侨人数也迅速增多。到1855年时,已经有324名洋人在这里居住。[⑥] 正如马士所言:"在广州中国人和外国人经商的情绪都一样很强烈的;虽然上海把以往属于广州的贸易拉走很多,但留下来的还是很多……新的口岸只是创造了新的市场,并没有造成广州贸易的衰退。"[⑦] 因此,在鸦片战争后的一段时期,"广州依然是各通商口岸中执牛耳者"。[⑧] 沃斯汀·柯特斯认为这在很大程度上得益于美国人——他们避开了香港,依然选择旧的"澳门—黄埔—广州"的路径。

---

① [美]魏斐德:《大门口的陌生人》,王小荷译,中国社会科学出版社2002年版,第104页。
② 同上。
③ (清)夏燮:《中西纪事》,岳麓书社1988年版,第168页。
④ (清)梁廷枏:《夷氛闻记》,中华书局1997年版,第165页。
⑤ [美]马士:《中华帝国对外关系史》第一卷,张汇文等合译,上海书店出版社2006年版,第402页。
⑥ [美]马士:《中华帝国对外关系史》第一卷,张汇文等译,上海书店出版社2006年版,第399页。
⑦ 同上书,第397页。
⑧ 中国政协广东省委员会文史资料研究委员会:《广州的洋行与租界》,广东人民出版社1992年版,第17页。

总之，黄埔的生意依然照旧。然而在这里，有样东西还是在不知不觉中发生了微妙的转变。在《南京条约》之前，尽管有着跋扈骄横的外国船长和外国官员们，但事情最终还得由中国人说了算。来访的外国人无论再怎么样也只是一名到访者，绝不可能成为这块土地上的业主。然而随着战败带来的冲击，以及中国人自信的逐渐丧失，这一状况悄然被打破。①

　　这种改变第一次被意识到是南京条约签订两年后的 1845 年。这一年停泊在黄埔的外国商船达到了 302 艘。② 而 9 月时，一艘名为"玛丽·伍德夫人"号的轮船抵达了香港，并开抵黄埔港下碇。1844—1845 年，英国取得皇家特许状在东方经营航运的大英轮船公司，将航线由锡兰延长到香港。按此航行的第一艘轮船便是这条"玛丽·伍德夫人"号。她的到来标志着英国南安普敦和香港之间每月往来一次的开始。③

　　大英轮船公司为"玛丽·伍德夫人"号的中国处女航感到非常满意。这艘船是世界上最早的铁壳轮船之一，也是到达中国的第一艘铁壳商船。在这之后，航线便逐步深入到了广州。④ 1846 年便有两艘轮船开始从事香港经黄埔至广州的运输业务。1848 年，大英轮船公司又专派一艘小轮船"广州"号航行于香港、澳门、广州之间。同年 10 月，外商在中国创办的第一家专业轮船公司——香港小轮船公司正式成立。从此外轮频繁进出黄埔港。对此，《东西商报》有载曰："列邦互市，轮船梭织，无论商船兵船，偶有损伤，势必驶到就近船坞重修。"⑤ 因此为了给进出港口的轮船进行维修，同时为扩大贸易运输也需要添造船舶，因此，一项能为以轮船为代表的新式航运业提供服务的新式修造船业便成为了迫切的需要。⑥ 黄埔原有泥坞的工人也有一些修理明轮蒸汽船的经验，这些经验多数来自修理外国海军舰船。但是只有原来的知识是不够的，远远达不到大英轮船公司的标准。大英轮船公司希望能保证他们从伦敦到远东的十四天邮递业务顺利实

---

① Austin Coates, *Whampoa Ships on the Shore*, Hongkong：Whampoa Dock Company Limited, c1980, p.10.
② 广东省地方史志编纂委员会编：《广东省志·船舶工业志》，广东人民出版社 2000 年版，第 53 页。
③ 樊百川：《中国轮船航运业的兴起》，四川人民出版社 1985 年版，第 120 页。
④ 程浩编著：《广州港史》（近代部分），海洋出版社 1985 年版，第 82 页。
⑤ 转自孙毓堂《中国近代工业史资料 1840—1895 第一辑》上册，中华书局 1962 年版，第 4 页。
⑥ 吴家诗主编：《黄埔港史》，人民交通出版社 1989 年版，第 186 页。

施，然而在航路途经的苏伊士地区又没有相关的船坞保障设施，因此他们寄望于提高黄埔已有船坞的修造水准以适应这种要求。为此大英轮船公司的代表们向泥坞的坞主们提出要求，希望由他们派出的洋人来担任船坞的监修工作，否则就不再惠顾船坞的生意。在《南京条约》签署之前，这种要求是根本不可能被接受的。中国官方肯定要对此进行干涉并对任何派来的洋监修进行驱逐。然而随着鸦片战争中方的战败，这种情况也发生了变化。尽管这样做仍然是被明令禁止的，却出现了一线的机会——只要这种行为不会引起太大的反响就行了。对于坞主而言，尽管他们这样做有可能因官方的反对而惹上麻烦。但他们并不想丢掉生计，因此勉强地同意了。三百年来，到中国沿岸的欧洲船只一直都是由中国人负责提供保障服务，从这时起，尽管依然还是由中国人保障，但却是在欧洲人的监督之下了。①

大英轮船公司派到中国来的人选是约翰·柯拜，一个由阿伯丁来的苏格兰人，高级船匠。他五十多岁，有着多年的船坞工作经验并受过专业的学徒训练。他性情平和，富有指导工作的才能，并因此被人称道。1846年的上半年他偕妻子来到了黄埔。

尽管这位由阿伯丁来的苏格兰人并不懂中文，但这丝毫不妨碍他在船坞的工作。因为那些坞主、工头、一些船匠以及很多周围的人都和洋人长期打交道，因此都会说洋泾浜英语。

柯拜无疑是个很称职的监修人。他把船坞的水准提升到了大英轮船公司的标准。他因此得到了工人们的尊敬和爱戴，甚至被视作传奇人物。他所监修的船坞位于黄埔岛南端的一个叫作"提琴手角"的狭窄水道。而他则居住在一艘泊在正对船坞的江面的紫洞艇上（图3）。之所以这样做是坞主出于自保，害怕一旦柯拜的出现遭到朝廷官员的反对自己担待不起——更何况柯拜还携有妻子在身边——更会罪加一等。让柯拜住在船上就可以对官方辩解说柯拜并不是非法居留者而只是临时的到访者，这样就给了黄埔的官僚们一个睁一只眼闭一只眼的借口。②

针对外国商人，清政府曾制定了许多防范性的"章程"和"条例"。

---

① Austin Coates, *Whampoa Ships on the Shore*, Hongkong: Whampoa Dock Company Limited, c1980, p. 11.

② Austin Coates, *Whampoa Ships on the Shore*, Hongkong: Whampoa Dock Company Limited, c1980, pp. 12–13.

图3　19 世纪 40 年代晚期在黄埔港的紫洞艇（［美］安东尼·哈迪藏）

据统计，18 世纪三四十年代至鸦片战争的 100 年时间里，共有 20 多个重要"章程"和"条例"被颁布。如 1759 年的《防夷五事》，1809 年的《民夷交易章程》，1834 年的《防夷新规八条》，等等。① 但事实上，这些"章程"和"条例"并没有真正地完全贯彻执行，许多条文变为有名无实，形如一纸空文。正如当时到过广州的一位外国商人所描述的一样："禁令只是记录在案，事情仍然照常进行。"②

柯拜在黄埔的工作没开展多久，他的儿子——约翰·卡杜·柯拜便也来到了黄埔。和他父亲一样，小柯拜也是个船匠。他是个很有创业精神的人，有主意，有想法，有能力。他同时也是个现代化生产的提倡者，来中国希望能够拥有属于自己的船坞事业。小柯拜很快便发觉了他父亲职位的局限性。尽管现在柯拜是船坞的监修人，但是管理权却依然握在那些在小柯拜看来食古不化、只会成为现代化生产阻碍的村庄长者手里。因此在小柯拜看来，唯一的方法就是尝试着去租赁一些泥坞然后将其完全置于欧洲人的管理之下。③

对于柯拜父子后来租赁船坞到自己建坞的建设资金来源，有国内材料认为他们很可能是一方面用轮船公司应支付的修理费来支付船坞的租金和

---

① 吴家诗主编：《黄埔港史》，人民交通出版社 1989 年版，第 113 页。
② 同上书，第 115 页。
③ Austin Coates, *Whampoa Ships on the Shore*, Hongkong: Whampoa Dock Company Limited, c1980, p. 14.

工人工资，另一方面老柯拜通过他所担任的大英轮船公司和中国船坞所有者经纪人的独特地位，一边向公司提高修船费用，另一边又压低船坞佣金和工人工资的方法来实现的。就像当年一批闯入中国土地上的"冒险家"巧取豪夺而成为暴发户的人一样。[①] 但在沃斯汀·柯特斯的书中，却记录了柯拜父子这样一段充满艰辛与机遇的创业历程。

首先是他在到达黄埔几周后，小柯拜和一个美国人詹姆斯·罗欧结为拍档。他们一起合伙"租赁"了一个地处黄埔岛尾端、离老柯拜工作的泥坞不远的船坞。这种所谓的租赁自然是无法律效力的。中国的法令并不允许租地给外国人。他们之间的合作只持续了九个月。1846年圣诞节后的几天，罗欧出走，并带走了资金。后来罗欧自己又成功地租赁了一处船坞，成为第一个做出尝试的美国人。失去了资金的小柯拜撑了不到一年，不得不宣布破产。

罗欧租赁的船坞归坞主阿蒙所有。他是坞主中最有钱的一位，可用不止一个船坞。罗欧发现自己作阿蒙的承租人实际上也只不过是为其打工的雇员而已。他与老柯拜的区别仅仅是老柯拜是领取工钱，而他却得支付工钱。一年后，也就是刚好小柯拜宣布破产的时候，罗欧把事业转移到了丹麦岛，在那里他建立了丹麦岛船坞公司——当然也是在非法的基础上。

小柯拜尽管破产了，但坞主阿蒙却很欣赏他。决心帮他渡过难关。他招来小柯拜，帮其偿清了债务，解决了财政困难，并让小柯拜来负责管理他手下最主要的一个船坞——黄埔干坞——一个木质船坞，也就是日后著名的"柯拜船坞"。所有经过阿蒙签名的文件都会立刻得到认定。他在黄埔是个很有分量的士绅。无疑，小柯拜在他的帮助下得救了。

六个月后，阿蒙去世了。他在去世前留下了有关遗嘱的字据。随着阿蒙葬礼的结束，他的子孙分得了他的土地。而小柯拜则意想不到地得知：阿蒙已将这个中国最重要的船坞送给了他。[②] 该船坞的所在地位于长洲岛上黄埔水道与新洲水道的会合处。岛上的长洲村建于宋代，有800多年的

---

① 丘传英主编：《广州近代经济史》，广东人民出版社1998年版，第86页。
② Austin Coates, *Whampoa Ships on the Shore*, Hongkong: Whampoa Dock Company Limited, c1980, pp. 14–16.

历史。长洲以曾姓为多，其次为邓、周、林、倪等世袭姓氏。其中曾、邓、林姓氏建有宗祠。① 按沃斯汀·柯特斯书中对阿蒙的描述来看，阿蒙他很可能属于岛上的这几个大姓之一。

阿蒙将船坞遗赠给小柯拜并不违反中国的法令。事实上中国法律根本没有考虑到会有这种情况出现。这实际上等于柯拜是钻了中国法律的空子。就这样，在这位老乡绅的帮助下，柯拜成为了中国土地上的第一位外国业主，这在之前还是从来没有过的事情。

在拥有了这个船坞后，小柯拜开始了下一步重要计划，便是将这个船坞改造成为第一个石质干船坞。这个船坞被命名为"柯拜船坞"。该坞用的石料为花岗岩，坞口设有浮阀门。在船坞后面的小斜坡上，还设有一滑道，供造新船下水时放绳索滑入坞内。造价估计约7万元。②

这是外国人在中国开设的第一个船坞，也是中国现代造船工业的开端。图4自最右边始为柯拜船坞、避风港、山头为巴斯墓地、最左为录顺船坞。柯拜船坞在19世纪60年代被称为"中国最大的石船坞"，长167.64米，坞口宽24.38米，深5.19米，有两道浮门分内外两区，可供5000吨轮船入坞修理。1863年，柯拜的儿子小柯拜将船坞卖给怡和洋行等财团，结束了柯拜船坞的历史而成为香港黄埔船坞公司。这个船坞遗

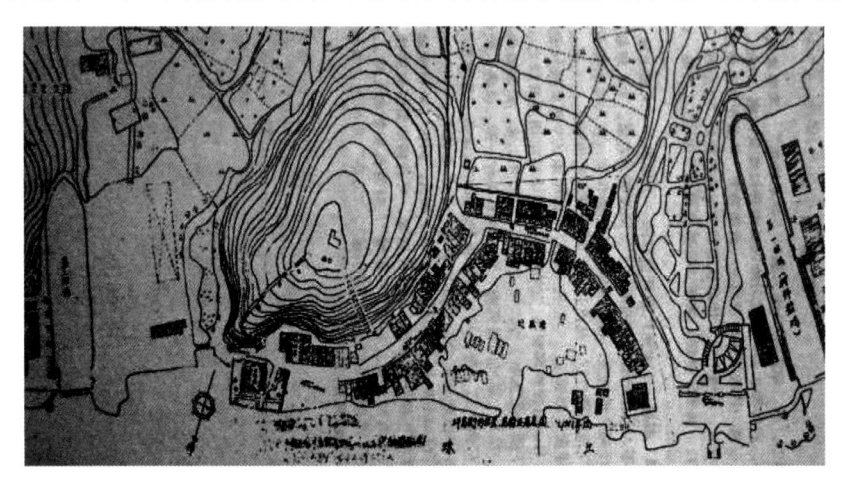

图4 柯拜船坞地形图（《长洲镇志》）

---

① 广州市黄埔区地方史志编纂委员会：《广州市黄埔区17志》，广东人民出版社1999年版，第134页。

② 马建和：《近代黄埔的外资船舶修造业》，《岭南文史》1988年第1期。

址，对研究中国产业工人的诞生和中国造船工业史有重要价值。

皇家海军、大英轮船公司以及其他一些当时第一流国际船舶业的船只都是柯拜船坞的常客。当时英国轮船到远东的航程日期已大大缩短，船舶进坞修理周期已越来越对轮船公司的利润产生重要影响，修理量迅速增加。[1]

除了船坞的生意外，小柯拜还搞起了造船。他建造了一些由他设计的可以说是当地最好的船艇。第一艘是于1856年春季下水的"百合花"号，总长54米，宽6.7米，排水量约1000吨。[2] 这艘船也是迄今为止在中国建造的最大的外国轮船，中国直到三十多年后才有可与之相比的船只出现。

此后他还建造了一艘小型蒸汽船"奇迹"号，用来开设一周三次往返香港和澳门的航线。由于有了蒸汽船，因此运费比起其他竞争者来要低得多。在其后仅两个月的时间里，小柯拜又建造了两艘蒸汽船。这种速度简直是难以想象。[3]

有些资料认为柯拜船坞是外国人在中国开设的第一家外资企业及第一个近代资本主义工厂，早于江南机器局20年，是为中国近代造船工业的开端。[4] 但事实上严格地说来应该算是英格兰人林蒙船长于更早的1843年2月7日开设在香港东角地方的林蒙船坞。[5] 但无论如何中国近代船舶修造业都起源于黄埔长洲、深井一带由外国人开设的花岗岩船坞，同时这里也产生了中国第一代产业工人，[6] 以及第一个工会。[7] 从中国业主手中"租赁"船坞营业，然后自己则作为"临时过客"住在江中的船上——柯拜父子开创的这种"模式"很快便有了大批的追随者（图5）。其中比较有名的有马萨诸塞州赛姆勒镇的汤马斯·肯特建立的旗记船厂，英国人建

---

[1] 辛元欧：《中国近代船舶工业史》，上海古籍出版社1999年版，第21—22页。
[2] 同上书，第22页。
[3] Austin Coates, *Whampoa Ships on the Shore*, Hongkong: Whampoa Dock Company Limited, c1980, p. 20.
[4] 长洲镇地方志办公室编：《广州市黄埔区长洲镇志》广东省地图出版社1998年版，第6页。
[5] 1843年6月26日，中英《南京条约》才正式换文，并宣布成立香港殖民政府。辛元欧《中国近代船舶工业史》上海古籍出版社1999年版，第22页。
[6] 《到黄埔去》，新世纪出版社2004年版，第84、99页。李允俊主编《晚清经济史事编年》，上海古籍出版社2000年版，第60页。
[7] 李允俊主编：《晚清经济史事编年》，上海古籍出版社2000年版，第60页。

立的裕仁船坞公司。到 1852 年，黄埔形成了柯拜、旗记、裕仁三家大型船厂。那些住在江上的洋坞主们甚至还组成了社区。以致后来形成了这三家船厂共同垄断全广州的船舶修造业①（图 6）。到 1856 年第二次鸦片战争爆发时，所有的黄埔船坞都被置于了洋人的经营之下。②

图 5　十九世纪中叶的黄埔船坞风光
（［美］皮博迪艾赛克斯博物馆藏）

有这么多的外国人在政府的眼皮底下大搞船舶修造业，而清朝官员却并没有对此多加干涉，其原因还是在于船舶修造业其本身的性质。就市场导向而论，外资的船舶修造业属于"自给工业"，即在中国的洋人为其本身需要而创办的工业。1841—1894 年洋人在中国所办的自给工业共有 49 家，其中船舶修造业就占了 25 家之多。③ 对于这类工业并没有受到中国政府太多的拒斥。直到其后洋人逐渐发展与中国外销品有关的工业，才开始受到中国方面的抵制。④ 此外中国抗拒的外资工业，主要还是使用机器

---

① 马建和：《近代黄埔的外资船舶修造业》，《岭南文史》1988 年 1 期。
② Austin Coates, *Whampoa Ships on the Shore*, Hongkong: Whampoa Dock Company Limited, c1980, pp. 15 – 17.
③ 张玉法：《近代中国工业发展史：1860—1916》桂冠图书股份有限公司 1992 年版，第 60 页。
④ 同上书，第 79 页。

图 6 十三行商馆区的珠江航运景象
（清代外销画）

大规模进行的工业，早期对小厂的限制并不多，故在 1895 年正式开放外国资本入华以前，洋人能于各地建立工厂百余家。①

三 修造船业的兴盛与鸦片战争的怯难

就在柯拜等外国商人在黄埔的事业蒸蒸日上之时。洋人与广东民众的矛盾却愈演愈烈。鸦片战争爆发后，广东各地的绅民纷纷组织团练和乡勇，以图抗拒。而各种反对洋人的揭帖更是被到处张贴：②"英夷生长在化外之地，邪恶之乡，兽面狼心，面目似虎，狡诈如狐"，③"不用官兵，不用国帑，自给出力……若不杀尽汝等猪狗，便非顶天立地的男子汉。我们一言既出，万折不回，一定要杀，一定要砍，一定要烧死汝等。汝若请

---

① 张玉法：《近代中国工业发展史：1860—1916》桂冠图书股份有限公司 1992 年版，第 35—36 页。
② 参看［美］魏斐德《大门口的陌生人》第一、二篇，王小荷译，中国社会科学出版社 2002 年版。
③ FO228/61，英国人番夷的"公告"，快件 8，附件 1，1846 年 1 月 21 日转引同上书。

人劝我，我亦不依；务必要剥汝之皮，食汝之肉，方知我等厉害也"①。

与此同时，广东民众也与洋人频繁地发生冲突。在广东，洋人无论走到哪里都有可能被民众的石块和抗议所包围，可谓寸步难行。1842年12月7日，外国水手与中国民众发生冲突，导致"观众不平，渐聚渐众，重入馆内……馆内什物，捣毁一空，夜复举火焚之，官方派兵弹压；惟民众巨万，大呼杀贼，水车赴救者，皆被阻止之……"② 以至于夷馆区的义和馆、集义馆和保和馆皆被烧毁；③ 1844年6月广州发生针对美国人的抗议；④ 1845年3月英国人在广州被义愤围攻；⑤ 1846年6月2日，英国海军吉发德中校和其他几个英国海军军官在黄埔的岸上散步和打鸟，中国民众用石块投掷。⑥

1846年7月8日，广州城又发生大批民众攻击夷馆事件，起因抗议是因为一位英国商人康吞与一名中国的水果贩子发生争执，而事件却导致了三个中国民众遭枪击身亡，另有六人受伤。⑦ 美国人的《澳门月报》对这次事件进行了丑化报告："大批流氓拆毁围栏和大门，狂叫大喊，类似一群恶魔……暴徒所到之处，所有外国人都不分青红皂白地受到袭击，暴徒把石头猛烈地掷向外国人和美商馆的窗户……飞石四处横飞，暴徒呼喊狂欢之声比前高涨……"⑧ 1847年12月5日，六个英国人在黄竹岐的冲突中被打死。⑨

1849年反入城斗争的"胜利"，使粤民反对洋人的运动达到了高潮。1856年10月8日，广州发生了"亚罗"号事件。这在中英关系史上并不算是很大的冲突，可英国公使包令、英驻广州领事夏巴礼却乘机生事，一味扩大事态。10月22日，英国驻东印度区舰队司令，海军上将西马縻各

---

① 绅士布告，1841年6月5日《鸦片战争史论文专集》，转引同上书，第290页。
② 姚薇元：《鸦片战争史实考：魏源〈道光洋艘征抚记〉考订》，人民出版社1984年版，第181—182页。
③ ［美］马士：《中华帝国对外关系史》第一卷，张汇文等合译，上海书店出版社2006年版，第403页。
④ 同上书，第407页。
⑤ 同上书，第408页。
⑥ 同上书，第410页。
⑦ 同上书，第416页。
⑧ 《澳门月报》一八四六年七月十五卷七期第六篇，选自广东省文史研究室译《鸦片战争史料选译》，中华书局1983年版。
⑨ ［美］马士：《中华帝国对外关系史》第一卷，张汇文等合译，上海书店出版社2006年版，第427页。

厘率英舰炮击珠江上清军炮台,拉开了第二次鸦片战争的序幕。

此时在黄埔,柯拜船坞的生意已经全面上路了。老柯拜已经很少回"提琴手角"的老船坞了。他似乎丝毫感觉不到这场已经开始的中英战争将会给自己带来怎样的命运。事实上,在黄埔,在船坞那些来来去去的工人忙碌的背影后,一股敌意的空气已在慢慢地发酵中。黄埔的居民显然并不都像阿蒙以及柯拜忠实的仆人们般对洋人充满好感。在两次鸦片战争期间,与广州的反入城斗争相呼应,黄埔掀起了反租地斗争。从1843年开始,英公使多次要求租黄埔长洲,用以设立圩市,建造衙署,但都遭到了当地居民的强烈的反对。乡绅民庶揭帖严辞抗议,让广府官员深感压力,不敢答应英方的要求。而后,随着中英之间再度的开战,黄埔的民众也投入了斗争中。史书对此多有记载:"英人于黄埔地方竖一枝大旗,黄埔之人于夜间将旗绳割断,以致颠仆。""黄埔地方有英国商船在岸上修补,夜间,有一队乡勇逾山而来,船主带兵百名,上岸查访。至一村,不见一人……不料乡勇伏于隐僻处,内藏炮台,忽放炮弹,英兵伤者六名,船主亦受伤……"[①] "'英船在内海,必需雇引水领路。乡民假装济夷伴艇,作为内应,配合各队水勇火船,出其不意,纵火焚烧夷船。'英船被火攻以后,不敢停泊一处,'每日东漂西泊,莫定行踪,夜更游弋不停,生怕清兵复用火船往烧'。"[②] 对于这一切,柯拜都不曾在意,其实这个时候,危险已经离他不远了。

1856年12月20日下午5点,一只中国人的舢板靠上了他的船。上面的一个水手声称他这里有一封必须要亲手呈交给"柯拜大人"的信。老柯拜当时正在艇的上层与妻子散步,听到下边他已出嫁的女儿在喊他,便走到船下层没有栏杆的入口处来接信。

然而,当他一伸出手去,躲藏在舢板中的六个乡勇忽然一跃而起,拽着他就往船下拉。他的妻子和女儿一看不好立刻跑过来死抱住他的腿试图将他拉回来。经过一番拼死的挣扎,老柯拜还是没能挣脱,被拽上了舢板。小船载着他,以最快的速度向广州驶去。柯拜的女儿跳上了一艘平底船,在两个中国仆人的帮助下拼命地追赶。然而直追到夜幕降临都没能追

[①] (清)夏燮:《中西纪事》,岳麓书社1988年版,第177、179页。

[②] Austin Coates, *Whampoa Ships on the Shore*, Hongkong: Whampoa Dock Company Limited, c1980, pp. 24 – 25.

上。无奈只能放弃回到艇上。从此再没有人见过老柯拜或听到过有关他的任何消息。①

10月27日，夷酋西马縻各厘下令炮击广东巡抚叶名琛的衙门。叶名琛却于28日以一项构成宣战的声明，予以反击，号召军民人等"同心协力，灭此跳梁英奴，不论在岸上或其舟中，遇则杀之，每杀死他们一命，可照先例得赏三十元，携人头到本衙门，一经验明，当即给赏"。② 而到了11月25日官方的赏格更是被增加到"凡生擒英夷一名，给赏一百两，'斩下夷人头颅一具并将人头送呈当局者'，给赏一百元，生擒'汉奸'一名给赏五十两"。③ 由此可以相信，老柯拜很可能是被乡勇或义民掳了去广州请赏。④ 赏格的出现无疑激起了广东各地袭击洋人的行动。12月5日，一个水兵被杀，他的头被南宾乡的非战斗居民拿走。12月14日则发生了中国人毁坏外国商馆的事件。当日午后11时，炮火从商馆后面中国房屋废墟中的几处地方发出，当时虽全力抢救，可是除英国商行中的一幢房屋以外，商馆里的全部建筑物都在15日午后5时左右，变成了一堆灰烬；而柯拜被劫持两天后，蒸汽邮递船"希斯托"号遭到广东乡勇的袭击，侥幸逃脱。但这艘船最终还是在12月30日正午遭到了劫夺。"船上所有外国人都被杀……十一个人的头被切下，并且把船搁浅焚毁。无头尸体后来在轮船的残骸中找到。"⑤ 石质的柯拜船坞也就在这个月内被国人损毁。

后来，西马縻格理因为一时得不到兵力补充，下令舰队暂时撤退，正在黄埔船坞进行修理的军舰纷纷撤出。然而就是在军舰还没有完全撤出的时候，那些居住在江中船上的洋人便开始遭到攻击。就连丹麦岛上的美国人墓地也被刨开，里面的尸体的头部被纷纷取下，然后被拿到广州换取赏钱。黄埔的船坞也遭到了乡勇和民众的攻击，大火在蔓延，烧毁了一切。

---

① ［美］马士：《中华帝国对外关系史》第一卷，张汇文等合译，上海书店出版社2006年版，第466—467页。

② 长洲镇地方志办公室编：《广州市黄埔区长洲镇志》广东省地图出版社1998年版，第205页。

③ 同上书，第472页。

④ 另有资料认为老柯拜被掳是因为他是挑起战争的夏巴礼的亲戚。见龙菁尧《紫洞艇上的洋坞主》，《南风窗》1992年第5期。

⑤ ［美］马士：《中华帝国对外关系史》第一卷，张汇文等合译，上海书店出版社2006年版，第473—474页。

花岗石质的柯拜船坞也遭到了严重破坏。而在破坏者的行列中，也有那些曾经帮助建造船坞的工人。在上一次的战争中，大批与英国人有过来往的商人、水手、苦力等人都被冠以"汉奸"的称呼被当作战争失败的替罪羊遭到杀死，有记载称仅在三元里一地便有1200名死者。[1] 因此不难理解，这些船工为何会加入，甚至带头来破坏他们辛苦建造的船坞。破坏者们撬起船坞的船壁和台阶上的岩石，推落坞底。同时大量毁坏船坞的各个设施。几个小时后，中国唯一的花岗石干坞就此不能再使用了。[2] 柯拜船坞的毁坏被许多人看成是爱国主义的体现。在这些参与破坏的人们看来，凡是一切外洋事物，就跟那些万恶的"跳梁小丑"一样，都是应当锄之而后快的。分析广州民众的仇外情绪，主要来源于两个方面：一是文化观念，二是现实利益。从文化渊源的角度来考察，"夷夏之别"这种传统观念无疑也是这种悲剧的根源。[3]

长期以来的闭塞自大在国人心里形成了根深蒂固的"天朝上国"旧观念。鸦片战争的失败，以及洋人带来的先进事物无疑狠狠地敲打了这个迷梦。这就严重冲击了当时中国人的内在准则。在他们看来，这是不可接受的事实。于是他们只能想尽办法让自己回到迷梦中。就犹如那时的文人刘东序在反英的诗中写到的"此日挥戈潮并射，河清还我旧升平"。[4] 那样，他所要的只是重新回到过去、旧有的华夷秩序中。然而这却注定是不可能的。因而民众由此造成的心理碾压便形成了畸形的对外心态。使人们只能将这种碾压的痛苦转移到对洋人的仇恨中。而此外，现实生活中洋人的丑陋暴行又进一步刺激了这种仇恨。英军奸淫掳掠，洋商卖鸦片、贩"猪仔"、恃强作恶。洋人战后处处以"高等民族"自居，傲慢、无视中国传统。《夷氛闻记》便曾形象地记述："夷众益无约束。往往挟鸟枪，或袖小枪……远及四乡游泊……恒登岸弹取鸟雀。村民妇孺聚观，言语不通，疑为嘲弄，动至角口，夷必以枪凝之，民畏之急走避，如是不知其几矣。"[5] 另外，洋商的到来，无疑也是对中国经济的一种刺激，其影响带

---

[1] 参见〔美〕魏斐德《大门口的陌生人》第一篇第四节，王小荷译，《我们中间的汉奸》，中国社会学出版社2002年版。

[2] Austin Coates, *Whampoa Ships on the Shore*, Hongkong: Whampoa Dock Company Limited, pp. 26–27.

[3] 茅海建：《近代的尺度》上海三联书店1998年版，第113页。

[4] 广东省文史研究馆编：《三元里人民抗英斗争史料》中华书局1978年版，第310页。

[5] （清）梁廷枏，中华书局1997年版，第147页。

有殖民主义的性质。① 特别是各类条约的签订，实质上改变了原有的社会管理秩序和农本经济形态。

除了以上两个原因外，比起其他口岸的周边地区来，广东民众仇外情绪的格外激烈还跟广东地区的民风有关。据《中西纪事》载曰："粤东义勇，成风，当夷人未扰之先，械斗抢劫之案，层见叠出。"② 彪悍的民风可能受到了尖锐的阶级矛盾、以及人口压力的影响。当时广东省是全国土地最紧张的省份之一。③ 在这种情况下，仇外无疑成了一个很好的宣泄途径。"许多亡命之徒，时称兵，时为盗。"夷人来犯便聚"以有名之师，报不共之仇"，以泄"清浇猛暴之气"。待到"抚事既定，义勇无所得饷，则去而为盗。于是内讧外患之交乘，而粤事日棘矣"。④

由以上所述可以看出，在仇外情绪支配下的广州民众的"爱国主义斗争"具有一定的落后性、保守性。在近代中国，唯一正确的救国道路是以开放的心态学习西方先进文化，发展经济，实现民富国强的目标，这才是反抗侵略，捍卫国家独立的最有效途径。从这个意义上讲，火烧夷馆、捣毁柯拜船坞等行为不但难以达到反抗侵略的目的，还对吸收近代先进科技与文化不利。在当时来讲，柯拜船坞等外资工业，带来的是先进的生产、管理方法和技术，对其破坏不但阻止不了外国势力的入侵，反而会让我们失去学习外国先进科技文化的宝贵机会。

四 柯拜船坞命运的思考与遗址保护经验的提升

小柯拜在黄埔的大火中逃过了一劫。他来到了香港。可以说他失去了一切，只能等待重新再来的机会。不过机会很快就随着清政府在第二次鸦片战争中无可挽回的失败而到来了。咸丰十年，在英国当局支持下，小柯拜从清政府手中勒索"赔偿款"银12万两。他将这笔巨款拿来重建柯拜船坞公司。经过扩建和添置设备，两年后，重建的柯拜石坞竣工。该石坞

---

① 王化三：《鸦片战争时期外国资本主义对广东地区的经济侵略》，《岭南文史》1986年第2期。
② （清）夏燮：《中西纪事》，岳麓书社1988年版，第173页。
③ ［美］魏斐德：《大门口的陌生人》附录一，王小荷译，《人口压力》，中国社会科学出版社2002年版。
④ （清）夏燮：《中西纪事》，岳麓书社1988年版，第173页。

长 550 呎、宽 70 呎、深 17 呎，设有两道浮门，可供两艘船同时入坞使用，在当时被称为"中国最大的船坞"。① 此外，小柯拜还建有一座木坞和两座泥坞。后来，小柯拜还和旗记老板汤马斯·肯特合资建了另一座花岗岩石坞录顺船坞（图7）。②

图 7　1861 年沿用至今的录顺船坞
（现黄埔造船厂二号船坞）（《广东省志·船舶工业志》插图）

1863 年，香港黄埔船坞公司成立。这公司挟其雄厚的资本和政治势力，十余年间陆续吞并了香港、九龙和黄埔的各船厂而形成了长期独占的局面。③ 而小柯拜也就是在这时卖掉了船坞，离开了他在黄埔的事业，返回了苏格兰。

如今在柯拜船坞东侧的山边，还竖着一块刻有"V. R."及"1867"字样的石碑。黄埔造船厂工程师刘鉴凉认为"V. R."为拉丁文"Victoria Vegina"，即"维多利亚女皇"的缩写。1867 年正是英商在黄埔经营船舶

---

①　广州市地方志编纂委员会编：《广州市志·卷五》（下），广州出版社 2000 年版，第 144 页。
②　马建和：《近代黄埔的外资船舶修造业》，《岭南文史》1988 年 1 期。
③　孙毓棠：《抗戈集》，中华书局 1981 年版，第 8 页。

修造业最旺盛的时期，岛上所有的修造船业已为他们垄断，趾高气扬之际，还真把黄埔岛当成了英国的属地。而石碑就立在以最早的那位开创者命名的船坞旁，颇值得玩味。

当然，这已经是后话了。

如今在广州黄埔造船厂的办公楼旁，有一个绿树掩映的小池塘（图8）。池水也是碧绿，水面无波，只有当树叶落在上面，才会泛起些许波纹。从围绕池塘的那些斑驳的岩石可以看出这个池塘久远的历史。但她似乎早已将所经历的无数如晦的风雨都埋进了幽绿幽绿的池水中，不再对任何人提起。这个池塘原本是与珠江相通的，但在"文革"期间"深挖洞"挖出来的余泥填掉了她的四分之一，原来与珠江相通的地段变成了汽车可过的通途。一眼望去，倒还真像是一个养鱼的鱼塘。然而就在这个池塘的旁边，却立着这样一个牌子："柯拜船坞建于1845年，1856年冬毁于战火，1861年重修，1893年再修。该坞是外资在中国建立最早的石船坞。黄埔造船厂1982年立"（图9）。

图8　柯拜船坞遗址

"柯拜船坞"遗址现状属于原址保护，目前看来这还是较好的一种方式方法。如果不作较大规模的开发，同时又能较好地对外开放，需要进一

图 9　遗址标志牌

步做好环境配套工作。将文物景点置于工厂内也没有什么不好的，本来两者就是一个有机统一体，只是要求两者处理好造船施工与旅游游览的关系，作为一个统一体进行旅游参观，更显得真实、有社会内涵、有特性背景。船坞是景点，工厂应是绿色景区。规划配套游赏观光亭台、游廊阶梯，景观式的服务建筑小品、叙述故事的雕塑展牌，组织安全方便、景域美观合理、科学化的旅游线路，做到"工厂—旅游"两不误，每天都能对外开放，令人回顾历史、触摸历史，宣传今天和展望未来（图10）。

今天，我们还必须知道：柯拜船坞属于我国国字第一号的"工业文化遗产"。

柯拜船坞是150多年前在广州诞生的中国最早的"外企"，第一家近代造船工业企业，从而诞生了中国第一代产业工人。今天，柯拜船坞静静地横亘在长洲岛的黄埔船厂大门附近。因为江水冲刷与倒灌，这座中国近代第一座石船坞已经大部分没入水中，坞中游来游去的鱼足足有一尺长。从船坞四周那些已经超过150年树龄的粗壮茂密的榕树身上，依稀可以想象当年柯拜船坞的雄伟与生意的兴隆。

与柯拜船坞相距400米的地方，几乎和她同龄的另一座用花岗岩砌成的"录顺船坞"，至今仍然被当作"轮船医院"在使用。作为工业文化遗产，我们需要什么样的景观设计理念？

其一，当工业职能的使命完成后，柯拜船坞成了工业历史文化的遗

图10　张之洞收回的柯拜船坞（照片1876年）

产。它的新的使命是以遗产的身份记载、见证展示当年的中国造船业和广州人自强不息的百年历史。我们的景观设计，将以"工业遗产"的特质来构建这一新型旅游特色景观。

其二，首先是树立"工业企业游"是很有创意、很有发展前景的旅游产品。柯拜船坞正处在一个生产蒸蒸日上的工厂里。在不影响生产的情况下，旅游团（个人）能够开进工厂，一面观赏"柯拜"遗址遗产读厂史、另一面又能参观现代造船企业的高新技术，两者跨越时空的隧道，牵起一条历史的纽带。可以这样告诉人们，十三行时代似乎距离我们还不太遥远。从历史到现实值得我们思考的问题很多、很多。

其三，柯拜船坞的现状是工业设施，还是旅游景观？显然，既是实用性的设施，又是观赏性的景物。"退休"后的柯拜船坞存在价值着重表现在历史纪念意义上。没有退役的"录顺"古今均有两重性。任何美的事物都具有这种"双重性"。看来，"柯拜"的水池、游车、巨石、百年老榕树等回归成了典型的中国园林艺术基本要素，它们的组成自然是一幅美的风景。设计者和游客只需发现这种美就行了。从工厂到遗址公园，污染和环保问题也会迎刃而解。

其四，解决好工厂与旅游风景区的关系。长洲岛是一个完整的风景区，现状基本条件和印象如此，也是规划最终目标。工厂应是景区园中之园。"工业园""花园式工厂""工业旅游产品"等名词都意味为着工厂应该是怎样的环境角色。在保证工艺安全、工序正常、高效率、环保的前提下，工厂也应该巧妙地布置景点、游路，设计景观序列、主题导游等，把开展旅游业务作为工厂第二产业。过去许多"产权不一、条块分割、各自为政、景区被圈占"等难于整合的问题，在此能否于利益均等、双赢互惠的大风景区管理模式及其观念下得以化解融通呢？

其五，规划还应考虑将"柯拜船坞"与周边及该岛上相关的同类型、同主题的其他十三行文化遗址：巴斯楼（就在本厂内）、巴斯人墓地、行商洋商仓库、海关办事楼、大清海军学校、军事炮台等遗址遗存进行统筹开发，联系其他文化遗产（如黄埔军校、东征陵园、抗战纪念地等），从人类进步的更高精神境界出发，办成大型中国近代历史文化风景旅游区。

这将是两个世纪以来的民心与文化工程。

一块西方城市规划样板的飞地

沙面,是一个位于十三行夷馆区西南角的翠绿沙洲。日、美、苏(今俄罗斯)等国出版的《百科全书》都有记载。它是由西江、北江及其支流带来的泥沙,经500年淤积而形成的,属广州西关平原的组成部分,历经了沧海—桑田—城市的自然与人文地理变迁。

沙面在沦为英、法租界之前本是与陆地相连的。它曾经是广州对外通商的要津,广州城池的江防要塞。这里,明代还设有"华节"管理对外贸易。直到18世纪清乾隆年间,十三行建"夷馆"后,才结束接待外商的使命。这里很早亦是达官富商、文人墨客经常寻欢逍遥的地方。沙面及白鹅潭江面一带妓船鳞集,酒舫豪华、美食佳肴、笙歌不绝。

"从十三行到沙面"不仅是洋行领事挪动办公位置的平常事宜,而是一个划时代的转折点,一次历史舞台的大旋转。这里上演了一曲两个世界、两种制度相互较量的活剧:大清帝国闭关锁国的大门被打破,封闭的中国社会变为半封建半殖民地社会。十三行行商专揽对外贸易的制度终被废除,外国人在中国设置租界有了"合法依据",完全的西洋式建筑真正亮相大陆。走向开放是历史的进步,但被人强行"开放",文化强行进来,则是时代的悲哀。至今这种"强行开放"的"得"与"失","对"与"错"依然是学界争论的话题。研究十三行文化遗址的工作须要让历史文化给人们一个有益的答案。

一 闭关锁国与商品贸易的碰撞深化

清政府总以为中国地大物博,万事不求人。历代君主大多都想回避对外贸易问题,而不去积极把握。当"朝贡贸易"失去意义后,"创新"出了"行商贸易"的模式。既不是"国家经营"又不完全是"私有经营",相对"闭关锁国"多少有些进步性。

十三行实质上是一个半官半商的垄断组织,主要负责承保缴纳外商船货关税,转达官府与外商的一切交涉,并受令约束外商。清政府所设粤海关其实就利用十三行征收关税。由于外国资本与清政府的矛盾日益加深,清政府对外国人的防范条例日益严厉。防范日益严厉,矛盾日益加深,这样的恶性循环圈,在十三行后期就愈演愈烈。

亨特(Villian C. hunter)在1885年出版《广州"番鬼"录》及《旧中国杂记》记载了清政府许多限制性规定。这些规定对于来自西方的殖民主义新贵来说,肯定难以接受:

1. 所有兵船不得使入虎门。为商船转运货物之兵船必须停泊外洋,直至商船启航一同驶离。

2. 妇女、枪炮,戈矛和其他任何武器不得带入商馆。洋人不得坐轿,不得在广州过冬。

3. 所有引水及船上买办必须在澳门向知府衙门登记。由该官员发给每个人执照,或悬腰牌,当被召见时必须出示腰牌。若无船上买办在场,其他船夫民人等不得与外国人接触。如船只走私,参与此事之该船买办将受到惩处。

4. 每座行馆严格限定只准雇佣8名农民服役(不管商馆本身人数),即2名搬运夫,4名挑水夫,1名看货夫(仓库苦力),并设一名"毡"(外文merchant一词的音译,即负责商馆事务之买办)。

5. 夷人不得在省河划船游乐。按嘉庆二十年(公元1819)规定,只有在每月初八、十八和二十八日三天方可外出"兜风"。所有艇通过海关税馆时必须停船查验,以防偷运枪炮和刀剑或火器。在每月初八、十八和二十八日3天,夷人可到花园但不得在外过夜,或聚众滥饮。如有违犯,下次"假日"将不准外出,如出游十人擅闯村庄、公共场所或集市,陪同之通事将受到惩罚。

6. 夷人不得向官府呈递禀帖,如有事申述,必须由行商转递。

7. 行商不得拖欠夷人债务。禁止走私货物出入城内。

8. 抵达之商船不得在口外游荡,必须直接驶入黄埔。夷人不得随意在海湾游玩，不得将交税货物卖于民人，以免走私货物，减少皇帝陛下税收。

当外交渠道和方法不能解决问题时，随之而来的，不是肮脏龌龊的伎俩，就是残酷无情的战争。在鸦片战争之前的正常贸易中，英国商人主要向中国输出毛织品和印度棉花，而从中国输入茶、丝等物。由于中国社会自给自足的经济，加上清政府在对外贸易中实行限制政策，英国人不可能打开中国的市场，因而出现贸易逆差。在这种情况下，英国人通过鸦片输入来改变这种贸易逆差。鸦片的输入，中国人抵制不了吸毒，并导致大量的白银外流，严重危及清朝的统治。在这种情况下，清王朝下令禁烟，并在1839年3月任命林则徐为钦差大臣到广州开展禁烟运动。清王朝同时下令"将英吉利国贸易停止，所有该国船只，尽行驱逐出口，不必取具甘结"。于是，英国政府决定用武力迫使清政府向外国开放商品市场战争不可避免地发生了。

1840年2月，鸦片战争爆发。由于中国的落后与清政府腐败无能，清政府被打败，被迫签订了《南京条约》《望厦条约》《黄埔条约》。根据这些不平等条约：

中国将割让香港给英国；
开放广州、福州、厦门、宁波、上海五处为通商口岸；
清政府赔款二千一百万元给英国；中国的关税要由中英"秉公议定"；
废除原在广州实行的行商制度，迫使清政府实行对外贸易自由政策；
英国人在通商口岸犯罪只能由领事根据英国议定章程、法律处理而不受中国法律管束；
英国的战舰可以自由地进入中国领海以至内河；
英国人可以携带家眷到通商口岸居住，并由"中华地方官与英国管事官就地方民情，议定于何地方，用何房屋及基地，系准英人租赁。"……

英国政府终于用大炮改写了清政府的种种"规定"。"规定"一改，国情大变。十三行街区虽在,但已无独揽对外贸易之特权,"一口通商"遂为终结。

二 沙面租界国中之国尽展异国风貌

沙面曾披有近一个世纪的神秘面纱。[①] 这"国中之国"耐人深思。十三行的焚毁与沙面的新生之间的逻辑关系和节理是十分明晰的。

英法联军占领广州期间,为了重新建立在广州的商贸基地,由英法两国向清朝广州政府提出租借土地建新商馆,要求将西濠口划为租借地。广州清政府以西濠口人口稠密不易迁移为由加以推拒。此后英国仍派员多次交涉,在1859年7月,当时的英国驻广州代理领事哈里·帕克斯(harr parkes)以中英《南京条约》及中国与英法分别签订的《天津条约》为据提出辟沙面之地为租界。由于沙面是水旁官地容易处理,广州清政府答应租借沙面。

选择地点建立租界区,由哈里·帕克斯全权负责。从一些历史资料可以看到,外国商人对广州租界的选点争议是非常激烈的,绝大多数商人考虑设立租界的地点应该是旧商馆地点的对岸芳村,或河南(现今海珠区),因为那里靠近商馆的仓库,而且与广州居民区以珠江白鹅潭相隔,方便保护租界里的外国人。但是哈里·帕克斯认为:对付广州的暴民,只要挖一条小涌将租界与民居分开就可以了,根本用不着芳村或河南,而且白鹅潭还可以停泊炮舰,随时可以增援租界的防卫力量,必要时还可以撤走租界的外国居民。沙面的地理位置非常优越,处于三江汇集之处,夏天凉风习习,眺望甚佳;河南或芳村分隔一条珠江,交通极不方便,一定会影响今后租界的经济发展。沙面还靠近广州富贾巨商居住的西关,方便与广州的买办和商人来往,租界选点在沙面应该是最佳的方案。对于哈里·帕克斯的意见,许多外国商人还认为在珠江边的泥土上建租界工程难度很大而造成延误。最后还是由哈里·帕克斯报伦敦政府,伦敦政府于1859年5月31日以一份电报形式批准了选择沙面的方案。建设沙面租界的工程从1859年(咸丰九年)下半年开始,先迁徙沙洲上的寮民,拆毁了城防炮台,然后用人工挖了一条宽四十米,长一千二百米的小涌(现在沙

[①] 钟俊鸣:《沙面》,广东人民出版社1998年版。

基涌），用花岗石在沙面周围筑起高出水面 5 英尺的堤围，然后用河沙对泥地进行了平整，使沙面成为一个小岛。同时，在沙基涌的北面修筑堤围，定名沙基，俗称鬼基，并建东西两桥来往。工程款原先预计 280000 美元，但整个工程耗资达到 325000 美元，工程全部在清政府的战争赔款中支付。其中 4/5 由英国负责，1/5 由法国负责，因此英国得到 4/5 土地，法国得到 1/5 土地。咸丰十一年七月（1861 年 9 月）两广总督劳崇光与英国领事哈里·帕克斯签订了《沙面租约协定》。

英法占领沙面后，一方面划分地块卖给其他国家，另一方面进行市政及其军事设施建设。有关当年的规划资料介绍如下：

* 路面标高

沿江外堤路 6.87—7.15 米

珠江路（今沙面南街）7.16—7.4 米

复兴路（今沙面大街）7.06—7.5 米

肇和路（今沙面北街）7.23—7.47 米

西桥头 7.82 米

* 路宽

沿白鹅潭边路 15 米

沙面大桥 30 米

南街、北街 15 米

南北向的各街道宽为 15—16 米

* 排水

沿涌及海边路，水向江面排。区间内道旁多设明沟来排水，至一定处，导入渠道，很少用集水井。屋外四周多设明渠集水排泄地表水。

* 水埠·码头

沿周边堤岸设五个石级水部，在原敦睦（今沙面三街）南端，伸出江堤 15 米处建水榭码头，供西人上落艇到潭心战舰。世人称之为"绿瓦亭"。

* 水塔·泳池

沙面设有自来水厂，靠一水塔供约 5000 人用水，以铜制立式大滤缸将江水过滤，这是在我国最早建立的自来水厂。水塔下有外国人专用的室内泳池。

这个"国中之国",可充分发挥水上军事优势,营造理想的战略环境,拆寮屋,摧毁江防大炮,使沙面成为宜守(有沙基涌阻隔)、易援(水上有战舰靠岸增援)的战术阵地。以下几点均体现出侵略者的军事图谋。

第一,沿外堤广设上落埠头。除水榭码头外,另设有西码头,每隔20—30米,加设双步级的船泊上落设施。据军事家估计,可供18队列兵同时上落,方便与停泊于江心处的军舰联系,有利于增援与撤离。

第二,沙面南街前,采用双行道加中间广场的设计,使800余米长的江堤行道后,尚有一宽达30米的带型广场,平时供侨民活动,战时集结军队。

第三,面向城区沙基的北街,挖护岛河,建筑物靠岸而建,楼高十多米,便于制高。1925年6月23日英军利用水塔顶,配置火力枪杀爱国游行群众,造成52死,170余人伤的惨案,即为铁证。

第四,沙面仅设东、西两桥,利于把守。1924年对进出华人实行搜身。重要关头在桥头架起铁丝网,竖立桥头堡垒,对革命者格杀不论。将公共桥梁设施结合军事镇压的目的昭然若揭。

第五,1942年日军占领沙面,曾于30多米宽的大街上秘密构筑高抗力的地下军事设施,35年后才发现。其目的类似德国第二次世界大战前的城市规划,对楼距与高度严加控制,便于开展街巷作战,起到防备与镇压人民的目的。

三 沙面孤岛传播了城市规划新思想

沙面的建筑常常引起众多学者的研究。汤国华先生几乎将全岛所有著名的西方古典建筑进行了线描测绘,阐述了沙面建筑的文化背景及艺术特色,并呼吁全社会都来参与保护。① 广州市规划部门的袁奇峰,李萍萍等知名人士结合自己的工作实践进一步探求了保护工作的可操作性方略。由

---

① 汤国华:《广州沙面近代建筑群》,华南理工大学出版社2004年版。

沙面建筑完全可以追溯到之前的"十三行"建筑。两者之间虽然情况迥异，但历史文脉是一致相连的（图1）。

图1 十三行时期靠近沙面的货仓式建筑

沙面变成租界后，英法可按西方的一套刻意规划经营沙面。沙面从此成了一个由洋行、商馆、洋楼、领事馆、公寓集汇的小天地。大约经历了88年，直至1949年，才解除沙面合约，回到中国人手中。

沙面是1861年后西人在广州最早按照西方近代城市规划理论建设起来的社区，规划手法特点是用地分配上预留绿化、公园及球场等公共设施场地，使得开发建设之初即保证了居民长远生活的福祉。在两维平面上划分用地，尽量采用小方格道路网，以保证每块用地都有临街面，以便于拍卖给分散的建房者（图2）。这与当时土地开发及以步行为主的交通模式有关。1682年penn规划的美国费城（Philadelphia）和1811年的纽约（New York）城市总图，都体现了这种规划思想。

作为西方文化在广州这个古老城市的一块飞地，沙面的建设方便西方人按自己的理念和生活方式，塑造了一个完全供自己居住的社区。公共绿地集约设置，重点经营滨江公园和沙面大街；滨水空间面向广阔的白鹅潭，向居民开放，取得了"沙面虽小，天地很大"的气势，体现了土地利用的公益观念。其建筑风格反映了西方19世纪末期折中主义的文化艺术趣味。联想十三行商馆的规划因受中国竹筒屋并联排列模式的影响，成街成行"一"字排列敞向江边广场的立面，构成了十三行标志性的景观界面。

沙面，除中心区和公共建筑外，被分隔成12个地段，先后建有18家

图 2　沙面规划用地图

银行（属英、法、美、日、德、荷、葡、丹麦、瑞典、伊朗、阿富汗……），各国驻广州的领事、使馆区。近百年来，世界各国的使馆几乎都设在这里。沙面原有各西洋楼房150多栋，居住着世界各地来华的黑白棕黄色人种，杂谈着各种不同语言，按不同生活方式生活着，可以说是近代广州的"世界之窗"，沙面是广州近代政治文化经济变迁的万花筒。广州近代很多历史事件是在这里发生的，如沙基惨案、越南范鸿泰烈士案、"新警律"辱人案、洋务工人罢工案等。

沙面的规划与建筑，早已超过意识形态的影响因素，它的确促进了中西建筑文化的交流。沙面全面展现了当时西方的建筑文化与风采，相继十三行后，使中国人又开了眼界。文化的差异能引起了人们的思考，在文化比较中，激发了中国建筑文化的创新因素。建筑是"不会说话的历史"。它可以诠释某一地方、某一时代的社会现象、哲理思想、审美爱好和生活时尚。沙面的建筑形态，正好说明西方各国当时的建筑思潮与广州自然环境结合将会是一种可成功的现象。

近代末期，是广州历史上发展最快，最繁荣的时期。建筑品种类型之多样，样式风格之不同，功能内容之庞杂，前所未有。沙面作为租界，仿佛一个独特的建筑博物馆，在鉴赏之余给我们很多启示。近代广州的建筑思潮一般分为四种。一是中国固有民族形式，二是西方古典式，三是中西折中式，四是现代化走势。沙面建筑主要属于西方古典式，其特点是集中、典型、量多、样全，整体上定为全国重点文物保护单位是实至名归。

广州人传统上有开放兼容精神，有纳百川于海的气魄。沙面建筑的出现，被建筑师和工匠借鉴吸收，广泛运用于骑楼、行会、别墅、茶楼、银行、宾馆、住宅等建筑上。

沙面建筑的主要设计是外国人，施工者主要是中国工人。建筑的新材料，新设备是从英国输入的，一般材料是就地取材，在这特定的条件下，形成了沙面的建筑风格。沙面建筑设计是认真的，工艺是精湛的，无论是石刻、意大利批档、木作、线脚、山花、柱式、小品等都一丝不苟、精工巧作，反映出当时的物质文明和精神文明。沙面建筑所用的钢材、水泥、马赛克、玻璃是外来的；所用的厕浴设备、上下水设备和结构是先进的，其通风采光防潮的观念是科学的；其规划平面构图和景观空间是合理的。对当时来说这些新结构、新设备、新材料、新理论，无疑对广州建筑技术的进步起着积极的作用。

沙面是由许多个体建筑与自然环境组合而成的一种文化风貌街区，多种风格和谐共存，空间协调统一，丰富多彩而又相得益彰。有中心，有轴线，有秩序，有轮廓，有深刻的文化意向。沙面建筑群。要做好保护工作的落实。①

（一）保护整体历史环境

沙面属于历史文化保护区，其文物古迹集中，较独立完整，应该从整体上保护它的历史环境，包括所有街道、树木、桥梁、院墙和各类建筑，保护它的近代风貌特色。沙面建筑是外来的，而环境是本土的，为适应地形和气候，西方建筑需接地气，保护好历史街区，也就保护了它特有的环境风貌。须知：历史环境也是一种文化成果，是一种虚空间的艺术成就（图3）。

（二）控制岛内环境容量

要保护好沙面，建议首先控制好岛内的环境容量，即建筑高度、建筑密度和人口密度。此"三度"之高，乃环境之大敌。宜适当拆去一些后建的不雅和不协调的建筑，改建一些后加的"丑、高、乱"建筑及其附

---

① 市志办：《"城市规划志"见广州市志》（卷三），广州出版社1995年版。

图 3　沙面初建时期的景象（留有大片绿化用地）

属部分，重建还原一些优秀的典型古建筑。过去有种做法要不得：总喜欢在一栋完美的建筑使用后，采取加层、搭棚、封廊、拖屋檐等低陋手法，以图增加使用面积。这种做法往往得不偿失。沙面那些优秀的巴洛克式建筑再不应遭受这种做法的破坏。

（三）保持建筑的原真性

沙面的保护原则是"修旧如旧"和"保持原状"。但原状不是现状，应该逐步把改坏了的建筑恢复原状。沙面岛内的建筑都应该是精品。沙面建筑立面材料的质地和颜色应显露出来，不宜改变。沙面的开发应是在保护前提下的合理利用，保护为主，开发应有利于保护，不利于保护的工程和事项都应当停止。要议定保护条例，严格管理。应以文化为主线，气氛宜静、雅、闲。有些旅游经营服务项目可以在外围发展，如西堤、623路、或西部水产鱼类市场一带。

（四）实现市政工程景观化

锁江车道宜创造条件拆去，或创造条件让游人能参与对白鹅潭的身心体验。还原绿瓦亭及码头等亲水建筑。进一步做好整体保护规划，对交通、上下水、通信、防火、防洪都要深入考虑，使之具有科学性、实用性和可操作性。

四　制定策略克服危机保护历史见证

究其实，沙面租界相对其他城市租界占地也并不很大。天津的租界面积为 1013 亩，汉口的租界面积也有 458 亩，都比广州大。不仅如此，其他几个口岸的租界，几经扩展，面积不断扩大。如上海租界面积最后达 48653 亩，天津八国租界总面积也接近 23300 余亩，汉口的五国租界总面积也曾至约 3000 亩。而广州的沙面租界则几十年都保持原样不变。与上述几地扩张后的租界相比，广州租界仅为上海租界的 1/147，天津租界的 1/70，汉口租界的 1/9。广州租界面积还不及杭州租界（900 亩）、苏州租界（483 亩）、重庆租界（701 亩）、厦门租界（2000 多亩）大，更不用说青岛、大连等租借地了。[①] 事实证明，被动地租界，都不同程度地促进了所在城市或地区的发展繁荣。可以说，广州偏小的租界面积反映了近代广州开放度的局限性。

沙面位于十三行西面，是白鹅潭畔的一块小沙洲。北面与陆地相连，地理位置十分重要，是从黄埔港进入广州的必经之地。1859 年，占领委员会的首领巴夏礼（Harry S. Parkes）一再逼迫广东官吏将沙面租给英、法两国。1861 年 9 月 3 日，英法两国官员分别与两广总督劳崇光签订正式租约。

英国人对广州人的反抗精神可谓"深有体会"。为了防止"火烧夷馆"事件的再次发生，保证租界外侨的安全，英国人决定在沙面北部与陆地相接处挖一条 100 英尺宽的花岗石砌的河涌，使沙面从一块小沙洲变成四面环水的鹅蛋形小岛。在岛的东西两端各筑一桥作为出入通道。真可谓"一夫当关，万夫莫开"。租界当局不允许华人进入沙面，这就使沙面没有像上海、天津、汉口等租界那样出现华洋杂居、人口迅速膨胀的情况。沙面租界长期以来，实际居住人口不超过 6000 人，是一个纯粹的小型外侨居住区。由于居民少、又自我封闭，使沙面租界的社会功能比较单

[①] "列强在中国的租界"编辑委员会编：《列强在中国的租界》，中国文史出版社 1992 年版。

一。没有商业街区也没有工业企业，显得比较空旷和宁静，一派西式园林风光。

英、法租得沙面后陆续兴建了洋楼馆舍和电力厂、自来水厂、水塔、邮政局、电报局、医院、消防班、清洁队等公共设施机构。同时还设立了各种公共娱乐设施如沿江公园、羽毛球场、游泳池、足球场、网球场、露天音乐台、影剧院等。但由于长期实行华洋分居的形式，使租界展示出来的西方文化没有得到很好的扩散。① 因此，沙面租界虽然展示了先进的西方文明，但在大清王朝时期，也未能推动广州学习西方的步伐，它对广州城市整体的发展与建设并没有产生很大的影响。而上海、天津、汉口等租界由于长期实行华洋杂居的形式，规模迅速扩展，社会功能比较齐全，因而很快发展为近代城市的中心和主体。近代上海、天津等地最繁华的商业街区都在租界内，而原来的旧城反倒成为城市的配角和"丑小鸭"。但在广州则一直没有出现这种状况。沙面租界从来没有"繁华""热闹"过，也从未成为广州的城区中心。

上海租界的发展极大地刺激了上海人，推动了上海人学习西方的步伐，使上海的近代化进程一直走在全国的前列。而广州的沙面租界只是一块风景宜人，闹市中独具园林风光的外国小镇。因此，沙面租界对广州人的影响是很有限的。它对广州未能起到窗口示范作用。广州近代大规模的市政建设和公共设施的兴建发生在1917年以后的民国时期。这说明广州的近代城市发展有很大的自主性和承传性，受西方的影响远不及香港、上海、天津、汉口等地快捷和敏感。可否说这是沙面的一种"孤岛效应"？

在全国12个城市曾经有过30个租界，唯独广州沙面还拥有清晰的边界、完整的格局，还有可能恢复历史环境，对建筑群体进行整体保护。这所幸也是一种好事。

沙面能够保护至今有四个原因：一是偏居广州旧城西南一隅，没有明显的改建压力；二是边界清晰而且用地面积不大，仅22公顷；三是历史性建筑质量较好，可以长期利用；四是爱国主义教育的基地，如今，大部分建筑保存下来，已成为人们了解那个时期西方文明的一个窗口，有相当的文化和艺术价值。沙面历史文化保护区的科学保护经验对泛十三行历史

---

① 政协广州市委员会文史资料研究委员会编：《广州的洋行与租界》，广东人民出版社1992年版，第56页。

文化景区的保护大有借鉴的作用。①

（一）保护工作面临困局

多年来由于过分强调利用而疏于保护投入，原租界建筑的不当使用和自然老化，损失相当严重，当前应当拿出积极有效的保护措施，保证足够的资金投入，否则沙面建筑群的保护工作就会落空。

（1）新建破坏

沙面优美的环境和良好的声誉有极高的商业价值，现存的50栋新建筑中，六成以上是80年代以后建成的，许多驻岛单位，千方百计通过"危房改造"，拆旧建新，增加使用面积，使优秀近代建筑保护工作困难重重。

沙面新建筑中，最出名的也最有争议的是白天鹅宾馆，其近300米长的裙房和一条沿江直达二层宾馆大堂的专用高架车道，围住了沙面，使沙面的空间结构发生了根本性的改变。通过689份"沙面居民生活方式及意愿调查表"分析可知驻岛居民中的53%认为宾馆建设破坏了沙面风貌。另外，通过417份"沙面保护规划公众意见调查"，岛内市民认为宾馆遮挡了白鹅潭风光，剥夺了人们的亲水环境。

此外，部分体量巨大的玻璃幕墙建筑（如侨联侨办所在的办公大楼）破坏了近代建筑的统一风格，恶化了历史地区的空间景观环境。

（2）使用不当

由于历史原因，多数优秀近代建筑作为民居使用，使用功能被改变、空间被随意分隔。功能改变导致房屋负荷变化，随意分隔影响通风和保养，对建筑的破坏十分严重。如大量洋行、办公建筑被改为住宅，在砖木结构的建筑中重新分隔厨房，卫生间，或在室外搭建，外廊封闭、屋顶加层，建筑密度增大，火险隐患增大。另有一些居民私自掘墙装空调，或偷搭阁楼、私拉电线。调查发现有24%的厨房在"住房内分隔"，其中1949年以前的优秀近代建筑占76%；有13%的住房"利用公共走廊"设置厨房，其中优秀近代建筑占57%。

优秀近代建筑普遍被改造为住宅或企事业单位办公楼，通常将过去宽敞的厅堂分隔成若干小间，使原建筑室内装饰风格荡然无存。为增加使用

---

① 马秀芝：《中国近代建筑总览——广州篇》，中国建筑工业出版社1992年版，第34页。

面积，许多单位和住户更将原建筑为防亚热带季风气候酷热和太阳曝晒而设的外檐、柱廊、阳台都用窗或墙封闭起来。有的甚至在屋顶上搭天台屋，严重改变了建筑外观。沙面大街50—52号，原教会用房，因私拉电线导致火灾，整座大楼被烧成一个空壳。另外，原粤海关俱乐部（红楼），德国领事馆（亚细亚火油公司）等都是沙面的建筑精品，曾被当作住宅使用，室内已达到了严重破坏的程度。

（3）自然老化

沙面建筑大部分建于19世纪末，多砖木、砖混及钢骨混凝土结构建筑物，楼龄普遍超过百年，结构安全性很差。由于维修不足，材料严重老化，混凝土风化，天花脱落，墙和楼板破损；房屋三脚架被白蚁侵蚀，瓦面变形。设备老化，管网陈旧漏水，化粪池容量不足。空调等高耗能设备的增加，使动力负荷严重超标。1949年前建的屋子有五成以上已有破损或处于危险状态，20世纪50年—70年代建的也有近三成已损坏，直接威胁人身和财产安全，维修抢修压力大。

有的老房子倒塌了、拆光了，取而代之的是"现代建筑"，则会破坏整体视觉风貌。

（4）保护不力

1982年公布的《中华人民共和国文物保护法》，只针对单体建筑，功能相对单一的建筑群等"文物保护单位"，而缺乏针对历史文化区这一层次的法条。实际中，像沙面这样的建筑群体保护需要解决的问题，与单体建筑不同，一味过分强调静态控制，而缺乏积极的财政支持与资金保障，保护工作很难真正落实。

一方面，优秀近代建筑的保护首先要搬迁使用不当的单位，重新功能定位，进行建筑的维修，修复和保养。只有采用活化运用的手法，调动文化产业使用单位投入的积极性，才能解决所需大量资金的问题。另一方面，文物部门宜采用动态控制建设的方法，改变只"保"不"护"的做法。沙面除作为文化遗存外，还是一个完整的，生机勃勃的社区，区内有近80余家单位和六千余个工作岗位，岛上所有的建筑都有机构和居民在使用，如此复杂的保护对象，不可能简单地用保护单体文物建筑的方法加以控制。

（二）沙面地段保护方略

像沙面这样的历史文化地区，保护思路需要有所突破（图4）。保护意识是必要条件，有钱有力是充分条件。如何使保护资金的投入和产出形成良性循环，是保护策划工作的技术着力点。

图4　沙面波兰领事馆（杨晓萌作）

由于长期以来保护工作只有由特定行政部门从上到下的推动，缺少自下而上的反馈，得不到应有的社会支持。应制定积极的策略使保护规划更具有可操作性，将保护工作融入城市社会经济发展政策和各项计划中去。如此大规模的保护工作也只能靠一种良性的、社会能接受、"投入—产出"正常的机制来保证。使保护变成真正可以依法推进的工作而不是标签，实现整体开发经营，并让保护者实现自己的精神价值。

（1）分级提升保护

有的建筑具有特殊功能，如教堂；有的建筑风格很完整，本来也可以作为公共建筑得到保护再利用，因此对内外都要加以严格保护。有的建筑外表看来虽然公共性不强，其价值可能体现在艺术风貌上，更要强调环境的意义。另外一些后建的建筑应该加以改造——使之风格更加"近代化"而非"现代化"。

这样通过对建筑遗存的独特性或相对价值的判断，进行有效的分类研究，确立相应的保护方向和方法，才有可能通过法律的手段加以实施。在 21 世纪初社会调查①中而目前还可以评为优秀近代建筑的有约 56 栋，从保护措施上可以分为三类：

第一类：不得改变建筑原有的外部装饰、结构体系、平面布局和内部装修。

第二类：不得改变建筑原有的外部装修、基本平面布局、特别有特色的内部装修，建筑内部其他部分允许根据使用需要做适当的变动。

第三类：不得改变建筑立面原有的外部装修，在原有的结构安全性差，危险的情况下，允许建筑内部根据使用需要做适当的变动。

（2）扩大资金来源

涉及公共利益的环境建设主要由政府投入。但可利用现有物业的价值广开财源，善用本地区潜在的区位优势，历史文化优势和环境优势来吸引和注入社会保护资金，用于优秀近代建筑保护和维修，吸引民间保护资金投入。

沙面是按西方人的生活方式建设的，目前还有许多国家的领事馆设在这里，政府只要通过认真的政策设计，重新恢复传统的涉外商务功能，让投资者看到地区的前景，就可以吸引大量的民间和国际资金投入本地区建筑保护。如在联邦德国，1986—1987 年政府决定每年使用 10 亿马克改善历史地区环境，结果是因此带动了八倍于此的历史建筑保护投资。对此，应当做到：一是主动作为积极推动与谋划。二是打破部门利益，尤其避免管得过死。三是保持政策与规划的恒定性，给投资者吃"定心丸"。

（3）积极改善环境

为激活沙面传统的涉外商务功能，必须积极整治环境景观，彻底改进市政设施条件。目前，沙面地区的功能和形态有很大的改变，外部空间已经不可能完全恢复历史原貌，既要满足未来发展历史博览、商务旅游功能对空间的需求，又要体现历史性地区的特色，建议在景观设计中采用风格性修复的方法，重点对外部空间的实质构成进行组织。充分运用与建筑格调相协调的手法进行环境设计整合空间要素，使沙面形成一个完整的，具有欧式风情的景观整体。

---

① 李萍萍、袁奇峰、李少云、田莉、李泳：《"沙面危机与应对方略"项目调查成果分析》，广州市规划局 2001 年版。

因此，要保护健全相关历史建筑的外围立面景观，还要将变形变质了的老建筑变回来，还其"近代西式"格调和风采。对于方盒子式的"现代化建筑"应让其西化、古典化、近代化、巴洛克化、维多利亚化、法兰西化，向历史建筑靠拢。充分运用风行全球又有个性的柱式、拱式、窝卷、山花、女儿墙、门楣、窗檐、宝瓶栏杆、雕饰望柱、各式线脚元素，来重新加以勾勒装饰、点缀、传神，还原出真正属于历史建筑的那个"神"来。①

（4）推进功能置换

同样作为"全国重点文物保护单位"，上海外滩建筑群通过功能置换解决了保护资金的来源，不但足以改善外滩地区的市政配套和基础设施，还可以支持上海城市重大工程项目开发，也使得历史建筑得到更加合理的使用，为保护城市历史文化做出了贡献。根据我们所做社会调查，沙面的建筑多为公产，由原商务建筑改造而成的住宅，居住条件并不理想，难以满足现代生活的要求，在针对住房设施的调查中，对"如果在外面有厨厕齐备的新住房，您愿不愿意搬出沙面一项，选择"愿意"的占19%，"看情况而定"的占43%，而"不愿意"的只有38%，说明有62%的居民对自身居住条件不满，在问及迁移动机时，对环境因素的考虑占47.20%，面积的占46.70%，然后才是位置，交通条件等。②当前，我们应当下决心结合安居房建设，有计划、分阶段地实行功能置换，只要能够提供适当的条件，就可以将现状居民迁走，并会得到大部分居民的支持．

---

① 杨宏烈：《城市历史文化保护与建设》，中国建筑工业出版社1998年版，第122页。
② 李萍萍、袁奇峰、李少云、田莉、李泳：《"沙面危机与应对方略"项目调查成果分析》，广州市规划局2001年版。

十三行地名文化的考究与利用

广州"十三行"地名文化已构成一个时空大系统，虽然地面上当时的历史建筑较少，但遗址地名可考，后续相关建筑很多。研究十三行地名，不仅可了解其产生、沿袭和变革情况，还可鉴识遗址环境参照物及所涵丰富的中外贸易关系史。为培育广州世界文化名城，亮出"十三行"国际名牌，构建国际性的十三行商埠文化旅游项目，很有必要。本章梳理了有关十三行的主要地名系列，分析了十三行地名文化的构成特色，揭示了其沿江近水的分布规律和时空传播的文化功能，提出了保护运用十三行地名文化这一非物质文化遗产的具体措施，预计在广州世界名城的建设活动中可以发挥极积的指导作用。

一 有关地名知识及其文化活动

地名学是近代以来出现的交叉学科，与地理学、语言学、历史学有天然的、不可分割的联系。地名是人们对具有特定方位、地域范围的地理实体赋予的专有名称。地名研究就是弄清地名的分布及其规律、从地名的传播中探索其隐含的历史文化内涵和信息，对其地点、区位、形象及其周边环境进行保护、开发、利用。

地名是一定历史时期人文精神的反映，具有明显的地域、人文、自然、时代特色。它承载着丰富的历史底蕴和文化内涵，能为后代保存地域丰富岁月的记忆。历史是一个绵长和延续的概念。任何一个地方的历史与文化，都是在岁月流转中不断叠加的。中国古代的历史文化固然比较厚重而弥足珍贵，近现代的文化积淀同样十分重要。在离历史越来越远的今天，古老的地名可以成为一个城市彰显地方特色的重要个性资源。①

相对实物、遗址等有形物质文化遗产而言,"地名"这一语言符号结晶集成块,也是一种宝贵的"无形的非物质文化遗产"。地名可以反映出一座城市,所要承载的历史,反映出城市的历史发展过程及其特有的文化积淀,反映出一座城市的气质、灵魂和文化品位,并赋予一个城市的活力与魅力。非物质文化遗产,是指各民族人民世代相承的、与群众生活密切相关的各种传统文化空间及其表现形式。如十三行的遗址地名关联当时外贸活动、出口商品特征和加工技能,以及与之相关的船舶、航海、舶来品等故事,同时与十三行地名相连的大清外贸四个区域环节②构成了当时半商品社会的一种特殊国际活动空间关系。

第九届联合国地名标准化大会暨第二十四次联合国地名专家组会议确定地名属于非物质文化遗产,适用《保护非物质文化遗产公约》。"地名是历史的产物,具有本身的文化认同性与延续性。特别是历史悠久的地名,具有深厚的历史文化、独特的地理文化和质朴的乡土文化内涵,是民族文化遗产。"③

地名作为一种非物质文化遗产及所包括的空间属性也是极其丰富多彩的。在民间长期口耳相传的诗歌、神话、史诗、故事、传说、谣谚,传统的音乐、舞蹈、戏剧、曲艺、杂技、木偶、皮影等民间表演艺术(如十三行地名中的外销画作坊集中街、粤剧红船码头、各种演出场所);广大民众世代传承的人生礼仪、岁时活动、节日庆典、民间体育和竞技,以及有关生产、生活的其他习俗(如十三行行商的园林生活);有关自然界和宇宙观的民间传统知识和实践(如十三行外贸与海航季风习俗);传统的手工艺技能与相关的行会文化场所(如十三行街道地名表现出的瓷器店、丝绸街、茶叶行等各种专业市场和专用码头、河埠)等均有对应的地名。

在刚刚结束的广州两会上,保护老广州的地名,成为一个引人注目的话题。有的学者为"近20年老地名消失近2000个"而惋惜;有的学者(司徒尚纪)阐述了"老地名中张扬的广州个性",反对随意改名;有的学者(朱竑)列举了老地名传承文化的优秀范例,指出了"大量老地名

---

① 参见《名城报》2007年11月30日。
② 即粤海关、黄埔古港、十三行与澳门。
③ 《人民日报》2007年11月22日。

的消失是对自身文化的一种遗弃"。

地图上广袤无垠的大沙漠占地面积大则大矣，但缺少地形地貌被人化了的地名、更缺少密密麻麻的历史城乡聚居点地名，就是缺少文化，则很少得到人们关注和向往。外地人感觉广州犹豫"文化沙漠"（虽带偏激），从某种角度讲就是缺少老地名、有历史故事的地名、有人文典故的地名的缘故。城市如人，一个城市可以少一点高楼大厦、大广场、大马路，但绝不可缺少文化和历史。不然就是没有脊梁的城市。要把脊梁挺直，不妨从保护老地名这样的小事做起。南京、武汉曾依靠群众，通过海选的方式，在民间搜集那些消失的地名，都有一段鲜为人知的历史，或有一段回味绵长的动人故事。有些地名被筛选出来可以重新使用，以此增加城市的记忆和历史文化的蕴含。

《珠江晚报》曾报道一个野狸岛观景亭景点征名的公告，要求建筑与文化完满结合、符合群众欣赏心理，好听又有学问，与人们的文化期待达成一致。在"人—物"互动之中，调动群众的文化积极性和参与意识，提升"真、善、美"的性情，利莫大焉！时下，因经济发展中的"文化不自信"，地名中的求"洋"甚也。动辄把古地名代之以"洋地名"，使很多古老的历史地名面临失传的危机，使城市失去了一张附有文化灵魂的城市名片。

广州"十三行"，是一个具有多重含义的地名术语：一是指十三家行商，二是指十三家外国商馆，三是泛指与十三行相关的历史事件和系列地名，四是指大清帝国开海设关一口通商的一个特殊历史时期，特定的"十三行贸易制度"，以及风靡世界、万国旗飘的十三行西洋建筑风光。对中国社会发展历程产生过重要影响的十三行地上遗物虽已丧失殆尽，而旧址地名遗留不少，作为一种"无形的文化遗产"确有研究运用的价值。

广州十三行所在核心地区也是广州培育世界名城的文化核心区。研究"十三行"丰富多彩的地名文化，有利于加强广州与世界的联系，有利于认识广州名城的主题文化特质，"保护城市的文化和传统"，"对市民美好生活永恒精神追求的尊重"（朱竑语）。司徒尚纪教授对十三行某些地名作了深刻的诠释。本书尝试系统梳理十三行地名文化，希望能落实到保护国家名城、培育世界名城的建设活动中去。这是一种重要的规划理论思想！

二 十三行遗址地名的文化寻踪

广州历史文化名城研究会秘书处刘亦文先生曾对十三行遗址作过统计[1]。他指出:"行,列也","居货之地"也。"行",陈列货物以便贸易也。广州"宋代已通行"。① 明代有"牙行"和"三十六行",有"十三家商号"等称谓。清代的十三行是 1685 年(康熙二十四年)成立粤海关后的第二年建立的,"番舶入市者,……令牙行主之,沿明之习,命曰十三行"(梁廷枏《粤海关志》)。"沿明之习"主要是沿明之管理模式。十三行还有"洋行"或"洋货行",行会团体"公行"(遗址在正对靖远街的十三行路北)等称谓的相应地名。一个代表大清帝国具体经营对外贸易的特殊系统——十三行遗址地名分布甚广(图1)。

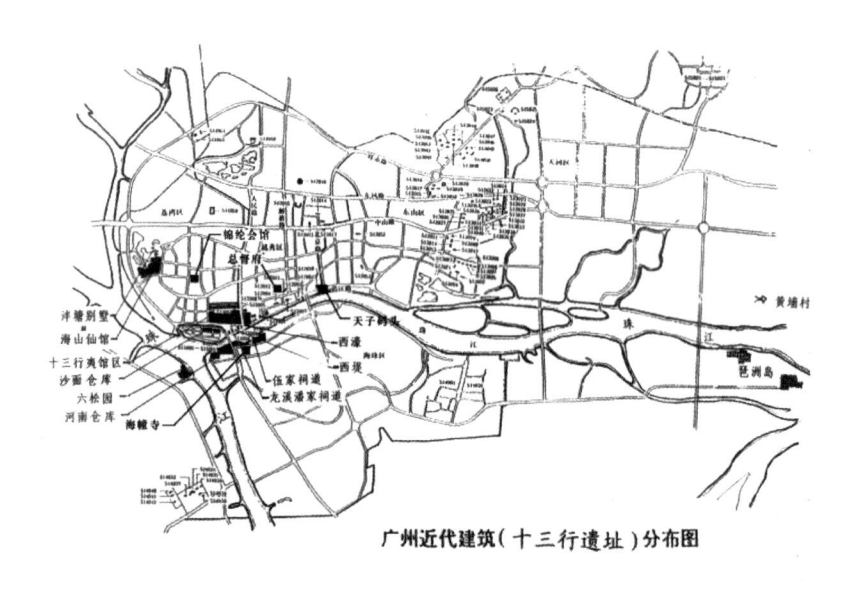

图1 十三行遗址分布

(一) 行馆商馆地名遗址

十三行旧址,在今文化公园、十三行路、人民南路、仁济路一带。历

---

① 黄佛颐:《广州城坊志》,广东人民出版社 1994 年版,第 622 页。

史地理学家曾昭璇曾说,因地名留存使夷(商)馆位置可考者有 8 处之多。例如:怡和行(EWO)本名伍绍荣旧址于人民南路东,并有一条小巷依然故名。宝顺馆(Paou-shun Factory)亦即宝顺行,遗址于十三行路南偏东的小巷处。天宝行在人民南路与十三行路交接的东南角上。帝国行就是德国行。[①] 外国人如英国人马礼逊(John Robert Morrison)、巴特(R. N. Bate))、W. Bramston,还有日本人田代辉久等用文字地图、简易地图、实测地图相继对十三夷馆进行了细致研究,相互位置关系表达得十分清楚。总的来说商馆分布较行馆分布明晰,条理清楚。主要原因大概是商馆用地集中、排列有序、特色显著、影响较大,并受到外国人的注意。同理行商行馆的地址分散不突出,分布在十三行路以北、以东、以西地带,无规律次序,兴衰起落数量变化大(图2)。有时行馆、商馆合二而一。

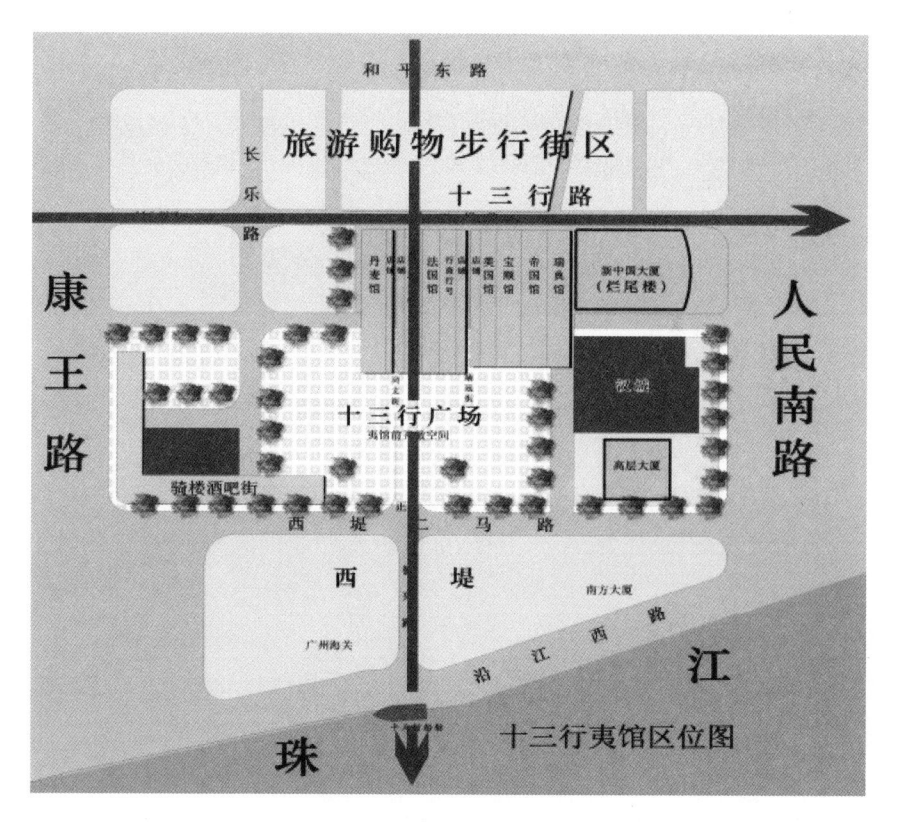

图 2 十三行核心遗址商馆区

---

① 曾昭璇、曾新、曾先珊:《广州十三行商馆区的历史地理》,广州历史文化名城研究会等编《广州十三行沧桑》,广东省地图出版社 2001 年版,第 7—28 页。

（二）商馆区买卖街地名

先有夷馆后有街。十三行街是 1777 年开辟的，用以控制夷馆用地及夷人活动范围。"街内两旁盖筑小铺，列肆其间。凡夷人水梢等所需零星杂物，以便就近买用，免其外出滋事。其新街及重要路口俱派拨行丁数十名，常日把守，一切夷人行走，概不许越出范围之外。其闲杂人等，亦不许混行入内"（《乾隆四十二年行商上广东巡抚禀帖》）。现十三行路可作为一条历史参照坐标轴，可定位同文街、靖远街（旧中国街）新豆栏街、联兴街等，可谓当时的涉外商业街，或类似香港与深圳之间的"中英街"，安排有枪有炮有碉楼的清兵加以守卫①。

（三）十三行仓库群地名

十三行商人的仓库在沙面和河南。美国人亨特《旧中国杂记》说："有几家行号在江对岸的河南还设有巨大的货仓或栈房，里面存放着大量的印度原棉，来自英国、美国以及马六甲的毛、棉织品，以及其他商品，如大米、胡椒、槟榔、藤、锡，等等。""总商浩官因第一次鸦战遭火灾，损失了在沙面江边的几间大货仓，价值达 75 万至 80 万元"。当时沙面名叫"中流沙"。历史画卷记载：广州长洲岛当年建有外国人的转运仓库。中国装货栈房位于西濠涌以东，就涌江水运装卸之便。黄埔村酱园码头后也有装运仓库遗址。

（四）行主别墅庭园地名

部分行主的住宅区在泮塘和河南同福路一带。他们的住宅建筑十分豪华、气派，像一座宫殿。有名的行商庭院共 5 家。其中最美丽的是潘庭官的住宅——海山仙馆，坐落在商馆西边三四英里的江边。他的私人"宫殿"中有大批的服务人员。1800—1823 年，丽泉行行商潘长耀在西关龙津西路逢源大街一带也有花园别墅。1740—1760 年兴建的陈式花园位于河南海幢寺以南陈家厅直街（1908）。1780—1840 年位于河南的潘家花园是潘启、潘有度等辈兴建的宅园，即今南华西路、同福西路以西 20 公顷地带，20 世纪初还有一口方塘遗址。

---

① 章文钦：《广东十三行与早期中西关系》，广东经济出版社 2009 年版，第 201 页。

伍浩官（伍崇曜）的住宅在今河南南华中路一带。伍家花园有如《红楼梦》的大观园。中央大厅可摆筵席数十桌，能容上千的和尚诵经礼佛。后花园占地辽阔，有水路直通珠江是为一名园。两广总督阮元也慕名而来，中秋到此赏月。伍园与潘园交相辉映，在此炫耀自己的财势。现存溪峡街，还珠桥、漱珠桥等桥名与其有关（图3）。

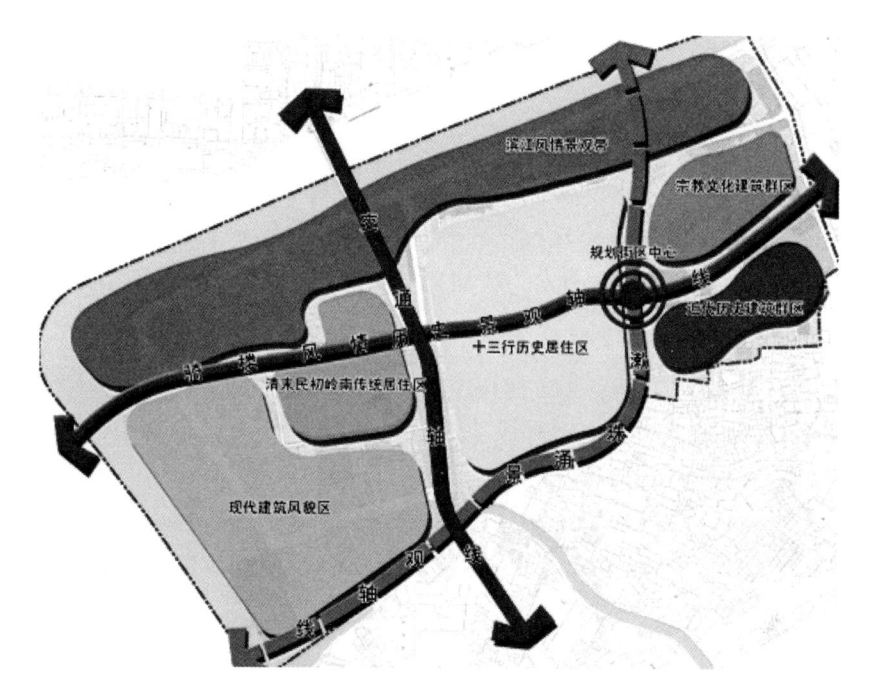

图3　南华西街保留有十三行遗存遗址

（五）外港码头税馆地名

十三行的每个商馆都拥有广场前珠江边上自己的码头，这是外商采用填江的"非法"手段扩大用地所致。《广州城坊志》记载："道光时，十三行码头，东以新豆栏为限，西以靖远街为限，而仁安、普源、同兴、源昌东、中、西等街，均当日码头遗址也。"[①] 十三行大宗货运港口设在黄埔村、琶州一带。有一幅作于1795年的外销画刻画了十三行商包办珠江船运的情况。外商的货运到黄埔村后，外港码头有挂号口、税馆、夷务所、买办馆等管理服务机构接应，再用小船运到十三行商馆及其他地方。

---

① 黄佛颐：《广州城坊志》，广东人民出版社1991年版，第614—615页。

粤海关征税，十三行同外商贸易并管理、约束外商。"一口通商"时期的澳门则为来华贸易各国商人的共同居留地。十三行、澳门、粤海关、黄埔同为广州口岸外贸体制的四个重要环节。①

（六）外国水手驻地地名

按照清朝政府的规定，外商来广州做生意，不能住在城里，只能住在郊外的黄埔岛。18 世纪，法国商人曾把深井岛作碇泊、堆栈及水手上岸游玩之地，故称为"法国人岛"。丹麦人则主要在长洲岛活动，故称为"丹麦人岛"。后来英国商船也在这里碇泊。当年的黄埔岛是一个有几千人的市镇，居民们为洋人充当买办、装卸、铁匠、引水、修理工等等，"几乎所有的居民都同外国船舶有直接和间接的联系"（亨特《广州"番鬼"录》）。非贸易季节，外商只能居住在澳门。所以，澳门也被称为广州的外港。

（七）外商游览景区地名

在休息日或生意之余，外商在广州的休闲和游览活动主要是去城北白云山、河南海幢寺、水上划船俱乐部所在江面，以及"地连海市鱼虾美，相逢多半是花农"的芳村花地游玩。平时在附近逛商店或游览名胜古迹和寺庙，如华林寺、北帝（洪圣）庙、文昌庙、关帝庙、花塔、长寿寺、泮塘古村、仁威古庙等。他们还会去故衣街附近的"万寿堂"铺头，购买一种从来没有运到过国外的"万寿午时茶"回来享用。一些年轻商人还组织了一个"广州划船俱乐部"，在珠江河上举行比赛活动。至今许多风景名胜景区、景点，还常为"老外"回忆录中描述的对象。

（八）碑刻墓地教堂地名

当年外国商船停泊黄埔古港码头，有碑石和外销画为证。深井岛竹岗的外国人墓地有 23 个，文物部门已经修复，可供参观。特别是美国第一任公使的高大墓碑尤为引人注目。前几年丹麦大使也来此找到三个丹麦人的墓地。19 世纪孟加拉商人来十三行经营棉花贸易，他们住在长洲岛

---

① 章文钦：《清代广州十三行与澳门》，载广州历史文化名城研究会等编《广州十三行沧桑》，广东省地图出版社 2001 年版，第 61 页。

（外国人叫丹麦人岛），因信奉巴斯教（又叫拜火教），在此建了一幢巴斯楼作为宗教活动场所。此楼现为1923年重建，1949年以前仍有教徒看管。里面有块碑石，铭刻巴斯教徒建楼的情况（该楼现在是黄埔造船厂的档案馆）。在巴斯楼附近的山头上有十几个巴斯教徒的墓地。广州石室是鸦片战争的产物，其中记载了许多历史事件。十三行夷馆前有一座"圣公会"小教堂，多张外销画印证了这一景观。这个遗址在现文化公园内。

（九）军事要塞遗址地名

十三行行商也参与了中英战争的某些环节。如潘士成制水雷、仿造战船，受到道光帝的嘉奖。潘正炜家族参与河南人民反租界地的斗争，行商捐款设炮台、引进枪炮等活动，都有相应的遗址可考。如西关西炮台、越秀山四方炮台、牛栏岗古战场、河南抗租地纪念碑、虎门销烟池、沙角炮台、长洲岛炮台、琶洲炮台等都是值得特别重视的军事要塞地名遗址。又如番禺莲花山上的莲花城，曾为林则徐设立的第二道江防要塞。始建于清康熙三年（1664），面积约1万平方米，内设墩台、营房、操练场，鸦片战争时城外沿江设有炮台。后来琦善在此与英军头子义律签订《穿鼻条约》，议定割让香港。

（十）商馆区内花园地名

据1856年测绘的十三行商馆区的地图记载，商馆南向江面地段有美国花园和英国花园（现水产馆以东至"汉城"景区），分别占地面积约为560×360英尺和250×280英尺（美国花园13万平方英尺，英国花园7万平方英尺）。又据1844年11月法国人于勒、埃及尔所摄的十三行照片，有英国花园的真实镜头。花园的具体位置乃现文化公园的东南部，园内树木葱茏，临江尚有一些商务用地。1956年文化公园进行沉箱施工，发现水产馆附近地下8米深处有陶瓶碎片和基本完好的陶瓶，说明该路段在1840年前后仍是十三行内港水域。

三 十三行地名文化的个性特色

"命名"活动是一种社会文化现象。"地名"所指、能指的"实地"

与"虚名"都具有一定的"实用价值"和"虚用价值"。命名的过程往往也是一种价值的体现。命名者的世界观与方法论，也会在其中得以体现。由此可以探索十三行地名具有如下一些时代特点。

（一）带有浓厚的家族念故特色

河南龙溪首约、龙溪二约、潘家祠道（旧有龙溪乡），为十三行总商潘启及其家族住宅用地故址之属。因其从福建泉州同安县龙溪乡迁来，故名"龙溪"。溪峡街、伍家祠道，为十三行首富、公行总商（首领）伍氏家族住宅故址。1835年建宗祠，与潘家隔河相对，"溪峡"之名来自其福建老家"溪峡乡"。这些都是典型的"光宗耀祖"留恋故土的反映。这与北京恭王府某一景观大门命名"榆关"一样，反映了清朝统治者眷念边关草原牧场的心理。

（二）按加工产品名称命名街巷

手工工人的驻地，传统街巷社区披上产品、商品名的外衣，此寓意资本主义关系幼芽已萌生。广州丝绸业的发达，聚集了大量丝绸工人住居西关，形成了大量的家庭作坊。这是按街巷的城市形态形成的"工业区"。因为产品的丰富多样，为便于管理：分发加工原料，回收成品、半成品，故将许多街巷用产品名称命名。如经纶巷、锦纶巷、锦华巷、锦龙巷、锦云巷、锦秀巷，等等。十三行夷馆附近的街道，除少数寓意朝贡贸易、友好来往，依行命名外，大多还按买卖商品（或制作工艺）命名。如豆栏街、估衣街、桨栏路、打石街等沿用至今。

（三）以经营理念形态命名行号

商行、行商、洋行、公行，数量繁多，要弄清楚一下子不容易。然而听听他们的名称就有所含义，多少可帮助我们加以认知理解。

十三行早期，以经营产品范围令行名。货物以输出地分别管理经营，分"琼货""广货"为十三行货，西南诸番者为"洋货"。办本地货则设"本港行"，因外地货而出现"南海行""福潮行"。办夷船货税，谓之"外洋行"。

经商图吉利，以吉祥字眼令行名。按中国人习惯，良好字眼总是皆大欢喜。一般寓意顺利、昌盛、和气生财、功德圆满、中庸中用之类高度概括的字眼逗人喜欢，用此做行名，不但心理上可得到安慰、鼓励、祝愿，同时也规范了一种良好的经营行为方式或理念。如隆顺行、中和行、宝和行、丰泰行，等等。

世界已进入全球商品时代，以对应的外贸国名为行名是可行的。某行对某国外商做生意，按规定，行商要对外来人员的安全负责。此"安全"主要是防止"老外"跟另外的中国人"勾结搞鬼"，故该行商还要监督外商。为工作关系顺利，为联系对象明确，习惯上就将某行叫成某国行。丹麦行或德兴行、英国行或宝和行、美国行或广源行，等等。另有译名叫法，"炒炒行"即丰泰行、即巴斯行（Parsee 行）。

以地理位置的特征为行名，占尽天时地利，好寻好找，又能给人深刻印象。如西濠涌西岸的行馆命名"小溪行"，西岸近江本有洋行行栈，方便装船进货卸货、方便出租外商建馆。

以行主名字令行名，人名与行名一致。类似"文如其人"，行如其人也。乾隆时期的行主陈广顺，其行名为广顺行。行主邱义丰，其行名为义丰行。行主蔡聚丰，其行名为聚丰行，等等。某个时期还有以"孖鹰行"命名的商行，双鹰是帝国行的外贸商标。

（四）用大地名拔高小地名命名

如以"中国"一词令街名："中国"一词有五种含义，一指京师；二指天子之国；三指中原；四指国内、内地；五指诸夏或汉族地区。十三行的特殊地位及对内对外的关系，有"资格"将多种含义混而用之。国外也有许多"中国街"。飘着万国旗的十三行夷馆边令名"中国街"，有点特区国际化的味道。当今十三行的"新中国街""老中国街"的无形资产现已被人无尝占去，并扭曲了历史空间概念和人们的心理活动。

（五）外国人自我认定的洋地名

殖民者、或占领者常常以自己的认识或行为经历命名他国地名。外商洋人也对商馆地带珠江边的地形地貌命名。如亨特的夷馆地图中，注明有"牡驴尖"的直角地形伸入江中。帆船时代水边的特殊地形地物对船舶泊岸很有影响或帮助作用。

国外一些地名同十三行也有联系。这是国际贸易带来的效果。比如美国波士顿塞拉姆因办有与中国通商贸易史的纪念馆而使这里的渔人码头、私家别墅、海滩公园、滨海小镇似乎都成为当年来穗通商的大班、二班、水手、司事经理等人的家园，不定时开展"广州纪念日活动"。瑞典的哥德堡市因"哥德堡"号商船的故事，通过"商缘"与十三行结下友好"情缘"。其皇家园林中"中国宫"（图4）景区这一地名演变成了"友好"的象征。

图4　瑞典国"中国宫"花园（杨宏烈摄）

四　十三行地名文化的沿袭传播

地名具有强大的生命力。地名是人们赋予的。这种赋予从发展的角度看，经历了从当地少数人使用到逐渐为众人所知、大众所认；存在一个从赋予语言到文字再到数字代码，从约定俗成到标准化、法定化的运用过程。"十三行"地名系列就包括了特定的区位、特定的范围、特定的时间，即特定的文化发展现象。

"十三行"的地名指位性表现在：沿珠江一带开展外贸活动的地理实体，正是广州当年的一个城市"增长轴"，一个半开放时代的概括，中国第一道西洋建筑文化景观带。大多十三行地名皆因首次"设店开街造城"

而出现,涉及范围很广,足以形成一部十三行地名体系。如商馆、洋行、税口、夷务所、买办馆、码头、仓库、船坞、炮台、花园、教堂、买卖街等等,分属商、住、游、军事、外交、宗教诸方面的地名子系统。

"十三行"的地名社会性表现在:它是社会的产物,它的命名、更名、演变始终受到中西文化碰撞交流的影响。清代十三行时期,广州是全球的中心市场之一,是一个老少皆知的国际名城。当年"万国梯航奉职贡,八荒舞蹈称臣仆"[1] 的大清"国门",形成了一个大范围的商埠文化特区——西关。沿明清西南城墙至泮塘荔枝湾一带,汇聚了各种外事机构,汇集了从事进出口商品制造、加工、包装、运输、管理、服务等业务的半官半商机关社团。"别开邸第馆诸夷,十三行家各斗靡"[2] 的景观风靡全球。

十三行地名是十三行的活化石,记载了说不完的动人故事,体现了地名文化的叙事性。例如,怡和大街(旧为怡和街),是怡和行故址;宝顺大街,是天宝、同顺行故址;普安街,是普安行故址;荳栏中(旧豆栏正街),是丰太行故址;同兴路(旧为同兴街),是宝顺行故址。靖远北路(旧为靖远街),西侧为中和行故址,南为万和行故址,北为十三行会馆"公行"故址。十三行路是为外商服务的一条"涉外街"。同文路(旧为同文街),是同文行故址;源昌街(在文化公园中部),是广利行故址;德兴北街西侧,是丹麦馆故址;同文街东侧是西班牙馆(大吕宋行)故址。荣阳街,是法兰西行故址;靖远北路(旧为靖远街)东为美利坚行(广元行)故址。晋源街,西为鹰行(以双鹰为商标),是英国馆故址;东为瑞行,是瑞典馆故址。仁安街,西为隆顺行,是老英国馆故址;荳栏中,东侧为保和行,是新英国馆故址。[3]

十三行地名时间上的传播特性,见证了广州的沧海桑田。从明代的怀远驿(今杨巷一带)带旺西关,至清代十三行富商名宦聚居西关,使西关成了"无寒暑、无昼夜",声名远播的繁华之地。当时有人误以为西关一直是广州的城区中心。外商经常游玩的花地发祥于名僧达摩于此建寺讲

---

[1] (清)乐钧:《岭南乐府(十三行)》。载梁承文主编《历代名人咏荔湾》,中国文史出版社2003年版,第60页。

[2] (清)李兆洛:《十三行》,同上书,第60页。

[3] (清)李兆洛:《十三行》。载梁承文主编《历代名人咏荔湾》,中国文史出版社2003年版,第59页。

经的南朝，当时众多信徒聚集，以种花为业，渐成花卉之区而得名。清代外商常常参与每逢"八日游花地"之俗，这同十三行管理制度有关。

十三行地名时空上的传播，更与中外贸易文化交流这个主题分不开。"十三行"的指位性和社会性，构成了一部十三行的历史活剧舞台。十三行地名组群构成了"中国第一商埠"的整体原形。十三行地名长时期地、广泛地出现在西方各个发达国的外贸史、国家博物馆、东印度公司的档案之中，出现在当年来华贸易的外商水手的日记及其后裔的纪念活动之中。时至今日，地名的运用和传播会出现新的情况。随着地名原址的变迁，虽然十三行地名的空间概念令人越来越淡漠；但随着研究的深入，随着社会的不断进步，即使在当今的 WTO 国际事务中、国际会展活动中，十三行地名的历史概念却会越来越鲜明。

五　十三行地名的文化功能意义

地名的功能主要有两个方面：一是作为人们工作、生活、交往不可缺少的工具；二是为地理学、历史学、民族学等学科的研究提供宝贵资料。十三行为广州留下一笔巨大的精神财富和宝贵的无形资产，提高了广州在国际上的知名度。近年来，不断有外国人来寻找"十三行"遗址。开发利用十三行历史文化遗址资源，有利于推动广州对外经贸发展，促进中外文化交流、发展国际旅游，既有深刻的历史意义、又有重要的现实意义。

（一）遗址地名凸显世界大港形象

十三行的行商外经贸模式相对之前的"朝贡贸易"是一种社会进步，这是自明代以来我国商品市场发展的结果。"怀远驿"和"夷馆区"两者开始都是临江布置，自北向南填江造陆扩建。地名遗址的变化是曲折复杂的外贸政策变化演绎的结果。地名的时段效应、空间效应与连续效应，反映了历史的进化效应。

十三行主持和经营外贸，增强了广州对内对外两个扇面（向北大陆与向南海洋）的辐射力。"广州的位置和中国的政策，加上其他各种原因，使这座城市成为数额很大的国内外贸易大舞台。"一系列商馆、码头、海关遗址地名，勾画出广州乃千年国际大港的形象。

(二) 遗址地名记录了行商家族史

来自福建、江浙、安徽、番禺、琼州的十三行行商，都是在官府与外商的夹击中经营外贸的企业家，他们所有的共性寓于各自独特的个性之中。许多研究成果表明，相对被称为"世界富豪"之一的伍秉鉴，而潘家多位行主表现出特别重视文化艺术的特性。行商兴衰史有时与其相关地名的变迁具有某种戏剧性的联系。如"海山仙馆"拆变为"每人出，三官食"，意味着园主毁家纾难的悲哀。十三行街区长期被损伤、衰落，破坏性地被使用改造的巴洛克式近代建筑（图5），历代门牌都没变的巷名、街名、房名，存在随着物质形体的消失而被消失的危险。

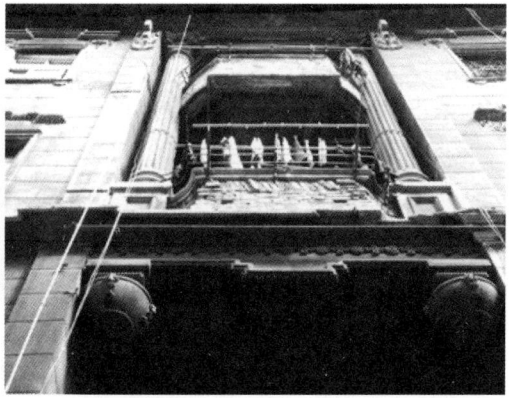

图5 亟待抢救的历史建筑及其门牌地名

(三) 地名遗址记录社会时代变迁

地名的要素是地理实体物质的最基本的空间元素，也是一个时间构成要素，或者说是构成事物必要的、不可分的基本因素。十三行的生存空间是一种专制主义的买官制度（获得行商的外贸经营权要花20万两白银）下的经常性敲诈勒索和无赏"进献"的社会环境，必然导致社会结构性腐败及行商的破产。从十三行地名的集合中可以看出西关的形成、灾变和折腾、发展情况。从黄埔古港、琶洲塔村的商贸地名，可见外商人员的活动行迹与范围并不是正常的商业城市环境。从海关各种管理机构的布置，可见其特定时代的航海、河运物流特征和经济地理规律。

（四）地名变迁寓意外贸经营沧桑

十三行承担了宫廷采购的任务，为国家税收重要来源，俗称"天子南库"，不无道理。在其雅称后面，行商们却带着镣铐跳舞。其故事当指十三行商馆区既是商场、货场、官场，又是战场、火场、祸场。一方面沐浴"皇恩浩荡"、手握尚方宝剑、一口垄断通商贸易的优惠，另一方面随时都有被捐钱捐款、被抄被抓、被充军被杀头的危险。行商们既要发展、又要保护自己，这将酝酿出怎样的经济、社会、文化形态出来？"岂知番人更狡猾，洋货日贵洋行贫。"[①] 残酷的"商欠"，常使许多商行落得破产失名的地步。民族商品经济内外受制，发展困难。

（五）遗址地名记录自然地理变迁

古港的漂移、河道的变窄、沙洲的沉浮、海岸的外推、河涌的覆灭、湖泊的消失、古街的延长、新区的形成等沧桑之变，对城市以深刻影响。黄埔原名"凤浦"。黄埔古港水深时每年能停靠八十多艘西方越洋东来的"海舶"。后因港口淤塞，许多船舶只能停靠长洲岛。古村名由原来有水的"浦"变成无水的"埔"。十三行商馆前的珠江岸线一直南移，后来冒出个"西堤"海关，现在成了博物馆群社区。

亨特是十三行的水土养大的外国人，他对十三行时的"旧中国"有认同感。他的《广州"番鬼"录》一书反映了许多真实情况："这些世界有名的商馆，是因为后来西马·糜各里爵士对广州城进行炮轰后被夷为平地的。当我最后一次看到这个地点时，离我们最初开始在这里居住已近35年，这个地方简直无法辨认了。这里完全变成废墟，甚至找不到两块迭在一起的石头！"[②] 这是一种人为的悲剧沧桑。这里讲的是1856年（咸丰六年）英国发动第二次鸦片战争时，海军提督西马·糜各里指挥进攻广州城，十三行商馆被焚毁的情况。"一百多年来，这块地方曾经是广大的中华帝国唯一给外国人居住的地方。"令亨特感到"绝对安全"的十三行，使"任何一个曾在这里居住过的'老广州'（亨特也自称是'老广

[①] 刘亦文：《简话十三行》，广州历史文化名城研究会等编《广州十三行沧桑》，广东省地图出版社2001年版，第52页。

[②] 亨特：《广州"番鬼"录》，冯树铁译，广东人民出版社2012年版，第200页。

州'），在离开商馆时，无不怀有一种依依不舍的惜别心情"。①

六　十三行地名资源的开发利用

　　研究十三行，就是弄清其各种地名的时空关系、名实相符的本质特征，古迹遗址的现代作用。对于地名遗产的问题，也应有法律规定，哪些单位或个人有资格运用遗址地名，怎样做更有利于保护和传播历史文化。当前遗产保护工作中出现的"靠山吃山"谋利现象，或者不经认真调查研究便盲目开发的现像，都是对遗产的糟蹋。

　　"地名"不应该被经济利益和商业追逐所裹挟，须放到整个民族文化和社会心理的大背景下保护运用。地名的含义是对地理实体的专指，它揭示了地理实体的历史沿革和语源文化，地名一旦更改或消失，其专指功能必然消失（朱四倍，2010）。十三行的地名资源是广州的宝贵文化财富，值得政府重视和保护。特别是在发展十三行旅游方面，要从政策上和资金上给予支持。不合理地开发利用，必须反对；放任"不利用"也是错误的。为此，本文提出以下建议。

（一）考证启用十三行地名塑造广州"中国第一商埠"形象

　　地名是有能指、所指功能的语言、文字、声音符号。有时就是一个品牌、一种物质成果有附加值的专利项目。立法保护十三行文物、遗迹遗址和有关地名，通过设立保护区或树立标志的办法，尽量多地保护广州十三行的历史文化信息。这种信息是一种无穷的"文化矿产资源"，一种无成本的广告宣传。有文物遗产、有遗址地名标志、有实物佐证的历史，令人自豪，否则就令世人遗憾。十三行路以北的桨栏路、和平路、光复路目前还保留了数十家以"行"命名的商铺，给人们浓厚的"十三行"遗风，值得进一步组织发扬，形成有卖点、亮点的旅游热点街巷（图6）。

（二）借用十三行地名遗产，开展相关的传统文化产业经营

　　古典地名不仅联系着传统，而且可展现现实，反映现实文化产业、产

---

① 亨特：《广州"番鬼"录》，冯树铁译，广东人民出版社2012年版，第201页。

图6　十三行地名文化可以传承延续

品承载的城市文化内涵，同时还可以昭示未来，顺应城市文脉，发展、创新独特新文化。结合城市特点，抓住重点地名，可创造出具有丰富城市个性的文化产品，形成独特的文化产业，使之与城市的总体发展和谐统一，互相促进，最终为本地区的经济和社会发展服务。地名更容易借助声音文字符号进行文化信息的传播开展旅游宣传，产生"先入为主"的效应，为世人留下实物空间地址及其特征故事的第一印象和长期固有印象。

（三）成立国际性的研究会（或联谊会）弘扬十三行进步精神

有组织有计划地开展十三行地名研究。特别是在搜集、翻译出版外国专著、资料方面，要给予足够的重视。举办十三行国际学术研讨会暨经贸洽谈会，重构十三行国际联系网络，在我国加入 WTO 之后是很有意义的。美国当年的水手后裔与历史研究人员就主办过有关十三行主题的活动（广州日报 2005 年 4 月），效果很好。"死去"的历史与活着的人文永远是一致性的。就像楚国诗人三闾大夫——屈原虽然死去数千年，而端午节却是世界文化遗产，故里秭归和投江地受人承续怀念。

（四）整合十三行旅游景点景区，建设十三行影视纪念城

无锡有"十三行影视城"和浙江东阳市横店镇有广州街，在发展旅游方面取得了很好的效益。广州于原址用原地名重建十三行部分商馆，置办十三行博物馆，重显当年十三行的辉煌，更有意义。著名导演孙道临曾经表示要来广州搞十三行影视城，这是一个很好的项目，可以结合拍摄十三行电影和建设十三行旅游区来开发。相信这对于发展第三产业和提高广州世界名城的知名度，会起到很好的作用。

（五）借助十三行历史地名，将广州花卉业推向国际市场

1816年，因河南陈氏花园已毁，外商人员按规定每月却还可到达芳村花地、海珠海幢寺游览三次。如此说来，200年前，花地也是对外开放的"窗口"，深受"老外"青睐的花卉、盆景、果木、菜蔬风景胜地。尤其这里杨桃、七姐果远近驰名，加上花地美丽的传说故事和200年的开放史，就此打造一个国际化的花卉出口基地，应该是可行的。借十三行地名以创业，创业以扬名。

（六）深度发掘并为十三行遗址地名立碑、挂匾、树牌标识

碑刻牌匾虽然不是原址原物，但它们却是原址原物的信息载体，同样能给人们一定的审美感受。尤其是结合城市环境整治，将它们设计成一个很好的艺术品时，他们就成了古与今、历史与现实的连接枢纽，激发人们更多的联想。否则，连个虚名也没了，只能使人更加遗憾。现在立下的标志物，若干年后也会有文物价值。再者，挂牌立碑，能起到一定的纪念作用、保护作用和警示作用。政府应鼓励这种既简单又有意义的活动。完全可以获得看得见、摸得着的社会效益。

（七）重视地名的雅称、别名、俗名的研究和艺术性的运用

十三行及其有关地名常有许多雅称、别名、俗名，如"国门""天子南库""第一商埠""广州华尔街""丝绸之路主埠""法国人岛""巴斯楼""Canton""牡驴尖""鬼子楼""绿楼"，等等。"雅称"从正面美化或颂扬了事物的基本特征。当今有人称十三行为"十八、十九世纪的中国商品交易会"。别名、俗名的背后往往隐含精辟的逻辑思想和内在的本质力量，有些别名后来也还变成为"正名""书籍名"、或"官方名"。通俗并广泛流行的"俗名"简练而形象，大多数是约定俗成创造出来的，反映了众多行商、外贸官员、广州民众以及众多外国领事、船长、大班等人物的办事经历和认识，反映了中外文化（含地名文化语言）的交流情况和时代背景，给后来的学者提供了宝贵的研究素材或线索。西关早有"报业基地"之称，始自行商自办出版印刷业。当时世界文化名人梁发在十三行翻译出版了全国第一部中文圣经，洪秀全读后组织拜上帝会，梁发的儿子应林则徐之邀担任英文翻译。逸事，作为历史不足为训，如作用旅游，可留下丰富的想象空间和传说故事。

（八）加紧对十三行地名遗址保护规划，构建国际性旅游区

作好名城保护规划，构成法律制度。规划可以采取保存、整饬、暂留、更新（含重建、新建、拆除后不再建三种情况）等方式，对十三行历史地名文化资源进行保护、开发、利用（图7）。

图7 十三行街区（现状）是十三行文化的富矿区

如桨栏路东起光复路，西至杨巷路、长乐路交汇处，与十八甫路相连。现在数十个商店仍然习惯用"行"命名。如"布料行""绸带行""配料行"……，不一而足，颇有情趣。这是传承历史文脉的一种最简单

的积极方式。俗话道:"羊城呼市为栏,如竹栏、果栏之类。"《广东新语》解释:"广州凡食物所聚皆曰栏。贩者从栏中买取,乃以鬻诸城内外之称,惟两粤有之。粤东之栏以居屋,粤西之栏以居人。"桨栏路因船桨集市,故名。谭敬昭《听云楼诗草·珠江柳枝词》:"豆栏东接井栏西"句自注云:豆栏、井栏,并街名,当为桨栏之转。"仅一个街名就十分有趣。民国时期桨栏路招牌林立,一派热闹景象。当代可否于十三行旅游区营造各种专业步行街?成都的锦里、宽窄巷子、水井坊等历史街巷的保护更新开放,值得广州效仿。

* * *

结语:地名文化也是一种城市"软实力"和品牌。"城市的规划发展,需深入地挖掘优秀的文化历史遗产,深入分析文化遗产中可以转化为现实经济优势的要素资源,通过市场物化,达到古为今用,再丰富和提升城市品牌形象。个性鲜明、活力魅力兼备的城市必将走得更远。"[1] 地名文化正可发挥这样的作用。

---

[1] 单霁翔:《从"文物保护"走向"文化遗产保护"》,天津大学出版社2008年11月第1版。

跋

每一座城市都有自己的独特的历史文化遗产。正是这些文化遗产内在地决定了城市的特色、特质，以及发展动力和未来基本目标。所以每一座城市，保护文化遗产不仅仅是为了保存珍贵的物质遗存，用作展览、旅游，开展文化活动，更是为城市赋予发展驱动力和构筑未来的目标方向感。如果人们对文化遗产所凝聚的历史文化内涵认识不清、观念落后，将是一个十分危险的事情：在城市的某个发展机遇期、或重要的转型期，就会导致城市的发展建设缓慢或倒退。人们的生活质量、文化品位就难以得到真正的优化和提升。

"十三行"三字，可指广州历史文化名城一个具有特殊意义的历史时期、一个直属大清帝国一口通商的垄断集团、一个针对海上丝绸之路世界贸易的制度体系、一个闭关锁国大气候下坚守中西文化交流的门户窗口，也可以指一处处作为城市文化遗产、难得留存至今的商埠文化遗址遗存。

广州十三行文化遗址遗产现有数十处，有些保存较好，完全可作为文化项目展览用房。有些遗产可以通过修复，继续发挥纪念教育的社会功能，更多的是可以帮助人们确立正确的思想观念，更好地保护利用历史文化街区，提升世贸水平，培育广州世界名城。我们应该加强理解、更快觉悟，给予文化遗址应有的地位，让人们积极参与文化遗产保护，使其发挥更好的作用。

文化遗产的深层价值是难以用经济价值衡量的。文化遗产保护对于城市经济和社会发展的贡献往往并不是简单的"投入—产出"关系，相对于工业、农业、商业等传统产业，文化遗产事业的贡献是难以直接计算的。①单霁翔先生讲道：如果把文化遗产仅仅当作是一件珍稀物品"保留下来"是不够的，更重要的是发掘文化遗产中的精髓，将其转化为服务于人类现代生活的文化资源。1967年英国颁布了《城市文明法》，旨在保护城市的文化遗产。原文直译就是"有关市民舒适、愉悦的法律"。文化遗产保护可以促进城市文明。历史与现代是继承与发展的关系。世界名城不仅是文化艺术的保存地，更重要的是人类文化艺术精华的创新地。这些文化遗产构成了一个城市的文化资源，成为跨越历史与时代的精神主题。具有本位文化的城市，是有主导价值的城市，这个城市的经济社会发展也必然充满活力。

合理利用恰恰是最好的保护。《广州十三行文化遗址研究》提出了许多合理化建议，呼吁官方和民间配合城市建设发展，积极开发利用十三行商埠文化遗址遗存，建设世界名城。其中须知：保护永远是第一位的，只有在保护的基础上，才能谈得上合理利用，才能实现继承和弘扬的目的。因为文化遗产并不能自行转变为可以为人类生存服务的文化资源。尚需文化遗产机构和专家的努力，通过对文化遗产进行系统的挖掘和深入研究，使其文化内涵得以逐渐揭示，并采取生动通俗的方式向社会广泛传播。

缺乏文化资源，就缺乏创新基础。营造文化遗产向文化资源转化的条件，是社会各界的责任。一座城市经济越发达，社会文明程度和现代化水平越高，保护文化遗产就越显重要，促进城市的发展和进步效果就越显著。常说"北上广深"是一线城市。广州应该做出好的表率。关注十三行文化遗产及其现有环境，喜欢并欣赏它们，并以此吸引旅游者，城市就会因此变得更加多姿多彩而亲切可爱。

值得注意的是，文化遗产包括物质的和精神的两方面内容。文化遗产转化为文化资源的障碍，往往是因为对文化遗产的认识过于物质化，而随心所欲地处置它们，一旦遗产保护和城市发展出现"矛盾"，很多时候会牺牲文化遗产，为城市开发建设让路。目前这种认识仍然有市场，是文化遗产保护工作中面对的最大问题。尤其是房地产等商业资本的渗透，对保护工作构成巨大制约。

单霁翔介绍：日本的文化遗产保护立法经历了一个跨越百年的系统工程。早在1871年（中国有些行商还健在），即现代化的初始阶段，日本

---

① 单霁翔：《城市文化发展与文化遗产保护》，天津大学出版社2006年第6期。

就制定了第一部有关文化财产保存的条例；随后，在1897年和1929年政府又分别颁布了《古社寺保存法》和《国宝保存法》；而1950年日本制定的《文化财产保护法》，更加强调文化遗产精神文化层面的意义，此后的50多年间，又对该法进行了近20次的修订。由此看来，这种文化遗产的保护传统也是伴随着日本的现代化与时俱进的。

今天，西欧一座座保存得十分完整的千年古城，它们既像一座座巨大的博物馆，又像一件件完整的艺术珍品。那里的每块砖、每棵树、每个石阶、每栋房屋、每条街道都镶刻着历史的印记，都透射出勤劳智慧的当地居民独特的匠心。这些古城和文化遗产之所以能够留存至今，在很大程度上既得益于市民们强烈的保护意识和参与意识，也得益于城市决策者的远见卓识。从韩国和日本这两个亚洲现代化程度较高的国家来看，现代化本身就伴随着对自身文化传统的自我认定和不断强化，而绝不是对自身文化传统的自轻自贱或全盘否定。尤其是当前强调要有"四十自信"，我们更是要珍视自己老祖宗留下来的宝贵财富，在新时代焕发新生机的。

有清一代，十三行作为一个经济的"增长极"、一种其制度模式和文化形态，明显地促进了广州城市的发展。180年后的今天，它的遗址遗存，作为一种文化遗产值得我们好生普查研究、保护利用，为培育广州世界名城、发展粤港澳大湾区旅游业做贡献。谨以此文为跋，感激读者的阅读和批评。

书中引用了不少学者和网友的图片、文字资料，标注不清或难免遗漏，作者深感内疚，敬请原作者谅解，并可与我取得联系。

本书的出版得到了广州十三行研究中心的大力支持，得到了中国社会科学出版社赵剑英、宋燕鹏、李寡寡、吴英民等同志的指导和帮助，在此表示衷心感谢。

杨宏烈

2020年5月于北京